북한의 여성과 가족

북한학총서
북한의 새인식 9

북한의 여성과 가족

북한연구학회 편

景仁文化社

■ 발간사

통일연구원 선임연구위원

북한연구학회가 출범한 지도 벌써 10년이 지났다. 세월은 유수같이 빠르고, 10년이면 강산도 변한다는 데, 10여 년 전에는 40대 초반의 중년의 나이로 학계를 누볐던 학자들이 이제는 머리가 희끗희끗하고 중후한 50대 초반의 학자들로 변모하였다. 그래도 연구활동을 묵묵하게 하고 있는 모습을 보면, 여전한 연구열에 감탄하곤 한다.

10여 년의 세월이 흐르면서 북한학계는 눈부시게 발전하였다. 남북관계의 변화만큼 북한학계 또한 변화했고, 양적인 면이나 질적인 면에서 비교할 수 없을 만큼 장족의 발전을 이룩하였다. 우선 북한연구학회 회원만 해도 400여 명 가까이 증대하였고, 새로운 시각으로 쓰여진 학위논문과 학술논문, 단행본 등이 수백 편에 이르고 있다. 특히 사회문화, 여성, 무용, 가족, 과학, 체육 분야 등에서도 연구성과물이 나오면서 북한학 연구의 다양성이 확보되었다. 북한을 정치군사, 경제적 측면에서만 주로 분석·전망하는 한계를 벗어나 다양한 관점에서 분석·전망할 수 있는 터전이 마련된 셈이다. 앞으로도 더욱 다양한 분야에서 연구 성과물들이 쏟아져 나올 것으로 기대된다. 아울러 우수한 신진학자들이 많이 배출되어 북한학 연구의 저변이 확보됨으로써 북한학의 명맥을 유지할 수 있게 되었고, 통일에 대비한 인적 집단이 충분히 확보됨으로써 통일 이전이나 이후의 문제점, 특히 통일후유증을 최소화할 수 있게 되었다.

사실 1989년 을유문화사가 12권의 북한학 총서를 간행한 이후 이렇다할 북한연구 총서가 나오지 않아 일반인이나 전문가들의 아쉬움이 컸었다. 이러한 기대가 오늘날 『북한의 새인식』(전 10권)이라는 총서가 나오게 된 배경이 되었다. 솔직히 처음 시작할 때는 제대로 책이 나올까 하는 두려움도 없지 않았지만 훌륭한 동료, 후배들의 격려에 힘입어 끝까지 출판을 마무리 할 수 있었다. 책이 나오게 된 지금에 와서 돌아보니,『북한의 새인식』총서 10권의 출판이 북한학의 역사에도 크게 기여하게 되리라는 자부심이 일을 끝까지 마무리할 수 있었던 큰 힘이 아니었나 생각된다.

이 자리를 빌어 모든 난관을 참고 견뎌준 편집책임자 정영철 박사를 비롯해 전영선·이무철·신효숙·고재홍 박사님들께 감사를 드린다. 그리고 출판계의 어려움에도 불구하고 별 이익도 없는 사업에 흔쾌히 출판을 맡아 준 경인문화사 한정희 사장님께 감사드린다. 특히 출판의 타당성을 놓고 망설이고 있을 때 자신감을 불어 넣어준 유영구·정창현 선생에게 무한한 감사를 드린다. 아울러 많은 실무자들이 일을 할 수 있도록 물심양면으로 도와준 최준택 차장님, 정세현·박영규·라종억 박사님들께도 사의를 표한다. 아울러 총서 출간을 위해 지원을 마다하지 않은 미래에셋 최현만 사장님께도 감사드린다. 마지막으로 집필자 선정을 위해 시간을 아끼지 않으신 북한연구학회의 정규섭·고유환·김근식·이기동 박사님들께 감사드린다.

아쉬운 것은 수 천편의 책과 글 중에서 110여 편의 글과 110여 명의 필자들만이 선정되어 좋은 글과 필자들이 많이 빠졌다는 점이다. 여러 가지 이유로 여기에 실리지 못한 연구자들에 대해서는 죄송한 마음을 금할 길이 없다. 지면관계상 또는 필자별·분야별로 안배를 하다보니 많은 우수한 논문들과 필자들이 빠지게 되었다. 다음에 이러한 기회가 있을 때는 보다 정교한 선정작업이 이루어져 모든 글들이 실리기를 바란다. 다시 한번 총서가 나오기까지 물심양면으로 도와주신 수많은 선배·동료·후배님들에게 감사의 마음을 전하고, 이 총서가 수많은 초학자는 물론 기존 연구자들에게도 북한 연구의 좋은 길잡이가 되기를 바라면서 발간사를 가름한다.

2006년 11월
북한연구학회장 **전 현 준**

■ 추천사

동국대학교 교수

북한연구학회가 창립 10주년을 맞아 북한학 총서 『북한의 새인식』(전 10권)을 출간하는 것은 대단히 뜻 깊은 일이다. 학회 창립의 산파역을 맡아 동분서주하던 일이 엊그제 같은 데, 벌써 10년의 세월이 흘렀다. 그 동안 학회는 장족의 발전 속에 북한, 남북관계 등의 영역에서 많은 연구 성과를 거뒀다. 총서 10권을 출간함으로써 이제 학회는 단단한 반석 위에 섰다 하겠다.

사실 북한학 총서는 지난 1989년 을유문화사에서 『북한의 인식』(전 12권)으로 출간된 적이 있었다. 당시의 북한학 총서는 북한 연구의 척박한 현실을 반영하듯, 북한에 대한 각 분야의 소개에 그친 점이 없지 않다. 그럼에도 당시의 『북한의 인식』은 연구자들에게 많은 영향을 미쳤고, 상당한 성과를 거두었다. 그로부터 약 17년의 시간이 흐른 뒤, 남북한은 물론 남북관계에도 많은 변화가 있었다. 가장 큰 변화는 2000년 정상회담과 '6·15 공동선언'의 발표라고 할 수 있다. 이로부터 약 6년의 시간동안 남북한은 과거의 대립과 갈등을 지양하고, 평화와 공존, 번영을 위한 여러 분야에서의 협력을 진척시켜왔다. 그 결과 이제 남북한간에는 무역액 10억 달러 이상, 연간 교류 인원 10만 명을 웃도는 관계 진전을 이루었다. 북한 연구도 이러한 시대적 조류에 맞게 많은 발전을 이룩하였다. 과거 정치와 경제, 군사부문에 한정되던 연구 주제들이 사회, 여성, 가족, 교육, 문화, 과학기술, 외교 등으로 확장되었고, 연구의 질도 심화되었다. 이러한 조건에서 북한학 총서의 발간은 북한학의 새로운 단계로의 발전을 위한 시의 적절한 기획이고, 앞으로의 발전을 위한 단단한 초석이라고 할 수 있겠다.

총 114편의 논문으로 구성된 이번의 총서는 북한의 정치·경제·사회·문화 등 모든 영역을 망라한 국내외 최초의 대규모 기획이다.

1권 '북한의 정치 1'에서 10권 '북한의 통일외교'에 이르기까지 북한 연구의 중요한 주제들을 모두 포괄하고 있다. 필진 역시 원로 학자에서부터 소장 학자에 이르기까지 국내 북한학 연구 인재들을 총망라하였다. 각각의 논문을 그 분야 전문 연구자가 집필함으로써 총서의 무게감을 더한 것도 큰 성과라 할 수 있다. 이러한 성과는 그동안 북한학 연구자들의 저변이 확대된 현실과 그 연구의 질적 심화의 과정을 그대로 보여주고 있는 고무적인 현상이다.

  연구사적 차원에서도 총서 발간으로 이제 국내 북한 연구는 한 획을 그었다고 할 수 있다. 탈냉전 이후 북한 연구를 집대성한 최초이자 최대의 성과이기 때문이다. 이 성과를 바탕으로 학회 창립 20주년이 되는 2016년에는 북한학과 통일학을 망라한 총서 20권의 출간을 기대한다. 북한 연구의 지평을 넓힌 북한학 총서는 북한학 연구에 관심 있는 모든 연구자와 학생들에게 길잡이로서 손색이 없다. 관심 있는 모든 이들에게 일독을 권하는 바이다.

  끝으로 총서 발간을 기획하고 출간을 가능케 한 전현준 회장과 출판을 위해 수고한 연구자들에게 감사를 표하는 바이다.

2006년 11월
북한연구학회 고문을 대표하여
강 성 윤

■ 추천사

통일부 장관

북한연구는 우리 사회의 북한에 대한 인식의 거울이라고 할 수 있습니다. 남북관계의 변화만큼이나 우리의 북한에 대한 이해의 방향과 깊이도 많이 변화되어 왔기 때문입니다.

냉전시기 북한에 대한 연구는 이데올로기적 가치판단에 따라 실증적·과학적 연구가 크게 제약되었고, 그 결과 학문성 자체까지도 의심을 받아온 것이 사실입니다.

그러나 이제 그 시대는 지나갔습니다. 1980년대 후반 한국 사회의 민주화와 세계냉전의 붕괴는 북한 연구에 있어서도 큰 영향을 미쳤습니다. 이데올로기적 편견의 탈피, 실사구시의 강조, 객관적 비교연구, 이런 것들이 북한 연구에서도 본격적으로 나타나기 시작했습니다.

북한연구학회의 창립도 이러한 시대적 흐름과 궤를 같이 하고 있다고 봅니다.

북한연구학회는 지난 1996년 출범한 이래 객관적·실증적이고 학제적인 북한 연구를 통해 북한에 대한 새로운 시각을 제시하는데 앞장서 왔습니다.

이러한 노력의 연장선상에서 북한연구학회 창립 10주년을 맞아 발간한 『북한의 새인식』(전 10권)은 그간의 북한 연구의 결정체이자 국내 북한 연구자들의 땀과 노력이 빚어낸 값진 쾌거입니다.

북한 연구는 다른 연구와 달리 3중고에 시달리고 있습니다. 이분법적 이념의 편견이 여전히 남아 있고, 공신력있는 1차 자료를 획득하는 것이 불가능한 경우가 많고, 경험적이고 실증적인 현장연구가 상당히 제약되어 있다는 것입니다.

『북한의 새인식』은 이러한 3중고 속에서도 북한의 실체에 최대한 가까이 접근하고자 한 학자적 소신과 열정이 녹아 있습니다.

이 10권의 총서는 이러한 어려움 속에서도 북한의 정치・경제・사회문화 등 제반 분야의 과거와 현재, 나아가 미래까지를 아우르고 있다는 점에서 북한 연구에 있어 매우 귀중한 자산이 될 것으로 평가합니다.

북한을 이해한다는 것은 우리 자신을 보다 잘 이해하는 것입니다. 60년간 잊고 있었던 우리의 반쪽을 알아가는 과정입니다.

북한을 정확히 아는 것은 진정한 통일을 위한 첫걸음이기도 합니다. 남북이 하나의 공동체로 나아가기 위해서는 서로에 대해 있는 그대로 인식하는 것이 무엇보다 중요하며, 그러한 바탕 위에서 남북간에 차이를 좁히고 동질감을 확산시키는 부단한 노력이 이루어져야 할 것입니다.

그동안 이 총서가 발간되기까지 많은 수고를 아끼지 않으신 전현준 북한연구학회장을 비롯한 출판 관계자 여러분의 열정과 노고를 높이 평가하며 경의를 표합니다.

이 총서가 북한과 통일에 대해 연구하는 내외의 학자들에게는 소중한 나침반이 되고, 대북정책을 추진하고 있는 정부의 실무자에게는 정책을 수립하고 집행하는 데 있어 유용한 참고서가 될 것입니다.

그리고 일반인에게는 편견없이 북한을 바라볼 수 있는 진솔한 설명서가 될 것으로 기대합니다.

2006년 11월
통일부 장관
이 종 석

■ 추천사

전 통일부 장관

1989년에 국내 한 출판사가 『북한의 인식』(을유문화사)이라는 북한학 총서 12권을 출간한 이후, 17년 만에 북한연구학회가 『북한의 새인식』 총서 10권을 출간하게 되었다. 북한연구학회 회원인 114명의 학자들이 집필한 대작大作이다. 북한에 관한 한 다루지 않은 문제가 거의 없는 것 같다. 먼저 이러한 방대한 연구사업을 기획하고 추진해 온 전현준全賢俊 회장을 비롯한 북한연구학회 임원진의 추진력과 노고에 대해 경의를 표한다.

1989년을 전후해서 북한은 매우 어려운 상황에 처해 있었다. 남북간 체제경쟁은 사실상 오래전에 결판이 났고, 중국의 개혁·개방과 소련의 페레스트로이카·글라스노스트가 속도를 내면서 국제정세가 탈냉전 방향으로 발전하는 동시에 사회주의권은 붕괴되는 상황이었다. 체제생존이 위협받는 상황에서 북한 나름의 자구自救를 위한 노력이 시작되었다. 북한의 모습과 실체가 작은 변화나마 시작했었다는 점에서 1989년에 국내 출판사가 출간한 『북한의 인식』이라는 총서는 북한에 대한 지식과 정보의 갈증을 느끼던 사람들에게 매우 유익한 길잡이 역할을 했다고 본다.

그로부터 17년이라는 시간이 흐르는 동안 국제정세도 변했지만, 남북관계는 가히 '극적인 변화'라고 할 수 있을 정도로 변했다. 남북 정상회담 이후 남북관계가 빠른 속도로 개선되면서 북한도 다른 사회주의국가들처럼 개방·개혁을 시작했고, 북한주민들의 대남인식과 북한사회의 변화도 감지되고 있다. 북한을 제대로 알아야 한반도 평화와 남북관계 개선을 위한 올바른 인식과 정책대안이 나올 수 있다는 점에서 17년 전의 북한학 총서를 수정·보완할 필요는 충분히 있다. 그때의 총서가 당시로서는 훌륭한 역할을 했지만, 최근의 변화 상황까지 설명할 수는 없기 때문이다.

21세기를 맞이하여 북한도 새로운 시각과 관점에서 살 길을 찾고 있다. 변하고 있는 북한을 분석하고 평가하는 데도 새로운 시각과 관점이 필요하게 되었다. 그런데 매사에 지속(continuity)과 변화(change)가 공존하기 때문에 변화의 요소를 보면서도 지속의 요소를 놓쳐서는 안 된다.

이번에 북한연구학회의 북한학총서를 집필한 학자들 중 상당수는 1990년대에 박사학위를 받고 대학과 연구기관에서 가르치고 연구해온 신진학자들이다. 그러나 집필진에는 원로학자도 있고 중진학자도 적지 않다. 신진학자들과 원로·중진이 함께 토의하고 분야를 나누어 집필하여 하나의 총서로 꾸몄으니, 집필진 구성면에서 노老·장壯·청靑 3결합이 조화롭게 이루어진 셈이다. 북한연구학회가 출간하는 총서『북한의 새인식』은 변화된 상황에 맞게 적시에 출간되기 때문에 의미가 크지만, 북한에 대해서 가질 수 있는 편견을 극복하고 북한 실체에 더 가까이 다가갈 수 있도록 집필진이 구성되었다는 점에서도 주목을 받을만하다고 본다.

다시 한 번 북한연구학회의『북한의 새인식』총서 출간을 축하하면서, 북한문제에 관심 있는 분들, 특히 통일 후계세대들에게 이 책을 추천하고자 한다.

2006년 11월
북한연구학회 명예고문을 대표하여
丁 世 鉉

<차 례>

□ 발간사
□ 추천사

서 문
□ 통일 과정에서 여성의 역할을 기대하며 〈백영옥〉 ∥ 1

제1부 북한의 여성과 가족 이해

□ 북한의 가족정책 〈박현선〉 ∥ 7
  1. 직접적 가족정책 ·· 7
  2. 간접적 가족정책 ·· 40
  3. 북한 가족정책의 의미 ·· 48

□ 북한 여성의 위상과 역할 〈윤미량〉 ∥ 55
  1. 서 론 ·· 55
  2. 사회주의체제와 여성 ·· 58
  3. 북한 여성의 위상과 역할의 변화과정 ···························· 66
  4. 북한 체제와 여성의 변화: 조건과 동인動因 ·················· 97
  5. 결 론 ·· 115

□ 북한의 여성노동 정책:
노동계급화와 수평적·수직적 위계를 중심으로 〈박영자〉 ∥ 129
  1. 들어가는 말 ·· 129
  2. 증대: 여성의 노동계급화와 갈등 ···································· 131
  3. 배치: 성별性別 노동력 배치와 수평적 위계 ················ 138
  4. 숙련화: 숙련화 과정과 수직적 위계 ······························ 146
  5. 맺는 말 ·· 154

제2부 북한 여성의 삶

□ 소설을 통해 본 북한여성의 삶:
자아인식·삶의 목표와 가정생활을 중심으로 〈임순희〉 ┃ 169
  1. 머리말 ………………………………………………………… 169
  2. 북한여성의 자아인식과 삶의 목표 ………………………… 171
  3. 북한여성의 가정생활 ………………………………………… 179
  4. 맺음말 ………………………………………………………… 193

□ 북한의 모성이데올로기:
『조선녀성』의 내용분석을 중심으로 〈이미경〉 ┃ 201
  1. 문제제기 ……………………………………………………… 201
  2. 북한의 모성정책, 모성이데올로기 ………………………… 204
  3. 북한의 이상적인 모성상을 통해서 본 모성이데올로기 … 209
  4. 결론: 북한 모성이데올로기의 특징과 기능 ……………… 222

□ 북한의 양성兩性평등 정책의 형성과 굴절
북한여성의 정치사회적 지위 변화를 중심으로 〈박영자〉 ┃ 237
  1. 들어가는 말 …………………………………………………… 237
  2. 양성평등 정책의 형성 ……………………………………… 238
  3. 양성평등 정책의 1단계 굴절: 전쟁과 가국家國일체화 …… 251
  4. 양성평등 정책의 2단계 굴절: 산업화와 위계체제화 …… 256
  5. 맺는 말 ………………………………………………………… 262

□ 일상생활에서 본 북한의 성평등 실태와
여성인권의 문제 〈김석향〉 ┃ 273
  1. 문제의 제기 …………………………………………………… 273
  2. 제도적 측면에서 본 남북한 여성의 지위 비교 …………… 275
  3. 일상적 측면에서 본 북한여성의 지위 …………………… 281
  4. 남녀평등에 대한 북한여성의 "이중적인 인식의 구조" … 295
  5. 맺음말 ………………………………………………………… 298

제3부 경제난 이후 북한의 여성과 가족

□ 북한 경제개혁 이후 가족과 여성생활의 변화 〈박현선〉 ‖ 309
  1. 서 론 ··· 309
  2. 경제현황과 경제개혁 ·· 312
  3. 구조적 변화 요인: 임금 및 물가인상, 배급제 축소 ········ 318
  4. 구조적 문제 발생:
     생활비 증가, 여성 및 가족 부담 강화 ····················· 328
  5. 행위적 위기 대응: 가족책임제의 강화와 여성의 역할 ····· 334
  6. 결 론 ·· 337

□ 식량난이 북한여성에게 미친 영향 〈임순희〉 ‖ 347
  1. 머리말 ··· 347
  2. 식량난 실태 ··· 348
  3. 식량난이 북한여성에게 미친 영향 ····························· 352
  4. 맺음말 ··· 370

□ 경제난이후 북한여성의 삶과 의식변화와 한계:
   탈북 여성과의 심층면접을 중심으로 〈이미경〉 ‖ 377
  1. 문제제기 ··· 377
  2. 연구방법 ··· 379
  3. 북한여성들의 생활 및 생존방식 ································ 382
  4. 북한여성들의 삶과 의식 변화 ···································· 390
  5. 결론: 북한 여성들의 삶과 의식의 변화와 한계 ············· 397

□ 한반도 경제공동체 형성과 여성의 역할:
   남북경협을 중심으로 〈김귀옥〉 ‖ 413
  1. 들어가며 ··· 413
  2. 선행 연구 검토와 연구 방법론 ································· 416

3. 북한의 여성 인력의 특성: 심층면접 결과를 중심으로 ····· 421
4. 경제공동체 형성에서 여성의 역할 제고 방안 ················· 446
5. 맺음말 ··· 451

▫ **찾아보기** ┃ 459
▫ **필자약력** ┃ 469

서문:
통일 과정에서 여성의 역할을 기대하며

백영옥

　북한의 핵실험으로 급변하는 동북아정세와 국제환경속에서 위기를 기회로 삼아 민족의 화해와 평화, 통일을 모색하는 것이 더욱더 절실한 민족적 과제가 되었다.
　통일이 60년 이상 철저히 분단되어서 살아오던 남과 북의 사람들이 함께 어울려 하나의 생활공동체를 만들어 나가는 것이라고 볼 때, 남과 북 사이의 적대의식을 청산하며, 민족화해에 이르는 길을 닦고 한반도에 평화를 정착시키는데 여성의 역할은 매우 중요하다. 이는 여성들이 남북한 인구의 반 이상을 차지하고 있고, 특히 비정치적인 성향이 높으면서 삶의 기본바탕인 생활의 주 책임자이며, 자녀교육을 통해 사회화에 중요한 역할을 담당하고 있기 때문이다.
　남과 북은 지난 세월 서로 다른 생활문화 속에서 살아오면서 이질화를 겪어 왔다. 국토가 남북으로 분단되면서 급속하게 진행된 남북한의 이질화는 이데올로기라는 정치적 동기에서 생성되었지만, 분단이후 체제유지를 위해 비롯된 전통사회의 해체와 새로운 사회로의 재편성과정에서 빚어진 각기 다른 가치관은 자아관, 삶의 목표, 직업관, 결혼관, 전통적 윤리관, 세계관으로 까지 확대되었다. 이에 따라 주체사상과 집단주의, 그리고 남녀평등의 이념을 주요 요인으로 하는 집단중심의 사회 지향적 가치관을 지향하도록 사회화되어 온 북한여성들과 자아중심의 개인 지향적 가치관을 지향하는 남한여성들과는 차이점이 많았다.

이러한 이질화는 남북 상호간의 오해와 불신을 낳아왔으며 앞으로도 통일의 과정에서나 통일 후 남북한의 내적 통합을 이루는데 주요 장애 요인으로 작용할 것으로 예상된다. 우리보다 먼저 통일을 이룬 독일, 베트남, 예멘의 경우 사회통합과정에서 여성들이 가장 큰 피해집단중의 하나가 되었으며, 이에 따른 후유증이 매우 심각하기 때문이다.

따라서 민족이 화해하고 번영하는 통일을 이루기 위해선 남북간의 이질화 극복과 동질성회복이 선행되어야 할 것이다. 특히 가치관은 인간 상호작용의 산물이며 습득되는 것이고 공유되는 것이다. 또한 가치관 형성의 주요요인들 가운데 하나는 오랜 기간에 걸친 사회화 과정이다. 여성들은 자녀교육을 통해 사회화에 중요한 영향을 주고 있어 새로운 가치관 형성에 여성의 역할은 매우 중요하다. 이러한 여성의 역할을 통해 바람직한 통일에 기여하기 위해선 우선 북한여성에 관한 연구가 매우 필요하다. 아는 북한여성에 관한 연구를 통해 북한여성의 삶에 대하여 보다 정확하게 인식하고, 북한여성들을 이해함으로써 민족동질성을 회복하고, 남북한의 여성생활 속에 형성된 이질성을 극복하며, 서로 다른 경험과 현실을 보완하여 보다 나은 통일을 준비하는데 기여할 수 있기 때문이다.

그 동안의 북한관련 연구는 1950년대 후반 국가안보와 국가 정책적 요구에 의한 연구로 시작되어 정치, 외교, 경제, 군사 부문에 치중하였으나, 1980년대 이후 다방면의 학문분과와 다양한 시각이 북한연구에 참여하게 되면서 북한여성에 관한 체계적인 연구도 시작되었으나 북한연구의 타 분야에 비해 부진한 편이며 기초자료 축적도 미흡한 실태이다. 2000년 남북정상회담이후 제한된 범위지만 남북 여성들의 교류가 활성화되고, 탈북여성의 수도 급증하면서, 직접 자료에 의한 사실 확인이 가능해져, 북한연구학회를 중심으로 여성학자들의 북한여성에 관한 연구의 학제간 교류와 협동연구가 활성화되고 있다.

이 책은 이러한 북한연구학회 여성학자들의 학문적 활동을 반영한 것으로, '북한의 여성과 가족이해', '북한 여성의 삶', '경제난 이후 북한의 여성과 가족'의 3장으로 나누어서 구성되었다. 제1장 '북한의 여성과 가족이해'에서는 사회주의 정권수립 초기 북한당국이 취한 '혁명적' 여성정책, 노동정책 그리고 1990년 가족법이후의 북한의 가족정책에 대한 현재적 평가와 분석을 중심으로 변화하는 여성의 역할과 지위를 다루고 있다.

제2장 '북한여성의 삶'에서는 북한소설에 나타난 북한여성의 자아인식, 삶이 목표와 가정생활을 분석해 남북한 여성의 가치관에 이질적인 요소들보다 동질적인 요소들이 더 많으며, 남북한 여성들 사이에는 보다 수월한 상호 이해와 신뢰감 형성의 소지가 마련되어 있음을 보여주고 있다. 북한의 모성이데올로기연구는 북한의 모성이데올로기는 일반적인 모성이데올로기와 달리 여성의 활동영역을 제한하는 것은 아니었다 해도 결과적으로 성별분업 구조와 가부장제적 질서 유지에 기여한 것으로 분석하고 있다. 북한의 양성평등 정책의 형성과 굴절에서는 어떠한 역사적 과정을 통해 초기의 양성 평등성이 불평등성으로 전환되었는지를 정치사회사적 맥락에서 밝히고 있다. 일상생활에서 본 북한의 성평등 실태와 여성인권의 문제에서는 남녀평등에 관한 북한여성의 이중적인 인식구조의 문제를 제기하고 있다.

제3장 '경제난 이후 북한의 여성과 가족'에서는 경제난이 북한여성

들에게 미친 영향과 이로 인해 초래된 북한여성의 역할 및 의식변화와 의식변화의 한계에 관해 문헌연구와 새터민 심층면접을 통해 접근하고 있다. 또한 북한이 경제난을 타개하기 위한 2002년 「7·1경제관리개선조치」 이후의 경제개혁조치들이 가족과 여성의 삶에 미친 영향을 분석하고, 남북경협에서 보여진 북한 여성노동자들의 역할과 남북경협을 통하여 경제공동체를 수립하는데 있어서 여성의 역할을 제고하기 위한 방안을 모색하고 있다.

이러한 연구 결과는 남성들이 중심역할을 수행하는 통일논의에서 탈피하여 정책수용자가 아닌 정책입안자로서의 여성의 역할에 기대를 걸게 하고 있다. 앞으로도 치열한 학문적 공방과 학술적 교류를 통해 실증적이며, 과학적인 연구 성과를 내고 구체적인 전략을 제시할 수 있기를 기대한다.

의욕과 학구적 태도가 진지한 여성학자들이 함께 의견을 나누며, 연구하고, 준비한 논문들을 묶어 발간한 이 책은 북한여성과 가족에 관한 저술이 많지 않은 상황에서 북한학과 통일에 관심을 갖는 대학생들 및 일반인들에게 좋은 교과서 역할을 할 것이다.

제1부
북한의 여성과 가족 이해

박현선　북한의 가족정책
윤미량　북한 여성의 위상과 역할
박영자　북한의 여성노동 정책
　　　　노동계급화와 수평적·수직적 위계를 중심으로

북한의 가족정책

박 현 선

1. 직접적 가족정책

　사회주의사회에서 가족은 혁명의 최소단위이자, 사회적 생존의 단위로 작용한다. 가족에 관한 사회주의적 인식은 사회 세포로서의 가족이 건강하고 제 기능을 다해야 전체 사회도 건강하다는 것이다. 따라서 국가에게는 가족을 실현·보호·강화해야할 의무가 있고, 가족에게는 사회주의 건설과 사회 재생산을 담당해야할 사회적 의무가 있다. 국가는 가족을 보호하고, 가족은 사회에 복무하는 관계로 규정된다. 북한 「조선민주주의인민공화국사회주의 헌법」 제78조와 「조선민주주의인민공화국 가족법」 제2조, 제3조는 국가가 '사회의 기층생활 단위'인 가족을 공고히 하고 '결혼과 가족'을 보호해야 한다는 것을 명시하고 있다.
　북한은 이러한 인식 아래 여타의 현실사회주의 국가와 같이, 온정적 가부장제(paternal patriarchy)[1]에 의해 국가 주도의 가족정책[2]을 추진하고 있다. 가족정책은 두 가지 방향에서 진행된다. 하나는 가족의 사회적 역할을 유인·독려하는 정책이고, 다른 하나는 국가의 가족보호 의무를 실현하는 정책이다. 전자는 가족제도 자체에 영향을 주는 직접적 가족정책이고, 후자는 가족제도의 경제적 조건에 영향을 주는 간접적 가족정책이다. 이러한 분류는 본 연구자가 연구주제에 맞춰 시도한 분류방법이다. 직접적 가족정책은 가족의 재생산기능을 강화하는 정책이고, 간접적 가족정책은 가족의 재생산 '조건'을 보장함으로써 가족의 재생산 '기능'을 돕는 정책이다.

직접적 가족정책은 첫째, 가족의 이데올로기적 기능 강화정책, 둘째, 경제적 기능 강화정책으로 나눌 수 있다. 가족의 이데올로기 재생산 기능 강화정책은 가족혁명화3)정책을 의미하며, 경제적 재생산 기능 강화정책은 가족의 부양의무 강화정책을 의미한다.

간접적 가족정책은 가족생활보장정책으로 광의의 사회복지정책을 의미한다. 그 내용은 첫째, 가족의 '기본생활보장', 둘째, 가족의 좀 더 향상된 생활조건을 마련하는 '사회보장' 등이다. 이상의 가족정책을 분류하면 다음과 같다.

직접적 가족정책: 가족의 사회적 재생산기능 강화정책

① 가족의 이데올로기적 기능 강화정책: 가족혁명화
② 가족의 경제적 기능 강화정책: 가족의 부양 의무 강화

간접적 가족정책: 가족생활보장정책 - 사회복지정책

① 기본생활보장정책
② 사회보장정책

북한에서의 가족정책의 일차적·명시적 목표는 가족의 보호와 실현이지만, 궁극적인 목적은 가족의 보호와 실현을 통한 사회의 안정과 사

회주의 건설에 있다. 가족정책의 목표는 체제의 목표에 따라 달라질 수 밖에 없다. 사회주의혁명과 체제보존이라는 체제 목표에 따라 가족정책은 가족을 사회혁명과 안정에 '복무'하는 제도로 만들고자 한다. 사회주의권의 변화와 경제난 이후 북한은 사회주의 보존이라는 현실적인 체제 목표 아래 더욱 가족을 사회 안정과 유지에 기여하는 제도로 강화하려고 한다. 이러한 목표에 따라 두 가지 가족정책이 추진되고 있다.

1) 국가-가족-개인의 관계

현실사회주의는 가족을 사회의 기본세포로 규정한다. 가족은 결혼과 육친적 관계에 기초하여 생활을 함께 해나가는 생활단위[4]이며, 여기서 결혼은 가족구성의 '출발'의 계기로, 혈연은 가족조직의 '확대'적 계기로 작용한다.

북한에서 가족은 '결혼이나 가장 가까운 핏줄관계에 기초'[5]하여 '현실적으로 가족생활을 공동으로 영위하는 일정한 범위 내의 친족'[6]을 의미한다. 친족의 범위가 일률적으로 규정되어 있지 않지만, 부양의무자를 '3촌내의 방계혈족과 그 배우자'[7]까지 포함하고 있는 점에 비추어, 3촌 내의 부계·모계 혈족과 그 배우자까지로 해석할 수 있다. 혼인에 의해 배우자와 상대방 배우자의 혈족 사이에 친족관계가 발생되는 것을 인정하고 있다.[8]

보통은 북한에서 가족이라 하면 '부부, 친자, 형제자매, 조부'[9]관계를 의미하며, 경우에 따라 장인·장모, 사위, 시부모, 며느리 등을 포함[10]하기도 한다. 따라서 가족 성원들의 관계를 '부부관계-부모자녀관계-기타 가족성원들의 관계'로 삼분할 수 있다. 기타 가족성원 관계는 조부모와 손자녀, 증조부모와 증손자녀, 형제자매, 시부모와 며느리, 장인·장모와 사위, 삼촌·숙모와 조카·질녀 등의 관계를 포함한다.[11]

이러한 가족은 개인, 국가와의 관계에서 이념적으로 조화로운 삼자관계를 형성한다. 사회주의에서 개인은 해방적 인간으로, 가족이나 국가 등의 집단 속에서 자기를 실현하는 존재이며, 가족과 국가는 개인의 권리를 보장한다는 것이다. 사회주의에서 '개인-가족-국가'는 이른바 '삼위일체적·유기체적 통일체'를 형성하며, 가족의 이익과 사회 및 국가의 이익이 상호 결합되는 것으로 인식된다.[12] 북한은 개인주의가 아닌 집단주의를, 다원주의가 아닌 집단의 단일화를 향해 사회 전체를 공산주의적 가족, 즉 '사회주의 대가정'으로 변화시키려 하는 것이다. 중국도 문화혁명 당시 "국가는 하나의 가정"이라는 구호를 내걸었다.

그렇지만 현실에서는 개인의 이익보다는 집단의 이익을 중요하게 생각하는 '집단주의 원칙'에 의해 개인보다는 가족이, 가족보다는 국가가 중요하게 자리 잡는다. 사회주의 국가는 지배의 단위를 개인보다는 가족으로 인식함으로써 가족이 사회통합에서 차지하는 의미를 강화해나간다. 가족은 혁명의 최소 단위이자 사회적 생존의 기본 단위로 존재한다. 북한 체제의 위기상황에서도 가족이 곧바로 국가의 경제적 분배시스템이 마비된 자리를 대체할 수 있는 것도 이 같은 가족의 존재조건이 작용한 것이기도 하다. 앞서 지적한 바와 같이 체제목표에 따라 가족정책이 달라지고, 그 가족정책에 따라 가족의 모습도 변화 가능한 것이다.

탈북자 설문조사결과[13]를 바탕으로 북한인민들의 의식, 국가이데올로기-인민의식-인민생활간의 관계, 인민의 체제 및 생활만족도 등을 살펴봄으로써 국가, 가족 및 개인생활을 규명하면 다음과 같다.

(1) 사회주의와 가부장제에 대한 인민의식

북한 가족을 이해하는 주요개념은 사회주의와 가부장제이다. '이론'으로서의 사회주의가 아니라 '현실'로서의 사회주의 사회에서 살아가는 가족의 사회주의적 특성과 가부장제적 특성을 그 분석개념으로 한다.

역사적으로 존재한 현실사회주의는 마르크스가 지적했던 원론적 사회주의와 다르다는 점을 강조할 필요가 있다. 현실 사회주의의 체제논리 속에 이미 가부장제적인 속성이 내포되어 있다.

현실사회주의는 발전과정에서 세 가지 기본형, 즉 혁명적 이행기 체제, 고전적 사회주의 체제, 개혁사회주의 체제의 세 가지 모델로 구분 가능하다.14) 혁명적 이행기 체제는 자본주의에서 사회주의로 전환된 체제로서, 반드시 고전적 사회주의로의 길을 제시해야 한다. 그러나 고전적 체제가 필수적으로 개혁사회주의 체제로 전환한다는 것은 아니다. 예를 들어 동독이나 체코슬로바키아는 고전적 사회주의에서 바로 후기 사회주의 체제로, 즉 사회주의 체제에서 자본주의 체제로 전환되었다.

여기서 논의의 중심은 고전적 체제로, 이는 스탈린적 모델을 원형으로 삼는 체제를 의미한다. 고전적 체제는 소련의 신경제정책(NEP) 시기 이후 및 중국의 문화혁명 시기의 체제가 여기에 해당한다. 개혁사회주의 체제는 시장요소의 도입 등을 통해 고전적 체제로부터 벗어난 개혁 체제를 의미한다. 북한은 중·소분쟁 과정에서 '외교에서의 주체'를 주장했지만, 스탈린적 모델을 적용한 고전적 체제를 그대로 유지하였다.15) 북한은 최근 부분적인 경제개방 노선을 추구하고, 2002년 7월 '7·1경제관리개선조치'(이하 7·1조치로 약칭)에서 시작된 경제개혁을 단행하고 있지만 여전히 정치적인 사회주의 체제를 고수하여 고전적 사회주의의 특성을 내포하고 있다. 현재 북한은 고전적 사회주의에서 개혁사회주의로의 전환시기에 있다.

따라서 현실사회주의 체제 모델 중에서도 고전적 사회주의 체제의 특성을 일반화한다면, 이를 기준으로 북한가족의 사회주의적 특성과 가부장제적 특성의 수준을 파악할 수 있을 것이다. 북한가족 연구와 관련된 고전적 사회주의 체제의 일반성을 정리하면 다음과 같다.

고전적 사회주의 체제는 가부장제적 사회주의의 특성을 보이고 있다.

이는 가부장제라는 이념과 사회주의라는 체제논리가 함께 작용하는 것을 의미한다. 여기서 사회주의라는 체제원리가 가부장제라는 성체계보다 일차적이다. 즉 가부장제적 사회주의란 '혁명을 통해 획득한 평등이라는 사회주의적 원리 위에서 성차별적 가부장제의 특성이 관철되는 제도'를 의미한다. 가족과 사회의 관계에서 볼 때, 특정 사회의 가부장제적 사회주의의 성격은 가족의 재생산을 통해 가부장제적 사회가 재생산됨으로써 나타난다. 가부장제적 사회주의 사회에는 세 가지 수준의 가부장제가 존재한다.

첫째, 공적 가부장제는 국가적 수준에서 행해지는 가부장제를 의미한다. 북한에서 공적 가부장제는 온정주의적 가부장제, 사회주의 대가족大家族논리에 의해 유지된다. 둘째, 가족 영역을 제외한 사회 내에 존재하는 사회적 가부장제는 경제적, 사회적, 문화적으로 존재하는 가부장제를 의미한다. 셋째, 사적 가부장제는 가족내의 가부장제로 가족에서 여성을 직접, 간접적으로 통제하는 가부장제에 의해 지배되는 가부장제를 의미한다.

본 연구는 북한 가족에서 나타나는 사회주의성과 가부장제성의 상관성을 파악하기 위해 30개 항목으로 구성된 '사회주의와 가부장제 특성 분석지표'를 만들었다. 이러한 30개의 분석지표를 통해 북한인민들이 북한 체제와 가족에 대해 갖는 사회주의적 의식과 가부장제적 의식을 분석할 수 있다. 조사를 위해 사회주의 이념이나 사회주의 우월성 등의 '체제'에 관한 항목, 가족 구조・재생산 기능・관계 등의 '가족제도'에 관한 항목, 공적・사적 연결망 등의 '사회연결망' 항목으로 30개의 항목을 구성했다.

이러한 30개의 항목을 요인분석하여 두 개의 변인으로 분류하였다. 그 결과 14개의 항목은 사회주의적 특성을 나타내는 변인으로, 16개의 항목은 가부장제적 특성을 나타내는 변인으로 구성되었다. 사회주의적 특성을 '사회주의성'이라 하고, 가부장제적 특성을 '가부장제성'이라 부르기로 한다. 사회주의성으로 분류된 항목과 가부장제성으로 분류된 항목을 내용별로 정리하면, 사회주의성은 ⅰ) 사회주의 체제의 원칙과 이념, ⅱ) 사회복지, ⅲ) 국가-가족관계 의식, ⅳ) 남녀평등, ⅴ) 공적 연결망 등으로 구성되고, 가부장제성은 ⅰ) 가족 우선성, ⅱ) 성역할고정성, ⅲ) 부부관계, ⅳ) 부자관계, ⅴ) 사적 연결망(친족연결망) 등으로 구성된다.

30개 항목에 대한 탈북자 165명의 설문조사결과에 대한 신뢰도를 검증한 결과 사회주의성의 신뢰도는 $\alpha=0.8770$, 가부장제성의 신뢰도는 $\alpha=0.7052$로 신뢰도가 모두 높게 나왔다. 요인별 빈도를 구한 결과 사회주의성의 평균은 44.70, 가부장제성의 평균은 55.03으로, 사회주의성은 평균(50.00) 이하인데 반해 가부장제성은 평균 이상을 차지하고 있다. 결국 북한의 체제 및 가족제도에 대한 인민들의 이데올로기는 평균 이하의 사회주의성과 평균 이상의 가부장제성을 그 특성으로 하고 있다는 것을 알 수 있다. 상호 모순적일 수밖에 없는 사회주의성과 가부장제성이 공존하는, 그것도 사회주의 체제에 가부장제성이 더 많이 존재하고 있는 것이 바로 북한의 현실이다. 구체적인 내용을 보면 다음과 같다.

첫째, 사회주의성으로 분류되는 사회주의이념과 사회복지 등에 대한 의식은 높지만, 남녀평등의식, 공적 연결망에 대한 의식은 모두 낮다. 사회주의 이념 중에는 '김일성 수령에게 충성해야 한다'는 의식에 대한 긍정률(72.4%)이 가장 높고, 다음이 김정일 지도자에 대한 충성(61.7%), 북한사회주의 체제의 고수(61.3%) 등으로 나타나고 있다.

반면 '강반석·김정숙 여사를 본받아야 한다'는 생각에 대해서는 38.5%만이 긍정하고 있다. 그러나 이에 대한 남성과 여성에 따른 성별 차이($P<.001$)가 유의미하게 나타나, 남성은 32.8%만이 지지하고 있는데 반해, 여성들은 58.3%가 지지하고 있다. 여성들의 지지도가 높은 것

은 이들이 '조선민주녀성동맹'(이하 여맹으로 약칭), 어머니학교 등에서 '강반석·김정숙 여사를 따라 배우자'에 대한 교육을 꾸준히 받아왔기 때문이다.

체제나 수령 및 지도자에 대한 충성의식이 높은 것은 사회주의 이데올로기의 내면화를 의미하는 것이기도 하고, 최근의 탈북자들이 정치적 이유보다는 경제적 이유로 북한을 이탈한 것임을 입증하는 것이기도 하다.

둘째, 가부장제성으로 분류되는 의식에 대해서는 사적 연결망을 제외하고는 모두 높은 수준을 유지하고 있다. 특히 성역할고정성에 대한 의식이 가장 높아 가족의 주인은 가장이고(93.9%), 남편에게 순종하고(86.5%), 가족에서 남녀 역할에 차이가 있을(82.3%) 뿐 아니라, 사회에서도 남성과 여성에 따라 역할이 다르다(80.9%)는 의식 등은 모두 80%에서 94%까지의 높은 지지율을 보이고 있다. 특히 가장권에 대해 절대적인 지지를 보내고 있음을 알 수 있다. 반면 남성과 여성 간에 차이가 존재한다는 의식은 긍정(30.2%)과 부정(34.6%)이 비슷한 수준으로 낮게 나타나고 있다.

부자관계와 관련하여 부부관계보다 부자관계를 중요하게 인식하는 비율(65.5%)이 높고, 아들이 꼭 있어야 한다(68.7%)는 부계가문에 대한 의식 및 결혼하면 장남이 부모를 모셔야 한다(79.8%)는 부모부양의식 등도 높은 수준을 유지하고 있다. 부모부양의식은 높은 반면 자녀가 결혼 후에도 부모로부터 정신적(38.9%), 물질적(25.3%) 도움을 받아야 한다는 의식은 낮아 전통적인 가족주의 의식이 존재하고 있다는 것을 알 수 있다. 한국사회에서 중산층 이상 가족에서 발견할 수 있는 부모세대가 결혼한 자녀를 지원하는 현대적 의미의 가족주의와 비교할 수 있는 대목이다.

그런데 이러한 가부장제성에서 특이한 것은 제사와 상속에 대한 의식이다. 원칙적으로 상속의 개념에는 제사상속과 재산상속 양자가 포함되지만, 보통은 재산상속을 상속으로, 제사상속을 제사로 표현한다. 북한은 1946년 8월에 호주제를 폐지하고 이를 한국의 주민등록증과 같은 공민증 제도로 대치하고, 1958년 8월 '생산관계의 사회주의적 개조 완수'로 사유재산이 없어져 더 이상 구조적으로 상속이 존재하는 않는 조건이 형성되었다. 그렇지만 1990년에는 「조선민주주의인민공화국 민법」과 「조선민주주의인민공화국 가족법」에서 각각 '소유권제도'와 '상속'에 관한 규정을 통해 개인재산권과 재산상속을 제도화하였다. 북한은 1960년대 말부터 1970년대 초까지 '사회주의 생활양식'에 위배된다는 명분으로 제사를 금하였다. 1974년 1월 13일 김일성이 전국농업대회에서 한 연설을 통해 제사는 '죽은 사람을 잊지 않기'위해서 한다고 언급한 이후로, 제사에 대해 허용적 태도를 보이기 시작했는데, 단 그 방법이 간소해야 한다는 제한을 두었다. 1988년에는 추석을 휴무일로 지정하기까지 한다. 국가에서 제사를 금지했던 기간에도 인민들 사이에서는 제사나 추석의 명백이 유지되었다고 한다.

재산상속이 가능해지고 제사가 허용된 소선에서 딸보다 아들에게 더 많은 재산을 상속해주어야 한다고 생각하는 사람은 전체의 52.8%인데 반해, 조상에 대해 제사를 지내야 한다고 생각하는 사람은 전체의 80.9%나 차지하고 있다는 것이다. 재산상속과 관련해서는 경제난 이후 자녀들에게 재산을 물려줄 만큼 경제적 여유가 있는 사람이 많지 않기 때문에, 현실적인 사안이 아니어서 아들이냐 딸이냐 보다는 상속 자체에 대한 의식을 하기 어려운 점이 작용한 것이라고 평가할 수 있다. 반면 제사의식이 이처럼 높은 것은 어려운 현실적 조건에서, '조상에게 제사를 잘 지내면 자손이 현세에 잘살 수 있다'는 의식을 반영한 것이라 할 수 있다.

셋째, 사회연결망을 따로 분석해 보면 다음과 같다. 사회연결망은 사적 연결망과 공적 연결망으로 분류되고, 사적연결망에는 친족·이웃·친구관계 등이 포함되고, 공적 연결망에는 직장·사회단체·국가와 당 등이 포함된다. 사회연결망 중에는 '어려울 때 친구로부터 도움을 받아야 한다'에 그렇다고 응답한 비중이 가장 높아 63.2%를 차지하고, 다음이 직장(59.5%), 친척(41.7%)과 이웃(41.6%) 등으로 나타나고 있다. 부모로부터 물질적 도움을 받는다(25.3%)는 의식은 낮은 비중을 보이고 있다. 사회연결망 지원에 대한 의식이 높은 비율부터 순서대로 나타내면 친구>직장>친척>이웃>부모>사회단체>국가와 당 등이다.

북한에서는 어려울 때, 바로 옆에서 도움을 줄 수 있는 친구나 직장, 친척과 이웃으로부터 도움을 받으려 한다는 것을 알 수 있다. 이는 앞서 부모부양의식에서 지적하였듯이 부모에게 도움을 받기보다는 도움을 주려는 경향을 의미하는 것이다. 또한 국가나 사회단체의 원조를 기대하지 않는 것은 경제난 이후 국가가 식량과 임금 등을 지급하지 못하는 상황, 즉 국가의 분배시스템이 마비된 상태에서 국가나 사회의 지원이 불가능한 현실을 반영한 당연한 결과이다. 이상의 내용을 정리하면 다음의 <표 1>과 같다.

<표 1> 사회주의와 가부장제에 대한 인민의식 비교

구 분		항 목	응답률(%)			계(%)	평 균 (Me-an)
			아니다	그저 그렇다	그렇다		
사회주의성	사회주의체제·이념	사회주의 체제를 고수해야 한다	21.5	17.2	61.3	100.0	44.70
		당에 충성해야 한다	17.7	16.5	65.9	100.0	
		김일성 수령에게 충성해야 한다	18.4	9.2	72.4	100.0	
		김정일 지도자에게 충성해야 한다	25.3	13.0	61.7	100.0	
		강반석·김정숙 여사를 본받아야 한다	37.9	23.6	38.5	100.0	
		개인이익보다 집단이익이 중요하다	33.3	15.8	50.9	100.0	
		물질적 풍요보다 정신적 풍요가 중요하다	40.9	22.0	37.2	100.0	
	사회복지	국가가 인민 생활과 복지를 책임진다	30.7	17.8	51.5	100.0	
	국가와 가족관계	국가가 가족보다 중요하다	58.8	15.8	25.5	100.0	
	남녀평등	남성과 여성은 평등하다	39.4	21.8	38.8	100.0	
		여성은 국가에 의해 해방된다	31.5	26.5	42.0	100.0	

가 부 장 제 성	공적연결망	어려울 때 직장의 도움을 받아야 한다	16.0	24.5	59.5	100.0	55.03
		어려울 때 사회단체의 도움 받아야 한다	42.6	25.9	31.5	100.0	
		어려울 때 국가·당의 도움 받아야 한다	50.3	18.0	31.7	100.0	
	가족우선성	이혼은 어떤 경우에도 해서는 안된다	20.7	12.2	67.1	100.0	
	성역할고정성	남성과 여성간에는 차이가 있다	34.6	35.2	30.2	100.0	
		가족의 주인은 가장이다	4.3	1.8	93.9	100.0	
		가족내 성역할에 명확한 구분이 있다	8.5	9.1	82.3	100.0	
		가족밖 성역할에 명확한 구분이 있다	9.9	9.3	80.9	100.0	
	부부관계	부인은 남편에게 순종해야 한다	8.6	4.9	86.5	100.0	
	부자관계	부부관계보다 부자관계가 중요하다	16.0	18.4	65.6	100.0	
		아들은 꼭 있어야 한다	17.2	14.1	68.7	100.0	
		딸보다 아들이 많은 유산을 받아야 한다	27.7	19.5	52.8	100.0	
		조상에 대한 제사는 반드시 지내야 한다	8.6	10.5	80.9	100.0	
		결혼하면 장남이 부모를 모셔야 한다	15.3	4.9	79.8	100.0	
	사적연결망: 친족유대성	결혼후 부모의 정신적 도움을 받아야 한다	30.2	30.9	38.9	100.0	
		결혼후 부모의 물질적 도움을 받아야 한다	48.1	26.5	25.3	100.0	
		어려울 때 친척의 도움을 받아야 한다	33.7	24.5	41.7	100.0	
		어려울 때 이웃의 도움을 받아야 한다	26.7	31.7	41.6	100.0	
		어려울 때 친구의 도움을 받아야 한다	11.0	25.8	63.2	100.0	

* 사회주의성 신뢰도 α=0.8770, 가부장제성 신뢰도 α=0.7052

    탈북시기별 의식의 차이에 대한 T-Test 결과 사회주의성이나 가부장제성 모두 유의미한 값이 나오지 않았다. 그러나 탈북시기별 Chi-Square(P값)는 조상에 대한 제사의식과 결혼한 후에도 부모로부터 물질적, 경제적 도움을 받아야 한다는 의식에서 유의미한 차이를 다음 <표 2>와 같이 보이고 있다.

<표 2> 탈북시기별 제사 및 부모지원에 대한 의식 (단위: %)

항 목		탈북 시기		P
		93년 이전	94년 이후	
조상에 대한 제사는 반드시 지내야 한다	① 아니다	21.4	6.0	**
	② 그저 그렇다	21.4	8.2	
	③ 그렇다	57.1	85.8	
계		100.0	100.0	

결혼후 부모의 물질적 도움을 받아야 한다	① 아니다	44.4	48.9	*
	② 그저 그렇다	44.4	23.0	
	③ 그렇다	11.1	28.1	
계		100.0	100.0	

*P<.05 **P<.01

　1994년 경제난 이후, 부모의 물질적 지원에 대한 의식 증가는 자연스러운 현상으로 해석될 수 있다. 구분해야 할 것은 앞서 지적했듯이 부모의 도움을 받아야 한다는 비중 자체는 다른 사회연결망보다 적은 비중을 차지하지만, 경제난 이전과 비교했을 때, 경제난 이후 그 비중이 유의미한 변화를 보이고 있다는 것이다. 국가가 모든 인민에게 적용하던 분배원칙이 사라진 상태에서 부모의 지원 여부가 식량난 해결의 열쇠가 될 수 있다. 그 일례로 본 연구에서 실시한 심층사례연구[16]의 한 대상자(36세 여성, 1996년 탈북, 인민반장 출신)는 그의 친정 부모가 미국의 외할머니로부터 분기별로 500달러를 지원 받고, 그 돈을 결혼한 자녀를 포함하여 모든 자녀들에게 나누어줌으로써, 30여 명에 달하는 모든 일가가 제2경제 활동(사경제활동)을 하지 않고도 고기까지 사먹으며 편안하게 살 수 있었다고 한다.

　경제난 이후 제사의식이 증가한 이유는 다음과 같다. 국가분배시스템이 원활하게 돌아갈 때는 직장, 식량, 배급 등이 국가에 의해 분배되기 때문에 동일한 계층 내에서는 비슷한 생활수준을 유지할 수 있었다. 그러나 국가분배시스템이 마비된 상태에서 개인들이 가족단위로 생활을 보장해야 하는 상황에서는 개인과 가족의 능력에 따라 삶의 형태 자체가 달라지는 것이다. 가족단위로 제2경제 활동, 즉 장사나 부업을 해도 그 품목과 시기, 장소 등에 따라 그 결과는 차이가 있지만, 북한인민들은 그 격차를 '조상의 음덕'에서 기인하는 것으로 인식하였다. 불안한 생활조건 속에서, 인민들은 오랫동안 제도적으로 금지되었던 종교보다는 그들에게 익숙한 조상을 향해 무엇인가를 강구하게 된 것이라고 볼 수 있다. 따라서 북한인민들은 경제적 형편이 받쳐주지 않더라도, 특히 추석에는 평상시보다 20~30% 정도 비싼 장마당 가격에도 불구하고 술, 과일, 수산물 등을 준비하는 형편이다.

(2) 국가의 목표 - 가족의 생활 - 개인의 행복
① 국가이데올로기와 인민생활의 관계

북한인민들이 국가에 대해 어떤 의식과 행동을 보이는가를 파악함으로써 의식과 실천의 관계를 규명할 수 있을 것이다. 즉 당의 전일적 지배가 이뤄지는 사회주의 체제인 북한에서의 '국가이데올로기 - 인민의식 - 인민생활'의 삼자관계를 보면 공식이데올로기와 인민들의 의식과 행동 간의 간극이 분석되고, 이를 통해 공식담론과 이를 받아들이는 인민들의 의식과 실천이라는 현실간의 관계를 규명할 수 있다는 것이다. 이 문제를 설문조사결과로 풀어보면 다음과 같다.

첫째, 북한 정권이나 당이 가장 강조했던 국가 이데올로기에 대한 질문에 대해 응답자들은 수령과 지도자에 대한 충성(77.8%), 사회주의 체제와 당에 대한 충성(21.5%), 주체사상 학습 및 실천(0.6%)이라고 답하였다. 수령과 지도자, 체제와 당, 주체사상 외에는 전혀 응답하지 않음으로써 북한 국가 이데올로기의 강조점을 그대로 드러내고 있다. 특히 김일성 수령과 김정일 지도자에 대한 충성이 77.8%를 차지하고 있어 북한이 체제나 당에 대한 충성보다도 수령과 지도자에 대한 충성을 강조하고 있음을 알 수 있다. 이를 앞의 <표 1>에서 나타나는 인민들의 수령(72.4%)과 지도자(61.7%) 대한 충성도와 비교하면, 인민들의 수령에 대한 인식(72.4%)은 국가이데올로기가 강조하는 것(77.8%)과 거의 비슷한 수준이지만, 인민들의 지도자에 대한 인식(61.7%)은 국가이데올로기가 강조하는 것(77.8%)보다 15%이상 떨어지고 있다는 것을 알 수 있다.

둘째, 인민들이 가장 중요하게 생각하는 점, 즉 인민의식을 보면, 체제·당에 대한 충성(14.6%)과 수령·지도자(10.8%)에 대한 충성으로 인식한 비중은 25.4%인 반면, 가족의 생계유지(42.7%)와 화목한 가족생활(7.0%)로 인식한 비율은 49.7%로 절반 정도를 차지하고 있다. 인민들에게는 당이나 수령이 아니라 가족이 가장 중요한 존재로 자리잡고 있는 것이다. 어려운 경제난을 반영하듯 가족의 생계유지를 가장 중요하게 인식하고 있다. 반면 자신의 행복에 대해서는 4.5%만이 중요하게 인식하여, 개인보다는 가족이나 국가를 중요하게 생각하고 있다는 것을 알 수 있다.

셋째, 인민들이 실제로 가장 많은 노력을 들인 점, 즉 인민생활을 파악하면 체제·당에 대한 충성(8.9%)과 수령·지도자에 대한 충성(5.1%), 주체사상 학습 및 실천(5.7%) 등이 19.7%에 불과한데 반해 가족의 생계유지(52.2%)와 화목한 가족생활(6.4%)은 58.6%로 절반 이상을 차지하고 있다. 나 자신의 행복에 노력을 기울인 사람은 7.0%를 차지한다. 이상의 '국가이데올로기 - 인민의식 - 인민생활'의 관계를 비교하면 다음 <표 3>, <그림 1>과 같다.

<표 3> 국가이데올로기 - 인민의식 - 인민생활 비교

내 용	국가이데올로기	인민의식	인민생활
① 체제 및 지도자에 대한 충성	100.0	25.4	19.7
② 정치·사회단체 활동	0.0	5.1	0.6
③ 직장생활	0.0	8.9	10.2
④ 공동체·친척	0.0	6.4	3.8
⑤ 가족생활	0.0	49.7	58.6
⑥ 개인의 행복	0.0	4.5	7.0
계	100.0	100.0	100.0

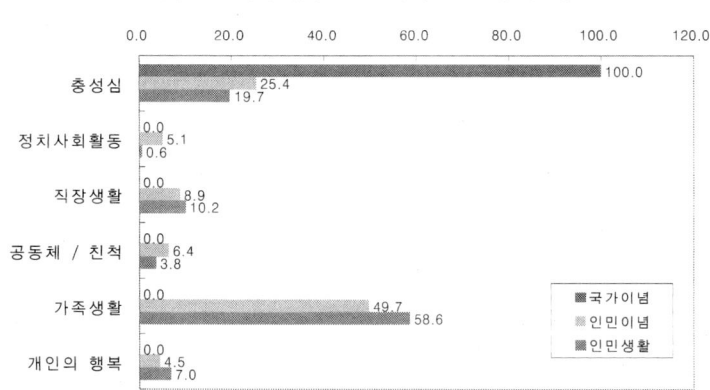

<그림 1> 국가이념 - 인민의식 - 인민생활 비교

앞의 <표 3>에서 보는 것처럼, 국가이데올로기가 강조한 체제·당과 수령·지도자에 대한 충성은 인민의식과 인민생활을 거치면서 급격하게 감소한다. 반면 가족생계유지로 대표되는 가족생활은 인민들의 의식보다 생활에서 그 비중이 더욱 커짐을 알 수 있다. 개인의 행복에 대해서는 인민의식보다 인민생활이 조금 더 높지만, 아직 의식적으로나 실천적으로 개인에 대한 행복을 추구하지 못하고 있는 실정이다.

이러한 논의를 통해 국가이데올로기와 북한인민들의 의식이나 생활이 일치하지 않는다는 것을 알 수 있다. 반면 인민들의 의식과 생활은 일치한다. 인민은 가족을 중심으로 가족의 생계에 대해 가장 많은 관심을 기울이고 실제 실천적으로 지대한 노력을 투여하고 있는 것이다. 이는 경제난 이후 가족단위의 생계유지, 생존문제가 가장 시급하고 중요한 문제라는 것을 인민이 인식하고 있고, 또 그대로 행동하고 있다는 것을 의미한다.

탈북시기와 관련하여, 인민생활은 유의미(P<.01)한 차이를 보이고 있다. 인민들이 가장 많은 노력을 기울인 가족생활이 차지하는 비중은 1993년 이전 51.9%에서 1994년 이후 60.0%로 증가했다.

② 인민의 체제 및 생활만족도

이상 살펴본 '국가이데올로기 - 인민의식 - 인민생활'의 문제는 곧 국가와 인민 사이의 관계를 의미한다. 이를 보다 구체적으로 인민의 체제만족도를 통해 파악하면 다음과 같다.

체제, 수령과 지도자, 당, 당간부 등에 대한 만족도를 조사한 결과 체제에 대해 만족한 경우는 22.6%, 보통은 22.0%, 불만족은 55.5%로 만족도가 22.6%이다. 동일한 방식으로 수령과 지도자에 대한 만족도는 28.2%, 노동당에 대한 만족도는 27.4%, 노동당 간부에 대한 만족도는 9.1%를 차지한다. 이를 표로 나타내면 다음 <표 4>와 같다.

<표 4> 체제·수령·당·당간부에 대한 만족도 (단위: %)

항 목	① 불만족	② 보통	③ 만족	계
북한체제	55.5	22.0	22.6	100.0
수령과 지도자	47.2	24.5	28.2	100.0
노동당	48.2	27.4	27.4	100.0
노동당 간부	74.4	16.5	9.1	100.0

당간부에 대한 불만이 이처럼 높은 것은 인민들이 북한 위기의 책임을 상당부분 당간부에게 전가시키고 있는 것을 의미하기도 하지만, 인민들이 직접 당간부들의 부패와 횡령 등을 목격하기 때문에 대면적 관계에서의 불만이 표현된 것이라고도 할 수 있다.

응답자들은 '북한인민들 중 체제에 만족하는 사람이 전체 주민의 몇 %를 차지하는가'라는 질문에 대해 평균적으로 전체 인민의 43.8%가 체제에 만족하고 있다고 답하고 있다. 구체적으로 20% 미만(1~19%)으로 만족하는 경우는 17.0%, 20% 이상(20~39%)만족은 29.8%, 40% 이상(40~59%) 만족은 14.9%, 60% 이상(60~79%) 만족은 22.0%, 80% 이상은 16.3%를 차지한다.

체제에 만족하는 인민의 비율이 평균 43.8%라는 것은 위의 <표 4>

에서 체제에 대해 보통(22.0%)으로 생각한 비율과 만족(22.6%)한 비율을 합한 44.6%와 비슷하여, 체제나 정치적 문제와 같이 민감한 문제에 대해서는 '보통'의 해석을 주의해서 해야 한다는 것을 보여주고 있다. 전체 인민의 체제만족 비중을 그림으로 보면 다음 <그림 2>와 같다.

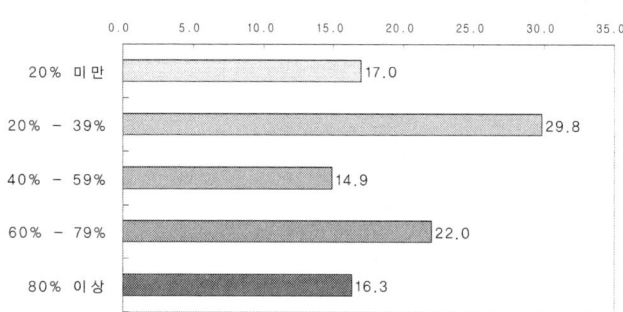

<그림 2> 인민의 체제만족 비율

다음으로 인민들이 자신의 생활에 대해 얼마나 만족하고 있는가를 보면 다음 <표 5>와 같다. 수체사상 학습·정치참여 등의 정치생활에 대해 만족하는 사람의 비율은 7.4%, 보통은 22.7%, 불만족은 69.9%이다. 같은 방식으로 직업총동맹(이하 직맹으로 약칭)이나 김일성사회주의 청년동맹(이하 청년동맹으로 약칭), 여맹 등의 사회단체생활에 대한 만족도는 6.2%, 직장생활에 대한 만족도는 22.2%, 가족생활에 대한 만족도는 44.8%이다. 정치생활과 사회단체생활에 대한 만족도는 매우 낮은 반면 가족생활에 대한 만족도는 상대적으로 높다는 것을 알 수 있다.

가족생활에 대한 만족도 44.8%는 앞의 <표 3>에서 북한인민이 가장 중요하게 생각했던 대상 중 가족생활이 차지하는 비율이 49.7%인 것과 유사하다. 그러나 실제로 가장 많은 노력을 기울인 대상 중 가족생활이 차지하는 비중이 58.6%였던 점을 감안하면, 가족생활에 들인 노력에 비해 그 만족도는 떨어지고 있다는 것을 알 수 있다.

생활만족도에 대한 성별, 탈북시기별 유의미한 차이는 나타나지 않는다. 다만 직장생활 만족도에 대해 성별로 유의미한 차이를 다음 <표 6>과 같이 보여, 여성이 직장생활에 만족하는 비율(37.1%)이 남성의 경우(18.0%)보다 두 배 이상 높은 비중을 차지하고 있다.

<표 5> 부문별 생활만족도

항 목	① 불만족	② 보 통	③ 만 족	계
정치생활	69.9	22.7	7.4	100.0
사회단체생활	75.2	18.6	6.2	100.0
직장생활	34.6	43.2	22.2	100.0
가족생활	17.6	37.6	44.8	100.0

<표 6> 성별 직장생활 만족도 (단위: %)

직장생활 만족도	성 별		P
	남 성	여 성	
불만족	37.0	25.7	
보통	44.9	37.1	0.05325
만족	18.1	37.1	
계	100.0	100.0	

* P≤.10

③ 인민의 공적·사적문제에 대한 불만 표현 방식

체제에 대해 불만을 갖고 있다는 것과 그것을 표현한다는 것은 차원이 다른 문제이다. 특히 정치적 통제가 엄격한 북한사회주의 체제에서는 더욱 그러하다. 따라서 체제에 대한 불만을 어느 정도 표현하는지, 그리고 상대에 따라 어떻게 달라지는가 등을 구분하여 보았다.

체제에 대한 불만을 직장이나 사회단체 등의 공적인 자리에서 이야기하는 것에 대해 '그렇다'고 응답한 경우는 전체의 7.9%, '아니다'는 81.8%를 차지하고 있다. 체제에 대한 불만을 가족이나 친구에게 개인적으로 이야기하는 것에 대해 '그렇다'는 전체의 48.5%, '아니다'는

39.4%를 나타낸다. 이러한 정치적 문제가 아닌, 사적인 문제라 할 수 있는 '여성들이 남성들에 대해 갖는 불만'을 직장이나 사회단체 등에서 표현하는 경우는 '그렇다'가 16.6%, '그렇지 않다'가 52.8%를 차지하고 있다. 여성들이 남성들에 대한 불만을 가족이나 친구에게 말하는 정도를 보면 '그렇다'가 45.0%, '그렇지 않다'가 23.8%의 비중을 보인다.

따라서 북한에서 정치적 문제인 체제문제에 대해 사적 관계에서는 48.5% 정도 표현하지만, 공적 관계에서는 7.9%만이 표현하고 있다. 사적인 문제인 남녀문제에 대해 사적 관계에서는 45.0% 정도 이야기하는 편이지만, 공적인 관계에서는 16.6%만이 이야기하고 있다. 이상의 내용을 표로 나타내면 다음 <표 7>, <그림 3>과 같다.

<표 7> 공·사 문제에 대한 불만 표현 방식   (단위: %)

구 분	항 목	응답률			계
		① 아니다	② 그저 그렇다	③ 그렇다	
공적 문제	공적 대화	81.8	10.3	7.9	100.0
	사적 대화	39.4	12.1	48.5	100.0
사적 문제	공적 대화	52.8	30.7	16.6	100.0
	사적 대화	23.8	31.3	45.0	100.0

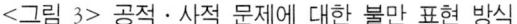

<그림 3> 공적·사적 문제에 대한 불만 표현 방식

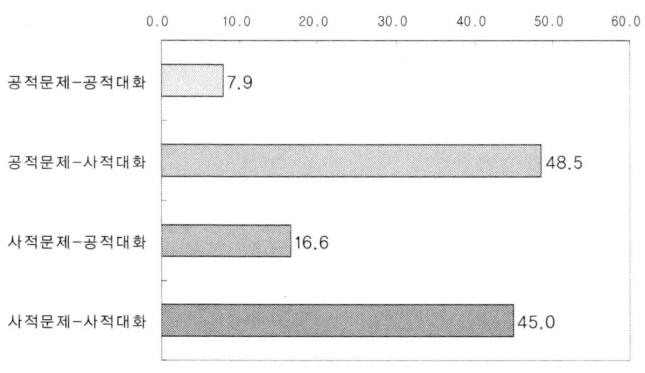

한가지 주목할 점은 정치적 문제에 대해 공적인 관계에서 이야기하는 비중이 7.9%를 차지하는 것으로, 북한 체제의 통제 현실을 감안할 때, 결코 적은 비중은 아니다. 또한 흥미로운 점은 공적인 문제의 사적인 대화(48.5%)보다 사적인 문제의 사적인 대화(45.0%)의 비중이 더 작게 나온다는 것이다. 사회의 분위기상 여성들이 남성들에 대한 불만을 이야기하는 것이 보편화되지 않았다는 것을 의미하지만, 조사 대상자가 남자가 압도적으로 많기 때문에 여성문제에 대해 잘 모르는 것에서 오는 차이도 작용한 것으로 보인다.

이러한 설문지 이외에 심층사례연구를 통해 얻은 결론은 북한인민들은 사적인 문제에 대해 대화를 나누는 것에 익숙하지 않다는 것이다. 특히 부부관계에 관한 질문에서는 대부분 한동안 말을 못하고 부끄러워하거나 '왜 그런 문제를 묻는가'에 대해 궁금해하는 것을 발견할 수 있었다. 전체 경향을 볼 때, 주제의 공·사 여부보다는 대상의 공·사여부가 더 의미 있는 차이를 보인다는 것이다. 따라서 북한인민들을 조사하거나 인터뷰할 때, 특히 사적인 문제를 깊이 있게 연구하고자 할 때는 그들과 친밀한 관계(Rapport)를 형성하든지 아니면, 사적인 문제를 구성하는 다양한 지표를 만드는 것이 필요할 것이다.

탈북시기별로 유의미한 차이를 보이는 것은 체제에 대한 불만을 사적으로 이야기하는 문제이다. 체제에 대한 불만을 사적으로 표현하는 비율이 1993년 이전과 1994년 이후에 각각 31.0%, 52.2%를 차지하여 경제난 이후에 21% 정도 증가한 것을 알 수 있다. 이를 구체적으로 보면 다음 <표 8>과 같다.

<표 8> 탈북시기별 공적문제의 사적대화　(단위: %)

공적문제의 사적대화	탈북 시기	
	93년 이전	94년 이후
① 아니다	62.1	34.6
② 그저 그렇다	6.9	13.2
③ 그렇다	31.0	52.2
합 계	100.0	100.0

이것은 두 가지로 해석된다. 하나는 체제 불만이 증가했다는 것이고, 다른 하나는 사적인 대화가 더 개방되었다는 것으로 해석할 수 있다. 전자의 영향이 더 큰 요인이 될 것이다.

2) 가족의 사회적 재생산 기능 강화정책

북한의 가족정책은 북한체제의 혁명 단계별로 그 성격이 변화한다. 해방 후부터 1947년 2월까지의 '반제반봉건민주주의혁명기'에는 '가족의 변혁'을 주구했고, 다음 1958년 8월까지의 '사회주의 혁명기'에는 '가족의 안정화'를 꾀했다. 그 후 이른바 '사회주의 완전승리를 위한 투쟁기'인 사회주의 건설기에는 가족의 혁명화를 중심으로 '가족의 강화' 정책을 추진했다. 가족혁명화는 가족의 이데올로기 재생산 기능을 강화하는 정책을 의미한다. 최근 북한체제의 위기 심화와 관련하여 가족의 경제적 부양의무를 강조하는 방향으로 변화하고 있다. 국가가 담당해야 할 가족의 생활조건 보장이 제대로 이뤄지지 않는 상황에서 북한은 현실적으로 가족이 그 경제적 부양의무를 담당할 것을 강조하고 있는 것이다.

(1) 가족의 이데올로기적 기능 강화: 가족혁명화

북한에서 가족의 이데올로기적 기능 강화정책은 가족혁명화 정책을 의미한다. 사회 전체의 '혁명화·노동계급화'와 관련하여 가족의 혁명화가 강조되고 있는 것이다. 북한은 이같이 가족혁명화를 매개로 가족과 사회의 관계를 풀어가고 있다. 사회 기초 단위인 가족의 혁명화가 사회 전체의 혁명화에서 차지하는 중요성을 강조함으로써 가족의 정치사회화 기능을 적극적으로 활용하고 있는 것이다.

구체적인 정책 변화과정을 보면 1961년 11월 6일 전국어머니대회에서 김일성이 행한 연설 "자녀교육에서 어머니들의 임무"[17]를 계기로 가족의 혁명화가 공식화된 후, 1968년 3월의 여맹회의, 1970년 11월의 제5차 로동당대회 등에서 그 중요성이 강화되다가 1971년 10월 여맹 제4차대회의 "녀성들을 혁명화, 로동계급화할 데 대하여"란 김일성의 연설을 통해 체계화되었다. 이후 이 연설내용은 여성정책의 방향 제시하는 기본문서로 자리잡는다. 1998년 9월에는 제2차 전국어머니대회가 37년 만에 개최되어 여성들의 다산과 적극적인 노동활동, 가족의 사상교양사업 강화 및 군대지원 사업 확대 등의 과제를 제시하였다.

가족혁명화는 두 가지 차원으로 해석된다. 하나는 부모의 혁명화이고, 다른 하나는 자녀의 혁명화이다. 부모의 혁명화는 아버지와 어머니가 사회적 노동을 통해 노동계급화 한 조건에서 노동계급의 공산주의사상, 주체사상으로 '무장'된다는 것을 의미한다. 자녀의 혁명화는 자녀가 위와 같이 혁명화된 부모의 모범을 본받아 혁명적으로 사회화된다는 것을 의미한다. 가족혁명화의 주체는 어머니인 여성이며, 그 목표는 자녀를 혁명사상으로 교양, 사회화하는 것이다. 이를 통해 사회 혁명의 대를 이어갈 원천이 가족에 의해 지속적으로 보충[18]된다는 것이다.

가족의 혁명화가 갖는 의미 자체가 사회주의적인 동시에 가부장제적이라고 할 수 있다. 그 내용은 세 가지로 정리된다. 첫째, 혁명화의 내용에 관한 것으로, 북한의 '혁명화'라는 단어는 '주체사상화'를 의미하고 주체사상에는 이미 '사회주의적 특성+가부장제적 특성'이 내재해 있다는 것이다. 이는 주체사상에 온정적 가부장주의적 특성이 내재되어 있다는 것을 의미한다. 둘째, 혁명화의 주체 선정과 그 선정 이유에 관한 것이다. 가족혁명화의 주체는 여성이다. 그 이유를 여성의 동등한 사회적 역할과 능력을 인정한 것이라고도 볼 수도 있지만 근본적으로 여성의 가족 내 성별분업을 전제로 한 논리라는 것이다. 가족 내 자녀 양육 및 교육의 담당자, 일차적 책임자로 여성을 규정한 상태에서 여성들의 자녀사회화의 내용을 혁명화로 채워준 것뿐이다. 이는 다음과 같은 북한의 표현에서 선명하게 드러나고 있다.[19]

> 녀성들은 한 가정을 꾸려나가는 주부이다. 그들은 어린이들을 공산주의적으로 키우는 어머니이며 남편의 사업을 적극 도와주는 안해이며 시부모를 존경하고 공산주의적으로 깨우쳐주는 며느리로서 사회의 세포인 가정을 혁명화하는데서 매우 중요한 위치에 있다. … 어머니는 아들딸들을 낳아키우는 첫 교양자이다.

여기서 여성은 시부모를 공경하고, 남편을 도와주며, 자녀를 잘 키우는 '현모양처'로 그려진다. 북한여성들에게는 다른 어떤 역할보다도 가족 내 역할이 일차적 임무로 제기된다. 이는 곧 북한에서 여성의 전형으로 그리는 '강반석·김정숙 여사'의 모습과 일치하고 있다. '강반석·김정숙 여사' 다음의 '가족주의'에서 보다 구체적으로 살펴본다.

셋째, 가족의 혁명화에 내재해 있는 가족의 중요성에 관한 논리의 문제이다. 북한에서 사회혁명화에서 가족혁명화가 차지하는 중요성에 비추어 가족은 가장 기초적인 혁명화의 단위가 된다. 기본 단위의 혁명화를 위해서는 가족이 안정화되어야 하는데, 이는 가족을 중심으로 가족성원이 '결합'하고 가족성원의 '질서'가 유지되어야 한다는 것을 의미한다. 가족의 정치사회화 기능은 각 성원이 가족에서 부모 혹은 자녀로서의 자신의 역할을 성실히 수행할 때 가능한 것이다. 이는 가족의 중요성을 강조하는 가족주의와 상통하는 점이다.

(2) 가족의 경제적 기능 강화: 가족의 부양 의무 강화

북한에서 가족의 경제적 부양 의무를 강조하는 정책은 제도적 측면과 이데올로기적 측면에서 추진되고 있다. 이러한 가족의 경제적 기능 강화는 '노동의 재생산에 필요한 사회적 비용'을 가족에게, 그 중에서도 여성에게 부담시키는 것으로 이는 '가부장제의 경제적 기능'[20)]의 성격을 갖는다. 여성에 대한 부담 가중은 가족주의를 통해 실현되고 있다. 먼저 법적, 제도적인 측면에서 살펴보면 다음과 같다.

① 제도적 측면

1990년 10월 24일에 발표된「조선민주주의인민공화국 가족법」은 가족을 사회복지 주체의 하나로 설정하고 있다. 즉 가족을 통한 복지개념의 도입으로 이는 가족원간의 부양책임과 후견인 제도의 시행[21)]이라는 두 가지 방식으로 나타난다. 가족법에 의하면 배우자는 노동능력을 잃은 배우자를(제19조), 부모는 자녀를, 자녀는 노동능력을 잃은 부모를(제28조), 조부모는 부모 없는 손자녀를, 성인 손자녀는 자녀가 없는 조부모를(제35조), 형제자매는 부양 능력이 없는 형제자매를(제36조) 양육하고 부양할 의무가 있다. 사회주의 국가에서 가족 부양의 일차적 책임은 국가에 있음에도 불구하고, 북한 가족법은 "미성인과 로동능력이 없는 자는 부양능력이 있는 가족성원이 부양한다"(제37조)고 하여 가족 부양의 일차적 의무를 가족성원에게 전가시켜 가족의 경제적 기능을 강화하고 있다.

그리고 가족법은 별개로 한 장을 할애하여 제5장 제46조～제53조까지 개인의 상속에 대해 규정하고 있다. 이를 통해 개인재산에 대한 상속권을 보장하고 있다. 특히 제48조의 "법이 정한 상속인이라 하더라도 사망자를 생전에 몹시 학대하였거나 의식적으로 그를 돌보지 않은 자"에게는 상속권을 주지 않는다고 하여 가족 성원들에게는 이미 존속에 대한 부양과 공경의 의무가 있다는 것을 전제로 논의를 전개하고 있다. 즉 상속결격에 대한 이 같은 규정은 '도덕적 관계'를 유도하고 있는 것이다.

선발 사회주의국가인 소련은 1918년 상속법이 사유재산제도의 반영이라고 하여 상속제를 폐지했지만, 1922년 상속제도를 부활시켰고, 그 후 다른 현실사회주의 국가들은 모두 소련의 경험을 바탕으로 처음부터 상속권을 인정하였다.22) 북한도 초기부터 상속권을 인정하여 아주 제한된 범위의 개인소유권을 인정해 오다가, 가족법이 제정된 같은 해에 「조선민주주의인민공화국 민법」에서 제도로서 규정한 것이다. 북한에서 인정되는 개인소유는 개인적·소비적 목적을 위한 소유로서 첫째, 노동에 의한 사회주의 분배, 둘째, 국가 및 사회의 추가적 혜택, 셋째, 텃밭 경작을 비롯한 개인부업에서 나오는 생산물과 합법적 경리 활동을 통한 수입, 넷째, 인민이 샀거나 상속·증여 받은 재산 등으로 이뤄진다.23)

② 이데올로기적 측면: 가족주의

북한에서는 가족의 경제적 부양기능을 강화하기 위한 이데올로기로서 가족주의를 강화시키고 있다. 물론 이는 앞에서 기술한 가족의 이데올로기적 기능의 강화정책에 포함되는 것이지만, 특히 최근의 경제난과 관련한 가족주의의 강화라는 측면에서 따로 기술한다.24)

가족주의가 가족의 경제적 기능 강화와 갖는 관계는 가족주의의 한 특성인 '가족우선성'이 바로 가족에 대한 관심과 가족 부양의 중요성에 대한 강조, 가족해체가 불가능하다는 의식 등을 그 내용으로 한다는 것이다. 가족이 위기에 처했을 때, 가족을 보존하고 부양해야 한다는 가족우선성을 핵심내용으로 삼는 가족주의가 바로 그것이다.

북한에서 가족주의 강화과정은 국가적 차원에서는 '사회주의 대가정론'과 김일성 일가 '모범창출' 과정과 연결된다. 첫째, '사회주의 대가정론'은 아버지로서의 수령, 어머니로서의 당, 자녀로서의 인민대중이 사회정치적인 혈연관계에 의해 하나의 대가정을 이룬다는 것이다. 여기에서 '수령－대중－인민대중'은 삼위일체적 관계를 맺는다. 국가의 최고 가장인 수령, 김일성 사후에는 김정일이라는 지도자가 사회라는 대가족의 구성원인 인민을 보호하고 돌봐야 할 권리와 의무를 갖는다. 이러한 국가적 차원의 가부장제적 온정주의는 가족적 차원에서는 가족주의로 현실화된다. 다시 말해 공적 가부장제의 가부장제적 온정주의는 사적 가부장제의 가족주의로 구현된다. 이러한 전환의 계기는 바로 여성의 역할이다. 가족의 차원으로 구체화되면 가장의 보살핌보다는 여성의 의무와 역할이 중요하게 제기됨으로써 가족주의가 강조되는 것이다. 여성의 역할이 강조되는 지점은 바로 다음에서 살펴본 김일성 일가 모범창출 과정과 연관된다. 국가적 차원의 가부장제와 가족적 차원의 가족주의의 상호 연관관계를 정리하며 다음 <그림 4>와 같다.

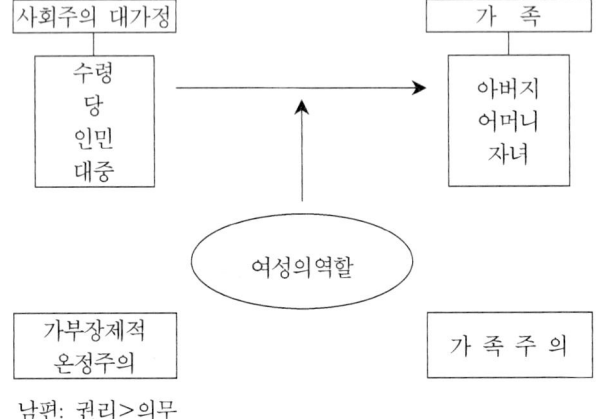

<그림 4> 북한의 가부장제적 사회주의의 국가와 가족관계 모형

둘째, 김일성 일가 모범창출은 수령제의 형성, 후계체제의 구축, 강반석·김정숙 따라배우기 운동 등으로 전개되었다. 이 과정에서 '강반석 – 김일성·김정숙 – 김정일'로 이어지는 가계를 '모범적인 가족상'으로 형상화하였으며, 여기서 여성들의 역할, 여성들의 가족에서의 역할이 강조되어 가족주의를 강화한다.

1960년대 김일성체제를 강화하는 과정에서 김일성의 어머니인 '강반석 여사 따라배우기 운동'이 시작되었고, 이어 1972년 수령제의 확립, 1974년 김정일 후계체제 공식화와 때를 같이하여 1974년부터는 김정일의 생모인 '김정숙 여사 따라배우기 운동'이 전개되어 '혁명도 생활도 어머니처럼'이라는 구호아래 모든 여성들에게 강반석과 김정숙의 활동과 교훈을 익히게 하였다. 특히 1980년 10월 제6차 노동당대회에서 김정일이 후계자로서 확고한 지위를 구축한 이후 김정숙에 대한 모범화가 가속화되어 김정숙 이름을 딴 지명, 기관, 시설들이 나타나고 있다. 예를 들어 81년에 양강도 신파군을 김정숙군으로, 혜산제2사범대학을 김정숙사범대학으로 개칭하고, 88년에는 평양 모란봉구역에 김정숙탁아소를 신설하였다.

김일성의 직계로서 강조되는 것은 김일성의 어머니인 강반석과 김정일의 생모인 김정숙이다. 한가지 특이한 사실은, 김일성의 아버지 김형직은 '항일투사'로는 거론되지만, 아버지의 역할로는 거의 거론되지 않는다는 것이며, 김일성도 한 사람의 아버지로 그려지지는 않는다는 것이다. 이는 김일성의 아버지(김형직)를 강조하여 또 다른 아버지의 전형을 창조하거나, 김정일의 아버지(김일성)를 강조하여 한 사람의 아버지로 형상화하지 않는다는 것이다. 이는 북한이 김일성 수령을 북한체제의 유일한 아버지, 인민 전체의 '어버이'로 인식시켜 영원불멸의 존재로 각인하고 있다는 것을 의미한다.

반면 강반석과 김정숙은 어머니와 여성의 전형으로 창출되고, 여성 모델로 설정된다. 이들을 여성의 모범으로 삼은 것은 두 가지 의미로 해석할 수 있다. 먼저 김일성과 김정일의 어머니를 강조하는 것이 모계의 형성이라든가, 모권의 강화를 의미하는 것은 전혀 아니라는 것이다. 어머니의 전형은 유일한 아버지로서의 수령의 이미지를 손상시키지도 않는다. 오히려 김일성이 다음과 같이 언급했듯이 어머니의 좋은 양육은 자녀의 성공에 정당성을 부여하게 된다.

> 어릴 때에 어머니한테서 배운 것은 일생동안 잊어지지 않습니다. 어머니가 준 인상은 사람들의 성격과 습관을 이루는데 중요한 영향을 줍니다. 옛날부터 훌륭한 사람들은 어렸을 때부터 어머니의 좋은 교양을 받았습니다.

다음으로 강반석과 김정숙을 전형으로 삼은 것은, 여성들에게 어머니, 아내로서의 역할을 강화시켜, 가족을 안정화시키기 위한 것이라는 점이다.

이상과 같은 모범적 가족상 속에서 남성의 전형과 여성의 전형을 찾아낼 수 있다. 그것은 김일성·김정일과 강반석·김정숙으로 구분된다. 김일성이나 김정일이 모델이 되는 것은 남성에게만 제한되는 것은 아니다. 그들의 교시나 행동을 잘 실천하자는 것을 주요 골자로 하고 있다. 따라서 김일성·김정일은 아버지나 남성으로서의 전형으로 구체화되지 않고, 북한의 남성 모델은 부재한 것이다. 반면 강반석·김정숙은 여성들에게만 적용되는 전형으로 형상화된다. 여성들에게 그 두 여성의 삶을 학습하고 자신의 것으로 내면화할 것이 요구된다.

여성들의 전형으로 '강반석·김정숙 여사'는 '시부모를 공경하는 며느리, 혁명에 내조하는 헌신적인 아내, 자녀 양육에 심혈을 기울이는 어머니, 이웃과 화목한 여성'[25]일뿐 아니라, 자신의 혁명활동에도 열성적인[26] 여성으로 그려진다. 이러한 '강반석·김정숙 여사'의 모습은 모든 북한여성들이 따르고 배워 실천해야 하는 '여성들의 행동강령'이 된다.

이러한 '강반석 · 김정숙 여사'를 모델로 한 여성의 전형은 북한식 현모양처로서 '현모양처의 형식'에 '사회주의의 내용'을 결합한 형태이다. 이를 본 연구자는 '혁명적 현모양처'라고 지칭한다. 즉 가부장제에서 의미하는 현모양처의 특성에 사회주의 혁명주체로서의 혁명성이 부과된 개념이다.

이상의 논의를 북한사회의 남녀 전형으로 구체화하면 다음 <그림 5>와 같이 정리할 수 있다. <그림 5>의 가족, 학교, 직장, 사회단체는 그러한 남녀의 전형을 구현하는 기관, 다시 말해 사회화의 중요 기관이다.

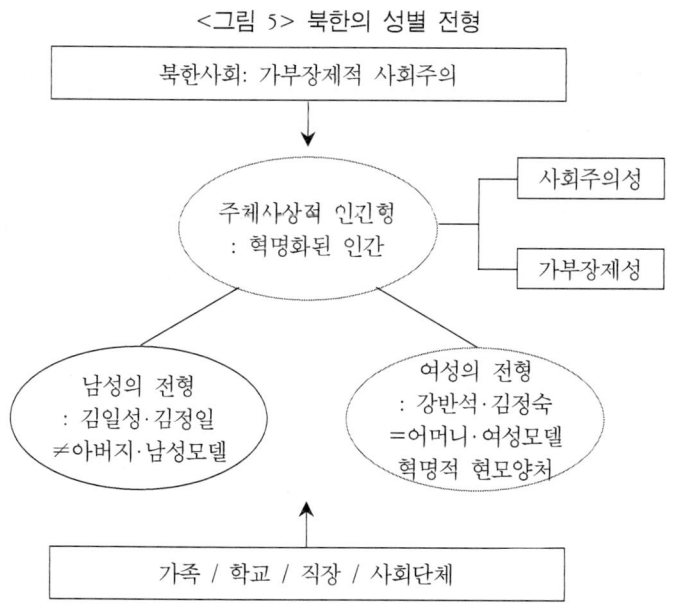

<그림 5> 북한의 성별 전형

'혁명적 현모양처'는 사회적으로는 혁명의 주체이나, 사적으로는 혁명의 주요 조력자로 그려진다. 바로 '혁명적 현모양처' 개념을 통해 북

한여성의 이중성을 설명해 줄 수 있다. 북한의 여성에게는 여성 전형을 본받아 사회와 가족에서 헌신적으로 그 '혁명적 현모양처'의 역할을 다할 의무가 부과된다. 이는 곧 가족을 유지시키는 실질적인 책임자는 여성이라는 것이고, 가족의 위기상황에서 그 책임을 다해야 하는 것도 여성이라는 것을 의미한다.

기존의 논의[27]들은 북한의 여성관은 사회주의 건설에 앞장서는 '혁명적 여성관'과 아내·어머니·며느리 등의 가족 내 역할을 일차적으로 중시하는 '복고적 여성관'이 병행하면서 상황에 따라 어느 한 쪽을 강조하기에, 남성과 동등한 노동자로서의 혁명적 여성관과 가족 내 역할을 중시하는 복고적 여성관은 갈등관계에 빠질 수밖에 없다고 언급하고 있다.

그러나 이 연구의 입장은 북한의 여성관은 서로 대립하는 '혁명적'이고 '복고적'인 두 개념이 갈등적 관계로 공존하는 것이 아니라, 북한의 '혁명'이라는 개념 안에 이미 '사회주의적이고 가부장제적'인 성격이 결합되어 있고, 북한의 여성관은 사회주의적이고 가부장제적인 여성관으로서 양자는 북한식으로 논리적으로 상호보완적 공존관계에 있다는 입장이다.

이같이 북한 가족정책의 가부장제적이고 사회주의적인 성격은 '혁명'의 이중적 의미와 여성의 '현모양처'에 대한 이중적 의미에서 잘 밝혀지고 있다. 가족혁명화와 모범적 '전형'을 통해 혁명적이고 헌신적인 가족이데올로기를 창출한 것이다. 이러한 이데올로기는 가족 내에서 실현되고 재생산되어, 여성들이 가족혁명화 및 경제적 부양의 주체로서 '혁명'적이고 '헌신'적인 역할을 완수함으로써 가족과 사회가 재생산된다는 것을 상정하고 있다. 이상의 여성전형으로서의 혁명적 현모양처를 정리하면 다음 <표 9>와 같다.

<표 9> 북한의 여성 사회화 모델: 혁명적 현모양처

구 분	공 적	사 적	비 고
규 정	혁명의 주체	혁명의 조력자	북한여성의 이중성
인 식	주체적 여성	종속적 여성	상호보완적 관계
특 징	사회주의적 성격	가부장제적 성격	가부장제적 사회주의

이상의 논의를 북한인민들이 가족혁명화에 대해 내리는 정책완성도에 대한 평가와 여성의 역할에 대한 의식을 조사한 결과를 통해 구체화시키면 다음과 같다.

먼저 '가족혁명화가 어느 정도 이루어졌다고 생각하는가'의 질문에 대해서 '매우 많이 달성되었다' 2.5%, '어느 정도 달성되었다' 23.5%. '그저 그렇다' 42.0%, '별로 달성되지 않았다' 22.8%, '전혀 달성되지 않았다' 9.3% 등으로 나타났다. 보통 정도로 달성되었다고 생각하는 경우가 42.0%로 가장 많은 비중을 차지하고 있지만 어느 정도로 달성되었다고 긍정적으로 생각하는 비중과 별로 달성되지 않았다고 부정적으로 생각하는 비중이 비슷하게 나오고 있다. 이를 통해 북한의 인민들은 가족혁명화의 달성 정도를 보통 정도로 보고 있다고 유추할 수 있다.

다음으로 여성의 역할에 관한 '국가이데올로기 - 인민의식 - 본인의식'을 보면 다음과 같다. 즉 국가나 사회가 가장 강조하는 여성의 역할, 인민 일반이 강조하는 여성의 역할, 응답자 본인이 강조하는 여성의 역할을 비교해 보는 것이다.

첫째, '국가나 사회에서 가장 중요하게 강조했던 여성의 역할'에 대해 경제활동자(35.4%), 혁명투사(26.4%), 어머니(21.5%), 부인(9.0%)의 순으로 나타났다. 둘째, '북한인민이 가장 중요하게 생각했던 여성의 역할'에 대해서는 어머니(46.5%), 부인(24.6%), 경제활동자(14.8%), 혁명투사(5.6%)의 순으로 나타났다. 셋째, '귀하가 가장 중요하게 생각했던 여성의 역할'에 대해서는 어머니(42.1%), 부인(35.0%), 경제활동자(8.6%),

머느리(6.4%) 등의 순으로 나타났다.

국가이데올로기에서 경제활동자(35.4%)와 혁명투사(26.4%), 어머니(21.5%)의 비중이 높은 것은 국가가 이념적으로 여성들에게 사회주의 건설자와 어머니로서의 역할을 강조하고 있는 것과 그 맥을 같이 한다. 앞에서 지적했던 것과 같이 사회주의 건설자로서의 혁명성과 어머니로서의 현모양처성은 이같이 공존하고 있는 것이다.

북한인민이나 본인이 생각하는 여성의 역할에서 어머니가 차지하는 비중이 각각 46.5%와 42.1%로서 가장 높은 수치를 나타내고 있다. 이러한 비중은 국가에서 어머니 역할에 대해 강조한 비중(21.5%)보다 두 배 이상 높은 것으로 그만큼 국가보다도 인민들 수준에서 더욱 강화된 역할인식으로 나타난다는 것을 의미한다. 이처럼 북한인민이나 응답자 본인들이 어머니 역할에 대해 가장 공감하고 있는 것은 북한인민과 응답자 본인들이 어머니의 역할과 그로 인해 유지되는 가족생활을 그만큼 중요하게 여기고 있다는 것이다. 또한 북한인민이나 본인들은 여성의 역할에 대해 국가가 강조한 '혁명투사'에 대해서는 별로 인식하지 않고 있다는 것을 알 수 있다. 이상의 내용을 표와 그림으로 나타내면 다음 <표 10>, <그림 6>과 같다.

<표 10> 여성역할에 관한 국가이데올로기와 인민의식

내 용	국가이데올로기	인민의식	응답자본인의식
① 혁명투사	26.4	5.6	2.1
② 경제활동가	35.4	14.8	8.6
③ 부인	9.0	24.6	35.0
④ 어머니	21.5	46.5	42.1
⑤ 며느리	2.8	4.9	6.4
⑥ 딸	-	-	0.7
⑦ 현모양처	-	0.7	2.9
⑧ 기타	4.9	2.8	2.1
계	100.0	100.0	100.0

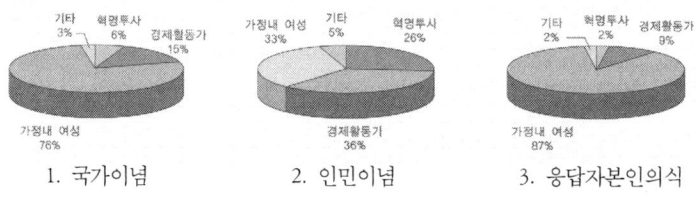

<그림 6> 여성역할에 관한 국가이념과 인민이념 비교

1. 국가이념   2. 인민이념   3. 응답자본인의식

그런데 여성의 역할 중 '현모양처'는 설문지의 '보기'에 들어가 있던 내용이 아니라 '기타'난에 응답자들이 기술한 것을 표시한 것이다. 따라서 현모양처의 비중이 적게 나오는 것이다. 현모양처를 보기에 넣지 않은 이유는 두 가지이다. 하나는 북한에서는 '현모양처'라는 표현을 많이 쓰지 않기 때문이다. 현모양처의 모습을 표현하고 있을 뿐이지 그 개념을 직접 쓰는 경우는 많지 않다. 이 연구의 심층사례연구 대상자들 중에는 '현모양처'라는 개념만을 말했을 때는 쉽게 이해하지 못하고 현모양처의 내용을 설명해 줄 때 정확하게 이해하는 경우가 많았다. 다른 하나는 탈북자로 구성된 응답자들이 한국사회에 적응한 이후, 북한에서 강조하는 바람직한 여성의 모습과 한국에서 많이 쓰는 현모양처의 개념을 연결하여 많은 사람들이 '현모양처'에 표할 것이라고 예상했기 때문이다. 대부분 현모양처에 답한다면 이 연구에서 보고자 하는 정확한 차이 즉 부인과 어머니 모습간의 차이 등을 볼 수 없을 것이다.

특히 가족 내 여성의 역할인 '부인 - 어머니 - 며느리 - 딸'을 합하여, 이것이 국가이데올로기, 인민의식, 본인의식에서 차지하는 비중을 보면 각각 33.3%, 76.0%, 84.2%를 차지한다. 이를 앞의 <표 3> 국가이데올로기 - 인민의식 - 인민생활을 비교하는 문제에서 가족생활을 중요시한 비율이 각각 0.0%, 49.7%, 58.6%였던 것과 비교해 보면 중요한 시사점을 얻을 수 있다. 응답자들은 북한 당국이 일반 '인민'들에게는 가족생활이 아니라 당과 수령에 대한 충성심을 강조했지만, '여성'들에게는 가족성원으로서의 여성 역할의 중요성을 일정 정도(33.3%) 강조한다고 보고 있다는 것이다. 당국이 이데올로기적으로 강조하는 내용이 그 대상에 따라 달라진다는 것이다. 즉 인민 일반인지, 여성인지에 따라 달라지고 있는 것이다. 이를 통해 북한이 가족을 중요하게 여기고 있지만 이는 어디까지나 여성에 의해 유지되는 가족, 여성의 역할이 중요한 의미를 갖는 가족이라는 점을 파악할 수 있다. 또한 인민 일반이 가족생활을 중요하게 생각(49.7%)하는 것보다 여성들의 가족에서의 역할을 중요하게 생각하는 비율(76.0%)이 더 높다는 것을 알 수 있다.

결국 북한에서 국가적 차원이나 사적 차원에서 중요하게 강조되고 있는 가족은 바로 여성에 의해 유지되는 가족, 여성이 가족 성원으로서의 역할을 다하는 가족이라는 것을 알 수 있다.

직접적 가족정책에서의 이러한 가족의 이데올로기적 기능 및 경제적 기능의 강화정책은 가족의 중요성을 높이고 여성들의 역할을 강조함으로써 가족이 위기에 빠졌을 때 가족의 경제적 역할을 수행하여 가족을 지켜야 한다는 의식 및 행동으로 연결된다. 이러한 논리에 의해 가족 보존의 주요 역할은 바로 가족과 사회를 지키는 '혁명적 현모양처', 바로 여성이 된다.

2. 간접적 가족정책

간접적 가족정책은 사회주의적 분배체계에 의해 가족의 경제적 조건을 보장하는 '가족생활보장정책'으로 규정된다. 이 정책은 '기본생활보장정책'과 좀 더 나은 재생산조건을 추구하는 '사회보장정책'으로 분류된다. 먼저 기본생활보장정책은 가족의 기초적인 생존을 보장하는 정책으로 생활비, 의식주 보장 등을 주요 내용으로 한다. 다음으로 사회보장정책은 무상교육과 무상치료, 사회보험 등을 포함한다.

1) 생산 - 분배 - 소비의 관계

한 사회의 생활수준은 그 사회의 생산, 분배, 소비수준에 의해 결정된다. 북한에서 사회주의적 생산에 의한 축적과 인민 소비사이의 조절 역할은 분배가 담당한다. 분배는 생산력 수준에 의해 결정된다. 사회주의 국가는 잉여생산물의 전유자·분배자, 가격 규제자일 뿐 아니라 임금·서비스의 분배자[28]로서 기능한다. 사회주의적 분배의 단위는 개인과 가족이지만, 소비는 가족단위로 이뤄진다.

국가에 의해 분배되는 사회주의적 분배체계는 1차적 분배와 2차적 분배로 구성된다. 1차적 분배는 노동에 대한 보수의 형태를, 2차적 분배는 국가 세출에 의한 사회적 소비수단의 형태를 띤다.[29] 이를 '시초소득始初所得'과 '재분배소득再分配所得', 즉 임금과 2차원적 소득분배로[30] 표현하기도 한다.

2차적 분배는 북한식 표현으로는 '국가사회적 혜택'으로 인민들에게 '추가'로 혜택이 주어진다는 것을 의미한다. 북한은 국가사회적 혜택을 "사회주의사회에서 근로자들이 당과 정부의 인민적 시책에 의하여 노동에 의한 분배 이외에 국가와 사회로부터 추가적으로 받는 혜택"이라고 정의하고 있다.[31]

국가사회적 혜택 개념은 자본주의권에서 사용하는 주택, 교육 등을 포함한 광의의 사회복지혜택보다 더 확대된 개념[32]으로 의식주·교육·보건 등의 인민생활 전반을 포괄하고 있다. 북한인민의 가족생활은 임금이 향상되고 사회복지의 혜택이 보편화될 때 높아지는 것이다. 즉 분배의 확대가 가족생활의 수준을 높일 수 있을 것이다. 여기에 지출비용을 줄여 저렴한 가격으로도 생필품 구입이 가능한 조건은 생활안정의 주요조건이 된다. 국가적 규제를 통한 인위적인 저물가정책이 바로 그 것이다.

국가사회적 혜택은 노동의 양과 질에 따른 분배원칙에 의한 임금과는 구분되며, 수요에 따라 분배되는 공산주의적 분배원칙의 맹아형태로 볼 수 있다. 과도기로서의 사회주의국가의 성격을 반영하는 것으로서, 경제활동을 통해 발생하는 물질적 부의 사회적 분배형태인 임금에 의한 인민간의 생활수준 격차를 줄이는 작용을 한다.[33]

그러나 북한에서 국가사회적 혜택의 분배방식이 모두 균등분배의 원칙을 따르는 것은 아니다. 의식주만 보아도 직종과 지위에 따른 차등분배가 이뤄지고 있다. 또한 국가사회적 혜택은 국가로부터의 추가적인 혜택이기보다는 1차 분배에서 이루어져야할 주민들에 대한 소득을 재분배하는 과정으로 평가해야 하는데, 그 이유는 인민이 직접 임금으로 지불할 수 있는 구매력 수준이 생필품 구입 등에 극히 제한되기 때문이다.[34]

2) 가족생활보장정책

가족생활보장 내용이 인민과 가족에게 분배되는 기준에는 보편성과 평등성 등이 있다. 즉 분배의 적용기준 및 대상의 보편성 여부에 따라 보편주의와 선택주의로 나눌 수 있고, 분배 방식의 평등성 여부에 따라 균등분배와 차등분배로 나눌 수 있다. 이러한 조건에 비추어 가족생활보장정책의 내용을 살펴본다. 그러나 기술할 가족생활보장정책의 내용들은 2002년 7월 1일 임금과 물가인상 등의 경제관리개선조치들이 단행되기 이전에 공식적으로 국가가 보장해주는 것으로 규정된 내용들이다. 7·1조치는 그간 계획경제와 제2경제나 시장경제와의 격차를 현실화한 조치로 시작되어 경제개혁의 성격을 갖추어 간다.[35]

(1) 기본생활보장

노동정책에 의한 생활비 보장은 직업보장과 임금보장을 의미한다. 노동자의 임금은 기능급제에 따라 엄격하게 구분되어 숙련노동과 미숙련노동, 경노동과 중노동, 지하유해노동 등에 차이[36]가 있다. 2002년 7월 1일 임금인상이 되기 전 노동자의 한 달 임금은 평균 80원 정도였다. 농민의 경우 농장의 호당 현금 분배 몫이 1980년 현재 4,000원 수준에 접근하여[37] 월별 농촌 가구 당 평균수입은 333원 정도이다. 동일노동 동일임금의 원칙이 지켜지지만, 남녀의 직종별 분리를 통해 여성의 평균 임금은 남성평균 임금의 84% 정도에 해당한다.[38]

7·1조치 이전 배급정책에 의한 의식주보장은 국가에 의해 의식주가 무료 혹은 염가로 제공되는 것을 의미한다. 첫째, 식량은 공공배급제도(Public Distri-bution System: PDS)를 통해 공급된다. 이는 협동농장원들을 제외한 모든 인민들에게 국가보조로 저가의 할당된 양의 식량을 구입할 수 있는 자격을 주는 제도로 PDS의 적용 대상은 북한 전체 인구의 약 78%로 추정하고 있다.[39] 국가가 쌀 1킬로그램 낭 52전을 보조하여[40] 인민들에게 8전에 배급되었다. 규정상으로는 일반노동자에게 하루 547그램[41]이 배급되는데, 이는 1987년 이후의 절약미 10%가 공제된 양이다. 둘째, 의복은 무료 혹은 염가로 제공된다. 셋째, 주택은 무상으로 공급되지만, 연료와 전기료 등의 주택사용료는 개인이 부담한다. 주택은 결혼 후 남편의 직장 상사가 해당기관에 주택배정을 신청하게 만든 제도 때문에 보통 남편, 혹은 아버지의 직장 동료들과 같은 지역에 거주하게 된다.[42] 국가의 가격억제정책에 의해 생활필수품의 공식적인 가격은 낮다. 물론 2002년 7월 물가인상 이전의 경우에 한한다.

이러한 정책으로 경제난 이전에는 임금의 5%면 식생활이 해결되었고,[43] 주택보급률은 일반노동자는 57%, 기업소 간부는 68%[44]에 달했다.

(2) 사회보장

교육면에서 11년제 무상·의무교육이 보장되어 유치원 높은 반부터 대학생들까지 입학금과 수업료가 면제된다. 또한 대학 및 2~3년제 고등전문학교 학생에게 장학금이 지급된다. 생후 30일~3세의 유아를 대상으로 한 탁아소와 4~5세의 아동이 다니는 유치원에서도 무료 양육 및 교육이 행해진다.

보건면에서 1960년부터 시작된 전반적 무상치료제로 진찰·치료·건강 검진·예방접종·출산비·병원 약값[45]·요양비 등을 국가가 일체 부담한다. 또한 1969년부터 의사담당 구역제에 의해 전문의가 주민의 건강상태, 위생상태, 경제적 특성 등을 고려하여 일정한 지역 주민의 건강을 책임지는 제도를 시행했다.[46] 1990년 현재 북한에는 일반병원 및 전문병원 2,373개, 진료 및 구급소 5,600여개,[47] 인구 만 명당 의사 및 약사 수가 27.0명인 것으로 보고되지만[48] 의료인력에 의료보조원도 포함되기 때문에[49] 실제 의료인력은 그보다 적을 것으로 추정된다.

사회보험은 국가 부담으로 연로연금(남자 60세, 여자 55세 이상), 노동력 상실자에 대한 일시적 보조금, 국가공로자 및 유가족 특별생활보호, 유가족 연금, 임신여성에 대한 유급휴가(해산 전 60일, 해산 후 90일) 등을 보장하는 것이다. 이상의 가족생활보장정책의 내용을 정리하면 다음 <표 11>과 같다.

북한사회의 가족생활보장정책의 평가를 위한 기초자료를 이 연구의 조사결과로 제시하면 다음과 같다. 조사 대상자들에게 '북한인민들이 북한사회의 어떤 점을 가장 좋게 생각했는가'를 질문하고, 해당 사항을 모두 적도록 하였다. 이러한 북한사회의 장점에 대한 다중응답[50]을 100%로 환산한 결과, 국가의 인민생활보장(사회복지) 54.3%, 사회주의 이념 34.3%, 사회연결망 4.5%, 없음 6.8%로 나타났다. 특이한 점은 '북한사회'의 장점에 대해 '가부장제적 특성'을 언급한 사람이 한 명도 없다는 것이다.

이는 북한가족의 장점을 묻는 질문에 대해서는 응답자들이 '가부장제적 특성'을 기술한 사람이 3분의 1을 넘는다는 점과 매우 비교되는 결과이다. 체제문제에 대해서는 사회주의적 특성이 장점이라고 평가되고, 가족문제에 대해서는 가부장제적 특성이라고 평가되고 있다는 것을 알 수 있다.

<표 11> 가족생활보장정책내용

구 분	항 목		규 정		재원조달주체	분배현실	2002년 7월 1일 경제관리개선조치 시행내용 및 최근 변화 경향
		적용대상	분배방식	보 장 내 용			
1차적분배	생활비			·임금기능급제에 의해 노임을 지급하고 그 외에 가급금, 장려금, 상금 지급 (사무원·노동자 월평균 생활비 70~100원)1) ·3자녀 이상 여성 노동시간 단축 및 정상노임보장(6시간 노동에 8시간 노동분 지급)	국가기관, 기업소, 사회협동단체	·임금 30% 정도 지급	·물가인상 ·임금인상 노동자 2,000원 탄부 6,000원 ·인센티브제 도입
기본생활보장	국가사회적혜택	의식주	식량	전인민	차등분배	·주식 15일 단위로 배급, 부식 수시로 구입 ·정부보조에 의한 식량배급제(1kg당 쌀 52전, 잡곡 30전 보조) ·기타 부식 등의 가격 보조 ·일반노동자의 경우 하루 547g 주식 배급 ·2중 곡가제로 주·부식물에 대한 저가격정책	국 가	·94년부터 배급 중단 본격화2) ·주식배급 97년 100~200g3)/ 02년 300~350g	
			의복	전인민	차등분배	·무료 혹은 염가제공 ·노동자: 매년 1~2벌의 작업복 무상 지급 ·학생: 2년에 1번 1벌의 교복 염가지급 ·기사, 교원: 3~4년에 1번 1벌의 양복 염가지급 ·기업소, 공장, 당의 상급: 2년에 1번 1벌 분의 양복지 반액 제공 ·털모자, 면장갑, 셔츠, 스타킹, 모직천 등은 자유구매품으로 개인이 구입	국 가		

				내용	주체		
사회보장	국가사회적혜택	사회보장	주택	전인민균등분배	·주택(국가소유) 무료 배급, 혼인 후 행정위원회에 신청하면 차례대로 공급 받음 ·일반노동자의 경우 방 1~2개에 부엌 1개의 집단공영주택에 거주 ·일반사무원·노동자 임대료 보조 ·협동농장원 주택 무상 이용 ·주택사용료 저렴	국 가		
			교육	모든 학생(유치원~대학) 균등분배	·11년 무상·의무교육제 ·대학 및 전문학교 학생 장학금·기숙사 제공 ·탁아소·유치원 무료교육 ·학생복과 교과서 염가제공 ·간부와 근로자들을 위한 성인교육 무상제공	국가, 사회협동단체	·개인부담 증가 (학교 운영비, 학용품)	·탁아소와 유치원에서 개인부담하는 식비 재상정하는 조치 내림
			의료	전인민균등분배	·전반적 무상치료제 ·의사담당구역제 ·위생관리, 산업질병방지, 식품위생, 어린이영양관리, 체육진흥, 검역사업	국가, 사회협동단체	·진료만 가능 ·약은 개인구입	
			사회보험	전인민·노동자·사무원 차등분배 4)	·연로연금(남자 60세, 여자 55세 이상 최초노동시기에 받았던 임금의 70% 지급) ·노동력상실자에 대한 일시적 보조금·연금(노동능력실연금) ·영예군인 등 국가공로자 및 유가족 특별생활보호 ·임신여성에 대한 유급휴가 보장 및 해산보조금 ·폐질연금, 유가족연금, 산재보험, 실업보험	국 가		·30개 범주의 사회보장제는 기존 방침 고수, 그 외 분야는 국가의존도 낮춰갈 계획

1) 1992년 '주민복지향상시책'에 의거한 생활비 43.4퍼센트 인상 미반영
2) 지역에 따라 시기와 정도 차이
3) Campaign to Stop Famine in North Korea(CSF North Korea), 1997년 7월 14일자에 따르면 1일 1인에게 100g 지급하는 것으로 전해지며*, FAO/WFP, Crop And Food Supply Assessment Mission to the DPRK, Special Alert on North Korea, No.275, June 1997**에 따르면 배급량이 100~200g 정도이다. (*http://www.reliefweb.int **FAO/WFP(1997))
4) 사회보장제도의 연금제도는 임금을 기준으로 한다.

사회주의적 특성으로 분류되는 사회복지는 인민의 의식주생활보장,

직업보장, 무상교육 및 무상치료 등을 그 주요 내용으로 한다. 사회복지 중에서도 무상교육(55명)과 무상치료(54명) 실시를 북한사회의 장점이라고 응답한 경우가 가장 많았다. 사회주의 이념은 사회주의에서 추구하는 목표 혹은 이념에 관한 것으로 평등사회, 사회주의 혁명완수, 사회주의적 애국주의, 지도자에 대한 충성, 사회주의 노동, 공산주의 생활윤리, 여성해방 등을 포함한다. 사회연결망은 이웃, 친구, 직장관계 등을 말한다.

이러한 북한사회 장점에 관한 탈북시기별 차이를 보면 다음과 같다. 1993년 이전에 탈북한 사람들의 경우 사회복지(60.9%), 사회주의이념(30.4%), 사회연결망(2.2%), 없음(6.5%)의 순으로 나타났다. 1994년 이후에 탈북한 사람들의 경우도 사회복지(53.0%), 사회주의이념(35.2%), 사회연결망(5.0%), 없음(6.8%)의 순으로 나타나고 있지만, 이 경우 1993년 이전 탈북자들보다 사회복지가 7% 정도 줄었다. 이는 북한사회가 경제난 이후 사회복지를 제대로 실천하지 못하고 있는 현실을 반영한 것이다. 이를 표로 나타내면 다음 <표 12>와 같다.

<표 12> 탈북시기별 북한사회의 장점   (단위: %)

북한사회의 장점	탈북 시기	
	93년 이전	94년 이후
① 사회복지	60.9	53.0
② 사회주의 이념	30.4	35.2
③ 사회연결망	2.2	5.0
④ 없음	6.5	6.8
계	100.0	100.0

결국 북한사회에 대한 장점으로 사회복지를 가장 많이 지적하고 있는 것과 같이, 북한은 경제난 이전에는 사회복지, 즉 가족생활보장정책을 통해 인민생활 전반을 보장해왔고, 그에 대해 북한인민들도 일정 정

도 인정하고 있는 것으로 파악된다. 인민생활 수준은 다른 차원의 문제로 할 때 국가에서 기본생활은 보장해주었다는 것이다. 이런 상태에서 국가분배시스템이 붕괴하여 국가가 해줄 수 있는 것이 거의 없을 때 인민이 느끼는 곤란함과 그를 극복하는 과정의 어려움은 더욱 가중될 수밖에 없을 것이다. 국가가 버리고 간 자리에 가족이 떠밀려 앉은 형상이 나타나는 것이라 할 수 있다. '우리민족서로돕기 불교운동본부'(이하 우리민족본부로 약칭)가 인터뷰한 중국 접경지역의 탈북난민의 지적이 이를 잘 표현해주고 있다.[51]

> 난민) 50대 후반 남성, 함경북도 김책시
> 우리 조선 인민은 전면적인 식량곤란에 부딪혔습니다. 많은 공장이 문을 닫고 기계가 돌지 않으며 심지어 학교 문까지 닫았으며, 길가에는 먹지 못해 헤매는 거지와 굶어죽고 얼어죽은 시체를 도처에서 볼 수 있으니 이 얼마나 가슴 터지는 일입니까? 근 삼 년간 배급을 주지 않았으니 나라의 배급을 믿고 살던 우리 인민들은 누구를 믿고 살아가야 합니까?

3. 북한 가족정책의 의미

북한은 1990년대 중반 경제난이라는 총체적 위기에 처한다. 국가 주도의 생산시스템의 붕괴 속에서 정치·이데올로기적 통치체제가 강화되는 이중구조가 형성된다. 이러한 이중구조는 인민들의 고통을 수반하는 것이다.

경제난 속에서 국가가 더 이상 인민들의 생활을 보장해 줄 수 없을 때 국가의 빈자리를 채운 것은 가족이다. 가족 단위로 사경제활동을 수행하여 가족 구성원의 생계를 보장할 수 있었다. 이같이 위기상황에 대처할 수 있는 가족의 저력은 바로 북한의 가족정책을 통해 이미 준비되어 있었기 때문이라고 해도 과언이 아니다.

북한은 직접적 가족정책을 통해 가족의 이데올로기적, 경제적 기능을 강화하고자 하였다. 본격적인 경제난 이전에 이미 경제적인 상황이 악화되어 간접적 가족정책인 가족생활보장정책이 차질을 가져오자 북한 당국은 1990년 가족법을 계기로 가족의 부양 의무를 강조하는 가족의 경제적 기능 확대 정책을 택한다. 국가가 담당해야 할 가족에 대한 경제적 부양책임을 가족에게 전가시키는 것이다. 이와 함께 기존의 가족의 혁명화를 추구하는 이데올로기적 기능을 강화하는 정책을 더욱 강조하게 된다. 가족의 혁명화와 안정과 유지를 위해 여성들에게는 혁명적 현모양처의 역할이 요구된다.

결국 북한의 직접적 가족정책은 여성들을 위기에 대처할 수 있는 준비된 혁명가로 만들었고, 가족의 생계를 위해 국가에 의존하기 보다는 가족 스스로 나서게 하였다. 여성들이 주도적으로 가족의 생존을 위해 사경제 활동을 수행하여 가족의 생존을 보장하였던 것이다.

북한은 여타 사회주의와 달리 가족의 이데올로기적 기능과 경제적 기능을 강조하는 가족정책을 추진함으로써 인민과 가족의 생계를 보장해야 한다는 사회주의 국가의 기본 책무를 방기하고도 체제를 유지할 수 있었던 것이다.

※ 이 논문은 『현대 북한사회와 가족』(서울: 한울아카데미, 2003) 중 제5장의 내용을 수정한 것이다.

주註

1) 온정적 가부장제란 가족 구성성원들의 생계를 책임지고 그들을 대표하는 가부장과 마찬가지로 국가가 모든 구성원들의 안위와 복지를 책임지는 것을 의미한다. 사회주의국가는 이러한 온정적 가부장제에 입각하여 인민들의 생활과 복지를 책임진다는 논리를 세운다.
2) Dolling, "Between hope and helplessness Women in the GDR after the 'Turning Point'," *Feminist Review* No. 39 (Winter, 1991), p. 8.
3) 북한에서는 가족혁명화를 '가정혁명화'로 지칭하고 있다. 북한은 '가족'이라는 개념 대신 '가정'이라는 용어를 더 많이 사용하지만, 두 용어간의 차이점은 없다. 또한 1990년의 가족법 제7조에서 "조선민주주의인민공화국 가족법은 사회주의적 결혼관계와 가족, 친척들 사이의 …"라고 하여 '가족'이라는 표현을 쓰고 있다. 따라서 이 연구에서는 '가족'으로 용어를 통일한다. 이는 보통 '가족사회학'에서는 '가정'보다는 '가족'을 학술적 용어로 사용하기 때문이다.
4) 이윤희·박현선, "북한의 사회주의 건설과정에 따른 가족제도의 변화과정 연구,"『북한·통일연구논문집: (Ⅴ)사회·문화 분야』(통일원, 1990), 251쪽.
5)『민사법사전』(평양: 사회안전부출판사, 1997), 10쪽.
6) 법원행정처,『북한의 가족법』(법원행정처, 1998), 217쪽.
7) 리송녀, "공화국 가족법은 가정을 공고화하고 혁명화하는 무기,"『법학론문집 7』(평양: 과학백과사전출판사, 1990), 182쪽 ; 법원 행정처, 앞의 책, 217쪽에서 재인용.
8) 신영호, "북한 가족법의 내용과 그 특색,"『단국법학』1993, 229쪽.
9)『현대조선말사전』상 (평양: 과학백과사전출판사, 1981), 35쪽.
10) 통일원,『북한 가족법과 가족실태』(통일원, 1991), 97쪽.
11) 법원행정처, 앞의 책, 1998, 217∼218쪽.
12) 조림행 편수,『조선가족법』(평양: 교육도서출판사, 1958), 51쪽.
13) 본 연구자는 1999년 3월 9일부터 4월 8일까지 한 달 동안 1980년에서 1998년 12월까지 입국한 탈북자 165명을 대상으로 설문조사를 실시하였다. 조사 대상자의 사회인구학적 특성은 성별로는 남성이 128명(77.6%), 여성이 37명(22.4%)으로 남성이 여성보다 3.5배 정도 많다. 연령별로는 20대(20∼29세) 35명(21.2%), 30대 63명(38.2%), 40대 33명(20.0%), 50대 이상이 34명(20.6%)를 차지하고 있어 30대가 가장 많지만 비교적 고른 분포를 보이고 있다. 탈북시기 별로는 1989∼1993년까지가 29명(17.6%), 1994∼1998년까지가 136명(82.4%)으로 대부분 식량난 이후에 탈북한 경우에 해당한다.
14) Janos Kornai, *The Socialist System: the Political Economy of Communism* (New Jersey:

Princeton Univ, 1992), p. 19.
15) *Ibid*, p. 20.
16) 본 연구자는 1999년과 2002년 두 차례에 걸쳐 72명을 대상으로 심층사례연구를 수행하였다. 1999년의 1차 심층사례연구는 1999년 3월 15일에서 다음 달 7일까지 20명을 대상으로 실시하였다. 1차 심층사례연구는 1980년에서 1998년까지 입국한 탈북자 중 북한에서 결혼한 후 함께 탈북한 9쌍의 부부 18명과 북한에서 부부로 살았던 경험이 있는 여성 2명을 대상으로 하였다. 2002년의 2차 심층사례연구는 1992년부터 2001년 사이에 북한을 탈출한 탈북자 52명을 대상으로 하였다.
17) 김일성, 『김일성저작선집 3』 (평양: 조선로동당출판사, 1968).
18) 전국봉, "가정의 대는 곧 혁명의 대," 『조선녀성』 (평양: 근로단체출판사, 1984), 16쪽.
19) 사회과학출판사, 『'녀성들을 혁명화, 로동계급화 할 데 대하여'에 대하여』 (평양: 사회과학출판사, 1975), 13~14쪽.
20) 함인희, "북한의 성불평등 구조," 박준영 외 공저, 『북한 인식과 한반도』 (서울: 살림, 1999), 235쪽.
21) 조형, "북한사회체계와 가부장제," 『북한의 여성관』, 제1차 통일문제 학술세미나 자료집 (1992.11.30), 이화여자대학교 한국여성연구소 주최, 20쪽.
22) 鈴木 賢, "相續," 『變動する社會主義法の再檢討』 (法律文化社, 1991), 130~131쪽 ; 법원 행정치, 앞의 책, 232쪽에서 재인용.
23) 『조선민주주의인민공화국 민법』 1990.9.5(제58조)
『조선민주주의인민공화국사회주의 헌법』 1998.9.5(제24조)
법원행정처, 앞의 책, 1998, 233쪽.
24) 가족주의에 관한 논의는 본 연구자의 "성별 사회화 및 재사회화"에서 기술한 내용을 참조하였다. 박현선, "성별 사회화 및 재사회화," 박현선 외, 『통일과 여성』 (서울: 이화여자대학교출판부, 2001).
25) 조선청년사, 『강반석녀사를 따라 배우자』 (평양: 조선청년사), 1967.
26) 근로단체출판사, 『주체형의 혁명투사의 빛나는 귀감이신 김정숙녀사』 (평양: 근로단체출판사, 1980).
27) 장필화, "북한사회의 성별분업," 『북한의 여성관』, 제1차 통일문제 학술세미나 자료집 (1992.11.30), 이화여자대학교 한국여성연구소 주최, 6쪽.
28) Buraway, Michael. 1985, *Politics of Production: Factory Regimes Under Capitalism and Socialism* (London: Verso, 1985), p. 196.
29) 박현선, "북한의 사회생활," 『한국사22: 북한의 정치와 사회2』 (한길사, 1994), 377쪽.

30) 노용환·연하청, 『북한의 주민 생활보장정책 평가 – 국가배급제도를 중심으로』 (한국보건사회연구원, 1997), 9쪽.
31) 『백과전서』1 (평양: 과학백과사전출판사, 1982), 465~466쪽.
32) 박현선, 앞의 글, 1994, 390쪽.
33) 박현선, 앞의 글, 1994, 391쪽.
34) 노용환·연하청, 앞의 책, 1997, 9~10쪽.
35) 7·1조치로 시작된 경제개혁이 북한 가족과 여성에 미친 영향에 대해서는 본 책의 3장 "북한 경제개혁 이후 가족과 여성생활의 변화"에서 규명하고 있다.
36) 「내각결정 제196호」, 1949년 12월 27일 ; 정경모·최달곤, 『북한법령집』 4 (서울: 대륙연구소, 1990), 307쪽.
37) 《로동신문》 1980년 9월 8일.
38) 김애실, "경제체제와 남북한 여성의 경제적 지위," 이배용 편, 『통일을 대비한 남북한 여성의 삶의 비교』(서울: 이화여자대학교출판부, 1997).
39) FAO/WFP, "Crop and Food Supply Assessment Mission to the DPRK," *Special Alert on North Korea*, No. 275 (June, 1997).
40) 이는 1992년 '주민복지향상시책'에 의거한 곡물 수매가 1킬로그램 당 쌀 22전, 옥수수 28전 인상분을 반영하지 않은 것이다. 노용환·연하청, 앞의 책, 1997, 12쪽.
41) 통일원, 『북한개요』(서울: 통일원, 1995), 289쪽.
42) 헬렌-루이스 헌터, 남성욱 외 역, 『CIA 북한보고서』 (서울: 한송, 2001), 65쪽.
43) 『한겨레신문』 1990년 10월 27일.
44) 강정구·정대화 외, 『우리들의 절반, 북한 백문백답』(서울: 사계절, 1992), 32쪽.
45) 인민약국에서 조제사가 판매하는 약은 유료이다.
46) 강정구·정대화 외, 앞의 책, 1992, 40쪽.
47) 내외통신사 편, 『북한실상종합자료집: 탈북자들의 증언을 통해 본 북한사회』 (서울: 내외통신사, 1995), 347쪽.
48) 노용환·연하청, 앞의 책, 1997, 85쪽.
49) N. Eberstadt·J. Banister, *The Population of North Korea* (Berkeley: Institute of East Asian Studies, 1992), p. 59.
50) 이 문제를 다중응답 자체로 보면, 사회복지 96.0%, 사회주의 이념 60.0%, 사회연결망 8.0%, 없음 12.0%로 나타난다. 주의할 것은 각 응답의 전체 구성비가 응답자의 수에 의해 가중되는 것이므로, 각 장점에 대한 합계가 100%를 넘는다는 것이다.
51) 우리민족서로돕기 불교운동 본부, "북한식량난민 1694명 면담조사 결과 보고서," 『북한 식량난의 실태』(우리민족서로돕기 불교운동 본부, 1998), 12~13쪽.

<참고문헌>

1. 북한문헌

근로단체출판사,『주체형의 혁명투사의 빛나는 귀감이신 김정숙녀사』(평양: 근로
 단체출판사, 1980).
김일성,『김일성저작선집 3』(평양: 조선로동당출판사, 1968).
『민사법사전』(평양: 사회안전부출판사, 1997).
『백과전서 1』(평양: 과학백과사전출판사, 1982).
사회과학출판사,『'녀성들을 혁명화, 로동계급화 할 데 대하여'에 대하여』(평양:
 사회과학출판사, 1975).
전국봉, "가정의 대는 곧 혁명의 대,"『조선녀성』(평양: 근로단체출판사, 1984).
조림행 편,『조선가족법』(평양: 교육도서출판사, 1958).
「조선민주주의인공화국 민법」1990.9.5.
「조선민주주의인민공화국 가족법」1990.10.24.
「조선민주주의인민공화국사회주의 헌법」1998.9.5.
조선청년사,『강반석녀사를 따라 배우자』(평양: 조선청년사, 1967).
『현대조선말사전』상 (평양: 과학백과사전출판사, 1981).
≪로동신문≫ 1980년 9월 8일.

2. 남한문헌

강정구·정대화 외,『우리들의 절반, 북한 백문백답』(서울: 사계절, 1992).
김애실, "경제체제와 남북한 여성의 경제적 지위," 이배용 편,『통일을 대비한 남북
 한 여성의 삶의 비교』(서울: 이화여자대학교출판부, 1997).
내외통신사 편,『북한실상종합자료집: 탈북자들의 증언을 통해 본 북한사회』(서
 울: 내외통신사, 1995).
노용환·연하청,『북한의 주민 생활보장정책 평가 – 국가배급제도를 중심으로』(서
 울: 한국보건사회연구원, 1997).
박현선, "북한의 사회생활,"『한국사22: 북한의 정치와 사회 2』(서울: 한길사,
 1994).
박현선, "성별 사회화 및 재사회화,"『통일과 여성: 북한 여성의 삶』(서울: 이화여
 자대학교출판부, 2001).
법원행정처,『북한의 가족법』(서울: 법원행정처, 1998).

신영호, "북한가족법의 내용과 그 특색," ≪단국법학≫ 2월, 1993.
우리민족서로돕기 불교운동 본부, "북한식량난민 1694명 면담조사 결과 보고서," 『북한 식량난의 실태』 (서울: 우리민족서로돕기 불교운동 본부, 1998).
이윤희·박현선, "북한의 사회주의 건설과정에 따른 가족제도의 변화과정 연구," 『북한·통일연구논문집: (V)사회·문화 분야』 (통일원, 1990).
장필화, "북한사회의 성별분업,"『북한의 여성관』, 제1차 통일문제 학술세미나 자료집, 1992.11.30, 이화여자대학교 한국여성연구소 주최, 1992.
정경모·최달곤,『북한법령집 4』 (서울: 대륙연구소, 1990).
조 형, "북한사회체계와 가부장제,"『북한의 여성관』, 제1차 통일문제 학술세미나 자료집, 1992.11.30, 이화여자대학교 한국여성연구소 주최, 1992.
통일원,『북한 가족법과 가족실태』 (서울: 통일원, 1991).
통일원,『북한개요』 (서울: 통일원, 1995).
함인희, "북한의 성불평등 구조," 박준영 외 공저,『북한 인식과 한반도』 (서울: 살림, 1999).
헬렌-루이스 헌터, 남성욱 역,『CIA 북한보고서』 (서울: 한송, 2001).
≪한겨레신문≫ 1990년 10월 27일.

3. 외국문헌

Buraway, Michael. *Politics of Production: Factory Regimes Under Capitalism and Socialism* (London: Verso, 1985).

Dolling, Irene. "Between hope and helplessness Women in the GDR after the 'Turning Point'," *Feminist Review* No 39 (Winter, 1991).

FAO/WFP. "Crop and Food Supply Assessment Mission to the DPRK," *Special Alert on North Korea*, No. 275 (June, 1997).

Janos Kornai. *The Socialist System: the Political Economy of Communism* (New Jersey: Princeton Univ, 1992).

N. Eberstadt·J. Banister. *The Population of North Korea* (Berkeley: Institute of East Asian Studies, 1992).

북한 여성의 위상과 역할

윤미량

1. 서 론

해방후 60년간 남북한은 서로 분리되어 독자적으로 발전해 왔다. 그 과정에서 북한은 정치·경제·사회·문화의 제반영역에서 남한과 다른 발전 또는 변화의 양상을 보여 왔으며, 이는 여성의 사회적 위상과 역할에서도 마찬가지이다.

북한은 1945년 11월 대중 여성조직인 북조선 민주여성총동맹의 창립, 그리고 1946년 6월 노동법령과 7월 남녀평등권 법령 제정 등을 통해 여성의 법적·정치적 권리를 대폭 확대하였다. 이는 당시 일제 강점을 겪으면서 봉건적·제국주의적 질서 아래에서 여성의 권리가 전혀 인정되지 않던 북한 지역에 엄청난 변화를 가져왔다. 당시 남한에서는 여성의 법적 권리를 거의 전적으로 부인하였던 일제 강점기의 「조선민사령」이 법적 효력을 그대로 유지하고 있었다.

북한은 정권수립 이후에도 여성의 법적 권리를 확대하는 노력을 지속하였으며, 아울러 여성을 사회적 임금노동의 현장으로 이끌어내는데 주력하였다. 여성은 최고인민회의 대의원의 21%를 차지하게 되었고, 북한 노동력의 50%를 공급하고 있다. 이는 해방 당시 여성의 권리가 전면 부인되고, 임금노동에 참여하는 여성은 극소수에 불과하고, 농업노동에 참여하더라도 여성은 토지를 소유하지 못하였던 것에 비교하면 엄청난 변화가 있었음을 보여준다. 1980년대에 북한은 북한여성들의 직업이 보장되고 있으며, 밥공장과 반찬공장 등을 통해 가사노동이 경감되었고, 육아도 사회화됨으로써 북한에서는 이미 여성이 해방되었다고까지 선전하였다. 그러나 1990년대에 이르면서 북한의 경제난과 함께 여성의 이중고, 삼중고가 반복적으로 보고되었고, 생존을 위한 여성의 인신매매의 증가에 대한 우려도 제기되었다.

그러므로 북한에서 여성의 위상과 지위가 일정한 방향으로 변화해 온 것은 아니다. 어디에서나 여성의 사회적 지위와 위상은 정치·경제적 환경에 연동되어 상이한 모습으로 변화해 왔으며, 북한에서도 전쟁과 전후 복구, 사회주의 체제의 확립, 경제개발계획의 추진, 당내 권력투쟁 등의 정치·경제적 변화에 따라 여성의 사회적 위상과 역할이 변화해왔다.

그렇다면 북한여성의 사회적 위상과 역할은 어떻게 변화해 왔는가? 북한 여성의 사회적 위상과 역할에 그러한 변화를 가져온 요인은 무엇인가? 그리고 그러한 변화의 의미는 무엇인가? 그리고 북한여성의 사회적 위상과 역할은 앞으로 어떻게 변화해 나갈 것인가?

이 연구는 분단 60년간 북한여성의 사회적 위상과 역할에 발생한 변화를 추적하고, 그 변화의 요인과 의미를 살펴보는 것을 목적으로 한다. 아울러 그러한 변화의 요인과 의미의 파악을 통해, 앞으로의 북한 여성의 사회적 위상과 역할에 발생할 수 있는 변화의 방향을 예측하는 기반을 제공하고자 한다.

이 연구의 범위는 시기적으로는 한반도가 사실상 분단되었던 1945.8. 15부터 2004년까지의 60년간을 대상으로 하고, 내용상으로는 북한에서 여성의 사회적 지위와 역할에 직접 변화를 가져오거나 결과적으로 영향을 끼친 제반 법적·정치적·경제적·사회적 사건이나 조치, 개인 또는 집단의 활동을 대상으로 한다. 여기서 말한 사건이란 해방 및 전쟁을 포함하여 사회적으로 문제가 되거나 관심을 끌었던 일들을 의미한다. 조치라 함은 「남녀평등권법령」의 공포와 같이 정권 차원에서 이루어지고 추진되는 법적·정치적 결정을 의미한다. 개인 또는 집단의 활동이란 특정한 개인 또는 집단이 의도된 결과를 가져오기 위하여 노력하는 과정을 의미한다. 예컨대 조선민주여성동맹의 제반 활동이 이에 속한다.

연구방법에 있어서는 남북관계의 현실적 제약으로 인해 일차적으로 문헌연구에 의존하였다. 모든 북한 연구가 북한 원전의 접근성에 있어 한계를 지니고 있지만, 이 연구는 특히 여성의 사회적 지위와 역할에 대해 객관적으로 분석한 북한 원전이 존재하지 않는다는 데에서 더 큰 한계를 지니고 있다. 이를 극복하기 위해서 조선로동당 자료, 각종 북한 신문과 잡지, 소설 등을 검토하여 그 속에 숨어있는 여성의 위상과 역할을 분석하고자 하였다.

문헌분석의 한계를 보정하고, 1990년대 이후의 북한사회의 변화를 추적하기 위해서 탈북주민들의 증언을 많이 인용하였다.[1] 그러나 탈북주민들의 심리적 조건이나 탈북이라는 과정의 경험을 고려하여 이들의 증언을 수용하는데 있어서는 다소의 조심성이 필요하다는 점을 유의하였다.

2. 사회주의체제와 여성

1) 사회주의체제에서의 여성의 위상과 역할

  마르크스와 엥겔스가 여성억압의 원인을 사유재산제도와 여성들의 '생산활동'에의 불참에서 찾은 이래, 소련을 비롯하여 지금까지 현실적으로 존재하였던 모든 공산국가들은 유사한 여성정책을 추구하였다. 이들 국가는 사유재산제도의 철폐라는 큰 사회주의의 틀 속에서 여성의 노동자화, 즉 여성의 생산활동 참여 촉구 및 이를 위한 제반 사회여건 창출을 지속적으로 추구한 것이다. 초기에는 전통적 가족의 굴레가 여성의 생산활동 참여를 방해한다고 판단하여 가정의 약화를 추구하였고, 여성의 교육기회를 확대하였다. 또한 임신과 출산으로 인한 여성의 노동력 손실을 고려하여 육아의 사회화를 추구하였다.

  그러나 여성의 정치적 지위는 각국의 정치적 변동에 따라 굴곡이 심했고 가정에서의 여성의 지위는 경제적 능력에도 불구하고 크게 향상되지 못했다. 오히려 공산국가에서는 가정과 사회에서의 여성문제가 오랫동안 외면되었다. 이는 그들의 이론상 사유재산제도가 철폐되고 여성이 노동계급화 되었으므로 여성억압의 원인이 제거되었고, 따라서 여성은 '해방'되어 있어야 했기 때문이었다. 소련은 붕괴 직전에서야 가정 내에서의 평등, 가사분담 문제나 여성의 성성(sexuality)문제 등이 제기되었고, 동독을 비롯한 동구권에서는 체제변화를 겪으면서 비로소 진정한 여성해방의 문제가 진지하게 검토되기 시작하였다.

  (1) 소 련
  가장 먼저 지상에 태어난 공산 소련에서는 그 후 태어난 다른 공산국가의 여성정책의 원형을 보여주었다. 1917년 혁명 성공과 함께 아르만드(Inessa Armand), 콜론타이(Alexandra Kollontai) 등 여성공산혁명가의 활약 속에 여성해방을 위한 정책이 활발하게 펼쳐지고, 당 중앙위원회 및 전국 당조직 아래에 여성 당원들을 위한 조직으로 제노뗄(Zhenotdel, 1919~1930)도 구성되었다. 공산당은 이 제노뗄이 여성과 당을 연결하는 '인전대引傳帶'라고 강조하였고, 콜론타이는 여성과 남성은 같은 노동자, 평등한 동반자관계가 되어야 한다고 역설하였다. 이 시기에 여성의 노동참여를 중심으로 이혼의 자유가 넓게 보장되고, 낙태의 자유도 보장되었다(1920).

그러나 레닌의 신경제정책의 대두와 함께 가정을 중시하는 정책을 펴기 시작하면서 여성의 사회진출은 위축되게 되었다. 더욱이 스탈린(Stalin) 집권 이후에는 여성의 지위에 있어 '대후퇴기'라고 칭해지는 억압과 가정 재강화의 시기가 시작된다. 스탈린은 "여성문제는 해결되었다"고 선언하였고, 이제 '노동자가 됨으로써 해방된' 여성들은 남성과 동등한 노동력의 제공자로만 인식되었다. 여성들은 '위대한 노동예비군', 소련사회의 '위대한 힘' 등으로 묘사되면서 노력영웅(Stankhanovki)이 되도록 요구되었다. 제노뗄은 해체되고, 각 지방 내지는 기업수준의 당 조직 등에 소규모의 여성조직인 제노젝또르(Zhenosektor, 1931~1934)가 운영되게 되었다. 이는 같은 여성조직이라고 하나, 제노뗄과 달리 전국적인 연계를 가지고 조직적으로 활동하지 못하는 지방당 산하의 부문조직에 불과하였다. 이와 함께 안정적인 일부일처제 가정이 여러 가지 현실적인 이유에서 가장 건전한 사회주의 가족양식으로 공인됨으로써 이혼은 엄격한 조건하에서(비용을 물고서) 허용되었고, 낙태는 불법화되었다(1936).

브레즈네프(Brezhnev) 시대에 이르러서 비로소 '발전된 사회주의'에서도 여성문제가 완전히 해결되지는 않을 수 있다는 것을 인정하게 되었다. 가사노동의 부담과 보이지 않는 사회적 차별로 인해 출산율이 갈수록 저하되었기 때문이다. 이때 여성들의 낮은 기술수준과 이로 인한 임금격차 뿐만 아니라 남성들의 가사노동 분담문제 등이 사회적으로 조명되고 출산율을 제고하기 위해 여성들의 노동시간 단축, 시간제 노동의 도입 등이 검토되기 시작하였다. 이어 고르바초프(Gorbachev)는 그의 정치개혁과 함께 1986년의 제27차 당대회에서부터 여성의 역할을 언급하였을 뿐만 아니라 1987.1월 전소련 여성대회(All-Union Conference of Women)를 개최, 여성문제를 본격적으로 재검토하는 계기를 제공하였다. 이 대회에서는 당내에서의 여성지위, 직장과 가정에서의 여성문제(과중한 가사노동, 남편들의 알콜중독, 빈곤과 폭력) 등이 재조명되었다. 그러나 그의 시도는 정치적 혼란과 함께 뚜렷한 성과를 맺지 못하고 막을 내리게 된다.

(2) 동 독

동독의 경우 여성정책은 비교적 일관되게 전개되어 왔다. 서독은 여성문제를 '가족정책(Familienpolitik)' 속에 포함시켰으나, 동독은 '여성정책(Frauenpolitik)'을 일관되기 유지했는데, 이것은 독일이 사회민주당의 활동 역사가 길고 여성혁명가의 역할이 두드러졌었기 때문에 그 전통이 유지된 것에 기인한 바 크다.

이혼에 대해서 동독도 소련과 유사한 변화를 보인다. 1949년의 혼인법은 이혼의 자유를 광범위하게 부여하였으나 1965년의 가족법에서는 "사회와 국가는 혼인관계의 파괴를 가져온 원인을 규명하고 다시 그들을 화해시키는데 중요한 역할을 하여야 한다"고 규정하여 이혼에 대한 사회적 제한을 강화하였다.

1871년의 독일 형법은 1968년의 전면개정 이전까지 유효하였으며, 이 법에 의하면 생명의 위협이 없는 한 낙태는 불법이었다.[2] 그러나

1950년의 모자보호법은 낙태를 허용할 수 있는 3가지 기준(Indication : medical, ethnical, social)을 제시, 낙태허용의 범위를 확대하였다. 그 기준 중 특히 사회적 기준은 낙태를 원하는 여성에 의해 확대 해석되면서 낙태가 광범위하게 허용되는 효과가 있었다. 그러나 1968년의 형법에서 불법낙태에 대해 3년까지 실형을 언도할 수 있게 함으로써 낙태의 자유는 다시 위축되었다. 그 결과 불법낙태가 줄어드는 것이 아니라 모성건강을 더욱 악화시킨다는 지적과 함께 여성들의 출산관련 사망건 수가 100,000 출산당 50명에서 44명이 되는 상황이 지속되었다. 1972년 3월, 동독은 낙태법을 제정하여 낙태가 여성의 권리라고 선언하였으며, 이후 국가는 여성이 원할 경우 아무런 질문 없이 무상으로 수술을 해 주게 되었다. 1973년 출산관련 사망 건수는 100,000출산당 26.6명으로 급격히 하락하였다.[3] 통일 이후 서독의 낙태금지규정이 동독에 적용되면서 많은 여성들의 반발이 있었던 것은 이 때문이다.

　동독과 소련의 가장 큰 차이는 여성조직문제에 있다고 할 수 있다. 소련에서는 전국적인 여성조직이 1930년대 이후에 존재하지 않았으나 동독에서는 통일 당시까지도 여성조직이 유지되어 왔다. 그것은 여성조직이 19세기 사회민주당에서부터 뿌리를 내린 것이기 때문이기도 하고, 독일 공산당 내에서 활동한 여성혁명가들의 이론적·실천적 기초가 두터웠기 때문이기도 하다. 동독의 민주여성동맹 (Demokratische Frauenbund Deutschland : DFD)은 처음 1945년 반나치 여성위원회로 설립되었다가 여맹으로 개칭하였다. 여맹은 독일 통일사회당과 비슷한 구조와 지방조직을 유지했고, 선거시 후보자 명단을 작성하는 민주전선(national front)의 한 구성원이기도 했다. 이 여맹을 통해 많은 여성이 의회로 진출하기도 하였다.

　동독에서는 전반적으로 여성들의 사회활동이 확대되는 방향으로 정책이 일관되게 발전해왔다고 볼 수 있다. 법률개정, 여성의 교육수준,

의회진출, 당원비율 등 모든 지표는 상향선을 그려왔다. 그러나 공산국가 공통의 현상이듯이 사회주의 속에서 "여성은 이미 해방되었다"는 신화 속에 가정에서의 여성문제는 언급되지 못했다.4)

(3) 중 국

중국에서의 여성의 지위는 특히 중국의 공산화과정에 비추어 고찰할 필요가 있다. 소련에서의 공산화 과정은 소수의 혁명세력에 의해 왕정이 붕괴되면서 완성된 것이다. 동독의 경우 패전 이후 소련의 진주와 함께 기존의 정당이 통폐합하면서 통일사회주의당을 설립, 공산체제를 확립하였다. 그러나 중국에서는 항일운동과 동시에 전개된 반국민당 투쟁, 그리고 일본이 물러나자마자 연속된 내전이 있었다. 공산당이 중국을 장악한 것은 1931, 모택동이 강서지구에 소비에트의 성립을 선포한 때로부터 시작해도 거의 20년 이후에야 가능했다. 중국의 공산화는 강서 소비에트의 경험과 함께 1934년부터의 대장정, 그리고 일본항복 이후 국민당과의 최후의 전쟁에 이르는 기나긴 과정이었다. 이 과정에서 여성들은 홍군의 구성원이자 지원군이었고, 생산을 담당하는 노동자였다. 중국에서의 여성정책은 이러한 과정 속에서 형성되고 강화·발전되어 왔다.

중국공산당은 1929년 정강산지구로부터 퇴각하여 강서·호남·광동의 변경 산악지대로 이동하여 1931년 제1차 중화소비에트 전국대표대회에서 중화소비에트공화국을 선포한다. 이 소비에트공화국헌법 11조는 여성의 해방을 보장하였다. 이러한 헌법의 원칙은 그 이후 각 해방구에서 실제 조직과 법령으로 구체화되었는데, 토지법·혼인법·노동법 등을 통해 여성에게도 토지를 분배하였고 혼인과 이혼, 재혼의 자유를 부여하였다. 이러한 강서소비에트의 법들은 그 후 대장정과 함께 북부해방구의 각 지역에도 적용되게 된다. 그런데 이 강서시기의 여성정책(부녀공작)의 중심은 전쟁지원에 여성들을 광범위하게 참여·동원시키는 것이었다. 여성들은 직접 홍군에 참여하거나, 혹은 홍군을 위해 홍군가족의 토지를 경작하고 각종 물자조달과 지원활동을 하도록 요청되었다. 직접 전쟁에 참여하도록 요청된 것은 소련 및 동독의 경우와 중국의 경우를 다르게 만드는 첫 번째 원인이다.

중국 전역을 장악하고 공산정권을 수립한 이후에도 이혼과 가족에 대한 초기의 원칙은 비교적 변화 없이 유지되었다. 헌법에서 여성의 평등권과 참정권이 보장되고, 혼인법에서도 혼인과 이혼, 재혼의 자유가 부여되었다. 더욱이 1966년 이후의 문화혁명은 모든 기존의 질서를 파괴하는데 열을 쏟았기 때문에 기존의 가족관계에 대한 파괴는 더욱 더 강력히 지지되었다.

동독이나 소련의 경우 정부의 출산장려 원칙에도 불구하고 보건상의 이유로 마지못해 낙태가 합법화된 경향을 보인다. 그러나 13억의 인구를 지닌 중국은 초기부터 강력한 출산억제정책을 추진하였고, 때문에 낙태는 여성들보다 오히려 정부에서 더 요구하고 있었다. 지속적 노동력 감소로 위의 두 나라가 다산정책을 펼 수밖에 없었다면, 인구과밀로 인해 중국은 지속적으로 출산억제정책을 펼 수밖에 없었던 것이다.

중국정부의 여성정책은 비교적 명확하고 일관되어 있다. 그것은 봉건적 가족의 굴레를 타파하고 여성을 노동자로 만드는 것이다. 교육확대와 육아의 사회화는 다 이러한 맥락에서 추진되어왔다. 또한 중국에서는 동독의 DFD보다 더 강력한 여성조직을 지니고 있다. 혼인법 개정 등 많은 법률개정과 산아제한운동 등에서 중심적 역할을 해온 것은 「중국부녀총동맹」으로 부녀동맹의 간부들은 당내에서도 비교적 높은 서열을 유지해오고 있다. 1992년에는 여성권익보호법이 제정됨으로써 다시 한번 여성의 권리에 대한 관심을 제고시킨 바 있다. 이 법은 여성의 권익을 침해한 경우에 대한 구제수단까지 제시하고 있다.

2) 북한 여성의 위상과 역할: 사회주의 국가들과의 비교

　북한에서는 동독에서와 같은 뿌리 깊은 공산당(사회민주당) 활동의 역사도 없었고, 중국에서와 같은 대장정의 역사도 없었으며, 무장투쟁에 참여한 여성들의 숫자는 극소수였다. 당시 식민지·반봉건사회였던 북한지역에서 자생적인 사회주의 혁명이란 가능하지 않았으므로 북한에서 사회주의 체제는 사실상 소련군의 진주에 힘입어 상층부로부터 이식되었다. 때문에 북한에서의 여성의 위상과 역할은 초기에 소련의 경우와 가장 유사하게 규정되고 발전되었다.

　북한은 정권수립 초기에 가장 활발하게 여성의 법적·사회적 지위를 변화시켰다. 남녀평등권법령을 비롯한 초기의 개혁입법은 여성에게 남성과 대등한 법적 지위를 부여하면서 여성들을 가정에서 이끌어내어 노동자로 만들어나가기 위한 정책을 추진해 나갔다. 여성을 얽어맨 봉건적 가정의 구속을 제거하기 위해 혼인과 이혼의 자유가 광범위하게 부여되었고, 여성단체가 조직되어 활발하게 선전활동을 전개하였다. 노동법령을 통해서는 여성들에게 남성과 동등한 노동의 권리를 부여하고 동일노동, 동일임금의 원칙을 규정하였다. 여성의 사회적 활동을 지원하기 위해 탁아소와 유치원의 설립도 활발하게 추진되었다.

　그 결과 비교적 짧은 기간에 여성의 노동참가율이 상승하였고, 1980년대 이후에는 여성 노동자가 전체 노동자의 반을 차지하기에 이른다. 탁아소와 유치원은 해당연령 영유아의 80% 이상을 수용할 수 있는 능력을 갖추기에 이른다. 그리고 북한 당국은 이미 여성들은 해방되었다고 선언하기에 이른다.

　그러나 여타 사회주의 국가에서와 마찬가지로 북한 사회주의 정권이 체계를 잡아가기 시작하면서 다시 가정의 중요성이 강조되었고, 이혼의 자유는 제한되었다. 그리고 소련에서와 마찬가지로 정치상황의 변화와 함께 여성단체의 활동은 급격히 위축되었다. 최고인민회의 대의원에서의 여성비율은 비교적 높은 수준에서 유지되었으나, 최고인민회의 자체는 동독이나 소련에서와 마찬가지로 지극히 형식적 역할만을 수행하고 있어 대의원 비율이 정치적 권력의 배분을 반영하지 못하고 있다. 실질적으로 정치적 권력을 행사하는 당 중앙위원회에서의 여성비율은 크게 상승하지 못하였고, 내각에서의 여성의 존재도 크게 부각되지 못하였다. 육아의 사회화를 위한 탁아소와 유치원의 설치・운영은 북한 정권의 능력에 비교해서 매우 높은 수준을 유지하고 있었으나, 이마저 경제난이 심화되면서 점차 상황이 악화되었다.

이러한 북한에서의 여성의 위상과 역할의 변화는 큰 틀에서 보아 소련에서의 여성의 위상과 역할의 변화와 유사하다. 그러나 개개의 국가들이 개별적인 문화와 환경 속에서 독자적이고 고유한 변화를 경험하듯이 유사성만큼 개별성 혹은 차별성도 존재한다.

북한에서 여성의 정치적 역할은 김일성 일가의 권력장악과 세습과정과 직결되어있다. 이는 소련에서 수차례 지도자가 교체되고, 동독에서도 한 차례 집권자가 바뀐 것과는 매우 다른 결과를 가져왔다. 또 북한이 경험하고 있는 심각한 경제난은 여성들의 역할을 여성 스스로 자각하여 변화시키게 만드는 계기로 작용하였다. 이 또한 동독과 소련에서는 나타나지 않았던 현상이다.

결국 여성의 위상과 역할은 사회주의라는 이념적 기반의 동일성에도 불구하고 각 국가가 처한 개별적이고 독특한 문화와 역사를 바탕으로 다양한 변화양상을 보이며, 북한에서의 여성의 위상과 역할도 사회주의라는 이념을 씨줄로, 북한의 사회문화적 환경과 정치・경제적 발전 과정을 날줄로 하여 직조되어온 것이다. 그러므로 북한에서의 사회주의 이념과 북한의 정치・경제적 발전과정은 어떠하였으며, 그 속에서 여성의 위상과 역할은 어떻게 변화해왔는지를 살펴볼 필요가 있다.

3. 북한 여성의 위상과 역할의 변화과정[5]

1) 사회주의체제의 수립과 여성의 사회적 동원 (1945.8~1974.2)

해방 이후 북한지역에 설치된 최초의 정권기관은 1946.2 창설된「북조선임시인민위원회」(이하「임시위」)와 1947.2.22 출범한「북조선인민위원회」(이하「인민위」)이다. 이 두 과도정권은 토지개혁, 중요산업 국유화, 노동법령 제정, 남녀평등권법령 제정, 봉건유습잔재를 퇴치하는 법령 제정 등 매우 짧은 시기에 여러 혁명적 과제들을 추진하면서 북한 사회주의 체제의 토대를 닦았다. 과도정권의 개혁정책의 성과를 바탕으로 1948.9월 북한정권이 공식적으로 출범한 후 북한은 사회개혁과 경제건설에 박차를 가하는 한편 한반도 전체를 장악하기 위한 전쟁도 착실히 준비하였다. 1950.6.25 북한은 우월한 경제력을 기반으로 하여 전쟁을 감행하였다. 그러나 전쟁은 1951년 이후 소강상태에 접어 들어갔다가 1953년에야 휴전협정의 조인을 보게 되었다. 전쟁과 전후의 당면과제는 두말할 것도 없이 전쟁의 승리이고 전후 경제재건이다. 이를 위해 전시 총동원체제가 가동되면서 여성의 노동활동 참가가 더욱 확대되었다.

1955.4월 김일성은「모든 힘을 조국의 통일독립과 공화국 북반부에서의 사회주의 건설을 위하여」라는 제목의 연설을 통해 사회주의적 공업화의 기초 확립, 농업협동화, 상공업의 사회주의적 개조방침을 천명하였다.[6] 그런데 전쟁으로 많은 개인 영농업자와 개인 상공업이 영락한

것은 이러한 사회주의적 구조개편에 큰 도움을 주었다. 농업협동화는 1958년 완수되고, 거의 동시에 개인상공업·개인수공업도 협동조합화 되었다.

1961.9.11~18일간 진행된 조선로동당 제4차 대회는 제3차 대회 이후 계속되어왔던 반종파 투쟁을 마무리하고 더 이상 도전자가 없어진 김일성의 확고한 권력을 과시하는 회의였다.[7] 따라서 대회에서는 당의 반종파 투쟁의 정당성과 "어떠한 시련과 난관 앞에서도 추호의 동요없이 항상 승리에로 인도한 김일성의 지도의 현명성"을 강조하였다. 또한 이 대회에서는 제1차 7개년 인민경제계획을 수립하여 전면적 사회주의 건설에의 동원을 선언하였다.

이후 제1차 7개년 계획 성공의 경제적 성과를 토대로 1967.5월 당 중앙위 제4기 15차 전원회의에서는 당의 유일사상체계 구축을 논의하면서 또 한번 반김일성세력 숙청 작업을 진행하였다. 이리하여 더 이상 김일성의 권위에 도전할 세력이 남지 않게 되자 김일성은 1970.11월 제5차 당 대회를 개최, 김일성 주체사상을 당의 지도이념에 포함시키는 한편, 1972.11월 최고인민회의 제5기 제1차 회의를 소집하여 인민공화국 헌법을 폐지하고 이른바 「사회주의헌법」을 제정하였다. 이후 북한은 "대를 이어 혁명을 완수하자"는 명분아래 부자세습의 기반을 닦아나가다가, 1974.2.12 당중앙위원회 제5기 제8차 전원회의에서 「경애하는 영도자 김정일 동지를 위대한 수령님의 후계자로 추대하는 결정」을 채택하면서 후계체제 구축으로 나아가게 된다.[8]

김일성은 항일투쟁과정에서 식민지반봉건사회에서의 혁명의 기본임무는 일제를 반대하는 민족해방혁명과 함께 봉건에 반대하는 민주주의 혁명을 수행하는 것이며, "이 혁명단계에서의 녀성문제는 일제의 식민지 및 봉건적 착취와 억압에서 녀성들을 해방하며 남녀평등권을 실현하는 것"[9]이라고 지적하였다. 이러한 김일성의 여성문제에 대한 판단은 마르크스와 엥겔스의 이론을 식민지로 떨어진 조선의 현실에 적용한 것이다.

이러한 인식에 따라 북한은 정권초기부터 여성에 대한 식민지적·봉건적 착취를 타파하고 여성을 사회적 노동에 참여시키기 위한 개혁정책을 강력히 추진하였다. 여성을 해방하기 위한 개혁정책은 크게 세 가지 방향에서 추진되었다. 첫째는 여성을 봉건적 혼인제도와 대가족제도의 굴레로부터 벗어나도록 하는 것이었다. 따라서 초기에는 혼인과 이혼의 자유 등 기존의 혼인·가족제도를 타파하는 방향으로 법령을 제정하고 정치적 동원운동을 전개하였다. 두 번째는 여성들이 사회적 노동에 참여하여 '로동자'가 될 수 있는 조건을 만드는 것이다. 이를 위해 여성의 취업을 보장하고, 동일노동 동일임금의 원칙을 천명하는 한편, 보육시설을 설치하고, 여성들의 기초교육을 확대하는 제반 조치를 취하였다. 마지막으로는 여성의 정치참여를 확대하는 것이다. 이를 위해 최고인민회의 대의원에 여성을 다수 할당하고 여맹의 활동을 적극 지원하였다.

(1) 봉건적 가족제도의 개혁

북한당국은 여성해방을 위해서는 먼저 여성의 인격과 법적 능력을 인정하지 않았던 봉건적 가족제도부터 혁파해야 한다는 인식하에 과도정권의 사회개혁에서부터 여성을 가정의 굴레에서부터 벗어나도록 하는 조치들을 추진하였다.

이러한 개혁조치는 먼저 토지개혁으로부터 시작되었다. 「임시위」는 1946.3.5 「북조선 토지개혁에 관한 법령」(전 17조)을 공포하고 친일파 및 일인소유 토지의 몰수와 이의 분배, 분여토지의 매매·소작·저당의 금지, 과수원·산림·관개시설 국유화 등을 추진하였다. 토지개혁은 각급 인민위원회의 지도하에 고용농과 빈농으로 구성된 11,500여 개의 농촌위원회를 농민동맹·여맹을 비롯한 모든 대중단체가 지원함으로써,

20일이라는 단기간에 개혁의 완수를 선언하기에 이른다.

　토지개혁이 여성들에게 미친 중요한 영향은 크게 두 가지로 요약된다. 그 첫째는 여성이 남성에 부속된 존재로서가 아니라 여성 자신의 자격으로서 토지를 분배받게 된 것이다. 토지개혁법령 시행세칙 제15조에서는 고용자와 토지 없는 농민과 토지 적은 농민에 대한 몰수된 토지의 분배는 가족 수와 그 가족내의 노동능력을 가진 자의 수의 원칙에 의하여 실시하도록 규정하였는데, 분배기준표에 의하면 비록 10세의 노동능력 연령의 차이는 있지만, 성인여성도 남성과 같이 1점을 받아 토지를 분여받게 되었다. 둘째는 여성들에게도 일정 토지를 분여하여 여성들의 경제적 기반을 제공한 것이다. 이는 특히 과부와 자녀로 구성된 편모 가정에 매우 큰 의미를 가졌다.

　이어 「임시위」는 1946.7.30 임시위 결정 제54호로 「북조선의 남녀평등권에 대한 법령」(전 9조)을 공포하였다. 이 법령은 명시적으로 "낡은 봉건적 남녀간의 관계를 개혁하고 여성으로 하여금 경제문화적·사회정치적 생활에 전면적으로 참여시킬" 것을 목적으로 밝힘으로써 정면으로 가족제도 개혁을 내세운 것이다. 동 법 제1조에서는 정치·경제·사회·문화 등 모든 영역에서의 근본적 남녀평등원칙을, 제2조에서는 선거권·피선거권의 평등을, 제3조는 노동법령 제7조의 규정을 재확인하고 있다. 그리고 제4조~제8조까지는 가족법의 기본 입장을 밝히고 있는데, 혼인과 이혼의 자유를 규정하고 있다. 이 남녀평등권법령을 구체화한 것이 1946.9.14 임시위 결정 78호 「북조선 남녀평등권에 대한 시행세칙」이다.[10]

　이 「남녀평등권법령」과 시행세칙은 봉건적 가족제도를 무효화하고 가정에서의 여성의 법적 평등을 보장한 것이다. 그러나 북한의 현실은 이러한 법령과 현격하게 차이가 있었다. 때문에 과도기적으로 기존의 축첩을 인정해야 했고, 사회전반에 여성의 예속적 지위가 온존하였다.

이러한 봉건잔재의 해소를 위해「임시위」는 결정 제163호로「북조선의 봉건유습잔재를 퇴치하는 법령(1947.1.24)」을 공포하여 축첩, 서얼차별 해소 등 결혼과 관계된 봉건유습을 퇴치하고자 하였으나, 이러한 잔재는 한국전쟁을 거치면서 북한에 사회주의 제도가 정착될 때까지 잔존하였다.

그런데 정권수립과 전쟁을 거치면서 그동안 비교적 자유롭게 허용해 온 협의이혼이 사회해체를 가져온다는 지적이 제기되었다. 이에 따라 1956.3.8 내각결정 25호는 협의이혼을 폐지하고 재판상 이혼만 허용하기로 하였다. 이는 반혁명적 요소와의 투쟁을 위해 여맹이 지원하여 확대되어온 이혼의 물결이 이제 사회적 불안을 야기하게 되어 이혼을 제한할 필요가 제기된 것이다. 북한은 이에 관해 "해방 후 북반부에서의 혁명발전과 민주건설의 진전에 따라 과거로부터 물려받았던 낡은 결혼관계로서 파기되어 마땅한 것은 기본상 이미 다 청산되고 새로운 사회주의적 제원칙 위에서 견고한 결혼과 가족이 수립되고 공고해지기 시작한 조건에서는 리혼에 대한 사소한 경솔과도 투쟁"[11]하기 위한 것이라고 설명하고 있다.

이러한 변화는 소련이나 동독에서와 마찬가지로 가정의 성격에 대한 사회주의 제도의 혼란을 반영한다. 즉, 마르크스-엥겔스식으로 경제적 계약과 혼인 해소의 불능에 기초한 가정을 해체하여 가정을 인간 대 인간의 애정적 결합으로 재구성하려던 시도를 포기하고, 사회 안정을 위해 기존의 가족형태를 유지하기로 한 것이다.

한편 북한은 1946.8.9「임시위」결정 57호로「공민증에 관한 결정서」를 발표하였다. 이는 기존의 호적에 대신하여 공민증으로 개인들의 신원을 식별하도록 한 것으로, 주민들로 하여금 가족을 떠나 개인으로 인식되게 하는 계기를 만든 것이다. 또한 만 18세 이상의 모든 여성이 동등하게 공민증을 교부받게 됨으로써, 다시 한번 가족에 종속되지 않은 평등한 여성의 인식을 갖게 하였다.

또한 북한은 전쟁 직후인 1955.3.5 내각결정 28호 「공민의 신분등록에 관한 규정」으로 공민증의 내용과 이에 대한 사회안전부의 확인 절차 및 혼인등록 절차 등을 강화하였다. 「공민의 신분등록규정」 제10조는 혼인등록절차를 거주지 신분등록소에 부부 쌍방이 동시에 출두, 혼인신고서를 제출하고 쌍방의 공민증에 등록하도록 규정함으로써 혼인의 성립을 등록해 두는 등록혼제도를 확립하게 되었다.

(2) 여성의 사회적 동원

북한당국은 전통적 가족제도의 타파와 함께 여성해방을 위해서는 여성이 사회적 생산활동에 참여하는 '로동자'가 되어야 한다는 인식하에 여성을 사회적으로 동원하기 위한 제반 조치를 취하였다.

가장 먼저 문맹퇴치 등 여성들이 노동자로 될 수 있는 기초교육을 확대하였다. 해방직후 북한은 남녀를 불문하고 정치·경제 등 제반 분야에서 새로운 국가건설을 담당할 인재를 양성해 나가는데 있어서 당면한 초미의 과제는 문맹퇴치라고 판단하였다. 1945년 현재 12세 이상의 인민들 중 문맹자가 230여 만 명에 달했고, 노동자와 농민들의 거의 대부분이 문맹인 상황이었기 때문이다. 이러한 문맹율은 국가건설에 필요한 최소한의 노동자의 확보도 불가능한 현실을 보여주었다. 때문에 1945.11월, 먼저 「5도 행정국」내에 교육국이 창설되면서, 그 아래에 설치된 성인교육부가 문맹퇴치운동을 주도하였다. 1946년에는 국가예산에서 교육비의 비중이 17%에 달하게 되고, 불과 1년 만에 1,110개의 6년제 인민학교가 새로 건설되어 1946년에는 인민학교가 2,482개로 늘어났다. 중학교도 1945년에 44개에 불과하던 것이 1946년에는 217개로 불어났다. 각지에 세워진 성인학교도 1946년 현재 16,178개에 달하였다. 이러한 집중적인 교육투자와 문맹퇴치의 결과 1946년 말에 이르러

82만명의 문맹이 글을 읽을 수 있는 성과를 이룩하였다.12)

　이어서 법적으로 여성노동자의 권리를 보장하였다. 1946.6.24 공포된 「북조선 노동자 및 사무원에 대한 노동법령」은 노동자·사무원에 대한 8시간 노동과 사회보험제, 동일노동 동일임금, 유급휴가, 노동안전 및 위생조건의 개선 등을 규정하면서, 산전산후 휴가와 유아 수유시간을 보장하였다. 이 법으로 여성들은 최소한 법적으로 남성들과 동일한 자격으로 노동시장에 참여하는 것이 보장되었고, 산전산후 휴가가 원칙적으로 보장되었다. 특히 16조에서 18조의 규정은 여성의 출산·육아와 관련, 모성보호를 보장한 것으로 여성의 사회참여 여건을 보장하는 것이다. 사회주의 건설이 추진됨에 따라 이러한 모성보호 규정은 더욱 강화된다.

　1969.9.27 내각 결정 23호는 「모성로동자들의 로동시간에 관한 규정」으로 3자녀 여성의 1일 노동시간을 6시간 이내 혹은 주 5일 근무·1일 8시간 노동으로 제한하였다. 이어 1973년에는 3자녀 이상의 여성들에게 하루 6시간 근무에 8시간 기준의 보수를 주는 제도를 채택하였으며, 이는 1978년 제정한 「사회주의로동법」에 명문화된다. 이것은 기혼여성의 경우 자녀양육, 가사의 책임과 동시에 사회적 노동에의 참여가 계속 강요됨에 따라 여성의 이중부담을 경감시킬 필요가 있어 나온 것이었다. 하지만 이러한 모성보호규정이 실제 여성의 부담을 크게 감소시키지는 못했다.

　이러한 문맹퇴치와 법령제정에도 불구하고 여성들의 경제활동 참가는 기대한 만큼 증대하지 않았다. 그 이유는 첫째 농업공동체 문화에서 공동체(가정)를 벗어나서 여성들이 사회활동을 한다는 것이 사회통념과 일치하지 않았다. 둘째로는 일제시대 이후 생겨난 산업체에서 취직을 하고 노동을 하는 것은 그때까지 가난한 상민계층에서, 그것도 빈곤 때문에 일을 하던 시대상황으로 인해 노동이란 천하고 빈곤한 것이라는 관념이 뿌리 깊었다. 때문에 농업공동체를 벗어나 일을 하거나 사회활동에 뛰어드는 여성들을 비난하고 풍기가 문란하다고 비난하는 사례가 많았다.

해방당시 한반도는 거의 전적으로 농업에 의존하는 상태였다. 1943년의 기록에 의하면 한반도 전체를 통틀어 2천5백만명에 달하는 인구중 산업에 종사하는 노동자는 55만명에 불과하였고, 18만명이 일제하에 집중 개발된 광산에 동원되어 있었다.13) 뿐만 아니라 여성노동자는 더욱 드물었다. 1946년 말을 기준으로 당시「북조선직업총동맹」에 소속된 여성은 전체 맹원 38만명의 8%에 불과한 21,761명이었다. 그 중에서 제사, 방직 같은 섬유공장에 6,969명, 그 다음이 인민위원회나 은행, 소비조합 등 사무직이 4,618명, 그 다음이 학교나 문화기관, 병원 소속 3,932명, 화학공장 소속 4,109명 등으로 이어졌다.14)

이러한 상황을 타개하기 위하여 김일성은 여맹활동의 강화를 요구하였다. 그는 먼저 1946.5.9 북조선민주여성동맹 제1차 대표자회의에서 한「녀성동맹의 금후과업에 대하여」라는 연설에서 지난 날에는 노동을 가장 천한 것으로 여기고 남의 노동을 착취하며 놀고 먹는 것을 신성한 것으로 여겨왔으나, 인민정권 밑에서는 노동이 참으로 신성하고 영예로운 것임을 강조하고, 이러한 노동에 여성들이 참여하도록 여맹이 적극 나설 것을 요구하였다. 특히 "가두녀성들과 가정부인들이 건국사업에 이바지하도록 하는 것"을 강조하였다. 이어 1947.10.20「녀성동맹사업에 대한 지도를 강화할데 대하여」라는 연설에서도 여성들의 사회진출을 적극 유도하고, 이를 위해 낡은 사상잔재와 생활인습을 없애기 위한 교양사업을 강화하도록 요구하였다.

이러한 노력의 성과로 1947년 현재 인민경제건설사업에 125만여명의 여성이 참가하였다고 하나,15) 당시는 여전히 농업중심의 사회구조였기 때문에 정확하게 어느 정도의 여성이 2차 산업 등에 참여하였는지는 정확하게 파악되지는 않는다.

북한정권은 1947년과 1948년에 시행된 1개년 경제계획에서부터 여성들을 공업노동으로 끌어들이기 위해 여성노동자 양성에 노력하였던 바, 이 노력은 정권 수립 이후인 1949년부터 시작된 2개년 경제계획에서부터 보다 본격화된다. 이 당시 가장 중점을 둔 것은 결혼을 하지 않은 미혼여성과 젊은 가정주부를 생산노동에 참여시키는 것이었다. 이러한 노력의 결과 1946년에 비해 1949년 3월에는 노동자수가 약 180% 증가하였고, 여성기술자는 약 200%로 늘어났다.

<표 1> 한국전쟁 이전 산업분야 여성노동자·기술자 증가율(1946~1949)

여성노동자의 증가		여성기술자의 증가	
연 도	증가율 (%)	연 도	증가율(%)
1946	100.0 %	1946	n.a.
1947	117.8 %	1947	100.1 %
1948	161.3 %	1948	147.9 %
1949.3	179.1 %	1949	198.1 %

* 출처: 리경혜, 『녀성문제해결경험』 (평양: 사회과학출판사, 1990), 86쪽.

<표 2> 부녀 노동비율의 증가

연 도	부녀노동비율(%)
1948	11.0 %
1949	14.8 %
1950 June	15.9 %
1952 June	27.0 %

* 출처: 김상화, "조선민주주의인민공화국 산업의 발전," 조선민주주의인민공화국 과학원, 『인민경제의 발전』 (평양: 과학원, 1954), 153쪽.

그러나 북한당국은 아직 일천한 산업부문에로의 여성동원이 한계가 있다는 것을 인식하고, 농업부문에 여성들의 보다 적극적인 참여를 독려하였다. 따라서 여맹을 통해 여성들이 농업증산에 적극 나서도록 교육을 하는 한편, 이 증산결과를 현물세 납부로 이어지도록 독려하였다. 또한 양잠업, 면포생산 등의 분야에서 여성들의 참여를 호소하였던 바, 1949.2.1 제1기 최고인민회의 제2차 회의에서는 김일성이 직접 잠업 증산을 촉구하였다.16) 그 결과 잠업증산을 위해 여맹 조직이 총동원되어 여성들을 대상으로 양잠기술강습회 등을 개최하였던 바, 평안남도에서만 한 해 동안 7,000명의 여성을 교육시켰고 713개소의 공동사육장을 건설하였다. 그리하여 1949년 평안남도는 고치생산계획을 108%로 초과 완수하였다. 또, 수방직면포생산에도 여성들을 동원, 1949년 겨울에 농촌여성들은 면포생산계획량 832,639필을 생산하였다.17)

전쟁 발발과 함께 여맹에 의한 여성들의 체계적 노력동원이 이루어지고, 여성의 경제활동 참여가 비약적으로 증가하였다. 여성들은 전선에 나간 남성들을 대신해서 노동자가 되었으며, 계속적인 폭격 속에서 공장과 농촌을 지키고 생산을 지속하였다. 이 과정에서 수많은 여성 노력영웅이 태어났다. 그러나 여성의 산업노동 참여율은 여전히 기록상 저조한 것으로 나타나는데,18) 이는 농촌에서 식량생산에 참여한 여성이 파악되지 않았기 때문이다.

전후 복구기에 일시적으로 여성이 다시 가정으로 돌아가는 현상이 나타났다. 이에 따라 1958.7.19 발표된 내각결정 84호는 「인민경제 각 부문에 여성들을 더욱 인입시킬데 대하여」19)라는 제목으로 여성들을 생산현장에 적극 동원하기 위한 방안을 제시하고 있다. 먼저 이 결정은 1961년까지 전종업원에 대한 여성노동력의 비율을 교육·보건부문에서는 60% 이상, 기타에서는 평균 30% 이상까지 제고시키도록 제시하고 있다. 또한 여성의 취업조건을 보장하기 위해 탁아소·유치원·공동세탁소 등의 편의시설을 기관·기업소들의 기존 건물을 이용하거나 신축·설치토록 하고, 시간별 임금제도와 시간제 근무, 시간제 탁아소 운영 등도 실시할 것을 요구하였다. 뿐만 아니라 대학·전문학교 등 각종 기관의 학생과 수강생 중 여성비율을 점차 높이도록 규정, 각 기업과 학교에 강제적으로 여성을 취업・수용토록 하였다.

이 결정은 1956년 12월 조선로동당 중앙위 전원회의에서 결정된 '사회주의 경쟁운동' 명목하의 노동강화를 통한 생산증대 계획에 따라 1957년부터 전개된 「천리마운동」에 여성의 참여를 제도적으로 뒷받침하기 위하여 내려진 것이다. 이 결과 여성 노동력은 1953년 대비 213%, 전년 대비 200%의 증가를 보인다.[20]

전쟁 직후부터 북한은 중공업 우선정책을 추진하는데, 이에 따라 생활필수품 생산이 위축되었다. 이로 인한 주민생활의 애로를 해소하기 위해 기혼여성들을 동원하여 중공업공장 부속으로 생활필수품 생산부문을 설치하였다. 이것이 '내부예비를 동원 이용한' '인민소비품' 생산공장이다.[21] 기혼여성의 직장 동원이 증가함에 따라 산업현장에의 여성 참여율이 증가하게 되어, 1971년 말에는 전체 노동력에서 여성노동력이 차지하는 비율이 50%를 넘는 것으로 보고되기도 하였다.

<표 3> 여성 노동자의 증가 추세

연 도	부녀노동비율(%)
1960	34.0
1961	32.4
1962	35.0
1963	36.7
1964	37.3
1971	53.7[22]

* 출처: 이태영, 『북한여성』 (서울: 실천문화사, 1988), 190쪽.

그런데 어느 사회에서나 마찬가지로, 여성들을 생산활동에 끌어들이는데서 가장 큰 장애가 되는 것이 육아문제였다. 이에 따라 1947.6.13 「인민위」는 인민보건국 명령 5호 「탁아소 규칙」을 제정하였다. 이에 의하면 생후 1개월에서 만 3세의 유아를 가진 노동여성의 생산성을 제고하고 정치·사회·문화생활에 참여할 수 있도록 하기 위하여 국가와 사회단체가 탁아소를 설립·운영하도록 되어 있었으나 탁아소 설치를 의무화하지는 않았다. 이 탁아소 규칙은 북한 정권이 출범한 직후인 1949년 2월 보건성 규칙 1호 「탁아소에 관한 규정」으로 발전된다. 이 규정도 여전히 탁아소 설치를 의무화하지는 않았으나, 여맹을 통한 탁아소설치 운동 등과 함께 1949년에는 그래도 10여개의 탁아소와 116개의 유치원이 설치되는 성과를 거둔다.[23]

또한 1958년의 내각결정에 탁아소·유치원 설치가 규정됨에 따라 탁아소 설치가 가속도를 띄게 된다. 이에 따라 1956년 대비 1960년의 탁아소 수는 340배로 늘어나게 되고,[24] 주탁아소·일탁아소·월탁아소 등으로 분화되었다. 주탁아소는 먼 직장에 다니는 부모가 월~토까지 아이를 위탁했다가 주말에 집에 데려가는 것으로 각 도·시·군에 2~3개 설치되었는데 1961년부터 설치되기 시작하였다. 월탁아소는 아예 한 달간 아이를 탁아수에 맡기는 것으로 1965년경부디 평양·개성·청진 등 주요 도시에 2~3개 설치되었다.

이러한 탁아소 및 유치원의 증설에 따라 관리·강화의 필요성이 제기되어 1964년 7월 「유치원 사업을 개선 강화할 데 대한 새로운 대책에 대한 내각 결정」이 발표되고, 1966년 10월 전국 보육원·교양원대회가 개최되어 유치원·탁아소의 보육원·교양원에 대한 사상교양 및 지도가 강화되었다. 그리하여 유아원·교양원의 경우 종래 고졸 이상이던 것이 1966년부터 대학에 유아원과를 신설, 대졸수준으로 높였다. 이에 1967년 유치원에 대한 행정지도 및 감독을 위해 내각에 유치원 지도국을 신설하게 되는데, 이로써 탁아소-유아원으로 아동의 사회적 교육체계가 확립되었다. 그러나 이의 법제화는 1976년 「아동보육교양법」 제정까지 지체되었다.

(3) 여성조직의 창설과 정치참여 확대

여성해방을 위한 세 번째 정책은 여성조직의 창설과 여성의 정치활동 확대였다.

1945년 10월 조선공산당 북조선조직위에서 제시했던 4대 당면과업에서는 당 주위에 군중을 결속시키기 위해 각 사회단체를 조직할 것이 제시되었다. 이러한 사회단체는 노동계급을 주축으로 반제반봉건 민주통일전선을 형성함에서 중요한 연결조직으로 작용하는 것이다. 때문에 여성조직의 결성이 중요한 과제로 제기된다. 이에 따라 김일성은 1945. 10.15 평양에서 여성들에게「현 국제 국내정세와 녀성들의 과업」이라는 강연을 하면서 대중적인 민주주의 여성조직을 결성하도록 요구하였다. 이 연설 이후 당의 적극적 지원 아래 1945.11.18「북조선 민주여성동맹」이 창립되었다.25) 여맹의 초대 위원장 박정애는 정열적인 활동으로 신생 단체인 여맹을 빠른 시간에 본궤도에 올려놓았다.

이 여맹은 1946년 5월, 제1차 대회에서 7개항의 강령을 채택하였다. 이 강령에서 여맹은 김일성의 20개조 정강을 기초로 조선민주주의 정권 수립에 총 역량을 집중할 것을 다짐하면서, 여성의 평등 선거권과 피선거권을 준 북조선인민위원회의 정강을 지지하고 있다. 이후 여맹은 탄생 1년 만인 1947년 7월 현재 맹원 60만 명을 돌파하는 기염을 토하면서26) 토지개혁 과정과 남녀평등권 법령의 제정과정에서 활발한 활동을 전개하게 된다. 여맹의 맹원 수는 1949년 9월에 이르면 140만 명에 달하게 되고, 그 중 41,739명이 각 사회단체의 위원으로 활동하고 있는 것으로 보고되었다.27)

전쟁이 발발하자 여맹은 조직을 개편, 한반도 유일의 여성단체로 자처하게 되는데, 1951.1.20 남북조선여맹 중앙연합위원회 합동회의의 결정에 따라 북조선민주여성동맹은 조선민주여성동맹으로 발전하였다.28)

1965년의 조선민주녀성동맹 제3차 대회에서는 간부진이 대거 교체되었다. 창립 이후 여맹을 이끌던 박정애가 위원장직에서 물러나고 최광의 처이자 빨치산 출신의 김옥순이 위원장 직을 맡게 된 것이다. 뿐만 아니라 김옥순을 제외한 부위원장도 전원이 교체되었는데, 김성애(김일성의 처), 왕옥환(최용건의 처), 허창숙(김일의 처) 등 당 간부의 부인들이 대거 여맹 부위원장직에 취임하게 된다.[29] 항일투사이면서 당 고위 간부의 부인인 여성들이 대거 여맹활동에 간여하게 되는 것은 여맹의 영향력을 확대하는데 기여하여 1971년에는 여맹 맹원이 270만명에 이르게 된다.

1971년 10월 7일 김일성은 여맹 제4차 대회에 참석하여 「녀성들을 혁명화·로동계급화할 데 대하여」[30]라는 연설을 하였다. 여기서 김일성은 "여성을 혁명화·노동계급화하는 것은 인구의 절반을 혁명화·노동계급화하는 것으로서 중요한 의의가 있을 뿐 아니라 가정을 혁명화하는 데서도 커다란 의의를"[31] 가진다고 밝히고, 이러한 중요성을 갖는 여성을 혁명화·노동계급화하기 위해서는 첫째 조직생활 강화, 둘째 사회진출 주장과 이를 위한 탁아소·유치원 증설, 셋째 여성간부 양성, 넷째 여성자질 향상, 다섯째 애국절약투쟁 전개, 여섯째 각계각층 군중 결집 등을 추진해 나가야 한다고 조목조목 열거하고 있다. 이러한 김일성의 요구에 따라 여맹은 여성들의 혁명화를 위한 3대혁명과업의 수행에 힘을 기울였다.

그런데 여맹은 제4차 대회를 통해 조직의 변화와 확대를 과시하게 되는데, 위원장, 부위원장 체제로 운영되던 조직에서 별도로 비서국과 비서장(서기장)을 설치하게 된 것이다. 먼저 위원장으로는 김옥순이 물러나고 김성애가 취임하면서 여맹을 직접 관리하게 된다. 이는 김성애가 김일성의 후광에다 방대한 조직 동원력까지 갖추게 되면서 정치적 영향력이 증대됨을 의미한다. 비서국의 설치는 김성애가 여맹을 보다 효율적으로 통제하는 것을 돕는다는 의미였다. 그리고 이 비서장으로는 당시 최고인민회의 대의원 4선의 김득란이, 비서로는 왕옥환, 허창숙, 이청일 등 당대의 유력가의 부인들이 포진해 있었다. 이러한 여맹의 확대는 잠시 여맹의 전성기를 구가하게 되지만, 곧 김정일 후계문제와 아울러 반전을 맞이하게 되었다.

여맹 조직의 결성과 함께 조선로동당에서 여성당원의 확대도 모색되었다. 1945년 12월 조선공산당 북조선분국 제3차 확대집행위원회가 개최되던 당시 당원수는 4,530명에 불과하였다. 그러나 토지개혁과 남녀평등권법령의 공포를 거치면서 1946년 8월 북조선로동당 창립대회를 개최할 당시에는 이미 당원수가 36만6천명을 넘어섰다고 알려졌다. 이 당원들 중 801명이 당 창립대회에 대표자 자격으로 참석하였는데, 이 중 11%에 해당하는 89명이 여성이었다.[32] 이 과정에서 박정애와 허정숙은 북조선로동당 중앙위원에 피선되기도 하였다. 1948.3.27~30일간 평양에서 개최된 조선로동당 제2차 당대회에 참가한 각 지역 대표 990명 중 여성대표는 142명으로 14.4%에 달하였으며, 박정애와 허정숙이 당 중앙위원회 정위원으로 피선되었다.[33]

한편 1946.11.3 실시된 최초의 도·시·군 인민위원회 선거에서는 총원 3,459명 중 453명의 여성 인민위원이 선출되어 전체의 13.1%를 차지하였고, 이어 273명의 「북조선인민회의」에는 34명의 여성대의원이 선출되어 12%를 차지하는 성과를 내기도 하였다.[34] 또 각급 정권기관에의 진출도 활발하여 1947말 현재 리, 면, 군, 도 등 각급 인민정권기관에 9,522명이, 재판·검찰기관에 550명의 여성이 참여한 것으로 보고되었다.[35] 또한 1948.8.25 실시된 제1기 최고인민회의 선거에서는 총 572명의 대의원이 선출되었는데, 그 중 12%에 해당하는 69명이 여성대의원이었다.[36] 특히 박정애는 최고인민회의 상임위원에 선출됨으로써 정치적 위상을 더욱 높였다. 이어 1949.3.30 실시된 도·시·군·구 인민위원회 선거에서는 전체 대의원 5,853명 중 여성 대의원이 869명으로 총14%에 달하여 여성의 정치활동은 더욱 증가하였다.[37] 이후 북한은 1962년을 제외하고는 일정하게 20% 안팎의 여성 대의원 비율을 유지하고 있다.

<표 4> 여성의 최고인민회의 진출

기 수		최고인민회의 대의원			상임/ 상설회의위원			비 고
		총수	여성	%	총수	여성	%	
1	(1948)	572	69	12.0	34	1	2.9	박정애(상임위)
2	(1957)	215	27	12.5	32	2	6.2	김득란(부의장), 박정애(상임위)
3	(1962)	383	35	9.1	27	3	11.1	김득란, 박정애, 김옥순
4	(1967)	457	73	15.9	18	1	5.5	박정애(상임위 부위원장)
5	(1972)	541	113	20.8	19	2	10.5	허정숙(상설회의 부위원장), 김성애
6	(1977)	579	120	20.7	19	2	10.5	허정숙, 김성애
7	(1982)	615	121	19.6	19	2	10.5	허정숙, 김성애
8	(1986)	655	138	21.0	15	3	20.0	여연구(부의장), 김성애, 남순희
9	(1990)	687	138	20.1	15	2	13.3	여연구, 김성애
10	(1998)	687	138	20.1	19	2	10.5	여원구(부의장), 유미영, 천연옥
11	(2003)	687	138	20.1	17	2	11.8	여원구(부의장), 유미영, 박순희

여성들은 내각(정무원)에서도 상(장관)으로 진출하면서 정치적 활동 영역을 확대했다. 초대 내각에서 이화여대 출신으로 5개 국어에 능통한 인텔리 허정숙이 문화선전상에 임명된 것이다. 이후 2000년까지 허정숙, 박정애(농업상), 박영신(문화상), 김복신(부총리), 윤기정(재정부장), 임경숙(재정상) 등이 차례로 내각·정무원의 장관을 역임하였다.

이와 함께 1946~1949년 사이에 각 성, 국을 비롯한 국가기관에 근무하는 여성 공무원 수가 정무원 실, 국장을 포함하여 1,048명, 각급 검찰기관과 재판소에 복무하는 여성이 1,697명에 달하였다.[38] 1947년 현재 검찰·재판소 복무 여성이 550명이었던 데 비교하면 거의 세배에 달하는 급속한 증가라 하겠다.

2) 후계체제의 대두와 가부장적 문화의 확산
   (1974.2~1989.7)

1960년대 이후 김일성 1인 지배체제를 확립한 북한은 스탈린 이후 공산권에서의 후계체제 문제를 수차례 목격하면서 후계문제를 해결할 필요성을 느끼게 되었다. 이에 따라 한동안 김일성의 동생 김영주를 후계자로 세우려는 움직임도 감지되었다. 그러나 김정일이 1964년 대학을 졸업하고 중앙당 조직지도부 지도원으로 당사업에 나서면서부터 김정일 후계구도가 그려지게 된다.

김정일은 1967년 5월 당 중앙위 제4기 제15차 전원회의에서 박금철·리효순 등 갑산파를 당내 '부르주아, 수정주의분자'로 몰아 숙청하는데 큰 역할을 하였으며, 이후 이 여세를 몰아 유일사상 체계를 확립하는데 주도적인 역할을 하면서 후계자 지명의 길을 닦아나갔다. 1969년 초부터는 당 선전선동부 부부장으로 활동하면서 영화와 여타 문학예술 부문을 성공적으로 지도하였는데, 그의 지도아래 「피바다」, 「한 자위단원의 운명」, 「꽃파는 처녀」 등 혁명가극들이 창조되고 영화화되었다. 또한 1973년 4월의 「영화예술론」을 비롯한 여러 편의 문화예술 관련 논문을 통해 북한 문학예술분야의 방향을 제시하면서 지도자로서의 자신의 역량을 과시하였다. 그는 1972년 10월 당 중앙위 제5기 제5차 전원회의에서 당의 핵심인 조직 및 선전담당비서로 선출되었고, 1974년 2월 당 중앙위 제5기 제8차 전원회의에서 수령의 유일한 후계자로 공식 추대되었다. 이후 김정일은 언론매체에 이름을 내세우지 않고 '당 중앙'으로 불리면서 북한 내 모든 부문의 사업을 지도하였다. 이어 1980년 조선로동당 제6차 대회에서 김정일이 정치국 상무위원, 비서국 비서, 군사위원회 위원으로 선출되면서 후계체제가 공식화되었다.

후계자로 지명된 후 김정일은 '온 사회의 주체사상화'를 당의 최고강령으로 선포하고, '김일성주의'를 정식화하였으며, 「당의 유일사상 체계 확립을 위한 10대 원칙」 등을 제시하였다. 사회적으로도 김정일은 '모두 다 속도전 앞으로!', '70일 전투' 등 각종 구호를 제시하면서 주민들의 노력경쟁을 다그쳤다. 이 과정에서 그는 3대혁명소조활동을 지도하면서 기존의 관료조직을 깨뜨리고 자신의 세력을 확대해 나갔다.

  그러나 이러한 성과는 북한의 경제상황 개선과는 관련이 없었다. 1970년대 북한은 서방으로부터 기술과 설비 플랜트를 도입하는 등 교역을 확대하고 차관을 도입하였으나, 1972년의 석유위기로 인해 1970년대 후반에는 25억 달러에 달하는 누적채무문제와 채무불이행사태를 맞아야 했다. 또한 1960년대 사회주의건설의 성과를 바탕으로 1971~1976년간 추진된 인민경제계획 6개년계획은 비교적 성공적으로 진행되었으나, 1978년부터 추진된 제2차 7개년계획은 계획된 목표치를 달성하지 못하였다. 때문에 북한은 1985년부터 2년간을 소실기도 설정하여야 했다. 이 시기에 김정일은 사회주의의 성과를 과시하기 위해 평양산원, 주체사상탑, 개선문, 인민대학습당 등 기념비적 건축물을 신설하고, 20리의 바닷길을 막는 대동강 하구 서해갑문 공사를 추진하기도 하였다.

  그러나 아직까지 북한의 경제상황이 극심한 곤란을 겪는 단계는 아니었고, 중공업 위주의 정책으로 인해 인민의 소비생활이 심하게 위축된 정도였다. 소비재공급을 위해 김정일은 1984년 이래 인민의 소비재 수요를 지역단위로 해결하도록 하는 이른바 8.3 인민소비품운동을 전개하기도 하였다. 북한은 2년간의 조절기를 거쳐 1987년부터 제3차 7개년계획에 착수하였고, 1988년에는 '200일 전투'를 전개하기도 하였다. 그러나 1980년대 후반 동구 공산권과 소련의 붕괴로 인한 시장의 상실, 자본부족과 외자도입 실패로 경제건설 속도가 날로 둔화되었다. 이러한 와중에 1989년 7월에는 제13차 세계청년학생축전을 개최하였는데, 이

것이 북한경제에 상당한 부담을 주었다. 때문에 많은 북한연구가와 북한주민들은 '고난의 행군'은 실제로는 1989년부터 시작되었다고 주장한다.39)

유일체제와 부자세습을 정당화하는 과정에서 북한당국은 여성들에 대해 첫째로 사상교양을 강화하였다. 사상교양 과정에서는 주체사상에 대한 교육과 함께 김일성의 어머니와 아내에 대한 우상화가 집중적으로 전개되었다. 강반석과 김정숙은 '조선녀성의 귀감'으로서 김부자에 대한 충성심과 헌신이 최고의 미덕으로 강조되었다. 두 번째로는 여성들의 경제활동 참가가 지속적으로 촉구되었다. 20대에서 30대 초반의 젊은 남성들이 대거 군에 장기간 복무하는 조건에서 여성들의 노동참여는 북한경제를 이끌어 가는 불가결한 요소였다. 때문에 여성들의 직장생활을 보장하기 위한 육아의 사회화와 가사노동의 사회화가 추진되었다.

북한당국이 여성들에게 헌신적 아내, 현명한 어머니를 강조하는 동안 전통적 가부장적 가족관이 다시 강화되었다. 여성들은 강반석·김정숙을 따라 배우면서 '세대주를 존경하고', 자녀들을 혁명적 노동계급으로 키워내어야 했으며, 동시에 '노동계급화'하여 고강도의 사회적 노동에도 참여하여야 했다.

(1) 사상교양의 강화

김정일은 후계자로 추대된 후 1974.2.19 전국당선전일군강습회에서 주체사상을 '김일성주의'로 정식화하고 1974년 4월에는 「당의 유일사상체계확립 10대 원칙」을 발표하면서 주체사상 교양을 직접 지휘하였다. 김정일은 김일성주의를 "주체시대의 요구를 반영하고 나온 새롭고 독창적인 혁명사상"으로서 "주체의 사상, 리론 및 방법의 체계"40)라고 강조하면서 마르크스-레닌주의와 구별하였다. 이후 김정일은 「주체철학의 리해에서 제기되는 몇가지 문제에 대하여」,41) 「전 당과 온 사회에 유일사상체계를 더욱 튼튼히 세우자」42) 등의 연설을 연이어 발표하면서 유일사상체계 확립에 주력하였다.

이러한 김정일의 지도하에 ≪로동신문≫, ≪민주조선≫, ≪조선녀성≫ 등 모든 정기간행물은 주체사상 원리학습, 주체사상 이론해설 등을 게재하면서 '온 사회의 주체사상화'를 위해 주민사상교양에 동원되었다. 1986년에는 김정일이 '사회정치적 생명체론'을 제시하면서 하나의 유기적 존재로서의 사회와 뇌수로서의 수령관 등을 계속 강조해나갔다.

이와 함께 김일성 가계 우상화가 시작되었다. 김정일은 자신의 후계자 등극이 항일유격대의 혁명전통을 계승한 것임을 강조하였는데, 주민의 삶의 일상이 '항일유격대식'으로 이루어질 것을 요구하면서 각지의 혁명전적지를 찾아내어 사적지로 단장하고 대중의 사상교양에 활용하였다. 이 과정에서 그의 할머니인 강반석과 어머니인 김정숙의 항일투쟁에 대한 우상화도 강화된다.

김정일의 등장 초기에는 강반석에 대한 우상화가 먼저 전개되었다. 1967년에 『강반석녀사를 따라 배우자』43)가 발간되면서 각지의 여맹조직을 통해 이 책에 대한 광범위한 학습운동이 펼쳐졌고, ≪조선녀성≫에는 강반석의 생애와 혁명성을 찬양하는 글이 게재되는 한편, 각지 여맹조직의 학습 성과가 소개되었다. 『강반석녀사를 따라 배우자』에서 묘사된 강반석은 ① 진보적이며 애국적인 가정에서 탄생하였고, ② 어린 시절부터 노동을 사랑하고 이웃을 돕는 착한 성품을 지녔으며, ③ 남편의 혁명사업을 믿음직하게 도왔고, ④ 언어와 예절이 바르고 일에서 성실하며 사상이 견실하였다. 또한 ⑤ 가정을 혁명과 긴밀하게 연결시켰고, ⑥ 조선인민의 위대한 수령을 키워낸 훌륭한 교육교양자이며, ⑦ 아들에 대한 깊은 사랑을 혁명위업에 밀접히 연결시켰다. ⑧ 모든 아들을 조선혁명을 위해 내어놓고 김일성을 도왔으며, ⑨ 가정을 혁명화하고 자신도 직접 혁명활동에 나섰던 '혁명가의 훌륭한 안해이며 조선녀성의 전형'이었다.

'조선녀성의 전형'으로 설명된 강반석은 식구가 12명이나 되는 가난한 시댁을 부양하면서도 "시부모 앞에서 말대답을 하거나 변명하는 일이 한번도 없었다." 또 혁명가의 아내로서 강반석은 "하루에 열번 밥을 짓고 열번 빨래를 해도 그것이 혁명하는 남편이나 그분의 동지들을 위하는 일이라면 마다하지 않으셨고 기뻐 그 일을 하시곤"44) 하였다. 아들에 대해서 강반석은 "어린 원수님의 사소한 언어행동에 대하여도 무심히 대하지 않으셨"고,45) 혁명의 원칙성과 강인한 의지를 가르쳤다. 또한 강반석은 소사하지구에서 따로 기거하면서 병과 싸우던 와중에도 수시로 찾아오는 일제하 청년공산주의자들을 위해 밤새워 바느질을 했고,46) 1920년대 후반 반일부녀회를 조직하기 위해 여성들을 일일이 만나고 다녔다.47) 즉 강반석은 순종적이고 헌신적인 아내이자 며느리이고, 현명한 어머니였으며, 혁명가였다.

강반석은 "거창한 력사적 시기에 혁명가의 안해로서, 위대한 수령님을 안아 키우신 조선의 어머니로서 … 강반석 녀사께서 조국 력사에 남기신 고귀한 업적은 무엇보다도 … 김일성 동지의 혁명활동을 모든 힘을 다하여 적극 도우심으로써 조선혁명의 새로운 력사적 시대를 빛내이신 것"48)이라는 평가를 받게 된다.

그러나 김정일의 후계자 지명이 있었던 1974년 이후부터 김정숙에 대한 우상화가 강반석에 대한 학습보다 더 강하게 전개된다. 먼저 1974.10.10 김정숙 출생지인 신파읍에 김정숙 동상과 신파혁명사적관이 건립되어 여성들의 혁명사적 답사코스로 지정되었고, 1976년 남한에서 발행된 책을 재판하였다는 설명과 함께 『혁명의 어머니』49)가 발행되어 김정숙을 '혁명의 어머니'로 부르기 시작하였으며, 1978년 『불요불굴의 혁명투사 김정숙동지를 회상하여』50)가 발간되면서 김일성의

'친위전사'라는 점이 강조되었다. 이어 조선로동당 제6차 대회에서 김정일이 대외적으로도 후계자로 공식화되자 1981.8.17 중앙인민위 정령을 통해 신파군을 김정숙군으로, 신파읍을 김정숙읍으로 개명하였고, 혜산제2사범대학은 김정숙사범대학으로, 신파여자고등중학교는 김정숙녀자고등중학교로 개명하였다. 이와 함께 각지의 여맹조직을 통해 김정숙에 대한 학습활동이 강화된다. 1980년 이후 현재까지 여맹 기관지 ≪조선녀성≫은 거의 매호마다 김정숙에 대한 회상기와 함께 김정숙 따라배우기 운동의 성과를 소개하고 있고, 계속 김정숙에 관한 찬양도서가 발간되고 있다.[51]

김정숙은 먼저 혁명가의 아내, 위대한 수령의 아내로서 김일성에 대한 충성심이 강조되어 소개되었다. 김정숙은 "수령님께서 일을 보시는 방 앞을 지나실 때에는 언제나 조용히 발끝으로 걸으시군 하시였고 … 나무를 패시여도 위대한 수령님께서 휴식하시는데 방해가 되지 않도록 구석진 곳에 가시여 도끼질 소리가 들리지 않도록"[52] 주의하였다. 영화 '친위전사' 속에서 김정숙은 자신의 머리를 잘라 김일성의 신발깔개까지 만든다. 또 친위전사로서 김정숙은 뛰어난 정세 판단력과 용감성으로 김일성의 위험을 사전에 막아내었다.[53]

또한 김정숙은 훌륭한 교육가였다. 김정숙은 "아드님께 일찍이 글을 가르쳐주시고 력사·자연·지리 등 여러 가지 지식을 가르쳐 주시였을 뿐 아니라 노래와 춤·유희도 배워주시고 그림그리기·공작 같은 것도 지도"[54]하였다. 동시에 김정숙은 불요불굴의 혁명투사였다. 김정숙은 전투에 직접 참여하고, 무지한 농민들에게 강연을 통해 혁명정신을 불러 넣었으며,[55] 행군길에서도 유격대원들을 위해 군복을 지었다.[56] 이어 해방 직후의 혼란기에는 전국 각지를 돌면서 김일성의 건국활동을 도왔다.

이러한 주체사상 교육과 강반석·김정숙 따라배우기 운동 등은 여성들에 대해 남편에게 헌신적이고 희생적이며 순종적인 아내상을 부각시키는 한편 자녀교육의 전적인 책임자로서의 현명한 어머니상을 제시하고 있는데, 이러한 전통적인 현모양처의 이상화와 부자세습의 정당화는 이전 시기에 가정의 질곡을 타파하던 여성과는 전혀 다른 방향의 '여성의 혁명화'를 요구함으로써 여성들이 남성에게 종속되고 순종적이어야 한다는 남존여비의 의식을 다시 강화시키는 결과를 가져오게 된다.

(2) 여성노동 참가율의 고도화

1970년대에 이미 50%에 달했던 북한의 여성노동자 비율은 1970년대 이후 일관되게 50% 내외를 기록하였다.[57] 이는 국가에 의한 직장배치제도 및 식량배급제도로 인해 기혼이라 하더라도 직장에 소속되지 않으면 부양가족으로 식량공급이 절반으로 줄어들기 때문에 모두 직장에 소속되는 것을 택하기 때문이었다. 또한 농업이 아닌 산업체의 경우 젊은 남성이 군에 가서 복무하는 10년의 기간을 여성노동력으로 메워야 했기 때문이다. 여성노동이 차지하는 비율이 50% 내외란 모든 직장에서 거의 반의 노동자가 여성이라는 것으로, 인구학적 비율을 고려할 때 생산활동 가능연령에 속하는 여성의 노동참가 또는 학업참여가 거의 100%에 달한다는 것을 나타내며 여성의 노동참여가 극대화되어 있음을 보여준다. 그에 더하여 김정일은 1983.8.26 "온 사회의 주체사상화가 힘있게 추진되고 있는 우리 혁명발전의 요구에 맞게 사회주의 건설을 더욱 다그치며 녀성들의 혁명화 로동계급화를 빨리 실현할 수 있도록" 가정주부들을 빠짐없이 생산노동에 인입시킬 것을 지시함으로써 여성들의 경제활동 참여는 더욱 강조되었다.[58]

그러나 북한당국이 미국의 인구학자 에버스타트(Eberstadt)에게 제시한 1986년 자료로는 노동자중 여성 비율이 무려 57%에 달하는 결과가 나오기도 하였다. 이 자료는 각 분야별로 노동자 수를 제시하고 있는데,

실제로 남성이 군에 간 공백을 여성이 메우는 것을 적나라하게 보여준 것이다.59) 또한 1993년 실시된 인구센서스60)에서도 경제활동 연령인구 중 여성비율이 50.67%, 경제활동에 참여한 인구중 여성비율은 49.46% 로 나타나, 북한의 인구구조가 여초사회이면서 여성의 경제활동 참가가 고도화되어있음을 다시 확인시켜준다.

<표 5> 1993년 인구분포

구 분	총 계	남 성	여 성	성 비	여성비율
지역별 인구총수	21,213,378	10,329,699	10,883,679	94.91	51.30
연령별 인구총수	20,522,351	9,677,663	10,844,688	89.24	52.84
20~25세	1,862,989	765,479	1,097,510	69.75	58.91

출처: ≪조선민주주의인민공화국 인구일제조사자료집≫, 1995. 통계자료 재정리.

그런데 1993년의 인구센서스 결과보고는 인구학적으로 설명 불가능한 비정상 구조를 보여준다. 하나의 인구통계에서 지역별 인구총수와 연령별 인구총수가 약 100만 명 가까이 차이가 나고, 그것도 젊은 남성의 경우에 차이가 난다는 것이다. 이 또한 연령별 인구총수 조사에서 군에 간 남성들을 제외한 결과이다. 그리고 젊고 건장한 남성들이 군에 간 그 공백을 여성노동자들이 메우고 있다는 현실을 보여준다.

북한에서 말하는 기술자·전문가 자격이 엄밀하게 어떤 학력과 경력을 기준으로 수여되는지는 분명하지 않으나, 여성 기술자·전문가 비율이 점차 증가하고 있는 것은 분명하다. 1963년 4만3천 명에 불과하다고 발표된 여성기술자·전문가가 1989년에는 50만 명으로, 1993년에는 76만 명으로 늘어난 것이다. 그러나 여전히 여성 전문가·기술자는 남성의 2/3 수준에 머물고 있다. 이러한 전문가·기술자 비율의 열세는 곧장 임금이라든가 승진 등의 열세로 이어지게 된다.

<표 6> 여성기술자·전문가의 증가   (단위 : 1,000명, %)

년 도	총 수	남 성	여 성	여성비율(%)
1963	294	241	43	15
1989	1,350	850	500	37
1993	1,790	1,030	760	42

1963년: 김애실, "북한여성의 경제활동", 손봉숙 외, 『북한의 여성생활』(서울: 나남, 1991).
1989년: 『조선녀성』 1990년 1월호.
1993년: ≪조선민주주의인민공화국 인구일제조사자료집≫, 1995.

　이렇게 여성노동자의 비율이 증가한다는 것은 그만큼 육아의 부담을 덜어주는 제도적 장치가 필요함을 의미한다. 1976.4.26 공포된 「어린이보육교양법」은 어린이들을 사회적으로 양육하는 것이 사회주의 국가의 중요한 시책의 하나이며, 모든 어린이들을 국가와 사회의 부담으로 키울 것(제2조)이라고 선언하여 아동의 사회적 양육의 기본원칙을 밝히고 있다. 이 법은 전 단계까지 달성된 육아의 사회화 성과를 토대로 보다 사상교양, 특히 혁명정신의 배양에 힘을 쏟도록 요구한 것이며, 한편으로는 여성을 육아로부터 해방시켜 사회적으로 동원하도록 보장하고, 다른 한편으로는 공산주의적 인간으로 양성되도록 아동의 초기사회화를 규제하는 것이다.
　이러한 어린이 보육교양법이 미취학 아동을 대상으로 한 교육의 사회화라면, 취학아동을 대상으로 한 교육의 사회화를 규정한 것이 1977.9.5 발표된 「사회주의 교육에 관한 테제」이다. 테제는 공산주의 건설을 위한 두 요새 건설에서의 사상적 요새 점령의 중요성을 강조하고, 사상적 요새 점령을 위한 교육의 필요성을 주장하였다. 테제에서 열거된 사회주의 교육의 원리는, 첫째 당성·노동계급의 구현, 둘째 교육에서 주체의 확립, 셋째 교육과 혁명실천의 결합, 넷째 국가의 교육책임 등이다. 이어서 테제는 이러한 원리를 구체화시켜 정치사상교양·과학

기술교육・체육교육의 목적과 방침을 설명하고 있다.

  (3) 여맹의 위축

  1974년 김정일이 후계자로 지명되면서 여맹의 활동과 조직에도 변화가 나타났다. 우선 여맹은 김정일 세습을 정당화하기 위해 강반석・김정숙 우상화에 앞장서게 된다.

  1976년 여맹 30주년 기념보고회에서는 향후의 여맹과업을 3대혁명과업의 수행이라고 천명하고, 모든 여맹조직이 3대혁명에 앞장 설 것을 요구하였다. 또 이 보고회에서「강반석녀사를 따라 배우기」가 향후 과제로 채택되면서, 이후 강반석・김정숙을 여성의 모범・본보기로 추앙하는 체계적 운동을 전개하게 된다. 따라서 여맹의 3대혁명 중 사상혁명은 강반석・김정숙 우상화를 중심으로 전개된다.

  또 1983년 6월 여맹 제5차 대회에서의 중앙위원회 사업 총화보고도 사상・문화・기술의 3대혁명과업 수행에 여맹이 주력할 것을 거듭 밝히고 있는데, 어기서도 강반석・김정숙 우상화와 함께 여성이 가정을 혁명화하고 후대들을 공산주의적 인간으로 육성할 책임이 강조되고 있다.

  그런데 1983년 여맹 제5차 대회에서는 여맹 규약의 개정을 통해 조직・인원이 모두 축소된다. 먼저 비서국이 약화되어 비서장은 단순 행정업무를 처리하고 비서들은 실무직원으로 변화한다. 또 여맹 가입대상이 타 단체에 가입하지 않은 여성으로 줄어들면서 종전 18~55세의 모든 여성을 대상으로 했던 시기의 300만 맹원이 20만으로 격감한다.[61] 이럴 경우 여맹 가입 대상은 '부양가족'으로 집안에 남는 여성들 및 요양・정양으로 노동활동을 못하는 여성들로 국한되는 것이다. 즉, 여맹의 맹원이 '가사노동'과 가사노동에 준하는 업종에 종사하는 사람들로 국한되게 된다.[62]

그 결과 여맹의 활동은 당 사업을 적극 지원하거나 국가건설에 능동적으로 참여하는 것이 아니라 「강반석녀사 따라 배우기」, '8·3 인민소비품' 생산과 가내작업반 운용 참여, 유치원·탁아소의 보육원·교양원의 자질 향상 등 전통적으로 '여성의 일', '여성의 영역'으로 간주되어온 역할만을 지원하게 된다. 당연히 여맹의 영향력도 위축되는 것이다. 이러한 여맹의 위축은 김정일의 세습을 위한 '곁가지치기'와 관련된 것으로 해석되고 있다.

3) 경제난 심화와 여성의 경제적 역할 증대 (1989.7~2004.12)[63]

1980년대 후반 소련과 동구 사회주의의 몰락은 북한을 경제난으로 몰아갔다. 북한은 비록 자립경제를 토대로 하고 있었지만 사회주의 국가들과 맺은 다양한 관계 특히 경제협력관계가 축소되거나 단절되면서 국가의 생존에 절박한 위기가 몰려왔다. 이러한 와중에 개최하였던 제13차 세계청년학생축전은 북한 주민들에게 외부세계를 접하게 하고 의복이나 머리 스타일에 새로운 유행을 만들어내는 새로운 변화의 동인으로 작용하였으나, 그로 인한 막대한 예산 투입은 북한 경제에 더욱 심각한 부담이 되어 1990년대에 들어서면서 마이너스 경제성장을 초래하였다.

북한은 경제위기를 극복하는 방편으로 대외경제교류를 추진하여 1991년에는 라진·선봉지역을 개방하기도 하였으나 1993년에 이르러서는 마침내 제3차 7개년 계획도 실패하였음을 인정하게 된다. 이후 북한은 다시 3년간의 완충기를 설정하고, 이기간의 과제로 농업·경공업·무역제일주의를 제시하였으나, 경제난은 심화되기만 하였다.

그러한 사이에도 김정일의 권력은 계속 확대되어, 1990년 5월 조선

인민군 최고사령관으로 추대되었고, 1992년 4월 헌법 개정으로 '국가주권의 최고 지도기관'인 국방위원회를 설치한 후 1993년 4월 국방위원장에 추대되었다. 1994.7.8 돌연한 김일성의 사망 이전에 이미 북한은 확고하게 김정일체제로 전환되고 있었다.

그러나 일반주민들의 생활은 바닥까지 내려갔다. 1994~95년 연이어 발생한 대홍수는 그러지 않아도 이미 내리막길로 치달리고 있던 북한경제에 치명상을 입혔고, 많은 주민이 아사했다. 북한 경제가 끝없이 침체하면서 북한주민들의 기나긴 '고난의 행군'이 시작되었다. 이 고난의 행군 시기 여성들은 이제 실질적 가장으로 가족을 부양해야 했다. 공장가동율이 20% 내외를 기록하면서 이미 배급이나 월급이 끊겼으나, 남편은 가장으로 여전히 공장에 적을 걸어 둔 채로 집에서 쉬고 있었고, 아이들은 어머니의 능력에 따라 생존이 좌우되었다. 실질적 가장으로서 가족을 책임지는 과정에서 여성들의 인식에서 조금씩 변화가 나타나기 시작했다.

(1) 여성의 경제적 역할 증대: 실질적 여성 가장의 증가

1995년부터 본격화된 '고난의 행군'시기는 여성의 경제적 역할을 더욱 크게 만들었다. 여성들은 원래부터 '로동자'로서 임금노동 활동에 참여하면서 가사노동을 전담하였으나, 이전까지는 여성의 임금노동은 가족을 부양하는데 있어서 세대주인 남편의 노동에 부차적인 역할을 담당하는데 불과하였다. 세대주는 남성이며 가족을 먹여 살리는 주요 수입원은 남편이었다.

그러나 국가배급체계의 마비는 여성들이 장마당에서 혹은 집에서 합법·비합법을 가리지 않고 장사를 하여 가족을 부양하는 실질적 가장이 되도록 몰아세웠다. 사실상 공장가동율이 20%대로 추락하면서 남편들은 월급도 식량도 거의 공급하지 못한 채 집안에 머물렀고, 여성들은 장마당의 80% 이상을 차지하면서 억척스레 장사를 했다. 대부분의 남편들은 시장에서 장사를 하는 것이 체면에 어울리지 않는다고 생각하거나, 아예 장사에 무능하였고, 일부의 '깬' 남성들만 장사를 포함한 각종 불법행위로 가족을 부양하였다.

많은 여성들이 '장사'를 하였는데,[64] 장사에는 ① 가정집에서 떡이나 빵, 국수 등을 만들어 파는 (불법적) 가게형, ② 당국의 허가를 받고 텃밭에서 경작한 농산물이나 간단한 먹을거리 등을 장마당에 내다파는 합법적 장마당형, ③ 접경지역에서 중국동포 등으로부터 물건을 사들여 높은 가격으로 파는 불법적 '되거리'형, ④ 생필품 등을 싸들고 북한전역을 돌아다니는 보따리형('메뚜기'형), ⑤ 금, 은, 동 등 지하자원을 불법적으로 거래하는 지하자원형 등이 있다.

가정집에서 장사를 하는 가게형은 그나마 가정집이 어느 정도 규모가 있고, 물품을 구하기가 용이한 경우여서 그리 흔하지 않았다. 가정집에서는 주로 음식을 파는 개인식당이 많았는데, 가정집을 식당처럼 꾸며 놓고 국밥, 국수 등을 만들어서 판매하였다. 때로는 집에서 술을 빚어 팔기도 하였는데, 술은 당국의 단속이 가장 심하였으나 이윤이 높아 뇌물을 주면서도 장사를 계속하는 경우가 대부분이었다. 지역에 따라서는 말린 해삼 등 고가의 물품을 집에서 가공하여 팔기도 하였다.

장마당에서는 담배, 오징어(북한에서의 낙지), 떡, 빵, 국수, 의류, 신발 등 구할 수 있고 팔 수 있는 모든 상품을 팔았다.[65] 이러한 상품들은 직접 만들거나, 개인식당에서 사다가 팔기도 하였으며, 때로는 먼 거리를 여행하여 보다 가격이 싼 곳에서 구해온 것들이다.

되거리형의 경우 중국의 조선족 친척이 있거나 지인이 있을 경우 중국에서 각종 소비재를 싼 값에 구입하여 비싸게 팔았는데, 이윤이 많이 나는 반면 국경을 넘나드는 과정에서 뇌물이 필요할 뿐만 아니라 사기를 당하거나 강도를 만나는 등 위험 또한 매우 컸다.

일부 여성들은 금이라든가 동, 아연 등 부피도 크고 체포·처벌의 위험이 큰 물품을 거래하기도 하였다. 이러한 부피가 큰 물품을 다룰 때에는 극소수의 경우에 남편이 동행하는 경우도 있었으나, 대부분은 거래상의 관계에 있는 다른 남성들이 함께 다녔다.

그러나 여성들에게 가장 흔한 장사유형은 보따리형(메뚜기형)이었다. 장마당에 매대를 설치할 능력도 없는 여성들은 그저 보따리를 등에 짊어지고 전국을 돌면서 조금이라도 싼 물건을 사다가 보다 비싼 지역에서 팔았다. 때로는 이동 거리가 멀어 기차로 이동하였고, 기차에서 내려서도 산골까지 수십리 길을 걸어 다니기도 하였다. 이들은 허가받지 않은 골목길에 좌판을 내고 장사를 하거나 장마당 주변에서 장사를 하기도 하였는데, 이런 경우 '메뚜기 장사'라고 불렀다. 단속원이 나타나면 메뚜기처럼 마구 도망가야 했기 때문이다.66)

여성들이 거래하는 품목은 대부분 일용소비품과 식료품으로 유사하지만 지역에 따라 다소 차이가 있기도 하였다. 개성에서는 고분에서 나온 골동품 거래가 많았고, 청진에서는 해삼이 중국을 상대로 고가에 거래되었다. 동해안 지역에서는 오징어(낙지)를 팔았고, 남포에서는 외부에서 지원되는 식량을 훔쳐내어 팔기도 했다.

심각한 경제난을 겪으면서 북한사회는 장마당을 중심으로 물자공급체계가 잡혀가는 양상을 보이고 있고, 인해 많은 여성들이 직장에 나가는 대신 부양가족으로 남기를 선호하기에 이르렀다. 이는 공급이 제대로 되지 않는 직장에 얽매이기보다 차라리 장사를 하여 가족을 부양하기 위한 것이다. 결혼한 여성의 경우는 부양가족으로 직장을 그만두는 것이 가능하지만 미혼의 경우는 그것도 허용되지 않아 최근에는 미혼여성들이 직장에 '8.3자금'을 지불하고 장사에 전념하기도 한다.67) 이러한 점을 고려하면 1995년 이후 여성의 공장·기업소 취업율은 많이 낮아졌을 것으로 추정된다. 그러나 사실상 여성의 경제활동참가율은 과거보다 훨씬 더 높아졌다고 할 수 있다.

(2) 여성 정치지도자의 세대교체와 여맹의 재강화

김정일 시대와 함께 자연현상에 의해, 또는 정치적 결정에 의해 여성들의 세대교체가 이루어지고 있다. 2000년에는 당 중앙위 정치국의 유일한 여성위원이던 이선실이 고령으로 사망하였고, 그 전에 여연구도 사망하였다. 오랫동안 재정상을 맡았던 임경숙도 해임되어 중앙무대에서 사라졌다. 현재 북한에서 내각의 상으로 재임중인 여성은 없다.

장관급의 여성이 없다고 해서 정치적으로 여성들의 지위가 하락했다고 판단하는 것은 이르다. 현재 종래 등장하지 않았던 젊은 여성들의 이름이 여러 상황에서 자주 보고되고 있고, 남북관계에 등장하는 여성들도 현저하게 많이 증가했기 때문이다. 물론 여연구가 사망한 자리를 그 여동생인 여원구가 대신하고, 여전히 당간부의 부인들이 중앙정치무대에 남아있지만, 이는 지난 시기 북한을 이끌던 혁명세대가 자연사하고 젊은 세대가 점차 부상하고 있는 과도기라고 보아야 할 것이다.

종래 여성들이 거의 눈에 뜨이지 않던 남북회담에서도 북한여성들의 진출이 두드러진다. 용천재해 지원을 위한 실무접촉에 김경애가 대표로 나온 것을 비롯하여 6.15 민족통일대축전 당국대표단 참가를 위한 실무접촉에 김성혜가 대표로 등장하였다. 종래 여성은 남측 대표단의 여성인원에 대한 안내역에 불과하였던 것과 달라진 모습이었다. 그리고 제15차 장관급회담에서는 처음으로 여성 수행원(김성혜)과 여성 지원인원(김영희)이 나란히 등장하기도 하였다.

여맹에서는 김성애의 시대가 종말을 고하고 잠시 천연옥(1998~2000) 위원장 체제를 거쳐 박순희(2000) 체제로 재편되었다. 여맹 부위원장에는 여전히 당간부의 부인들이 포진하고 있으나, 이들도 고령으로 인해 거의 활동이 없어진 상태이며, 박순희-강관선으로 이어지는 실무적 성격의 집행부가 여맹을 이끌고 있다.

그러나 '고난의 행군'과 장마당 경제는 여맹의 재강화를 가져왔다. 여성들이 장사를 위해 직장에 등록되는 것을 기피하면서 자연스레 부양가족으로 여맹에 등록되는 비율이 증가한 것이다. 이로 인해 2000년에 이르러서는 여맹원이 다시 120만 명까지 증가했다는 보고도 나오고 있다.[68] 또한 1998년 이후 북한 당국이 사회통제를 강화하면서 여맹의 동원활동도 증가하였다. 특히 2002년 이후에는 여성을 대거 여맹에 가입시키고, 여맹의 노력동원 활동을 강화하라는 지침도 내려졌다.[69] 때문에 원래는 가장 '헐한' 여맹의 총화가 가장 '혹독한' 경우도 발생하였다.[70] 최근에는 여맹의 동원활동에 빠지는 대신 일정한 금액을 여맹에 납부하는 사례도 흔히 보고된다. 주부로서 여성들이 가족을 부양하는 현실을 고려할 때 주부를 대상으로 하는 여맹이 강화되는 것은 당연한 결론이지만, '가두녀성'으로서 사회적 생산에 참여하지 않는 여성들이 늘어남으로써 그러한 여성들의 조직의 힘이 확대된다는 것은 사회주의의 이념에 비추어 매우 역설적이라 하겠다.

4. 북한 체제와 여성의 변화: 조건과 동인動因

1) 사회주의 이념과 법적·제도적 장치

사회주의라는 이상을 본격적으로 이론화하고 '현실'적으로 이 지상에 존재하였던 사회주의 국가를 실제로 지도한 이념을 제시한 마르크스-엥겔스는 인간사회의 가장 근본적 모순을 재산 소유관계에서 찾으면서, 자본가에 의한 노동자의 착취가 가장 근본적인 억압이자 착취라고 보았다. 그들은 사회 모순을 재산소유관계, 자본가와 노동자의 대립이라는 하나의 축으로 단일화하여 파악하였기 때문에, 여성들의 억압 혹은 성차별의 원인도 이 재산소유관계, 자본가와 노동자의 대립이라는 원인으로 귀속시켰다. 사유재산제도와 밀착된 일부일처제 가족구조가 바로 여성억압의 근원이라는 것이다.

일부일처제 하에서 여성은 남성에게 성과 후손생산을 제공하고 남성에게 의지하여 생존을 보장받는다. 그러나 사유재산이 없는 노동자계급에서는 이러한 매매혼적인 관계가 없다는 것이 엥겔스의 주장이었다. 따라서 여성도 노동자로서 '생산노동'[71])에 참여함으로써 성적 억압을 벗어나게 된다고 주장한다.

하지만 마르크스-엥겔스의 논리에는 어떻게 여성의 노동참여가 여성해방을 보장하는지가 선명하게 드러나지 않는다. 더구나 노동자가정에서는 자본가계급의 가정과 같은 성억압이 없다는 논리도 현실에서는 부정되었다. 이에 대한 반성이 현대 사회주의 계열의 여성해방론을 발전시키고 분화시키게 된다.[72])

인류 역사에 출현하였던 공산국가들은 전반적으로 마르크스-레닌의 이론에 근거하고 있었으나, 여성에 관해서는 마르크스-엥겔스의 이론을 따랐다. 따라서 여성 억압을 해결하기 위해서는 가장 먼저 생산수단의 사유를 철폐하는 것, 즉 자본주의의 타도가 필요하고, 이와 함께 여성이 생산현장에 참여하여 노동계급이 됨으로써 경제적 독립을 확보해야 한다고 진단하였다. 즉 사유재산제도가 없어지고 모든 여성이 노동계급이 될 때 자연히 여성억압은 사라진다는 것이었다.

북한은 이러한 사회주의의 이념을 표방하면서 여성의 사회적 동원과 여성의 노동계급화를 위한 제반 법적·제도적 장치 마련을 위한 정책을 비교적 일관되게 추진해왔다. 때로 현실의 정치적·경제적 요구로 인해 기본이념과 괴리된 조치들이 시행되기도 하였으며, 주체사상의 대두 이후 사회주의적 원칙이 변형되기도 하였으나, 본질적으로는 여성을 노동계급으로 만든다는 사회주의적 기본이념을 부정한 적은 없었다.

　북한은 정권수립 초기에는 남녀평등권법령을 비롯한 개혁입법으로 여성의 법적 지위를 급격히 변화시켰다. 여성은 가장의 법적 보호아래 있는 법적 무능력자가 아니라 법적 인격체로서 권리와 의무를 지게 되었고, 자신의 행위에 대한 책임도 지게 되었다. 노동자로서 남성과 동등한 노동권리를 보장받았고, 토지소유의 권리도 부여받았다. 또한 아버지의 뜻이 아니라 본인의 의사에 따라 혼인과 이혼을 결정할 수 있게 되었다. 이는 조선시대와 일제시대를 거쳐 여성들에게 지워진 법적 무능력의 질곡을 깨뜨린 것이었다.[73]

　당시는 친일지주 및 일본인 통치기구가 남아 있었고, 농촌에는 전체 농가 호수의 4% 이내의 지주가 총 경지 면적의 58.2%를 차지하고 있었으며, 여성들은 대부분 농촌에서의 농업노동과 가사노동, 강제혼·매매혼·축첩과 같은 혼인관계를 강제 당하고 있었다. 또한 일본이 물러간 후에도 사람들의 머리 속에는 일제 사상 잔재-특히 노예근성 -와 봉건적 사상 잔재가 남았다고 평가되었다. 이들 제국주의적·봉건적 사상 잔재 중에서 사회혁명을 특히 방해한 것은 봉건적 가족제도와 토지소유의 집중이었으므로 북한은 토지개혁과 남녀평등권법령을 통해 그것들을 극복하려 시도한 것이다.

　법령의 제·개정이 이어지고, 남녀평등권법령의 진보성이 퇴색하여 이제 진부해졌지만, 여성에게 법적 인격을 부여하고 남성과 평등한 권리와 의무를 규정한다는 점에서는 여전히 북한의 법체계는 사회주의의 이념을 구현하기 위한 선봉의 역할을 수행해 왔다고 평가할 수 있다.

　이와 함께 북한은 여성이 '생산활동'에 참여하는데 장애가 되는 가사노동과 육아를 사회화하고자 노력하였다. 우선 여성이 운명적으로 감수해 온 육아의 부담을 경감하기 위해 탁아소·유치원 설치에 많은 정성을 쏟았다. 탁아소에서의 보육방식에 대해서는 비판의 여지도 있겠지만,

본질적으로 육아의 부담이 여성에게만 지워져 있을 때 여성의 사회적 활동과 경제적 독립이 보장될 수 없다는 점에서 탁아소와 유치원 설립을 강조한 북한의 정책은 충분히 평가될 수 있다. 북한은 경제상황이 허용하는 한 탁아소와 유치원에 대해서는 최대한의 투자와 배려를 돌렸다고 할 수 있다.

우선 탁아소·유치원의 양적 규모는 북한의 수요를 충분히 감당하고도 남았다고 판단된다. 1970년대 이래 탁아소·유치원의 총 수용규모는 북한내 적령아동의 80%를 수용하는 수준이었다. 육아가 최대로 사회화 된 경우에도 조부모와의 동거, 전업주부의 존재 등 가정내 보육이 20%를 상회하였던 동구와 북구의 사례를 고려할 때[74] 북한의 탁아소·유치원 수용규모는 충분한 수준이었다.

탁아소에서의 유아 대 보육원의 비율도 충분한 고려를 거친 것이었다. 평균 유아 10명당 보육원 1명을 기준으로 하되, 유아의 개월 수에 따라 그 비율을 조절하였다. 그리하여 가장 손이 많이 가는 생후 8개월까지의 유아는 6~8:1을 기준으로 하고, 8개월~1년6개월 사이의 유아는 8~10:1을 기준으로 하였다. 이유를 시작하는 유아에 대해서는 15:1을 전후로, 4세까지는 20:1을 전후로 비율을 정하였다. 그리고 유치원 준비반이 되면 25:1로 유아 대 보육원의 비율이 변화한다.[75] 이는 유아의 수요와 보육원의 부담을 동시에 고려한 것이다. 탁아소에는 보육원 외에도 취사담당, 준의(의료담당), 세탁담당 등이 별도로 배치되어야 했다.

보육원의 자녀가 유아에 해당할 경우 자신의 자녀를 돌보는 것은 허용하지 않았다. 자신의 자녀와 남의 자녀를 동시에 돌볼 경우 자신의 자녀를 편애할 수밖에 없어 다른 유아의 심성발달에 장애를 줄 것을 우려하였기 때문이다. 이는 인간의 심리를 고려한 합리적인 조치였다. 이렇듯 북한은 가능한 범위 안에서는 최대한 질 높은 사회적 육아를 보장하고자 노력하였다. 경제난 이후 이러한 탁아소·유치원제도가 왜곡되고 변칙적으로 운영된다는 보고가 있으나, 이는 북한 당국의 의도가 아니었다는 점을 고려해야 한다.

육아의 사회화와 함께 가사노동의 사회화도 추진되었다. 1973년 3월 북한당국은 정무원 결정 제11호로 「위대한 수령 김일성동지께서 조선로동당 제5차 대회에서 제시하신 녀성들을 부엌일과 가정일의 무거운 부담에서 해방하기 위한 기술혁명과업을 철저히 관철할 데 대하여」를 통해 여성의 가사노동 경감을 위한 제반조치를 제시하면서, 장공장, 남새가공공장, 고기가공공장, 두부가공공장 등을 현대화할 것과 각지에 밥공장, 국수가공공장 등을 건설할 것을 촉구하였다. 이어 김정일은 1984년 2월 16일 "인민생활을 더욱 높일데 대하여"를 발표하면서 경공업혁명과 봉사혁명을 통해 여성의 가사노동 부담을 덜어줄 것을 요구하였다.76)

그러나 가사노동의 경감은 근본적으로 경제발전에 의해 세탁기, 청소기, 냉장고 등 가전제품의 공급이 선행되어야 하는 만큼 이러한 당국의 요구가 가사노동 경감에 실질적으로 기여한 것은 크지 않았다고 평가된다. 밥공장과 반찬공장을 전국적으로 내어와 여성을 부엌에서 해방시키겠다고 했지만, 밥공장은 여성들로부터 외면을 받았고, 반찬공장은 평양에만 설치되었다가 80년대 초에 사라졌다. 여성들이 밥공장을 싫어한 것은 양식을 갖다 주고 밥을 지어오게 되는데, 그 사이에 아무래도 양곡의 허비(누룽지 등)가 있다는 인식 때문이었다. 쌀 한 톨도 아쉬운 상황에서 그럴 수가 없었던 것이다. 그나마 오래 유지된 것은 반찬공장이라기 보다 김치공장이라고 할 수 있다. 가사노동의 경감에 필요한 세탁기와 청소기 등의 가전제품은 경제난으로 공급이 항상 부족했고, 어쩌다 제품을 가졌어도 전기사정에 따라 무용지물이 되었다. 그 결과 가사노동을 사회화하고자 한 북한보다 가사노동을 가정주부에게 일임하였던 남한에서 오히려 그 부담이 훨씬 빨리 경감되었다. 이는 동서독의 경우에도 마찬가지였다. 서독의 전업 가정주부가 동독의 직장을 가진 주부보다 더 적은 시간을 가사노동에 할애했던 것이다.

그러나 북한은 지속적으로 여성의 '노동계급화'를 강조하였다. 정치적 필요에 따라서 때로 여성의 노동계급화가 갖는 중요성이 가정과 자녀에 미치는 영향 때문인 것처럼 설명되고 교양되기도 하였으나, 기본적으로 북한은 여성이 노동계급이 되어야 한다는 원칙을 포기한 적이 단 한번도 없었다고 할 수 있다. 이는 북한이 정권 초기부터 지금까지 비교적 일관되게 사회주의적 이념 -다소 변형된 형태일지라도- 에 의거한 여성해방이라는 목표를 지켜왔다는 것을 의미한다. 따라서 지난 60년간 여성의 위상을 결정하는데 비교적 일관되게, 또 가장 지속적으로 영향을 미쳐온 것은 사회주의 이념이라고 할 수 있다.

2) 봉건적 유교문화와 여성상(femininity)

어떤 사회에서나 특정한 이념이나 사상이 새로이 탄생하여 지배이념으로 정착된다 하여도 기존의 문화와 전통은 오랜 세월동안 새로운 이념과 나란히 주민들의 의식과 생활을 지배한다. 북한지역에서도 사회주의 이념이 지배이념으로 정착되어 수 십 년이 지난 지금까지도 조선시대 이래의 봉건적 유교문화가 잔존하면서 주민들의 생활을 지배하는데, 이러한 문화는 특히 여성의 사회적 위상이나 역할에 대해 더 큰 영향을 미쳤다.

우리나라에서도 고대에는 여성들에게 재산권과 상속권이 인정되었고, 활동범위도 비교적 넓었다. 신라에서 원화의 선발이나 원화의 활동범위 등을 보아도, 현대의 청소년 못지않게 활발히 활동한 것으로 짐작된다. 또한 고대에는 여성에 대한 성적 억압도 크지 않았다. 고구려 동천왕비가 남편의 동생과 결혼한 사례나, 진성여왕이 독신이면서도 문란하였다는 기록,「화랑세기」필사본이라는 작품에서 나타나는 수많은 불륜과 중혼 등이 이를 말해준다. 여성의 이혼과 재혼도 자유로웠던 것으로 보이며, 혼인관계가 아니고서 동거하는 경우도 큰 문제가 없었던 것으로 보인다. 어쩌면 일부일처제의 혼인제도의 관념 자체가 아직 정착되지 않았던 것인지도 모른다.

삼국시대의 분방한 문화를 이어받은 고려에서도 여성의 지위는 비교적 높게 유지되었다. 사회적으로는 친족을 따짐에 있어서 남자 쪽뿐만 아니라 여자 쪽으로도 계보를 따질 수 있었고, 상속도 아들과 딸에게 균등하게 이루어졌으며, 외손자녀가 제사를 받들거나, 형제간에 돌아가며 제사를 지내는 윤회봉사輪廻奉祀도 허용되었다. 엄격한 장자중심의 봉사제도奉祀制度가 가부장제도의 골간을 이루면서 아들선호와 딸에 대한 차별로 이어지는 데 반해, 이러한 외손봉사外孫奉祀나 윤회봉사輪廻奉祀 제도에서는 아들이 없어도 별 문제가 되지 않기 때문에 남녀차별이 상대적으로 심하지 않았다. 호적을 기재할 때에도 아들 딸 구별 없이 출생순서대로 기재하였고, 딸도 아들과 같은 양의 재산을 상속받았다. 딸의 상속재산은 그 자신의 소유로서, 결혼한 뒤에도 자신의 재산으로 남아있었다. 결혼 뒤에 거주하는 곳도 반드시 남편 쪽으로만 결정되는 것이 아니라 서류부가혼婿留婦家婚이라 하여 신랑이 처가에서 사는 것이 허용되었다. 따라서 사위도 아들과 마찬가지로 음서의 혜택으로 관리가 되거나 공음전을 지급받았으며, 장인에 따라 권력을 누리기도 하였다.

그러나 조선시대에 들어서면서 여성들의 위상과 역할에 점차 많은 제약이 가해졌다. 성리학의 이념을 앞세우고 고려를 무너뜨린 조선은 고려시대의 개방적 여성생활을 철저히 억압하기 시작하였다. 여성의 사회활동을 제한하여 반가의 여성은 얼굴을 내어놓고 다닐 수도 없게 만들었을 뿐만 아니라, 여성의 재산권과 상속권을 박탈하였다. 동성혼은 금지되었고, 중국의 부계중심 촌수계산에 따라 모계(외가)와 처가는 친족의 범주에서도 제한되었다. 여성은 제사에 참여할 수도 없었고, 외손봉사外孫奉祀는 더 이상 허용되지 않았다.

또한 여성의 재혼이 금지되었다. 성종 8년(1477)에 재혼하거나 행실이 나쁜 여자의 자손 및 서얼자손은 문과, 생원, 진사과 시험에 응시할 수 없다는 것과 이들 자손은 요직에 임명하지 않는다는 재혼금지규정이 법전에 수록되었고, 중종대 이후부터는 이에 더하여 다각적인 정절 여성 포상운동과 함께 과부에게 장가든 자도 관직을 뺏거나 처벌하는 등 여성의 재혼을 막는데 노력하였다. 이리하여 여성의 재혼은 사회적으로도 용납되지 않는 관습으로 굳어졌다.

여성의 정절이 강요당하는 만큼 이혼이 허용될 리 없었다. 조선은 이혼에 대한 법규정이 없었으나, 부득이한 경우 관의 허락을 받아야만 이혼이 가능하였으나, 이조차 쉽지 않았다. 더욱이 아내가 이혼을 한다는 것은 재혼이 금지되고 재산권도 인정되지 않는 사회에서는 생계자체가 위협 당하는 일이었다.

이러한 조선시대의 여성억압과 남존여비의 전통은 일제강점기에 더욱 강화되었다. 일제시대 여성의 법적 지위는 기본적으로 1912년 일제가 제정한 「조선민사령」에 의거하였다. 「조선민사령」은 조선인의 사생활에 대하여 일제의 민법을 적용하기로 하되 능력, 친족, 상속에 관해서는 조선인의 관습에 의하기로 규정하고 있다. 그 이유는 조선의 전통적 家의 개념이 당시 일본 민법의 규정과 근본적으로 달랐기 때문이다. 그러나 일본과의 동화를 위해 점차 일본 민법과 일치시켜 나가, 1921년, 1922년, 1939년에 개정되었다.

이 조선민사령에서 가장 주목할 만한 점은 일본 민법상의 호주제를 강제 이식하고 조선 전래의 제사상속을 폐지한 대신 일본식의 가독家督상속제를 강제도입한 것이다. 일본식의 가독상속이란 원래 일본 무사계층에서 군사적 통솔을 목적으로 혈족적 단결을 강화하고자 무사의 단독

상속제를 기초로 호주권 및 가산을 장남이 독점상속하는 것이다. 그리고 이때 호주는 가족에 대해 혼인·입양·거가·분가에 대한 동의 및 취소권, 가족의 거소지정권居所指定權 등 가족에 대한 포괄적이고도 광범위한 지배권을 갖고 있었다.77)

결국 조선시대와 일제강점기를 거치면서 우리나라 여성들은 재산권과 상속권이 박탈되고, 법적 능력도 부인된 채 아버지와 남편에게 종속되게 되었다. 더욱이 칠거지악七去之惡이라는 이름으로 언제라도 남편으로부터 쫓겨날 수 있는 비천한 존재로 영락하였다. 아들이 없어도, 남편과 시부모에게 말대꾸를 해도, 남편의 첩을 질투해도 여성들은 시집에서 쫓겨났다. 여성들은 남편을 하늘같이 받들고, 남편과 시부모에게 무조건 순종하고 공경하여야 했다.

이러한 조선시대와 일제강점기의 여성상은 북한사회에서도 이어졌다. 법적으로는 남녀평등이 확립되고 호주제도가 폐지되었으나, 사회적으로는 여성들에게 여전히 아내이자 며느리로서 남편을 공경하고 시부모에게 순종할 것이 요구되었다.

이는 조선여성의 귀감이라는 강반석과 김정숙에 대한 묘사에서 그 정점을 이룬다. 이미 앞 장에서 설명한 바와 같이 강반석과 김정숙은 모두 남편과 시부모에게는 말대꾸 한번 하지 않는 절대적 순종과 함께 남편에 대한 무조건적 후원자·지지자, 아들에 대한 훌륭한 훈육자로서의 헌신성을 보여주고 있다.

따라서 북한에서의 여성은 개인으로서가 아니라 아내, 며느리, 어머니로 주로 규정되고 있다. 또한 여성답다는 것은 순종적이고 헌신적, 희생적이라는 것을 의미한다. 자기주장이 강하거나 시시비비를 따지는 것은 '여성적'이지 않은 것일 뿐만 아니라 남성들의 폭력의 대상이 될 수도 있었다.78)

북한에서는 독신으로 평생을 보내는 경우가 매우 드물 뿐만 아니라 여성이 30이 넘도록 결혼을 하지 않으면 주위에서 이상한 눈길을 보낸다. 여성이 독신으로 살아도 비난받지 않는 것은 영화 도라지꽃의 여주인공처럼 당과 국가에 헌신하면서 평생을 바치는 경우일 뿐이다. 북한 여성들 사이에는 "여자팔자는 뒤웅박 팔자"라거나, "호박넝쿨도 돌려놓을 탓이다", "여자는 시집 잘 가면 황후가 되고, 잘못가면 거지가 된다"는 말들이 있다. 이는 결혼으로 여성의 생이 규정되기 때문이다. "열 대학 보다 시집 잘 가는 것이 중요하다"고 딸의 결혼을 강요하는 어머니 이야기는 북한 문학 속에서도 등장한다.[79]

탈북자들은 결혼을 하면 여성들이 가정에서 안주하거나, 직장에 다니더라도 일에 대한 열성이 줄어드는 경향 때문에 북한당국이 만혼을 장려한 적도 있다고 말한다. 결혼 후 가정으로 들어가는 것을 부정적으로 묘사한 소설이 많은 것은 이러한 경향을 교정하려는 북한당국의 의지의 반영이다. 그러나 북한당국 자체가 강반석과 김정숙에 대한 우상화를 통해 여성의 존재가치를 남편과 아들에 대한 봉사로 규정하고 있는 한 결혼을 절대시 하는 현상은 당연한 것이다.

또한 남편과 시부모, 아들에 대한 봉사를 중시하는 북한에서 남존여비 의식이 잔존하고 있는 것도 자연스러운 결과이다. 탈북 여성작가 최진이는 작가동맹에서 같이 일하던 한 남자 소설가가 함흥에 가서 옛 애인을 만났던 사례를 이야기한 적이 있다. 그 남자 소설가는 옛 애인이 "아니, 평양여자들, 이젠 남편들을 장마당에 내보낸다면서요?(쇼핑을 시킨다면서요?) 그게 어디 조선여인의 미덕을 갖춘 행위야, 세상에… 집안살림을 남자에게 맡기는 여자가 어디 있어" 하면서 흥분한 것을 들어 옛 애인을 칭찬했다고 한다.[80] 이 사례는 남자가 시장에 가도록 만든 것이 (조선)여자의 미덕에 부합되지 않는 것이라는 북한의 일상적 의식을 잘 나타내고 있다. 따라서 부부가 다같이 직장에 다니는 경우에도 남편은 집에서 고픈 배를 안고 뒹굴더라도 늦게 끝난 아내가 돌아와 밥상을 차릴 때까지 기다리는 것이 정상이었다.

여성들은 남편을 '우리 주인', '우리 세대주'라고 존경을 담아 이야기해야 하며,[81] 가정에서 남편을 직접 대해서 말할 때에도 존경심을 담아서 이야기해야 한다.[82] 여성은 여성다워야 하고, 현모양처가 되어야 했다. 북한에서 여성답다는 것은 김일성의 언급에 따르면 '례절있고 검박한 언행과 몸가짐'[83]을 가진 것이며, 양처良妻는 남편에 대한 절대적 복종을 기초로 하고 있다.

북한당국은 지속적으로 사회주의적 이념에 입각하여 제반 법제도를 정비해왔으나, 사회・문화적 측면에서는 조선시대와 일제강점기를 거치면서 강화된 남존여비의 봉건적 의식체계를 타파하지 못하고 결과적으로는 오히려 강화해 온 측면이 있다. 이는 북한 지도부가 기존의 봉건적 의식체계에 근거하여 바람직한 여성상을 형성하고, 이러한 여성상에 맞추어 강반석・김정숙을 묘사하면서 이들을 '조선녀성의 귀감'으로 내세워왔기 때문이다. 결국 사회주의 이념에 입각한 제반 정책이 기존의 봉건적 전통을 깨트리지 못하고, 오히려 서로 융합하면서 북한여성의 위상과 역할을 규정해온 것이라 할 수 있다.

3) 경제상황과 여성의 위상

전쟁과 전후복구기, 그리고 북한 경제가 활발히 성장하던 1960년대부터 1970년대까지 여성들의 경제활동 참여가 지속적으로 강조되었으며, 앞 장에서 자세히 살펴본 바와 같이 이 시기 여성의 노동활동참가율은 해마다 비약적으로 증대하였다. 그러나 공장가동율이 높게 유지되고 국가배급체계가 가동되던 이 시기에는 남성들이 가장으로서, 또 세대주로서 가족 성원에 대한 주된 부양자(bread-winner)로서 우월적 지위를 유지하였다. 여성이 부양가족으로 가사에 전념하거나 아니면 직장에 다닐 경우에도 가족의 주된 부양자는 남편이었다. 여성들은 상대적으로 남성보다 임금이 낮은 직종에 배치되었기 때문이다.[84]

사회적으로도 여성들은 남성의 감독 하에 있었다. 거의 모든 직종에서 남성이 책임자급이었고, 여성이 절대다수를 이루는 일부 직종에서만 여성들이 관리자로 진출할 수 있었다. 10년 이상 공장을 지켜온 고참 여성 노동자는 군대에서 갓 제대한 젊은 남성이 자신보다 고위직급으로 발령이 나는 것을 당연한 것으로 받아들였다.[85] 앞 장에서 언급한 바와 같이 정권기관 내에서 내각 각료로 등용된 여성도 극소수였으며, 2001년 7월 북한당국이 UN인권이사회에 제출한 자료에서도 중앙기관 공무원 가운데 여성은 10%에 불과하다고 밝힌 바 있다.[86] 당과 정권기관의 권한이 절대적인 영향력을 행사하는 북한체제의 속성을 고려할 때 이는 여성의 역할을 상징적으로 보여주는 것으로, 정치적으로나 사회·경제적으로 여성의 역할이 남성에 활동에 대한 보조적인 데 머물렀던 것을 의미한다.

그러나 이러한 상황은 '고난의 행군'을 거치면서 변화하고 있다. 국가배급체계가 무너지고 주민들이 자체적으로 생계를 유지해야 하는 상황에서 주민들 사이에 시장경제에 대한 인식이 확산되고, 가격과 경쟁의 의미가 널리 학습되었으며, 국가에 의존하지 않고 자력으로 살아나가려는 의식이 강해지면서 여성의 역할도 변화하는 것이다.

이는 '고난의 행군' 시기에 발생한 대량의 아사자에 대해 주민들의 인식이 변화한 것에서부터 나타난다. 초기에는 대부분의 주민이 아사자를 동정하고 두려워했으나, '고난의 행군'이 끝나갈 무렵에는 모두가 장마당 경제에 적응하여 굶어죽는 사람을 '게으르고 멍청하다'고 인식하기 시작하였다. 일부 1998년 이후 탈북주민들은 '고난의 행군' 이전에 탈북한 사람들이 우리 사회에서 적응하지 못하는 것을 두고 그들이 '고난의 행군' 같은 심각한 역경을 헤치고 살아남는 법을 배우지 못해서

무능하고 의존적인 것이라고 주장하기도 하였다.[87]

그 과정에서 여성의 경제적 역할과 의식도 변화하고 있다. 먼저 여성의 경제적 역할이 크게 확대되었다. 여성들은 '미공급인' 직장에 적을 걸어놓고 집에서 무위도식하는 남편을 대신하여 장마당에서 메뚜기처럼 뛰고 달리면서 가족을 부양하였다. 남편의 직장이 어느 정도 월급이 나올 경우에도 그 월급으로는 생계유지가 불가능하여 역시 여성들이 장마당으로 나서야 했다. 특히 남편이 당원일 경우에는 월급이 아무리 작아도 남편은 부업조차 할 수 없었기 때문에 더 조심스레 여성이 장사를 하면서 가족을 먹여 살리고 있다.[88]

여성들이 이악하게 변해가면서 시장경제에 단련되고 있을 때에도 많은 남성들은 과거의 습관에 젖어서 권위적으로 있거나, 무능하게 굶주리고 앉아 있는 경향이 있다.[89] 이러한 상황은 제2차 세계대전 이후 독일 남성들의 경제적 무능을 연상시킨다. 독일 제3제국의 귀족이었던 프리츠-크로코우(Fritz-Krockow) 백작부인은 회고록에서 전쟁직후 여성들이 온갖 수단으로 가족을 먹여 살릴 때 그 용맹무쌍하던 독일 남성들은 장사조차, 도둑질조차 못하는 무능을 보였다고 지적하였다. 그녀는 "그 잘난 프러시아인이여, 독일제국의 남성들이여. 세계의 반을 정복하였던 위대한 능력가들이여. 장교로서의 긍지, 사명감과 의무, 명예, 승리! 그러나 패배와 함께 그대들은 돌연히 아무데도 쓸모가 없어졌다. 심지어는 시장에서 시금치 하나를 훔치는 것도 못할 정도로…"라고 기록하였다.[90]

북한에서도 남성들의 무능은 여러 사례를 통해 계속 드러나고 있다. 많은 남성들은 이악스레 장사에 나서지도 못하면서 스스로 밥을 차려먹지도 못한다(안한다?)고 한다. 남편들은 아내들이 여성들이 장사를 하다 피곤한 몸으로 돌아올 때까지 집에서 굶고 있다가 지친 아내에게 "밥을 차려 달라" 요구하는 것이 대부분이다. 그러다 지쳐서 아내가 통명스럽게 답하면 아내를 구타하기도 한다고 한다. 이렇게 무능하면서도 폭력적인 가장이 흔한 사회적 분위기가 여성의 의식변화를 가져오고 있다.

최근 북한여성들 속에서 결혼을 기피하는 경향이 생겨났다. 종래 25세 전후를 결혼 적령기로 보고, 30세만 넘으면 퇴물로 간주하는 경향이 있었으나 "결혼해서 남편까지 먹여 살려야 하는게 싫어서" 결혼하지 않고 버티는 여성이 생겨나고 있다.91)

또 남편을 비꼬는 은어가 늘어났다. 종래는 남편을 '우리 세대주'라고 높여 부르도록 교육받았으나, 이제는 '낮전등'(쓸모없다는 의미에서), '걸그림'(벽걸이 그림처럼 도움이 안된다는 의미에서), '멍멍이' 또는 '만원짜리 열쇠'(집은 잘 지킨다는 의미에서) 등으로 칭하는 것이 보편화되고 있다. 남편에 대한 무조건적 순종과 존경심이 줄어들고 비판적인 인식이 늘어난 것이다.

그와 함께 가정해체가 늘어났다. 여전히 북한사회에서 법적으로 이혼을 하는 것은 복잡하고, 더욱이 남편의 폭력은 이혼사유도 되지 않기 때문에, 견디지 못하는 여성들은 그냥 가정을 버리고 떠나는 방식을 택하고 있다. 법적 이혼율은 종래와 같이 유지되지만, 사실상의 이혼율은 고난의 행군 이후 급증했다는 것이 탈북주민들의 일관된 전언이다. 여성들은 어디 가서도 살아남지만, 남편까지 부양하는 것이 피곤해진 것이다. 주민들의 유동성이 높아진 점을 고려하여 최근 북한당국은 부부 중 일방이 3년 이상 실종상태이면 이혼으로 처리해주고 있다. 이를 이용한 이혼이 늘어나고, 가족 유기도 늘어나는 것이다. 여성들의 '일부종사'라는 관념이 흔들리고 있다. 때문에 주민들 사이에서는 "도덕과 국정가격은 없어진 지 오래"라는 말이 회자되고 있다.

대신 종래 북한사회에서는 백안시되던 혼인형태가 늘어나고 있다. 우선 경제력이 있고 자녀도 딸린 연상의 여성이 결혼 경험이 없는 연하의 남성과 결혼하는 경우가 늘어나고 있다. 북한 사회에서 1980년대 이후

"명태보다 흔한 것이 여자"라고 할 정도로 여초현상이 계속되어왔다는 점을 고려할 때 미혼의 연하남과 연상의 혼인 유경험 여성간의 혼인 증가는 예외적 현상이라고 할 수 있다. 반면 남성이 경제력이 있을 경우에는 70대의 노인이 20대의 처녀장가를 가는 경우도 있다.

이러한 혼인형태의 증가는 혼인이 경제력과 직결된 권력관계의 사회적 제도화라는 일부의 주장에 힘을 실어주는 것이고, 여성의 경제력 향상이 여성의 사회적 권력 증대로 이어지고 있다는 한 증거이기도 하다.

한편 여성들의 군 입대가 증가하였다. '고난의 행군' 이후 당원에 대한 선호도가 낮아지고, 따라서 군 입대의 인센티브가 줄어들면서 남성들의 군 입대 지원이 줄어들었다. 반면 여성들은 군대를 통해 당원이 되고자 하는 사회적 야심을 여전히 간직하고 있어 군에 대한 지원인력이 줄어들지 않고 있다. 북한 당국으로서는 줄어든 남성지원자의 자리를 메우기 위해 여성들의 입대를 대폭 확대 허용하였고, 그 결과 여군 비율이 15%까지 증가하였다.[92]

해방이후 60년 동안 북한여성들은 초기의 개혁입법과 전쟁시기를 제외하고는 가부장적 질서의 재생산 체계 속에서 가부장적 질서를 내면화하면서 순종과 희생과 인내를 미덕으로 살아왔다. 노동자중 여성비율은 거의 50%가 되었으나 여성은 여전히 보조적 역할에 만족하였다. 그러나 '고난의 행군' 이후 여성들이 경제의 주도권을 쥐게 되면서 기존의 의식체계로부터의 이탈현상이 생겨나고 있다. 앞으로 북한경제상황의 변화 추이에 따라 이러한 역할과 의식의 변화가 일시적 현상인지, 돌이킬 수 없는 시대적 흐름인지가 판가름 날 것으로 보인다.

4) 정치권력의 변화와 여성지도자

북한에서 정치권력 변화는 김일성·김정일 부자의 권력 강화과정과 일치하며, 그 과정에서 여성지도자들의 구성도 변화해왔다.

　북한정권 초기, 비교적 사회주의의 이념에 충실하던 시기에 북한 정계에서 활발한 활동을 전개한 여성들은 항일무장투쟁에 참가하였거나, 일제 치하에서 사회주의 투쟁에 참여하였던 투사들이었다. 이 시기 눈부신 활동을 한 박정애는 소련 노농대학을 졸업하고 귀국하여 고무공장 등에서 노동운동과 사회주의 투쟁을 하다가 투옥당하기도 한, 이론과 실천을 겸비한 공산주의 투사였다. 그녀는 정권수립 초기부터 1960년대 말까지 활동하면서, 여맹을 설립하여 여맹위원장으로 활동하였고 (1945~1965), 제2기 내각에서는 농업상이 되었으며(1957.9~1962.10), 제1기부터 제4기까지 최고인민회의 상임위원을 역임했다(1946.8~1970.11). 또한 제1기부터 제4기까지 당 중앙위원회에서도 중앙위원으로 활동하였다(1946.8~1970.11). 그러나 그녀는 김일성 유일체계가 확립되는 1960년대 후반부터 자취를 감추었다. 조선민주여성동맹의 탄생과 성장은 박정애 없이 상상하기 어려울 정도였던 바, 자신의 조직 기반을 지닌 것이 유일체계 확립과정에서 불리하게 작용하였던 것으로 보인다.

　박정애의 뒤를 이어 제5기 최고인민회의에서 상설회의 부위원장까지 오른 허정숙은 이화여대를 졸업한 후 중국과 미국에서 공부한 당대의 인텔리였으며 5개 국어에 능통하였다. 허정숙도 제1기부터 제3기까지 당 중앙위원으로 활동하였고(1946.8~1961.9), 제1기 내각에서 문화선전상을, 제2기 내각에서는 사법상을 역임했다. 그녀는 당과 최고인민회의에서 계속 고위직을 지켜가다가 1991년 사망하였다. 박정애와 달리 허정숙은 여맹이나 기타 사회단체활동이 없었으므로 김일성 유일체계에 위협이 되지 않았다고 볼 수 있다.

　결국 김일성 유일체계의 확립과 함께 조직기반을 가진 혁명가 출신의 박정애가 사라지고, 권력기반이 약한 허정숙은 생존하였다고 볼 수 있다. 즉 김일성 유일체계의 확립은 여성지도자의 구성에 변화를 가져왔고, 김성애를 등장시켰다.

박정애의 뒤를 이어 잠시동안 최광의 처 김옥순이 여맹위원장으로 활동하였다(1965~1971). 그러나 이때부터 김일성의 처 김성애가 여맹부위원장으로 등장하고, 여맹부위원장에 최용건의 처 왕옥환, 김일의 처 허창숙 등이 활동하였다. 따라서 김옥순은 김성애가 여맹내에서 기반을 다질 때까지의 과도기적 관리자였다고 판단된다.

김일성의 처 김성애는 1970년 11월의 당 제5차 대회 이후 당 중앙위원, 여맹위원장, 최고인민회의 대의원 등을 겸하면서 정계의 전면으로 나섰다. 김성애는 1965년부터 여맹부위원장으로서 실질적 권한을 행사하였으며, 1971년에는 여맹위원장으로서 여맹조직을 개편, 비서국을 설치하고 친정체제를 강화하였다. 그녀는 여맹조직을 기반으로 하여 김정일과 보이지 않는 권력투쟁까지 전개하였다. 그러나 그녀는 김정일이 후계자로 공식화된 이후 서서히 명목상의 여맹위원장으로 남게 되고, 서기장 김득란과 강점순이 실질적으로 여맹을 이끌게 된다. 이후 여맹은 조직이 축소되는 개편과정을 거쳐 김성애 때문에 사망했다고 알려진 김일성의 전처 김정숙을 우상화하는 활동에 매진하게 된다. 동독 호네커의 부인이 문화교육상을 역임한 것과 달리 김성애는 내각에서는 활동하지 못했다.

김일성 유일체계의 확립과 함께 정계의 전면에 등장하여 빨치산 여성혁명가들을 젖히고 최상급의 영향력을 행사하던 김성애는 김정일 후계체제의 대두와 함께 상징적 존재로 후퇴하였다.

김성애가 정치의 이면으로 사라진 이후 허정숙의 뒤를 이어 여연구가 제8기 최고인민회의 상설회의 부의장에 피선되었다. 여연구는 몽양 여운형의 장녀로서, 김일성의 도움으로 모스크바 유학을 다녀왔으며, 한동안 시골학교의 영어교사로서 생계를 이었다. 그녀는 갑자기 김일성의 부름으로 최고인민회의 대의원이 되었고, 사망 직전까지 아버지의 후광을 등에 업고서 대남사업의 전면에서 활동했다. 각종 국제행사나 남북 공동행사에 여연구가 북측 대표단을 이끌고 활동하였으나, 그녀는 2000년 사망하였다. 그녀의 역할은 그녀의 동생 여원구에 의해 승계되었다. 그러나 여연구나 여원구의 활동은 아버지의 후광을 입고 주로 대남분야의 상징적 대표에 머무른 것으로 실질적으로 정치적 비중이 있는 것은 아니었다.

최근에는 김정일의 부인 고영희에 대한 우상화가 전개되고 있다는 보고가 나오고 있다. 2003년에 탈북한 한 선전선동원은 2002년에 고영희와 김정일 "그 두 분 없으면 우리는 못 살아"라는 내용의 노래가 보급되기 시작하였다고 증언하고 있고, 월간조선은 조선인민군출판사의 강연자료라고 하는 "존경하는 어머님은 경애하는 최고사령관동지께 끝없이 충직한 충신중의 충신이시다"를 입수하여 보도한 바 있다.[93] 그 진위 여부에 대해서 이 글에서 다루는 것은 주제를 벗어나는 것이겠지만, 조선인민군출판사의 자료로 소개된 문건에 나타난 고영희에 대한 찬양 구조가 강반석·김정숙 우상화 논리와 매우 유사하다는 점에 유의하게 된다.

즉 고영희도 위의 두 사람처럼 남편인 "최고사령관 동지의 신변안전과 건강을 위해 최선을 다하고", "인민군대 안의 모든 사업이 경애하는 최고사령관 동지의 사상과 의도대로 진행되도록 이끌어" 주며, 군인들에게 특성에 맞게 "비누를 정상적으로 공급받게" 조치 해주고 있다. 아직 그 아들을 어떻게 양육하는지에 대한 설명은 나오지 않고 있으나, 헌신적 아내이며 인민군의 어머니이며 인민군을 지도할 정도의 혁명적 역량을 갖추고 있다는 점에서 아내이며 어머니이자 혁명가라는 삼박자는 이미 다 갖춘 것으로 묘사되고 있다.

고영희는 아무런 공식적 직위 없이 지내다가 2005년 사망하였다. 이미 사망한 고영희가 여전히 연구자들의 관심을 끄는 것은 그 자녀의 미래와 관련한 각종 예측 때문이다. 김정일의 후계자가 누가 될 것인가 하는 의미에서 고영희의 우상화 여부가 관심을 끄는 것이다.

정권수립 초기의 혁명가형 여성지도자 박정애는 김일성 유일체계와 함께 조직기반을 상실하였고, 김일성의 후광 아래 활동하던 김성애는 김정일 후계체제의 확립과 함께 실질적 권한을 상실하였다. 김정일 후계체제 속에서는 노력영웅 출신의 실무관료(백설희 등)와 함께 남한 출신의 명망가의 딸(여연구, 여원구)이나 아내(유미영)가 남편과 아버지의 후광을 입고서 활동하고 있다. 김부자의 권력강화의 흐름 속에서 여성지도자의 구성이 변화하고 있는 것이다. 현재로서는 박정애에 비견할 만큼 자신의 역량으로 최고위직에 진출한 여성은 찾을 수 없다. 그러나 최근 남북관계에 종사하는 여성들의 경우 현장 실무경험을 토대로 활동하는 여성의 수와 비중이 증가하고 있다는 점에서 향후 북한 여성지도자의 구성에 새로운 변화가 생길 수도 있다는 긍정적 기대의 여지를 남기고 있다.

5. 결 론

이 연구의 출발점은 남과 북이 분리되어 독자적 발전경로를 걸어온 지난 60년간 북한여성의 생활은, 그 위상과 역할은 어떻게 변화해 왔는가? 하는 질문이었다. 이에 대한 답변은 생각만큼 단순하지가 않았다.

북한여성들은 정권수립 초기에 단행된 개혁입법으로 인해 법적지위와 사회적 위상의 급격한 변화를 경험하였다. 초기의 혁명적 변화는 곧 전쟁과 전후복구의 혼란과 뒤섞이면서 북한사회를 단기간에 사회주의 체제로 전환시켰다. 북한여성들은 그 와중에 사회주의의 한 축으로서

'노동계급'이 되도록 요구받았고, 또 노동계급이 되기 위해 빠른 속도로 가정을 떠나 임금노동의 현장으로 달려갔다. 봉건적 가정의 틀에 갇혀 있었던 여성들은 짧은 시간에 사회주의 체제를 구축하는데 큰 역할을 담당하였다. 이런 의미에서 북한여성의 노동계급화는 일정 정도 성공을 거두었다고 보여진다.

북한에 사회주의 체제가 어느 정도 안정화되는 순간부터 김일성 유일체제와 부자세습이 싹트기 시작하였고, 여성들은 노동계급인 동시에 '현명한 어머니, 헌신적 아내'가 되도록 교육받게 되었다. 직장에서 혁명적 노동자가 되어야 하는 동시에 가정을 지키면서 가정을 혁명화하는 것이 사회적 요구로 이해되었다. 이러한 현모양처의 이념은 종래의 남존여비 사상과 가부장적 질서를 다시 강화시키게 되었고, 여성들은 오랜 유교전통에 일치하는 현모양처의 이념에 순응하였다.

따라서 북한여성들은 북한이 요구하는 대로 노동계급이자 현모양처가 되기 위해 노력하였다. 여성들은 강반석과 김정숙을 따라 배우기 위해 노력하면서 남성들이 10년 이상의 장기 군 복무로 비워놓은 산업현장을 메우고 있었고, 탄광과 도로 건설현장에서 중노동을 담당하였다. 그러는 사이 여성들은 전체 노동력의 50%, 때로는 그 이상을 제공하면서 북한경제를 이끌어 갔다.

여러 가지 이유로 기울어가던 북한 경제는 김일성 사후 '고난의 행군'으로 이어졌다. 여성들은 종종 무능한 남편을 대신하여 장마당에서 억척스레 장사를 했고, 가족을 부양했다. 현명한 어머니와 희생적 아내를 요구하던 남편들은 대부분 남자가 장마당에서 장사하는 것이 너무나 부끄러워서 아내를 계속 장마당으로 보냈다. 여성들은 메뚜기처럼 수시로 도망갔다가 돌아오면서 가족을 위해 장사치가 되었다.

순종과 희생과 헌신을 계속 교육받아왔던 여성들은 이제 시장경제에 단련이 되기 시작했다. 치열한 경쟁과 가격차이, 순식간에 벌었다가도 없어지는 돈… '이악스러운' 판단이 없이는 생존에 문제가 생겨나는 상황에서 여성들은 자신들이 속한 사회의 모습과 권력관계의 불평등에 대해 어렴풋이 느끼기 시작하게 되었다.

대부분의 사회주의 국가들에서 그러하였듯이 북한에서 가장 지속적이고 일관된 방향은 사회주의적 이념이었다. 즉 사유재산 철폐와 함께 여성들이 모두 노동계급이 되어야 억압으로부터 벗어날 수 있다는 인식이었다. 그리고 그러한 방향아래 여성이 노동현장에 참여하는 것을 장애하는 요소들을 제거하기 위한 여러 가지 정책이 추진되었다. 그리고 이 이념은 상수처럼 지속적이었고, 여성들의 노동계급화는 성공을 거두었다고 판단된다.

그런데 대부분의 현존 사회주의국가에서처럼 북한도 단일지도자에 대한 우상화가 진행되었고, 그 과정에서 여성은 다시 가정의 일원으로 돌아가도록 요구되었다. 그러나 북한은 소련이나 동독, 중국과 달리 지도층의 권력변동이 부자세습이라는 형태로 이루어졌다는 차이를 보인다. 부자세습을 지탱하는 유교전통이 이에 따라 북한 사회에서 새로운 변수로 재등장하게 되었다. 이로 인해 여성들에게 봉건적 질서가 정당하였다는 것을 새로이 교육할 필요가 있었고, 바람직한 여성상이 '현명한 어머니와 헌신적 아내'로 제시되었다. 여성은 노동자이면서도 어머니였고 아내여야 했다.

이러한 상황은 사회주의 이념이라는 북한 사회의 큰 씨줄에 부자세습이라는 북한의 현실이 큰 날줄로 얽히면서 여성의 위상과 역할을 규정하게 되었음을 말해준다. 거기에 더하여 경제상황이라는 무수한 매개변수들이 다양한 문양을 만들어내고 있는 것이다.

북한여성들의 60년을 돌아보면 정권수립 초기 10년의 변화만큼 거대하고 확연한 변화는 없었다. 그것은 식민지반봉건 사회를 사회주의라는 혁명적 체제로 변환시킨 것이었다. 그 시기에 여성들은 노동계급이 되었다. 그 시기에 비하면 그 이후 40년간은 거의 일정한 흐름에 사소한 변수들이 추가된 것과 같았다. 그러나 최근 15년간의 변화는 정권초기의 변화에 비견할 정도로 분명한 것은 아니지만, 처음으로 여성들 스스로, 여성들의 의식 속에서부터 변화의 조짐이 싹트고 있다는 점에서 유의미하다고 볼 수 있다.

어떤 사회에서도 위로부터 주어진 자유나 여성해방이 진정한 생명력을 지니고 참된 여성해방으로 이어지지 못했다. 소련이나 동독에서 법령으로 주어진 여성해방은 가정이나 사회에서의 불평등과 억압을 제거하지 못했다. 오히려 여성해방을 법제화하는데 소극적이었던 사회, 그래서 여성들이 자신의 권리를 위해서 싸웠던 사회에서 여성해방은 보다 견고하게 실현되었다.

그러한 의미에서 현재 북한여성들이 스스로 현실과 싸우면서 깨달아가는 불평등에 대한 저항이 진정한 평등으로 가는 길이 될 가능성이 더 높다고 판단된다. 즉 지금 현재 북한에서 진행되는 변화는 북한여성들이 진정한 노동계급으로, 진정한 한 인간으로, 자신의 위상과 역할을 재발견하고 향해 나아가는 단계라고 보인다. 다만 이러한 변화가 어디까지 확대될 지는 아직 지켜보아야 할 것이다.

※ 이 연구는 기본적으로 세종연구소 북한연구센터가 한국학술진흥재단의 지원하에 3년간에 걸쳐 "북한체제의 지속성과 변화: 1945~2002"라는 대주제하에 총 7개의 중간주제에 대해 수행한 기초연구의 하나로 추진된 것이다. 따라서 이 논문도 이미 세종연구소 북한연구총서 7『북한의 사회문화』(서울: 한울출판사, 2006)에 수록된 것을 기초로 일부 수정·가필한 것임을 밝힌다.

주註

1) 탈북주민의 증언은 주로 세종연구소 북한연구센터가 학술진흥재단의 지원하에 2002년 11월부터 2004년 4월까지 62명의 탈북주민을 심층면접한 녹취록에 의거하고 있다. 그 외에도 (사)좋은벗들의 보고자료 및 통일부 정보분석국의 내부 자료를 참고하였다.
2) 독일 형법 218조에 의한 낙태금지는 독일의 분단 이후에도 효력을 유지하면서 동독과 서독지역에서 많은 여성 범법자(불법 낙태 여성들)를 양산해내었다. 때문에 서독을 비롯한 서구 여성계에서는 이를 두고 '악명의 218조(the infamous §218)'로 지칭하기도 했다. 동독에서는 1950년 이후 낙태금지가 완화되고, 1972년 이후 낙태는 여성의 자유의사에 일임되었으나, 서독에서는 이 형법 §218조가 통일이후까지 효력을 유지하였다.
3) Statistisches Amt der DDR, *Statistisches Jahrbuch der DDR*, 1979.
4) 통일이후인 1990년 실시된 표본조사에서 동독여성들이 가사노동의 분담에 대해서는 거의 인식이 없었다는 것이 증명되었다. 1990년 현재 동독 지역에서 직장을 다니는 겸직주부는 남편보다 2배 이상의 시간을 가사노동에 소비하면서도 가사노동 분담이 불평등하다고 느끼지 않았다. 반면에 서독지역에서는 직장에 다니지 않는 전업주부가 실제로 가사에 투자하는 시간이 절대적으로 동독지역 직장 겸직주부보다 적고, 남편과의 가사노동 분담 비율은 동독보다 상대적으로 높았음에도 불구하고 남편이 가사노동을 분담하지 않는다는 불만도가 동독여성들보다 높았다. Winkler, Gunnar ed., *Sozialreport '90* (Berlin: Verlag Die Wirschaft, 1991), pp. 270-273 참조.
5) 현재까지 북한 정권의 변화 혹은 발전과정을 구분하는 데 있어 우리 학계에서 합의되거나 어느 정도 다수의견으로 정착되고 있는 시기구분이나 기준이 존재하지 않는다. 때문에 대부분의 북한연구자들은 임의의 기준을 정하거나 조선로동당대회 개최와 헌법의 변화 등을 기준으로 하였다. 그러나 이러한 정치적·법적 기준은 여성의 위상과 역할의 변화를 고찰하는데 적절하지 않았다. 그래서 필자는 이 논문에서 북한여성의 활동에 가장 큰 영향을 준 것으로 판단되는 세 가지 계기를 기준으로 시기를 구분하였다. 첫 번째 시기는 북한 사회주의정권의 수립부터 김정일의 후계체제 대두까지이다. 사회주의체제의 도입 자체가 여성의 위상과 역할에 미친 혁명적 변화를 고려한 것이다. 두 번째 시기는 김정일 후계체제의 확립부터 제13차 세계청년학생축전이 개최되었던 1989.7월까지이다. 부자세습이라는 가부장적 권력이양방식이 여성들에게 가부장적 문화를 다시 강조하게 됨으로써 여성의 위상에 부정적 영향을 주었기 때문이다. 마지막으로 경제난의 심화로 고난의 행군이 전개되던 시기이다. 경제난의 심화 이후 여성들이 '비법적' 경제활동을 통해 실질적으로 가족 전체를 부양하게

된 것을 고려한 것이다.
6) 김일성,『김일성저작집 9』(평양: 조선로동당출판사, 1980), 228~244쪽.
7) 이와 관련, 서동만은 1961년에 이르러 북한의 '국가사회주의체제'가 확립되고 이미 김일성이 부동의 최고지도자가 되었음을 지적하고 있다. 서동만,『북조선사회주의체제 성립사, 1945~1961』(서울: 선인, 2005), 929~930쪽.
8) 김정일은 김일성종합대학을 졸업하던 1964년부터 당 조직지도부에서 당 사업을 시작한 이래, 1969년 선전선동부 부부장, 1971년 문화예술부장, 1973.9월 조직 및 선전선동담당 비서 겸 조직지도부장으로 고속 승진을 거듭하면서 김일성의 후계자로 부상하였다.
9) 리경혜,『녀성문제해결경험』(평양: 사회과학출판사, 1990), 9쪽.
10) 시행세칙 1조는 여성의 피선거권과 국가기관·정당·사회단체·공동단체 임직원이 될 수 있는 권리를 규정하여 여성들의 사회참여를 위한 법적 근거를 마련하고 있고, 제 4조~7조는 부부의 재산관계를 규정, 여성의 가정 내에서의 경제적 지위를 법적으로 보장하였다. 제8조는 자유결혼과 등록혼(법률혼)을 규정하여 사실혼을 부인하고, 제10조~22조의 많은 부분은 이혼절차에 대해 규정하였다.
11) 조일호,『조선가족법』(평양: 교육도서출판사, 1958), 129쪽.
12) 김성보 외,『사진과 그림으로 보는 북한현대사』(서울: 역사문제연구소, 2004), 54~60쪽.
13) Choi, Hochin, *The Economic History of Korea: From the Earliest Times to 1945* (Seoul: The Freedom Library, 1971), p. 291.
14) 최경덕, "직업녀성은 전녀성의 선봉이다,"『조선녀성』1947년 2월호, 17~18쪽 [박영자, "북한의 근대화과정과 여성의 역할" (성균관대 박사학위논문, 2004)], 36쪽에서 재인용.
15) 국토통일원,『조선로동당대회 자료집 제1집』(서울: 국토통일원, 1988), 177쪽, 평양시 여성대표 한경희 보고.
16) 국토통일원,『북한최고인민회의자료집 제1집』(서울: 국토통일원, 1988), 314쪽, 김일성 연설.
17) 리경혜, 앞의 책, 79쪽.
18) 전쟁이 끝난 1953년까지도 여성의 노동참여율은 26%에 불과한 것으로 보고되었다.
19) 국토통일원,『북괴법령집 2』(서울: 국토통일원, 1971), 554쪽.
20) 이태영,『북한여성』(서울: 실천문학사, 1988), 190쪽.
21) 박영자, 앞의 글, 234쪽.
22) 여성노동 비율이 50%를 상회하는 것은 전시 등 비상상황을 제외하면 인구학적

으로 남녀 성비가 100을 기준으로 ±10 이내에 머문다는 점을 고려하면 비현실적인 비율이다. 이러한 비율이 보고되는 이유는 북한에서 군에 입대한 젊고 건장한 남성들의 자리를 여성들이 메운다는 사실 뿐만 아니라, 그 남성들의 규모가 엄청나다는 것을 시사한다.

23) 조선중앙통신사,『조선중앙년감 1964』, 204쪽, 표「탁아소 유치원 현황」참조.
24) 조선중앙통신사,『조선중앙년감 1964』, 204쪽 및 328쪽.
25) 여맹의 창설은 당시 서울에 본부를 두지 않고 북한지역에서 결성된 최초의 사회단체라는데 그 의의가 있었다. 여맹의 뒤를 이어 11.27 북조선민주청년동맹 원대회가 열려 민주청년동맹이 활동을 개시한다.
26) 리경혜, 앞의 책, 24쪽.
27) 국토통일원,『조선로동당대회 자료집 제1집』(서울: 국토통일원, 1988), 529쪽, 김정애 토론. 이로 보아 1980년대 이전까지는 여맹원들이 직맹·사로청 등 다른 사회단체에 이중으로 가입하여 활동하는 것이 허용되었음이 분명하다.
28) 1945년 8월, 북한에 여맹이 창립되기 전에 남한에서는 전국부녀동맹이 결성되었다가, 평양에서 여맹이 창립되자 한 달 후인 1945년 12월, 조선부녀총동맹으로 발전되었다. 여기서 남북조선여맹은 북조선민주여성동맹(여맹)과 조선부녀총동맹을 칭한다. 이태영, 앞의 책, 164~168쪽.
29) 이들 외에 허정숙, 이정순, 이경숙 등이 부위원장으로 선임되었다.
30) 김일성,『김일성저작선집 6』(평양: 조선로동당출판사, 1974), 112~135쪽.
31) 김일성, 위의 책, 3쪽.
32) 국토통일원,『조선로동당대회자료집 제1집』(서울: 국토통일원, 1988), 20쪽, 대표자 자격심사 보고.
33) 조선로동당은 1961년 제4차 당대회 이후 당원의 증가나 구성비 등을 밝히지 않고 있어 그 이후 여성당원이 어느 정도 증가하였는지에 대해서는 정확하게 파악할 수가 없다. 다만 당 중앙위원에서의 여성비율과 최고인민회의 대의원에서의 여성비율 등을 고려할 때 15% 내외에 머물고 있을 것으로 추측된다.
34) 조선로동당출판사,『조선로동당력사교재』(평양: 조선로동당출판사, 19640, 200쪽.
35) 국토통일원,『조선로동당대회자료집 제1집』, 177쪽, 평양시 여성대표 한경히 보고.
36) 리경혜, 앞의 책, 73쪽 표 참고.
37) 국토통일원,『북한최고인민회의자료집 제1집』, 483~484쪽.
38) 리경혜, 앞의 책, 74쪽.
39) 필자도 이러한 입장을 수용하여 경제난 심화의 기점을 1989년으로 잡았다.
40) 김정일 "온 사회를 김일성주의화 하기 위한 당사상사업의 당면한 몇가지 과업

에 대하여"(전국당선전일군강습회에서 한 결론, 1974.2.19), 김정일,『주체혁명위업의 완성을 위하여 3』(평양: 조선로동당출판사, 1987), 1~58쪽.
41) 김정일,『주체철학의 이해에서 제기되는 몇가지 문제들에 대하여(당리론선전일군들과 한 담화, 1974.4.2)』(평양: 조선로동당출판사, 1984).
42) 김정일, "전 당과 온 사회에 유일사상체계를 더욱 튼튼히 세우자(중앙 당 및 국가, 경제기관, 근로단체, 인민무력, 사회안전, 과학, 교육, 문화예술, 출판보도 부문 일군들 앞에서 한 연설, 1974.4.14)," 김정일,『주체혁명위업의 완성을 위하여 3』, 91~124쪽.
43) 조선민주녀성동맹,『강반석녀사를 따라배우자』(동경: 조선청년사, 1967).
44)『강반석녀사를 따라배우자』, 24쪽.
45)『강반석녀사를 따라배우자』, 43~44쪽.
46) 좌담,"항일무장대오 결성의 나날에,"『조선녀성』 1981년 4~5호, 32쪽.
47) 좌담 "주체의 녀성해방 위업의 시원을 열어놓은 력사적 사변,"『조선녀성』 1981년 12호, 23~24쪽.
48) 최창진, "위대한 어머니의 빛나는 혁명적 생애" ≪로동신문≫ 1982년 7월 31일.
49) 인문과학사,『혁명의 어머니』(평양: 인문과학사, 1978).
50) 조선로동당 중앙위원회 당력사연구소,『불요불굴의 혁명투사 김정숙동지를 회상하여: 해방후 시기』(평양: 금성청년출판사, 1978).
51) 통일부 북한자료센터에는 강반석 관련 도서가 3종, 김정숙에 대한 도서가 21종 소장되어 있다.
52) "충성의 씨앗을 심어주시며,"『조선녀성』 1982년 7호, 16쪽.
53) "무송현성전투에 깃든 불멸의 이야기,"『조선녀성』 1979년 8호, 9~10쪽.
54) "친히 교사가 되시여,"『조선녀성』 1981년 12호, 25쪽.
55) 김일·림춘추,『불굴의 혁명투사 항일의 녀성영웅 김정숙동지』(평양: 조선로동당출판사, 1979).
56) "행군길에서 지으신 군복,"『조선녀성』 1986년 2호, 22~23쪽.
57) 1976년에는 여성 노동자비율이 48%로 발표되었고(≪로동신문≫ 1975년 7월 30일자), 1991년에는 49%로 발표되었다. IPU 제85차 총회(평양)에서의 여연구 연설. ≪조선중앙방송≫ 1991년 5월 1일.
58) 리경혜, 앞의 책, 98쪽.
59) Nicholas Eberstadt and Judith Banister, *The Population of North Korea* (Berkeley: Institute of East Asian Studies, 1992).
60) ≪조선민주주의인민공화국 인구일제조사자료집≫, 1995.
61) 윤미량,『북한의 여성정책』(서울: 한울, 1991), 185~186쪽.
62) 이와 관련, 2002년 탈북한 이OO(남, 1974년생, 함북출신)은 "여맹은 보통 나이

많은 늙은이들, 할머니들"로서 50~55세 전후의 여성들로 구성되어 있다고 중언하고 있고, 이△△(여, 1971년생, 강원도출신)은 여맹에는 "아무 조직에도 속하지 않고 집에서 가정주부로 일하는 사람들, 직장생활도 안하고 군부대 가족도 아닌 그냥 그런 사람들"이 등록한다고 밝히고 있다.
63) 1990년대 이후 여성의 위상과 역할에 관해서는 문헌뿐만 아니라 탈북자 증언을 더 많이 활용하였다.
64) 장사를 하는 여성의 비율이 70%라고 보고되고 있다. 임순희, 『식량난과 북한 여성의 역할 및 의식변화』(서울: 통일연구원, 2004), 82쪽.
65) 세종연구소 북한연구센터가 실시한 탈북주민 심층면접에 참여한 62명의 탈북주민들은 한결같이 장마당 장사의 80%는 여성이 하고 있고, 남편들은 집에 있어도 거의 도와주지 않는다고 응답하였다. 면접대상자중 여성은 20명이었으나, 이들 중 장사에 참여해 본 적이 없는 여성은 단 두 명뿐이었다. 그 두 명의 여성도 (친정)부모가 장사를 하였기 때문에 장사할 필요가 없었다고 말하였다.
66) 이△△(여, 1971년생, 강원도출신), "장마당 장사는 주로 여성들이 하고, 메뚜기 장사를 하는데, '안전원들이 온다' 그러면 막 뛰고…"
67) '8.3 자금'이란 8.3 인민소비품에서 나온 변형어로서, 직장에 등록만 해놓고 출근하지 않는 대신 월 200원에서 500원 정도의 자금을 제공하는 것을 말한다. 인민소비품 공급을 위해 출근하지 않는다는 이유로 붙여진 이름이다.
68) 여맹원의 증가를 두고 일부 공장·기업소의 여성을 직맹 아닌 여맹으로 전환시킨 것이라는 해석도 있었으나, 여맹규정의 변화가 아니라 무양가족의 증가와 사회통제를 위한 여맹활동의 강화에 기인한 것으로 판단되고 있다. 상업봉사분야와 탁아소·유치원은 원래부터 여맹에 소속되어 있었다.
69) 김^^(남, 1969년생, 호위사령부 지도원 출신) 증언
70) 김&&(여, 1960년생, 황남 삼천출신), 김##(여, 1964년생, 함북 단천 출신), 김@@(남, 1949년생, 함흥 출신) 등
71) 마르크스와 엥겔스가 임금노동을 통한 물질생산활동만을 '생산'의 개념에 포함시킨 것에 대해서는 현대 마르크스주의자들도 비판하고 있다. 그들의 '생산'은 여성들이 가정내에서 수행하는 비임금 생산활동(가사노동, 육아 등)이 모두 제외되어 있다. 현대의 여성학자들은 마르크스의 '생산활동'이라는 용어대신 '임금노동활동'이라는 용어를 더 선호한다.
72) 현대 사회주의 계열의 여성해방론을 자세히 논하는 것은 이 논문의 범위를 벗어나는 것이다. 그러나 Margaret Benston(1969), Maria Dalla Costa and Selma James(1973), Eli Zaretsky(1976) 등 현대 마르크스주의 여성해방론과 J. Mitchell(1971), A. Jaggar(1983), I. Young(1981) 등 사회주의 여성해방론은 모두 마르크스-엥겔스의 이론에 대한 비판에서 출발하였다.

73) 이에 비해 당시 남한에서는 일제시대 제정된 「조선민사령」이 여전히 유효하였으며, 민법은 1960년까지도 제정이 되지 않았다. 제정된 민법도 「조선민사령」에 규정된 여성의 친권제한 등 악법조항을 그대로 온존시켜 여성법학자들의 분노를 샀다. 남한에서의 여성운동은 그로부터 20년 이상을 민법(가족법) 개정운동에 매달리게 됨으로써 보다 다양한 발전의 기회를 제약받게 된다.
74) 동독과 소련에서도 탁아소·유치원 수용능력은 적령아동의 80% 수준이었다.
75) 황▽▽(여, 1945년생, 청진출신) 증언내용. 황씨는 30년간 탁아소에서 보육원 및 부기원으로 일하였으며, 17년간 인민반장을 지냈던 분이다.
76) 김정일, "인민생활을 더욱 높일데 대하여(조선로동당 중앙위원회 책임일군협의회에서 한 연설, 1984.2.16)," 김정일, 『주체혁명위업의 완성을 위하여 5』(평양: 조선로동당출판사, 1988), 88~109쪽.
77) 「조선민사령」 하에서의 호주제도는 호주에 대해 가족에 대한 거의 무제한적 지배권을 부여하고 있었다. 즉 호주는 ① 가족의 거소지정권 ② 가족의 교육·감호·징계권 ③ 가족의 혼인 입양에 대한 동의권 ④ 가족의 서자 입적에 대한 동의권 ⑤ 가족의 거가(居家) 동의권 ⑥ 가족의 분가 동의권 ⑦ 가족의 재산 관리권과 처분 승낙권 ⑧가족의 금치산·준금치산 선고의 청구권 및 그 취소 청구권 ⑨ 가족의 후견인·보좌인이 될 권리 ⑩ 친족회에 대한 권리 ⑪ 가족에 대한 부양의 의무 ⑫ 상속에서의 특권 등이 부여되었다. 이러한 호주는 원칙적으로 남자에게만 상속되었다.
78) 탈북자들은 남녀를 불문하고 북한사회에서는 여성에 대한 폭력을 용인하는 문화가 있고, 홀로 여행하는 여성들이 기차간 등에서 남성에게 언어적으로 또는 육체적으로 폭력을 당해도 무언가 여성이 당할 만 한 짓을 했을 것으로 간주하는 경향이 있다고 말한다. 성폭력의 경우 여성의 처신에 문제가 있었을 것으로 간주하는 것은 불과 몇 년 전까지 남한에서도 흔히 볼 수 있었던 태도이다.
79) 김귀옥 "소설을 통해 본 북한여성," 김귀옥 외, 『북한여성들은 어떻게 살고 있을까』(서울: 당대, 2000).
80) 2002.10.19, 경남대 북한대학원(서울 삼청동) 북한여성연구 특강시 증언.
81) "부부간의 호칭," 『천리마』 1981년 4-5호. 118~119쪽.
82) "세대주를 부르는 말," 『천리마』 1988년 11호, 80쪽.
83) 김일성이 1936년 무송지방 유격대 여성대원에게 한 말. "녀성은 녀성다워야 하오," 『조선녀성』 1989년 4호, 5쪽에서 인용.
84) 북한은 오랫동안 여성적 직종과 남성적 직종을 분리해왔던 바, 상대적으로 임금이 낮은 보건·상업·보육·교양분야 종사자의 70%, 간호사의 100%, 인민학교 교사 86%가 여성으로 보고되고 있다. 반면 비교적 책임이 높은 중앙기관 공무원에서는 여성이 10%에 불과하다. 통일연구원, 『2005 북한인권백서』(서

울: 통일연구원, 2005), 138~148쪽 참조.
85) 김&&(여, 1960년생, 황남 삼천출신), 김##(여, 1964년생, 함북 단천출신) 등 증언.
86) 이원웅, 『유엔인권이사회 북한 제2차 국가인권보고서 심의 참관 결과보고서』, 2002 참조.
87) 탈북자 김00(여, 1974년생, 함북 경성출신), 김**(남, 1963년생, 평양출신) 등.
88) 일반인의경우엔 북한당국이 비교적 장사에 대해 관대하게 대하지만, 당원의 경우는 여전히 통제가 심하고 기강이 엄하여 당원인 '세대주'는 절대로 장사를 할 수 없었다고 한다.
89) 부인이 없어 아사한 경우도 있다. 김00(남, 1949년생, 회령출신)은 "북한에서는 지금 여성이 다 가족을 부양하는데, 누이가 죽었으니 누가 매부를 봐줘요. 그래서 굶어 죽었지…"라고 증언하였다.
90) Libussa Fritz-Krockow, *The Hour of the Women* (London: Faber and Faber, 1992).
91) 세종연구소 북한연구센터가 심층면접한 탈북여성 20명 중에도 2명이 30이 넘도록 결혼하지 않고 탈북하였다.
92) 여군특무상사로 제대하여 로동당에 입당한 후 탈북한 강&&(여, 1975년생, 청진출신)은 1993년 입대당시엔 여군 고사포 중대끼 60~80명 있었으나 제대할 무렵인 1999년경에는 800명으로 증가해 있었다고 증언. 또 17년간 인민반장을 지낸 탈북여성 황▽▽(여, 1945년생, 청진출신)은 2002년 이후 여군비율을 높였다고 말하고 있다.
93) 『월간 조선』 2003년 3월호, 120~130쪽.

<참고문헌>

1. 북한문헌

김일·림춘추,『불굴의 혁명투사 항일의 녀성영웅 김정숙동지』(평양: 조선로동당출판사, 1979).
김일성,『김일성저작선집 6』(평양: 조선로동당출판사, 1974).
김일성,『김일성저작집 9』(평양: 조선로동당출판사, 1980).
김정일,『주체철학의 이해에서 제기되는 몇가지 문제들에 대하여(당리론선전일군들과 한 담화, 1974.4.2)』(평양: 조선로동당출판사, 1984).
김정일,『주체혁명위업의 완성을 위하여 3』(평양: 조선로동당출판사, 1987).
김정일,『주체혁명위업의 완성을 위하여 5』(평양: 조선로동당출판사, 1987).
리경혜,『녀성문제해결경험』(평양: 사회과학출판사, 1990).
인문과학사,『혁명의 어머니』(평양: 인문과학사, 1978).
조선로동당 중앙위원회 당력사연구소,『불요불굴의 혁명투사 김정숙동지를 회상하여: 해방후 시기』(평양: 금성청년출판사, 1978).
조선로동당출판사,『조선로동당력사교재』(평양: 조선로동당출판사, 1964).
조선민주녀성동맹,『강반석녀사를 따라배우자』(동경: 조선청년사, 1967).
조선민주녀성동맹,『조선녀성』1947년 2호; 1979년 1호~2005년 8호.
조선민주주의인민공화국 과학원,『인민경제의 발전』(평양: 과학원, 1954).
조선민주주의인민공화국 통계국,『조선민주주의인민공화국 인구일제조사자료집』, 1995.
조선사회주의로동청년동맹,『천리마』1981년 4-5호~1990년 12호.
조선중앙통신사,『조선중앙년감 1964』(평양: 조선중앙통신사, 1965).
조일호,『조선가족법』(평양: 교육도서출판사, 1958).

2. 남한문헌

국토통일원,『복괴법령집 2』(서울: 국토통일원, 1971).
국토통일원,『북한최고인민회의자료집 제1집~제5집』(서울: 국토통일원, 1988).
국토통일원,『조선로동당대회 자료집 제1집~제5집』(서울: 국토통일원, 1988).
김광운,『북한정치사연구 1: 건당·건국·건군의 역사』(서울: 선인, 2003).
김귀옥 외,『북한여성들은 어떻게 살고 있을까』(서울: 당대, 2000).
김성보 외,『사진과 그림으로 보는 북한현대사』(서울: 역사문제연구소, 2004).
김주영(역),『하늘의 절반: 중국의 혁명과 여성해방』(서울: 동녘출판사, 1985).

남인숙,『남북한 여성, 그들은 누구인가』(서울: 서울신문사, 1992).
문옥표(역),『현대 중국의 여성』(서울: 한울, 1996).
민성길, "남북한 사람들의 의식구조,"『통일이 되면 남북한 사람들은 함께 잘 살 수 있을까?』, 연세대 통일연구원 2001 학술심포지움 자료집 (서울: 연세대학교, 2001).
민족통일연구원,『북한 가족정책의 변화』(서울: 민족통일연구원, 1993).
박영자, "북한의 근대화과정과 여성의 역할" (성균관대 박사학위논문, 2004).
박지훈 외(공역),『중국여성운동사 (상, 하)』(서울: 한국여성개발원, 1991).
박현선,『현대 북한사회와 가족』(서울: 한울아카데미, 2003).
법무부,『북한법의 체계적 이해 (Ⅰ)』(서울: 법무부, 1992).
법원행정처,『북한의 가족법』(서울: 법원행정처, 1998).
북한연구소,『북한의 가족법과 가정실태』(서울: 북한연구소, 1991).
서동만,『북조선 사회주의체제 성립사, 1945~1961』(서울: 선인, 2005).
서재진,『또 하나의 북한사회: 사회구조와 사회의식의 이중성 연구』(서울: 나남출판, 1995).
손봉숙 외,『북한의 여성생활』(서울: 나남, 1991).
여성한국사회연구소 편,『북한여성들의 삶과 꿈』(서울: 사회문화연구소, 2001).
윤미량,『북한의 여성정책』(서울: 한울, 1991).
이온죽,『북한사회의 체제와 생활』(서울: 법문사, 1993).
이원웅,『유엔인권이사회 북한 제2차 국가인권보고서 심의 침권 결과보고서』, 2002.
이태영,『북한여성』(서울: 실천문학사, 1988).
임순희,『식량난과 북한여성의 역할 및 의식변화』(서울: 통일연구원, 2004).
조선일보사,『월간 조선』2003년 3월호.
좋은벗들,『북한사회, 무엇이 변하고 있는가』(서울: 정토출판, 2001).
통일연구원,『2005 북한인권백서』(서울: 통일연구원, 2005).
한국여성연구회,『사회주의 여성해방의 현재와 미래』(서울: 도서출판 백두, 1992).
헬렌-루이즈 헌터, 남성욱·김은영 역,『CIA 북한보고서』(서울: 도서출판 한송, 1999).

3. 외국문헌

Choi, Hochin, *The Economic History of Korea: From the Earliest Times to 1945* (Seoul, : The Freedom Library, 1971).
Eberstadt and Banister, *The Population of North Korea* (Berkeley: Institute of East Asian Studies, 1992).

Fritz-Krockow, Libussa, *The Hour of the Women* (London: Faber and Faber, 1992).
Jaggar, Alison M., *Feminist Politics and Human Nature* (New Jersey: Rowman & Littlefield, 1988).
Lim, Gill-Chin and Chang, Namsoo eds., *Food Problems in North Korea : Current Situation and Possible Solutions* (Seoul: ORUEM Publishing House, 2003).
Moon, Chung-in ed., *Understanding Regime Dynamics in North Korea* (Seoul: Yonsei University Press, 1998).
Noland, Marcus, *Avoiding the Apocalypse : The Future of the Two Koreas* (Washington D.C: IIE, 2000).
Okin, Susan Moller, "Feminism, Women's Human Rights, and Cultural Differences", (Border Crossings : Multicultural and Postcolonial Feminist Challenges to Philosophy), *Hypatia*, Vol. 13, 1998 (http://www.elibrary.com/getdoc.cgi?id =15...ocid =1925643@elibrary).
Smith, Bonnie G. ed., *Womens' History in Global Perspective* (Urbana and Chicago: University of Illinois Press, 2005).
Tong, Rosemarie, *Feminist Thought: A Comprehensive Introduction* (London: Loutledge, 1992).
Winkler, Gunnar ed., *Sozialreport '90* (Berlin: Verlag Die Wirschaft, 1991).
Youn, Miryang, *Women in Two Nations and Four States: A Comparative Study of the Impact of Political Regimes and Culture on the Status of Women in the Two Koreas and the Two Germanies, 1945-89* (LSE 박사논문, 1997).
Zheng, Wang, "Maoism, Feminism, and the UN Conference on Women : Women's Studies Research in Contemporary China", Contemporary Women's Issues Database, Journal of Women's History, 1997 (http://www.elaibrary.com/getdoc.cgi?id =15...ocid=1244069@elibary).

북한의 여성노동 정책
: 노동계급화와 수평적·수직적 위계를 중심으로

박 영 자

1. 들어가는 말

해방이후 현재까지 이어지는 북한의 여성정책은 첫째, 여성을 생산과 건설의 주체, 즉 '혁신적 노동자'가 되게 하는 것, 둘째, '혁명의 후비대' 양성의 주체가 되게 하는 것, 셋째, 일상생활 관리와 임신·출산을 통한 인구통제의 주체가 되게 하는 것이었다. 세 번째 정책은 크게 두 번째 범주와 결합되어 '혁명적 어머니' 역할로 제시되었다.

이 중 북한정권이 가장 중시했던 정책은 여성이 당과 최고지도자에 대한 목숨 바치는 충성과 "사회주의 건설에서 남자들과 꼭같은 역할"을 하는 '혁신적 노동자'가 되도록 하는 것이다.[1] 그 이유는 첫째, 급속한 속도의 생산과 건설 정책이 여성의 노동자화를 요구했기 때문이다. 둘째, 여성의 사회진출을 사회평등의 기초로 인식했기 때문이다. 셋째, 일상의 견고함 때문에 전통적으로 여성의 역할이었던 어머니 역할에 혁명성을 접목시키는 것에 비해, 여성을 노동자로 재구성하는 것이 더 어려운 문제였기 때문이다.

그러나 여성의 사회진출은 일상생활의 권력자인 남성과 노인에 의해, 그리고 여성 자신에 의해 거부되어지곤 했다. 또한 중앙과 하부기관 간, 그리고 사회와 작업장 내에서 다양한 갈등이 노정되었다. 따라서 강력한 중앙 권력의 개입이 존재하였다.[2]

해방 이후 북한정권이 전체 여성들의 사회진출을 추진했으나, 한국전쟁 이전까지는 주로 섬유공업을 중심으로 미혼여성의 노동자화가 추진되었다.[3] 그러나 한국전쟁 시기 절대적인 노동력 부족과 위기 상황에서 후방을 책임져야 했던 여성의 사회노동이 본격화되었다. 그리고 전후복구 시기부터 산업화 정책에 따라 전체 여성의 노동계급화 정책이 구체화되었다.

본 논문은 여성을 노동자로 재구성하려 한 북한정권의 정책이 가장 극명하게 드러난 산업화시기부터 배급제가 제 기능을 발휘하지 못하고 경제난이 구조화된 1990년대 이전까지 북한의 여성노동 정책을 다룬다. 중심적 분석시기는 북한 당국이 중공업 주도의 산업화 노선을 본격화한 1953년부터 공업화의 완료를 선언한 1970년까지이다. 전체적으로는 1953~1980년대 북한의 여성노동의 증대와 배치, 그리고 숙련화 정책을 살펴보고, 이 정책이 실현되는 과정에서 나타난 다양한 갈등 양상과 그 특성을 밝히려 한다.[4]

2. 증대: 여성의 노동계급화와 갈등

　중공업주도의 산업화 정책에 따라 전후복구를 본격화했던 조선노동당은 1953년 8월 5~8일 개최된 중앙위원회 제6차 전원회의에서 가장 시급한 문제가 노동력 확보임을 제기한다. 그리고 여성 노동력 증대와 중앙 계획에 따른 활용을 결정하였다.5) 그러나 이 사업은 원활히 진행되지 않았다. 각 분야의 노동행정 간부들은 근대적 생산노동 경험이 없으며 가정을 정상화해야 했던 여성들을 쉽게 조직하지 못했다. 또한 남성 중심적 생산문화에 익숙해져 있는 간부들은 여성노동의 가치를 인정하지 않았기에 취업을 독려하지도 않았으며, 다수 여성들에겐 가정생활의 안정화가 중요했기에 취업이 쉽지 않았다. 더욱이 일상적으로 각종 복구와 지역·주택 시설 건설에 여성이 동원되는 상황이었기에 여성의 사회진출이 전면화되지 못했다.

　여성노동자 증대 정책이 본격화된 것은 1956년부터였다. 1956년 2월 16일 조선노동당 중앙상무위원회는 "로력을 애호 절약하며 로동 생산능률을 일층제고하며 인민 경제 각 부문에 녀성 로력을 광범히 인입하는 사업을 전 당적 전 인민적 운동으로 조직할 과업을 제시"하였다.6) 또한 내각에서는 1956년 2월 17일 결정 제18호로 "인민 경제 각 분야에서 로력을 조절하고 부족되는 로력을 수급 보장하기 위한 대책을 강구 실시하며 특히 로력 원천을 조사 장악하며 각 기업소, 건설장들에서의 로력의 합리적 리용 및 고착을 지도 검열할 것"을 노동 행정기관에 지시했다. 이 지시로 그동안 혼란스럽게 진행되던 노동력 보충과 기관 본위주의적 노동력 조절, 그리고 노동력 유동에 대한 검열이 진행되었다. 검열과 함께 노동력 상황과 동태, 그리고 원천 등이 세밀히 조사되기 시작하였다.7)

중앙 권력이 전체 여성의 노동계급화를 추진했음에도 불구하고, 하부의 노동행정간부들은 이 사업을 제대로 수행하지 않았다. 즉, 중앙과 하부의 직·간접적 갈등이 드러났다. 중앙 권력의 입장에서는 각 공장·기업소 노동행정간부들이 "유해 직종이니 중로동이니 하는 등의 부당한 구실 밑에 녀성로력을 될수록 제한하려는 그릇된 경향"을 보인 것이다.8)

이러한 현실을 인식한 노동성은 분기와 년별로 여성노동자 증대 계획서를 작성하고 조직적 대책을 지시한다. 구체적으로 첫째, 당 정책에 따라 노동자·청년·여성조직 등 대중 단체와 함께 여성이 일할 수 있는 직종을 선전하고 탐구할 것, 둘째, 동일한 기업소라도 직종·기대·가공별로 생산 제품과 생산 형태 등을 파악하여 여성의 일자리를 기업소·기대·제품·생산형태 별로 조사할 것, 셋째, 작성된 계획과 조사된 일자리에 따라 여성동원 대책을 세울 것, 넷째, 탁아소·유치원·대중식당 및 공동 세탁소 등 편의시설을 신설 또는 증설할 것 등이다.9)

이러한 중앙의 강제에 의해 1954년을 기준으로 여성노동력 증가율은 1955년 73.5%, 1956년 143%, 1957년 164%가 되었다.10) 1955년은 제대군인의 공장 배치와 일상생활 안정화 정책으로 공장·기업소에 기혼여성이 일시적으로 줄어들었다. 그러나 1956년부터 여성노동력은 다시 상승하였다. 1957년 경제 각 부문에 새로 배치된 노동자는 168,400명이며, 그 중 여성은 43,952명이었다. 여성노동자의 급격한 증대는 1958년을 기점으로 이루어졌다. 1958년 2월 27일 북한정권은 <로력 보충 및 정책에 관한> 내각결정 제25호를 채택하여 노동력 사업에 대한 행정지도를 체계화하였다. 동시에 노동력 원천조사와 분배, 노동력의 계획적 보충과 조절, 성인 여성의 광범위한 취업, 노동력의 유동과 불법적 해직 방지 등을 조치하였다.11)

1958년 6월 말 현재 전체 노동자 중 여성노동자 비율은 23.5%였다.

그럼에도 불구하고 아직도 각 기관과 기업소 간부들은 특히 기혼여성 노동자화 사업에 적극적으로 나서지 않았으며, 여성노동의 가치를 인정하지 않으려 했다. 또한 여성노동자를 임의로 이동시켰으며, 탁아소·유치원·위생실 등을 구비하지 않고 있었다. 구체적으로 건설 직장에 취업하려는 여성에게 "당신이 높은 곳에서 중로동을 할 수 잇는가?" 등으로 위협하는 현상, 서기·등기원·통계원·잡부까지도 '기관의 특수성'이나 '기술문제' 등을 제기하며 여성 채용을 등한시하는 현상이 팽배했다. 채용 후에도 직종을 수시로 이동시키고 숙련화를 등한시했다.12)

이러한 상황을 인식한 북한정권은 1958년 7월 19일 내각결정 84호 「인민경제 각 부문에 녀성들을 더욱 광범히 인입할 데 관하여」를 채택하고 이 결정에 따라 1958년 8월 1일 내각명령 제79호를 하달한다. 이 결정과 명령이 강제되면서 기혼여성을 포함한 여성노동자 증대사업이 체계화된다. 구체적 내용은 다음과 같다.13)

첫째, 1961년까지 여성노동자 비율을 교육·문화·보건부문은 평균 60% 이상, 기타 경제분야에는 평균 30% 이상으로 제고시키는 것이나.

둘째, 여성이 할 수 있는 부문에서 일하는 남성을 점차 여성으로 교체하고 이 부문에 추가 노동력은 반드시 여성으로 보충하는 것이다. 이를 위하여 각 도·시·군(구역)에 조직된 '남녀로력교체지도위원회'의 기능을 강화하도록 했다.

셋째, 직맹, 민청, 여맹 등 사회단체와 출판보도기관과 연계하여 당과 정부의 여성노동 정책을 선전하는 것이다. 그 방법은 취업 후 여성생활의 변화, 특히 노동성과에 대한 긍정적 경험을 일반화하는 것이다.

넷째, 부양가족, 애국열사 유가족, 군무원·내무원의 유가족, 후방가족들을 대상으로 개별적·집단적 방법을 다 사용하여 기혼여성을 노동자화 하는 것이다.

다섯째, 증대와 배치의 용이함을 위해 기관·기업소·건설장에서 자체 채용제를 철저히 실시하도록 한 것이다.

여섯째, 여성노동자 증대를 위해 탁아소·유치원·공동세탁소 등 편의시설을 기관·기업소의 기존 건물을 이용하여 마련하고, 이와 관련된 경우 기본 건설계획을 조절하게 했다.

일곱째, 다양한 시간 임금제를 실시하고 작업시간에 따라 탁아소를 운영하도록 했다.

여덟째, 대학·전문학교, 노력후비 학교 및 각종 양성기관에서 학생 중 여성비율을 점차 높이게 했다.

아홉째, 여성노동자의 이동과 직종 변경, 그리고 해직을 통제하였다. 해직 이유를 엄격히 검토하여, 자의적으로 여성노동력을 조절하지 못하게 했다.

이 중 시간제 노동은 여성노동자 증대를 위해 1958년 7월 10일 내각 결정 제81호로 지시된 것이다. 시간제 노동제도는 하루 8시간 범위 내에서 4~7시간 동안만 작업을 하고 시간에 따라 보수를 지급하는 제도이다. 이 제도는 양육과 가사 부담으로 직장에 나오지 못하는 기혼여성 노동력을 활용하기 위한 정책이었다. 그러나 모든 여성에게 적용되는 것은 아니었다. 1958년 9월 1일 내각비준 제1279호 「시간제 로력에 대한 로동 임금 및 림시 보조금에 관한 규정」에 의해, 시간제 노동자는 국가 및 사회 협동단체 기관·기업소에 근무하는 노동자·기술자·사무원들의 식량배급 대상자인 부양가족(전업주부), 애국열사 유가족, 인민군 후방가족, 영예 전상자 및 기타 일반 사회보장 대상자로 한정된다.[14]

그리고 1958년 10월 7~8일 노동성 주최로 진행된 각 도 노동부장회의 중 '노력보충 분과회의'의 남녀노력 교체와 여성 취업조건 보장사업에 대한 중점 토론을 통해, 1958년 6월 전원회의 결정을 구체화하고 지방산업의 노동력 90% 이상을 시·군 소재지의 부양가족으로 보충할

것을 결정한다.15)

　1959년 3월 3~6일에 개최된 1958년도 노동행정사업을 총화하는 노동성 확대회의 보고에 따르면, 1958년에 북한의 노동자가 32만 명 증대되었다. 이 중 제대 군인 등 청장년의 90% 이상은 금속·석탄 부문 등 중공업에 배치되었다. 이 시기에 여성 20만 명 이상이 경제 각 분야에 진출하였으며, 남성 5만 5천명 이상이 여성으로 교체되어 중공업에 진출하였다. 이러한 정책으로 전체 노동력 중 여성 비율이 1958년도 말에는 29.6%로 증대되었다.16)

　여성노동자 증대 정책은 더욱 구체화되어 1959년 노동력 계획은 남성을 작업장에 안착시키고, 노동력 증가가 필요할 경우 여성으로 보충하는 것을 원칙으로 하였다. 그리고 각 공장과 기업소, 건설에 필요한 연간 노동자 규모를 먼저 정한 후, 임시노동과 계절노동력 규모를 정하도록 하였다. 또한 기업소와 건설장 내부에서 인근 노동자·사무원의 부양가족, 농한기 농촌 노동력, 지방주민 노동력 원천을 조사하여 유동적인 노동력 규모를 설정하게 했다. 노동력의 규모가 설정되면 각 작업반 별로 여성들이 할 수 있는 부문의 노동력 수요를 계산하여 전체 노동력에 대한 여성 비중을 정하게 하였다.17)

　이 정책을 시행하면서 1959년 초부터 4월 말까지 노동자 10만 명이 증대되었다. 그리고 5월부터 1959년 말까지 노동자 19만 명 이상을 증대하기로 결정한다. 조직화 대상은 노동자·사무원의 부양가족이었다. 이 사업은 지방 노동행정기관이 아니라 각 공장과 기업소가 하도록 했다.18)

　그러나 여전히 생산현장에서는 여성노동을 과소 평가했다. 즉, "자체의 특수성을 구실로 녀성 로력의 인입을 기피하거나 또는 실무 및 기술에 대한 신비주의에 사로 잡혀 인입된 로력도 다수 경우에 기능이 요하지 않는 부차적인 작업에 배치"하는 것이었다. 이러한 상황에서 정권은 기혼여성 노동력의 증대와 안착화를 위하여 다음과 같은 정책을 강조한다. 첫째, 탁아소·유치원 등을 기업소 간부들이 책임지고 신설 확장하는 것, 둘째, 여성 노동력 증대와 기술기능 수준을 급속히 제고시키는 것, 셋째, 직장 노동내부질서규정·노동보호안전 기술규정·작업 행정에서 준수해야 할 제도와 질서 및 노동자의 권리와 의무에 대한 교육 강화, 넷째, 신입 여성노동자들에게 당 정책과 현지교시를 비롯한 공산주의 교양을 강화하는 것이었다.[19]

이러한 정책으로 1956년에 비해 1960년 9월말 현재 노동자·사무원의 총수가 약 64만 명 증가하였다. 제1차 5개년 시기 증가된 노동자 64만 명 중 50만 명은 대부분 기혼여성이었다. 따라서 전체 노동자·사무원 중 여성비율은 1956년 20%에서 1960년 9월말 현재 34%로 증대되었다.[20]

한편 취업하기 어려운 기혼여성 노동력과 공장의 폐물을 활용하여 생산을 증대하고 원료를 절약하기 위해, 중공업 공장에 생활필수품직장을 인민반에 가내작업반 등을 조직하였다. 이 사업은 제1차 5개년 계획 시기부터 본격화되었다. 가내작업반은 공장의 반제품과 폐설물 등을 가져다가 가정에서 완제품 또는 새로운 제품을 생산하는 작업반이었다. 가내작업반원들은 일정한 장소에서 공동으로 또는 가정에서 개별적으로 일을 하였다. 가내작업반의 노동보수는 노동시간에 관계없이 수행한 작업량(생산량)에 따라 지불되었다.[21] 1960년 말 현재 가내작업반에 속한 인원은 22만 명에 달하였다.[22]

제1차 7개년 경제계획이 시작된 1961년 이후에도 기혼여성 노동자는 증대되어, 종업원 총수 중 여성비율은 1961년 32.4%에서 1962년 34.9%로 높아졌다.[23] 또한 1971년부터 시작된 6개년 계획과 군(軍)강화 정책으로 기혼여성 노동자는 꾸준히 증가하였다. 1970년대 초 전체 노동력 중 여성비율은 농업 60~80%, 경공업 70%, 임업 30%, 광산 및 탄광의

지하노동 20%, 중공업 15% 였다. 그밖에 사무직 중에서 각급 학교에서 근무하는 여성비율은 인민학교 80%, 중학교 50%, 기술학교 30%, 고등학교 20%, 대학교 15% 였다.[24] 1953~76년 북한 노동자·사무원의 성비性比는 <표 1>과 같다.

<표 1> 북한 노동자·사무원의 성비性比(1953~1976)

연 도	여성 비율(%)	남성 비율(%)[12]
1953[1]	26.2	73.8
1956[2]	19.9	80.1
1958[3]	29.6	70.4
1959[4]	34.9	65.1
1960[5]	32.7	67.3
1961[6]	32.4	67.6
1962[7]	34.9	65.1
1963[8]	36.2	63.8
1964[9]	38.5	61.5
1971[10]	45.5	54.5
1976[11]	48.0	52.0

출처 : 1), 2), 4) 5) (『조선중앙년감』, 1961: 208, 301)
　　　3) (『로동』, 1959년 제4호: 5)
　　　6), 7) (『조선중앙년감』, 1963: 234)
　　　8), 9) (『조선중앙년감』, 1964: 196, 200)
　　　10) (『로동신문』 1971년 10월 6일)
　　　11) (김일성저작집 31권, 1986: 84)
　　　12) 여성비율에 따른 남성 비율

<표 1>을 보면 북한의 여성노동자는 전쟁 말기인 1953년 26.2%를 차지하다가, 정전 이후 여성들이 생활안정화에 주력하고 제대군인과 빈농 등이 노동자가 되면서 1956년 19.9%로 낮아졌다. 그러나 노동력 부족과 산업화에 따른 높은 노동력 수요로 인해 1956년부터 본격적으로 여성, 특히 기혼여성 노동자가 증대되었다. 그리하여 1958년 29.6%로 증대된 이후 약간의 변동은 있었으나, 1971년 45.5%, 1976년 48.0%로

증대되었다.

여성의 노동계급화 정책은 지속되어 1987년 현재 북한의 여성 경제활동 인구는 남성에 비해 약 200만 명이 더 많은 것으로 보고되었다.[25] 남성보다 더 많은 여성의 경제활동은 1980년대까지 지속적으로 확대된 지방산업[26] 노동자 대부분이 여성 특히 기혼여성이었기 때문이며, 많은 남성이 군대에 복무하여 경제활동인구에서 제외되었기 때문이다. 따라서 북한의 여성노동자 증대는 군軍 강화 정책과 맞물려 있었다.

당시 여성을 생산영역으로 이끌어내면서, 선전된 이데올로기는 다음과 같은 김일성의 언술에서 확인할 수 있다.

> 녀성들을 사회적로동에 참가시키는 것은 유휴로력을 합리적으로 쓰기 위해서만 필요한 것이 아닙니다. 녀성들을 로동에 참가시키는 목적은 또한 그들을 온갖 구속에서 완전히 해방하고 그들에게 실질적으로 평등한 사회적 지위를 보장해 주자는데 있습니다. 그러므로 녀성들을 사회주의건설에 참가시키는 것을 단순한 행정실무적조치로 볼것이 아니라 하나의 큰 정치사업으로 여겨야 합니다.[27]

전체 여성의 노동자화는 여성의 사회적 지위 향상과 양성兩性평등의 전제라는 논리이다.

이렇듯 북한정권의 여성노동 증대 정책은 다양한 갈등을 동반하며, 다양한 방식으로 진행되었다.

3. 배치: 성별性別 노동력 배치와 수평적 위계

북한의 노동력 배치정책의 핵심은 생산부문과 직접부문에, 특히 중앙 중공업과 군수산업에 노동력을 우선 배치하는 것이었다. 이 정책은 중공업을 중심으로 한 북한의 산업화 과정에서 일관되게 추진되었다. 지역별 노동력 문제는 각 도都의 자체 해결이 원칙이었기에, 지방산업 노동력은 중앙 노동력 배치정책에 주요 고려 대상이 아니었다. 북한에서 주장하는 노동력의 '적재적소배치'란 성별·연령·체질·희망·기술 수준에 맞는 배치였으나, 실질적으론 중공업과 군수산업 강화 정책이었다. 따라서 성별 노동력 배치정책은 청장년 남성을 중공업에 우선 배치하는 것과 여성을 경공업과 지방공업에 집중 배치하는 것이었다. 이 배치 정책은 노동력을 효과적으로 이용하고, 노동 생산능률을 높일 수 있으며 노동력 부족문제를 해결할 수 있다고 선전되었다.[28]

여성노동력 배치는 노동력 증대정책과 맞물려 자녀가 많은 기혼여성은 노동일과 노동시간 조절이 가능한 곳에 배치하기도 했으며, 경공업과 사무직에 종사하는 남성을 여성으로 교체하며 진행되었다. 전후복구 시기에는 전시에 혼재되었던 국영산업 노동자를 기술과 성별 등에 따라 재배치하였다. 제1차 5개년 계획 시기에는 이 배치정책을 협동단체 부문까지 확대하였고, 각 기업의 노동력 비축 현상이나 분기별 노동력 이동을 없애는 것에 집중하였다. 또한 노동력의 유동과 불법적 해직, 그리고 낭비를 집중적으로 비판하고, 도급제 강화와 생활조건의 개선을 추진하였다. 특히 각 단위와 공장에서 이루어지는 노동력의 전직과 해직에 대해 행정적이며 법적인 제재를 가하였다.[29]

노동력 모집의 절차와 방법은 원천 부류별 특성에 따라 다르게 진행되었다. 중앙 노동력 계획에 따라 추가 노동력 수요와 산업 특성, 노동력 자연감소율에 따른 노동력 수요 등을 고려하였다. 노동력의 계획적 보충 대상은 제대 군인과 각급 학교 졸업생들이었다. 이들은 각 도에서 관할하고 노동 행정기관의 노동력 분배계획에 따라 배치되었다. 이들 중 제대 군인은 주로 중요 경제부문인 탄광, 광산, 제철, 제강, 제련, 수산, 임업, 건설을 비롯한 중공업과 중노동 부문에 배치되었다. 각급 학교 졸업생들은 기술기능 수준을 고려하여 배치되었다. 노동자·사무원의 부양가족은 거주지 부근 경공업과 지방산업에 집중 배치되었다. 이들은 노동 행정기관의 통제 하에 기관·기업소의 자체 채용절차에 의해 취업 되었다.30)

이 정책이 추진되는 과정에서 1962년에는 '남녀로력교체사업'으로 약 4만 명의 청장년 남성이 경노동 부문에서 6개 고지점령과 관련된 중노동 부문으로 배치되었다. 그리고 그 빈자리에 기혼인 신입 여성노동자가 배치되었다.31) 소위 여성의 "체질과 능력에 맞는 일자리에서 일하는 남성 로력을 다른 힘든 부문으로 돌리고 여기에 녀성 로력을 배치하도록 행정적 조치"를 강화한 것이다. 특히 1962년 2월 채택된 내각명령 3호와 1967년 10월 채택된 내각명령 70호는 중요한 역할을 하였다. 이 내각명령에 따라 "부양가족 중에서 로동능력이 있는 녀성들을 구체적으로 료해 장악하였으며 녀성들이 일할 수 있는 부문에 배치된 청장년들을 탄광, 광산, 림업, 수산 등"에 재배치하고 여성을 그 자리에 배치하는 정책을 강화한 것이다.32)

이와 같은 남성-중공업·군수산업, 여성-경공업·지방공업 위주의 노동력 배치는 1970년대에도 지속되었다. 구체적으로 남성 노동력은 광산·탄광의 갱내작업, 임업의 채벌·운재 작업, 제철·제강 및 화학의 기본 작업, 농업 중 알곡생산부문 등에 집중적으로 재배치하고, 여성들이 할 수 있는 직종과 작업을 정하여 이 부문의 남성노동자를 여성노동자로 교체하는 사업을 지속한 것이다.33)

한편 여성을 비롯한 모든 노동력에 대한 통제와 관리를 체계화하기 위해 '노동계획화' 사업을 추진했다. 이 사업은 1964년 계획의 세부화와 1965년 계획의 일원화 정책을 통해 구체화되었다. 1964년 시작된 노동계획 세부화 정책에 따라 노동자 수가 종업원 총수로 규정되었고 노동력이 생산노력과 비생산노력으로 분류되었으며, 성별·체질별·나이별·기술기능 수준별로 세분화되었다. 또한 노동생산능률 계획지표가 종업원 1인당 연간 생산액과 주요 현물생산량으로 정해져, 개별 생산자까지 분기·월·일별로 구체화되었다. 그리고 1965년 시작된 계획의 일원화로 국가계획위원회를 비롯한 국가계획기관의 역할이 더욱 강화되었다. 따라서 노동행정기관과 부서들이 계획수자 작성단계는 물론 계획수립을 위한 예비수자 작성단계에도 결합하였다. 당시 북한당국은 이 사업의 목적을 각 분야의 주관주의와 본위주의 척결이라고 하였다.[34]

여성의 특성을 구분하여 배치에 활용하려 한 북한당국은 여성을 처녀, 가정부인, 세대주인 가정부인, 젖먹이 아이를 가진 가정부인으로 세분하였다. 그리고 경공업, 교육, 문화, 편의봉사 부문 등을 여성에게 적합한 직종으로 규정하고, 이 부문에 여성을 집중 배치하였다. 또한 각 시기별 경제계획에 따라 배치기준을 세우고, 성별에 따른 '적재적소배치' 원칙에 따라 노동력을 배치하였다.[35]

이러한 배치를 북한정권은 노동력의 합리적 배치라고 한다. 노동력의 성별 분류에 대하여 북한의 노동행정관련 문헌은 다음과 같이 그 의의를 밝히고 있다.

> 노동력을 성별에 따라 분류하는 것은 녀성들을 사회적로동에 적극 인입하고 리용하는데서 중요한 의의를 가진다. 녀성들은 남자에 비하여 약하며 따라서 힘든 일을 감당하기 어렵다. 또한 여자들은 아이를 낳아키우고 가정일을 돌봐야 하는 가정적인 부담도 지니고 있다. 또한 여자들은 성격·취미·소질에서 남자와 다른 특성을 가지고 있다. 비교적 섬세하고 깐지고 알뜰한 솜씨는 여자들의 특성이라고 할 수 있다. 남자와 구별되는 여자들의 이러한 특성으로 하여 성별에 따르는 노동력배치가 필수적인 것으로 제기되게된다.[36]

이 내용을 고찰해보았을 때, 북한의 여성노동력 배치정책에 근거는 첫째, 여성은 남성에 비해 약하다. 둘째, 여성은 아이를 낳고 키우며 가사를 책임져야 한다. 셋째, 여성은 남성에 비해 섬세하고 알뜰하다 등이다. 이 내용을 살펴보면 북한정권이 양육과 가사노동을 여성의 기본 의무로 사고하면서, 가정 내 양육과 가사노동의 가치를 인정하지 않는다는 것을 확인할 수 있다. 즉 노동력 재생산 노동의 사회적 가치를 인정하지 않는 것이다.37)

또한 북한정권은 기혼여성 노동력 활용을 위해 중공업과 경공업 공장을 최대한 같은 지역에 배치하게 하였다. 노동당의 방침에 따라 중앙 중공업 공장·기업소가 있는 주변에 경공업 공장을, 중앙 경공업 공장이 있는 주변에 중공업 공장을 배치하였다. 그러나 대부분은 중앙 중공업 공장 중심의 배치였다. 공장을 신설하는 경우에는 중공업과 경공업 공장을 동시에 건설하게 했다. 중공업 공장만 있는 지역에는 공장에서 나오는 부산물과 폐설물을 이용하는 생활필수품 직장과 가내작업반을 조직하였다.38)

이 정책에 따라 평양종합방직공장 옆에는 평양방직기계공장 등 중공업 공장들이, 자강도에 있는 중공업 공장 주변에는 9월 방직공장을 비롯한 경공업 공장들이 조직되기도 했다. 이러한 공장 배합배치에 대해 북한 당국은 "중공업 기업소의 부양가족들과 녀성들을 경공업 공장의 생산로동에 참가할 수 있게 하였을 뿐 아니라 다른 곳에서 더 로력을 가져오지 않아도 되므로 여러모로 좋았다"고 평가한다. 대부분은 중앙 중공업 공장 주변에 경공업이나 지방산업 공장을 세웠다. 북한 당국은 이러한 공장 배합배치에 의해 여성노동자가 공장에 안착되면서 첫째, 경공업 공장에 기능공이 늘어나고, 둘째, 제품의 질과 생산율이 높아졌으며, 셋째, 공장관리수준도 높아졌고, 넷째, 많은 국가자금을 절약하였다고 평가한다. 그 이유는 한 개의 공장을 건설하고 운영하려면 노동자와 가족들이 생활할 수 있는 살림집과 문화위생시설·탁아소·유치원·학교·병원 등을 갖추어야 하는 데, 인근 지역에 중공업과 경공업이 동시에 배치되면 건설도 동시에 진행될 수 있기 때문이다. 그리고 경공업 공장은 중공업 공장·기업소의 부양가족으로 운영할 수 있기 때문이다.39)

한편 북한정권은 1978년 4월 최고인민회의 제6기 제2차 회의에서 <조선민주주의인민공화국 사회주의로동법>을 채택하고,40) 다음과 같은 작업부문에 여성이 배치될 수 없도록 규정하였다. 첫째, 연·수은·비소·린·브롬 및 그의 화합물·아닐린과 그의 유도체를 만들거나 포장하는 직업, 둘째, 방독면을 쓰고 일하는 유해작업, 셋째, 작업장 안 온도가 여성의 건강에 해로울 정도로 뜨겁거나 찬 곳에서 특별한 보호 대책이 없이 하는 작업, 넷째, 유해광선을 다루는 작업, 다섯째, 심한 진동 속에서 하는 작업, 여섯째, 끌어당기는 작업, 일곱째, 수중 작업, 여덟째, 탄광·광산·지하건설 부문을 비롯한 굴 안의 직접부문 작업, 아홉째, 20kg이 넘는 물건을 하루 4시간 이상 다루는 작업등이다. 또한 공장·기업소의 성별 노동력 배치와 구성 실태를 시기별로 조사하게 했으며, 그때마다 여성들이 일할 수 있는 직종과 작업부문에 남성이 배치되어 있는 경우 여성으로 교체하게 하였다.41)

그리고 임산부와 수유기授乳期 여성노동자를 위해 다음과 같은 업무 배치와 보호 정책을 사회주의 노동법에 규정하였다. 첫째, 젖먹이 어린 이를 가졌거나, 임신한 여성노동자의 야간 작업 금지, 둘째, 가정부인의 시간외 노동 또는 휴일 노동 금지, 셋째, 임신 4개월이 넘는 여성의 이동 작업이나 출장 금지, 넷째, 1살 이하 젖먹이 어린이를 가진 여성노동자들에게 노동시간 내 30분씩 하루 2번 수유시간 보장, 다섯째, 임신 6개월 이후 여성노동자들에게 산전휴가를 받을 때까지 보다 쉬운 업무 배치, 여섯째, 임신한 노동자에게 3미터 이상의 높은 곳에서의 작업 지시 금지, 일곱째, 여성 위생실·탁아소·유치원·어린이 병동·편의시설

의무적 설치, 여덟째, 모든 여성노동자 특히 임신한 노동자의 정기 신체검사와 건강검진 의무화이다.42)

소위 여성과 모성을 보호하는 정책이라고 칭해지는 이와 같은 규정을 제도화 한 이유는 크게 세 가지 요인이 중첩되었기 때문으로 볼 수 있다.

첫째, 여성노동자의 생산활동 지속을 위해서이다. 가사와 임신·출산을 당연한 여성의 역할로 인식하기에, 결혼 후에도 안정적인 생산활동을 할 수 있는 직종에 배치하고 이와 관련된 규정을 갖출 필요가 있었다.

둘째, 1950년대 말~60년대 중반까지 추진했던 여성의 중노동 진출 사업이 실패했기 때문이다. 예를 들어 1950년대 말에는 남편이 있는 중공업 공장에 아내를 배치했으나 남성중심적인 작업장내 반발로 무산되었다.43) 또한 여성들도 중노동을 할 수 있다는 모델을 세우기 위해 지하 중노동을 하는 착암수 중대·여성 트랙터 운전수 대대를 구성하여 작업을 하였는데 병이 들어 해체하거나 불임증이 속출하였다고 한다.44)

셋째, 1967년을 기점으로 추진된 김일성의 어머니인 강반석을 모델로 하는 봉건적 여성상을 강제하는 정책에 의해, 성역할을 위계적으로 구조화한 정치사회적 배경 때문이다.

그럼에도 불구하고 이러한 법규정은 소위 '돌격노동' 시기나 각 생산단위의 상황에 따라 쉽게 간과되어지곤 했다.

또 하나 주목할 것은 공업과 농업부문 사이의 노동력 배치이다. 북한의 농업 노동력 중 다수는 여성이다. 농업협동조합의 여성 농민뿐만 아니라 노동자·사무원의 부양가족들도 각종 동원체계를 통해 보조 노동력으로 농업에 참가하기 때문이다. 또한 산업화에 필요한 청장년 남성을 농촌에서 수급하였으며 수많은 당과 국가기관의 유급 간부와 지도원 대부분이 남성농민들이었기에, 북한의 농업 노동력 대부분은 여성들일 수밖에 없었다. 북한에서는 "로동자는 남자로 형상하지만 농민은 언제

나 녀성이 벼단을 안고있거나 낫을 들고있는 것으로 형상"할 정도였다.45)

제1차 5개년 계획이 완료되어 전 산업의 국유화를 이룬 1950년대 말까지 북한은 "공업화의 기초축성에 필요한 노동력을 농촌에서 확보하는 방향에서 공업부문과 농업부문사이의 노력문제를 해결"하였다. 북한 문헌은 이에 대하여 "사회주의 공업화의 기초가 축성되기 전까지는 인민경제의 부문구조에서 공업의 비중은 적고 농업이 압도적 비중을 차지하였으며 주민의 절대다수가 농업에 종사"하는 상황에서, "사회주의 공업화의 기초를 쌓는데 필요한 방대한 로력을 농촌에서 보장받지 않으면 안되였다"고 주장한다. 산업화 과정에서 주로 청장년 농민을 노동자로 재구성한 것이다. 그러나 1960년 이후 공업과 농업의 불균형 문제가 가시화되면서 우선 농촌의 기존 노동력과 고등중학교 졸업생을 그 지역에 안착하도록 했다. 그리고 주로 각종 건설부문에 노동력을 축소하여 농업부문에 배치하게 하였다.46)

그러나 전체적으론 안정적인 농업 노동력을 배치한 것이 아니라, 농사일이 많은 모내기와 추수기를 중심으로 농촌 노력동원을 강화한 것이다. 농촌에 대한 전 사회적 동원노동이 농촌 노동력 부족에 대한 대책이었다. 구체적으로 농촌 노동력의 시기별 수요를 조사하여 농촌지원을 위한 동원 계획을 세우고, 이에 근거하여 기관·기업소·학교들이 협동농장과 직접 계약을 맺게 하였다. 그러나 동원 계약은 안면관계나 노동력의 유동 등으로 불안정하게 실행되었다. 따라서 정권은 노동력 계약의 이행을 위한 규율을 강조하였다.47)

이와 같이 전개된 여성노동력 배치는 중공업 위주의 산업화 정책에 따라 위계적인 특성을 나타냈다. 산업부문의 우위에 있는 중공업에 남성노동력이 우선 배치되고, 하위에 있는 경공업과 지방공업, 그리고 농업에 여성이 배치됨으로서 노동력 배치에 위계성을 드러냈다. 중공업

부문의 공장·기업소는 물자배치와 각종 배급에서 특혜를 받았으며, 경공업과 지방공업, 그리고 농업 등은 상대적으로 "자력갱생"이 강조되었다.

이러한 산업부문의 위계는 노동자 간 위계에 반영되어, 높은 비율의 생산활동에도 불구하고 여성노동자의 가치는 남성노동자에 비해 상대적으로 낮게 평가되었다. 또한 사회정치적으로 낮은 대우를 받았으며, 불평등한 지위를 유지하게 되었다. 따라서 산업부문 간 위계와 성별분업에 의해 양성兩性 노동자 간 수평적 위계가 구조화되었다.

4. 숙련화: 숙련화 과정과 수직적 위계

산업화시기 급속히 증대된 여성노동자들은 대부분 근대적인 생산노동 경험이 없었다.[48] 따라서 이들에 대한 노동규율화와 생산기술 전습 사업이 중요했다. 노동규율화의 특성은 첫째, 규칙적 시간노동을 통한 시간규칙과 표준조작법 준수를 통한 행위규칙 등 근대성의 내면화 정책이다. 둘째, 당정책과 사상 교양을 통한 당규율 내면화 정책이다. 셋째, 생산의 상호책임과 개별책임 제도를 체계화하여 생산 완수라는 목표규율을 가지도록 한 것이다. 기술전습을 위해 북한정권이 가장 중요하게 추진했던 것은 노동력 유동을 최소화하고, 노동자들을 생산영역의 한 부문과 직종에 안착시키는 것이었다.

가사와 육아문제로 생산활동이 불안정했던 여성들을 생산현장에 안착시키기 위하여, 전후 북한정권은 다음과 같은 정책을 실시했다. 첫째, 여성노동자들이 많은 공장에 우선적으로 탁아소와 유치원을 설치하고, 편의 상점·세탁소·재봉소 등 편의시설을 갖추게 하였다. 둘째, 인민학교·중학교 교원은 큰 공로가 없어도 30년 이상 복무하면 연금을 받을 때 공로자 대우를 해주었으며, 간호원들은 20년 이상 복무하는 경우 특별 연봉금을 주었다. 셋째, 부양가족 기능공 양성사업과 직장 기술학습 등 중단기적인 기술전습을 시행하였다.⁴⁹⁾ 넷째, 정치사상 교양을 강화하여 노동에 긍지를 갖게 하였다.

노동 숙련화 정책의 핵심은 '일하면서 배우는 교육체계'이다. 북한의 기술기능 학습체계는 양성 목적과 대상의 준비정도에 따라 구분된다. 보통 기술기능 학습은 매주 2시간씩 규정 노동시간외 진행하며 연간 100시간을 채우게 하였다. 그러나 새로 조업하는 공장에 새로운 생산공정 및 기계설비를 움직여야 할 기능공들이 필요할 때와 모든 노동자의 기능수준이 낮아 생산에 지장을 받을 때에는 기술기능 학습을 야간학습 형태로 일정 기간 매일 진행하게 하였다. 결과적으로 일상적인 시간외 기술학습이 강제되었다. 기혼여성 노동력에 대한 기술기능 학습은 학습과정의 진도표에 따라 주간 학습과제를 주고 다음 주에 총화하는 방법으로 진행하기도 하였다.⁵⁰⁾

숙련화의 기본 방향은 "자신이 맡은 기대와 작업에 성통하도록 하는 것"이었다. 실현 방법은 첫째, 이론은 적게 하고 현장에서 필요한 지식과 기능을 중심으로 교육하는 것이다. 둘째, 노동력 유동을 억제하는 것이다. 셋째, 여성노동자들이 가사와 양육으로 인해 생산에 집중도가 떨어지지 않게 탁아소와 편의시설을 강화하는 것이다. 넷째, 공장·기업소의 자체 숙련화 사업이다.⁵¹⁾ 자체 숙련화 사업 중 가장 중요했던 것은 기술기능 전승체계를 통한 숙련화였다. 구체적으로 공장 내 기능공과 특수기능공, 주요 기대 운전공 등 숙련 노동자가 신입 노동자나 기능이 낮은 노동자를 1~2명씩 맡아 일하면서 기능을 전습하는 것이다.⁵²⁾

그 외 야간 기능공학교 등이 있는데 교과목이 중공업 남성노동자의 기술 향상과 관련된 것이 대부분이어서 여성노동자들은 제대로 참여할 수 없었다. 이 야간 기능공학교를 중심으로 숙련공 양성사업이 진행되었는데, 교과목의 중공업분야 편중과 기혼여성들의 양육·가사부담 등으로 고급 숙련과정에서 여성이 배제되는 경우가 많았다. 더욱이 여성들이 배치된 작업장이 전문적인 기술이나 기능을 요하지 않는 곳이 많아서 여성 숙련노동자의 양성은 남성에 비해, 그리고 여성 노동력 증대에 비례하여 발전하지 못했다.

그러나 노동 숙련화는 산업화를 실현하기 위해 중요했음으로, 북한정권은 끊임없이 숙련화 정책을 제시하고 독려한다. 더욱이 생산노동 경험이 없는 기혼여성이 1956년 이후 공장에 들어오면서 숙련화 문제는 제품의 질 문제와 직결되었다. 특히 1958년 이후 각지에서 건설된 지방공업에 90%이상을 여성노동자로 구성하면서, 생활필수품과 일용품의 생산량과 질을 높이기 위한 기능전습 사업이 강조된다.[53]

한편 국가 양성기관의 신입생 중 여학생 비율을 높일 것이 지시된다. 당시 국가 양성기관의 성비性比를 보면, 남학생에 비해 여학생이 현저히 낮았다. 그 이유는 "담당 기업소의 성격과 직종의 특수성을 앞에 내세우며 또는 졸업 후 직장 유동률과 체질 관계를 구실로 여학생들을 받아들이는 것을 주저하는 현상"이 팽배했기 때문이다. 그리하여 1958년 이후에는 여성 노동력이 국가적으로 얼마나 중요한가를 강조하면서 여학생의 비율을 높이게 했다.[54]

이러한 정책에도 불구하고 계획 목표달성이 우선 과제였기에 신입노동자의 숙련화가 원활히 진행되지 못했다. 당면한 생산 목표에 쫓겨 신입노동자들에게 생산 보조역할을 하게 하거나, 이들을 타 부문 또는 잡역 등에 동원하였기 때문이다. 이러한 상황에서 북한 당국은 1958년에는 재직 기능노동자들의 기능 향상을 위한 기능학교 운영사업을 강조했으며, 1959년에는 평균 기능수준을 한 등급씩 올리도록 지시하기도 했다. 그 방법은 기존 기능 노동자들의 역할을 강화하여, 이들이 생산 현장에서 신입노동자들의 숙련을 책임지게 한 것이다.[55]

또한 주요 노동자구나 지역의 직장 기능학교 평균출석률이 50%가 안되는 조건에서, 기능전습을 위해 근로자학교를 강화하게 하였다. 근로자학교는 모든 공장·기업소에 있었으며, 주로 초보적인 표준조작법과 안전기술 등을 교육하는 곳이었는데, 교육 내용 중 생산에 필요한 기능 교과를 강화한 것이다. 그러나 교육은 여전히 형식적으로 진행되었다. 더욱이 기술교육 체계의 가장 큰 문제점은 수많은 학습체계와 훈련체계, 그리고 기타 회의였다. 큰 공장에는 대상에 따라 기능전습제, 직장기능학교, 근로자학교 인민반과 초급반, 각종 분과, 기술학습반 등이 있었으며, 노동자들이 2개 이상의 학습반에 소속되는 경우가 많아 숙련화 사업에 혼선을 가져왔다.[56]

신입 여성노동자에 대한 숙련화 정책은 1959년 제정된 <직장 기능전습에 관한 규정>에 의해 구체화되었다. 이 규정의 목적은 신입 노동자, 특히 여성노동자의 기능전습을 체계적으로 하는 것이었다. 주요 내용은 기능공 양성을 위한 목적과 체계, 방법과 인센티브, 그리고 무엇보다 처벌에 관한 것이다. 앞서 설명한 목표딜성 문화와 함께 숙련공에게 물질적 댓가가 없는 기술지도를 요구하다 보니 숙련화 사업이 제대로 실행되지 않았다. 따라서 정권은 기술지도를 의무화하여, 이행하지 않을 시 책임자 임금의 25%까지 벌금을 부과하는 강도 높은 처벌 규정을 제도화했다.[57]

생산 과정에 필요한 교육 외에 당정책과 김일성의 현지교시 교양, 직장 노동내부질서규정과 노동보호 안전기술규정 교육, 작업 행정에서 준수해야 할 제도와 질서, 그리고 노동자의 권리와 의무 교육이 진행되었다.[58]

앞서 지적했듯이 숙련화 사업의 핵심은 노동규율 강화였다. 이 정책은 지속적으로 추진되었으나 정권의 의도만큼 이루어지지는 않았다. 그리하여 1959년 11월 14일 내각결정 제67호「로동행정사업을 개선강화할데 대하여」를 통해 노동규율 강화를 위한 국가계획위원회, 각 성, 도 인민위원회의 과업을 제시한다. 목적은 각 생산 단위와 노동자의 생산량을 높이는 것이다. 그 방법은 첫째, 도급 임금제 강화이다. 둘째, 노동규율을 제도화한 '사회주의적 노동행정질서'를 수립하는 것이다. 셋째, 생산을 최대화 할 수 있는 노동시간 활용이다. 북한의 노동행정 관련문헌은 이 규정에 대하여 "근로자들의 로동생활에서 낡은 관습과 비사회주의적인 요소들을 극복하고 사회주의적 로동생활질서가 모든 단위에 지배하도록 하는데서 근본적인 의의를 가지였다"고 선전한다.59)

또한 1961년 1월 7일 내각결정 제9호로 승인된 <로동 내부질서 표준규정>으로 노동규율 강화 정책을 구체화하였다. 그 내용은 노동시간과 시간이용, 직장책임자의 기본의무, 노동자·사무원의 기본의무, 노동자·사무원의 채용과 전직 및 해직 절차·책벌 조항 등이었다. 그리고 모든 공장·기업소에서 출퇴근, 점심 및 휴식시간, 출근정리, 지각, 조퇴, 외출 질서 등 노동자들의 노동생활과 관련된 모든 문제들을 규제하였으며 그것을 위반하였을 때의 책벌 형태도 여러 가지로 규정하였다. 노동 내부질서 규정은 직장 또는 대중 집합장소 등 잘 보이는 곳에 게시하여, 전체 노동자·사무원들에게 이를 정확히 강제하도록 규정하였다.60)

그리고 1961년 3월 30일에는 제7장 70조로 된 <로동보호에 관한 규정>을 채택하여, 노동안전·노동위생·안전기술교양·노동시간·휴식·휴가·로동보호 조직과 감독의 제반 원칙들을 규제하였다. 또한 1965년 7월 23일 내각결정 제39호로 <조선민주주의인민공화국 로동성에 관한 규정>을 채택하였다. 북한 문헌은 이 규정에 대하여 "대안의 사업체계의 요구에 맞게 경제관리에서 로동행정사업의 모든 내용을 근로대중의 창조적 힘을 최대한으로 조직동원하는 것으로 일관시킨 중대한 조치"라고 평가한다.61)

1967년을 기점으로 숙련화 사업은 사상학습 위주로 전환되었다. 노동당은 1967년 6월 당중앙위원회 제4기 제16차 전원회의에서 노동행정 문제를 토의하고 "로동행정사업은 사람과의 사업이며 중요하게는 근로자들속에서 로동에 대한 공산주의적 태도를 키우는 사업이라고 규정"하였다. 그리고 사회주의 노동행정의 주요 과업으로 첫째, 노동자들에게 노동에 대한 공산주의적 태도와 노동규율을 강화할 것, 둘째, 노동력 배치의 개선, 셋째, 사회주의 분배원칙의 관철, 넷째, 기술혁명 추진, 다섯째, 비생산 노동력의 관리, 여섯째, 간접노동력 축소 등을 규정하였다.62)

6개년 계획기간(1971~76) 동안 북한에는 1,055개, 제2차 7개년 계획기간(1978~84)에는 17,788개의 공장·기업소·직장들이 지방산업 위주로 신설되었다. 이곳에는 부양가족인 기혼여성들이 대부분 배치되었으며 이 또한 한계점에 다다랐다. 농촌에도 공장에 공급할 노동력은 없었다. 이러한 상황에서 숙련화 사업은 기술혁신운동을 포함하게 된다. 북한 당국은 대중적 기술혁신운동을 통해 기술 문제를 스스로 해결하도록 지시하고, "기술혁신운동을 생산자집단의 일상적인 사업으로 전환시키기 위하여 이 운동을 천리마작업반운동과 련결시켰으며 대안의 사업체계가 확립됨에 따라 기술발전을 작업반단위로 계획화하고 조직화하는 형태로 발전"시켰다. 이 과정에서 작업반 단위로 '한달에 한건 이상의 새 기술도입운동'이 전국에 실시되었다. 또한 '생산의 전문화와 기계화, 자동화를 위한 작업반간 련합혁신운동'을 제기하며 생산의 연대 책임을 강화하였다.63)

그러나 이 운동이 실행되는 양상은 노동시간 연장과 노동강도 강화를 통해 생산량을 높이는 방식이었으며, 실질적인 기술혁신은 이루어지지 못했다. 그럼에도 불구하고 북한 당국은 1960년대부터 본격화된 기술기능 제고 정책으로 1970년 북한 경제 각 부문에 기사·기수·전문가 수가 1960년에 비해 4.3배 더 많은 약 49만 700명, 농업을 제외한 전체 종업원 총수에서 기술자·전문가 비중이 1960년의 7.2%로부터 1969년에는 15.8%로 높아졌다고 보고한다. 또한 공업화가 완성되었다고 선언한 1970년부터 1976년까지 대학은 129개에서 155개로 늘어났으며 100만 인테리 대군을 가지게 되었다고 한다. 전체 종업원수 중 기술자, 전문가의 수는 1976년에 19.2%에 이르렀으며 각 협동농장 당 기술자·전문가수는 1969년의 17.5명으로부터 1976년에는 55명으로 늘어났다고 한다.[64]

그리고 1978년 4월 최고인민회의 제6기 제2차 회의에서 <조선민주주의인민공화국 사회주의로동법>이 채택된다. 노동법에는 노동생활의 권리와 의무를 규정하였는데, 핵심 내용은 권력의 요구에 절대 충성하는 노동규범과 준칙이었다. 구체적으로 주체적 노동참여·집단주의적 노동생활·성실한 노동이 주요 노동규범이었으며, 이를 관철시키기 위한 사상교양과 통제 규칙이 제시되었다.[65]

한편 중공업 우선주의와 군수산업 중심인 북한의 산업정책으로 농촌 노동력 부족문제도 심각하였다. 따라서 1964년 2월 25일 노동당은 중앙위원회 제4기 제8차 전원회의에서 '사회주의 농촌문제에 관한 테제'를 결정한다. 그 내용은 농촌의 수리화와 전기화, 그리고 종합적 기계화와 화학화를 추진하고 새로운 영농법을 도입하여, 농업생산을 '고도로 집약화'하겠다는 것이다.[66] 실제적으론 농업 노동자 숙련화를 통한 생산량 증대가 목적이었다. 대상은 여성농민 위주였으며, 사업은 세 방향에서 진행되었다.

첫째, 여성농민의 농업기술 향상이다. 농업생산에서 여성의 역할이 컸기 때문이다. 교육 내용은 여성농민들에게 주체사상을 농업에 적용한 '주체농업'을 교육하는 것이었다. 교육 방법은 '직관교육과 실물교육, 주체농법 강습'으로 진행되었다. 그 사업 양상을 살펴보면, 협동농장에 농업 과학기술지식 선전실을 꾸리고 이곳에 농업기술 관련 도서와 잡지들, 영농경험 자료와 농업 과학실험자료 등을 갖추어 놓은 다음, 농민들에게 토양·종자·비료·살초제에 대한 지식 등을 교육하는 것이었다. 그러나 주체농업의 실제 내용은 노동을 통해 경험을 익히고, 자주적 의식을 가지고 생산의 문제를 '알아서 해결하라'는 것이다. 예를 들어 모래밭과 자갈밭을 집단적이고 헌신적으로 일구어 생산을 증대했다는 것 등이 주체농업의 모범이었다.67)

둘째, 여성농민이 뜨락또르(트랙터)를 비롯한 농기계를 다룰 수 있게 하는 것이다. 이 사업은 한편으론 농촌의 청년조직 소속의 젊은 미혼여성을 중심으로 진행되었으며, 다른 한편으론 <모범기계화 가정운동>으로 나타났다. <모범기계화 가정운동>은 농민 부부가 함께 트랙터 운전 기능을 소유하게 하는 것이다. 셋째, 여성농민 숙련화 사업을 조직할 여성간부 양성사업이다. 농촌 노동력의 대부분이 여성임에도 불구하고 협동농장의 관리자나 농촌 당간부 등은 대부분 남성인 상황에서 여맹을 중심으로 여성간부 양성을 독려한 것이다.68)

그러나 다양한 교육정책을 실시하고 강세했음에도 불구하고 정권의 의도만큼 숙련화는 이루어지지 않았다. 전체적으로 그 원인은 첫째, 양적 생산에 치중하는 생산문화 속에서 숙련화 사업이 부차화 되었기 때문이다. 둘째, 신입노동자 교육을 담당하는 숙련노동자들이 공장 내 생산목표 달성에 핵심 역할을 하기에, 목표 달성에 주력해야 했던 시기에는 거의 기술전습이 이루어지지 않았기 때문이다. 즉 기술교육의 안정성이 없었기 때문이다. 셋째, 기술전습을 책임지는 숙련공에게 물질적 동기가 부여되지 않았기 때문이다. 넷째, 일하면서 배우는 방법은 생산목표에 매몰되어, 배운다는 의미가 퇴색되기 쉬웠기 때문이다. 다섯째, 다양한 교육체계가 중복되어 기술교육의 안정성과 통일성이 없었기 때문이다. 여섯째, 노동력 유동과 생산지표의 잦은 변경 등 현존사회주의에서 나타난 고질적인 생산의 위기 요소 때문이다. 일곱째, 기술의 문제를 사상의 문제로 대처하는 정책 때문이다.

　남성에 비해 여성노동자의 숙련화가 제대로 이루어지지 않은 이유는 첫째, 공장 대학 등 전문적 기술교육 기관은 대부분 중공업 남성노동자들에게 필요한 교과로 구성되었기 때문에, 경공업 관련 기술이 필요한 여성노동자들은 상대적으로 교육기회가 적었기 때문이다. 둘째, 기혼여성 노동자들이 가사와 양육 문제로 작업시간 이후 진행되는 전문적 기술교육에 참여하기가 어려웠기 때문이다.

　셋째, 신입 여성노동자 대부분이 숙련이 필요 없는 잡일 등에 배치되었기 때문이다. 넷째, 남성에 비해 여성들은 공장 내 각종 동원사업의 대상이 되었으며 작업장 변경도 잦았기 때문이다. 다섯째, 특히 여성노동자들이 대부분인 경공업 위주의 지방산업 공장에서는 남성노동자들이 많은 중공업 공장에 비해 상대적으로 생산지표가 수없이 바뀌었으며 생산품의 종류수도 많았다. 따라서 제품 생산의 숙련화와 전문화가 이루어지기 어려웠다.

　이러한 문제점은 양상의 차이가 있으나 공업과 농업 뿐만 아니라 산업부문 전반에 나타났으며, 각 요인이 복합적으로 작용하여 여성노동의 숙련화는 남성에 비해서도 제대로 이루어지지 않았다. 여성노동의 낮은 숙련도는 여성들이 농장이나 공장 내에서 간부가 되기 어렵게 하였다.[69] 따라서 여성들이 대부분인 지방산업이나 농업에서도 주로 남성들이 간부직을 맡았다. 즉 성별노동의 수직적 위계가 구조화된 것이다.

5. 맺는 말

　1953년부터 중공업주도의 산업화 정책에 따라 전후복구 3개년 계획을 추진했던 조선노동당은 노동력 부족문제를 해결하기 위해 여성노동력 증대와 활용을 결정하였다. 그리고 제1차 5개년 계획이 시작된 1956년부터 여성노동자 증대 정책을 본격화했으며, 북한에서 전 산업의 국유화가 완료되었다고 선언한 1958년부터 전면화했다.

중앙 권력이 전체 여성의 노동계급화를 추진했음에도 불구하고, 하부의 노동행정간부들은 이 사업을 등한시했다. 이러한 사회적 저항에도 정권은 다양한 방식으로 여성노동 증대 정책을 강제했으며, 정권의 규율이 강화됨에 따라 여성노동은 지속적으로 증대했다. 당시 북한정권의 여성노동 증대 정책은 여성의 사회적 지위 향상과 양성兩性평등의 전제라는 논리로 진행되었다.

여성노동 증대는 배치 정책과 맞물려 진행되었다. 북한당국은 중공업 위주의 산업화 정책에 따라 산업부문의 우위에 있는 중공업에 남성노동력을 우선 배치하고, 하위에 있는 경공업과 지방공업, 그리고 농업에 여성을 배치하였다. 즉 산업부문의 위계와 성별분업 체계를 제도화한 것이다.

중공업 부문의 공장·기업소는 각종 물자 배정과 배급에서 경공업과 지방공업, 그리고 농업 부문 보다 우월한 대우를 받았다. 이러한 산업부문의 위계와 성별분업은 노동자 간 위계에 반영되어, 높은 비율의 생산활동에도 불구하고 여성노동자들은 남성노동자들에 비해 사회정치적으로 낮은 지위를 유지하게 되었다. 이 과정에서 성별에 의한 노동자 간 수평적 위계가 구조화되었다.

이러한 여성노동력 증대와 배치는 숙련화 정책과 연결된다. 북한의 노동 숙련화 사업은 원활히 진행되지 않았으며 숙련도 역시 상당히 낮다. 또한 전체적인 저 숙련 노동 상황에서 여성노동의 숙련도는 남성에 비해서도 낮다. 그 이유는 숙련화 사업 내용의 중공업 분야 편중성, 가사와 양육을 책임져야 하는 여성의 부담, 저숙련 노동분야에 집중된 여성노동 배치의 문제점, 남성보다 더 많은 동원과 작업장 변경, 주로 지방산업에서 방대한 수와 종류의 제품을 생산해야 했던 점등이다.

이러한 요인이 복합적으로 작용하여 여성노동의 숙련도는 남성에 비해서도 낮았다. 이와 같은 저숙련은 여성들이 작업장이나 공장 내에서 간부가 되기 어렵게 하였다. 따라서 작업장에서 성별에 의한 노동자 간 수직적 위계가 구조화되었다.

북한정권은 여성해방과 양성평등 이데올로기로 여성의 노동계급화를 추진했다. 이 정책에 따라 여성노동자는 대대적으로 증대되었다. 그러나 중공업 주도의 산업화 정책과 성별분업 정책에 따라 양성 노동자 간 수평적 위계가 구조화되었다. 그리고 이 정책은 여성노동의 낮은 숙련화를 초래하여 양성 노동자 간 수직적 위계가 구조화되게 하였다. 결과적으로 북한정권의 여성의 노동계급화 정책은 그들이 선전한 여성해방과 양성평등의 실현이 아니라 양성 노동자 간 수평적·수직적 위계를 초래했다.[70]

※ 이 논문은 『북한연구학회보』 2004년 겨울호에 실린 "북한의 여성노동 정책"을 수정·보완한 것이다.

주註

1) 박혜숙, "주체사상에 의하여 밝혀진 녀성문제의 본질적 내용," 『김일성종합대학학보』 제49권 제1호 (평양: 김일성종합대학출판사, 2003), 24쪽.
2) 박영자, "북한의 근대화 과정과 여성의 역할(1945~80년대): 공장과 가정의 정치사회와 여성노동을 중심으로" (성균관대학교 정치학 박사학위논문, 2004), 135~164쪽.
3) 북한은 중요 산업국유화 이후 1947년과 1948년에 1개년 경제 계획을 시행한 이후 1949년에 2개년 경제 계획에 돌입하였다. 이 시기부터 노동력 수요가 증대하여 노동력의 계획적 보충과 조직적 모집이 중요해졌다. 1949년 8월 2일 내각결정 제107호 <로력 수급 및 정착에 관한 규정>에 의해 노동성과 각 지방 정권기관에서 노동력 상황을 조사하였다. 그리고 기업소는 노동행정기관이나 노동소개소를 통해 노동력을 공급받도록 하였다. 김동찬, "로력 보충 사업의 발전," 『로동』(1958년 제8호), 7~8쪽.
4) 산업화시기 북한의 정치경제적 상황과 전략에 대해서는 이미 수많은 선행연구가 있으며, 지면의 부족으로 이 논문에서는 자세히 다루지 않는다.
5) 김일성, "모든 것은 전후 인민 경제 복구 발전을 위하여(1953.8.8)," 『전후 인민 경제 복구발전을 위하여』(평양: 조선로동당출판사, 1956), 83쪽.
6) 김동찬, "로력 보충 사업의 발전," 앞의 글, 9쪽.
7) 전시 노동력 원천조사는 도시주민을 대상으로 진행되었고, 3개년 계획 시기에는 도시와 농촌의 유휴 노동력을 중심으로 일년에 두 번씩 진행되었다. 그리고. 제1차 5개년 계획 초기부터는 도시와 농촌의 노동력 원천과 특히 노동자·사무원들의 부양가족, 각급 학교 졸업생, 제대 군인까지 노동력 원천조사 대상으로 지정하여 조사되었다. 노동력 원천조사 과정에서 상공업자, 소상인, 기업가, 자유 노동자의 비중은 매년 현저히 감소하였다. 반면에 각급 학교 졸업생과 노동자·사무원의 부양가족 비중은 매년 현저히 증대되었다. 김동찬, "로력 보충 사업의 발전," 위의 글, 9~10쪽.
8) "더 많은 녀성 로력을 인입하기 위하여," 『로동』(1958년 제5호), 44쪽.
9) 위의 논문, 45쪽.
10) 김동찬, "로력 보충 사업의 발전," 앞의 글, 12쪽.
11) 김동찬, "로력 보충 사업의 발전," 위의 글, 10쪽.
12) 김동찬, "기관, 기업소 건설장들에서 녀성 로력을 더욱 광범히 인입하자," 『로동』(1958년 제10호), 30쪽.
13) 김웅기, "제1차 5개년 계획에 관한 법령의 정확한 집행을 위하여," 『로동』(1958년 제9호), 12쪽 ; 김동찬, "기관, 기업소 건설장들에서 녀성 로력을 더욱

광범히 인입하자," 앞의 글, 30~32쪽.
14) 김재덕, "시간제 로력을 옳게 리용하자,"『로동』(1958년 제10호), 33쪽. 당시 전체 노동자에 대한 규율 확립과 노동력 이동을 억제하기 위한 조치가 취해졌다. 한 예로 모든 노동자들이 신원보증 서류를 각 기관과 공장에 제출하게 하였다. 부양가족 노동자들은 공민증과 부양자의 직장근무 증명서를 각 공장과 직장에 제출하게 하였다. 김동찬, "로동 조직 보충 분야에서 반혁명분자들과의 투쟁을 강화하자,"『로동』(1958년 제12호), 42쪽.
15) "현시기 로동행정 분야에 제기된 과업 실행 대책을 강구 - 각 도 로동부장 회의에서,"『로동』(1958년 제11호), 6쪽.
16) "로동행정사업의 새로운 앙양을 위하여,"『로동』(1959년 제4호), 4~5쪽.
17) 김리용, "1959년 로동계획 작성에서 제기되는 몇가지 문제,"『로동』(1958년 제9호), 35~36쪽. 북한은 "로력을 합리적으로 조직하며 동원되지 않고 있는 예비들"을 조사하여 노동력을 확충하기 위하여 1959년 6월 1일부터 종업원 동시조사사업을 실시하게 한다. 경제 각 부문에서 일하는 종업원의 연령별·지식 정도별·노동 시간제별 노력의 배치와 구성, 노동 연한별 노동자들의 구성, 노동자들의 교대별 배치 정형, 노동의 기계화 수준 및 노동자들의 직종 기능 등급별 구성 상태 등을 조사하게 한 것이다. 김병천, "종업원 동시조사사업의 성과적 보장을 위하여,"『로동』(1958년 제5호), 38쪽.
18) 김웅기, "사회주의 건설의 가일층의 고조와 로동 행정일군들의 당면 과업,"『로동』(1959년 제6호), 11쪽.
19) 김동찬, "녀성들을 보다 광범히 직장에 인입하자,"『로동』(1959년 제7호), 17~18쪽.
20) "조선민주주의 인민공화국 인민경제발전 제1차 5개년계획 실행 총화에 대하여(1960.11.22),"『북한 연구자료집 Ⅳ』(서울: 아세아문제연구소, 1979), 725쪽.
21) 리창근,『로동행정사업경험』(평양: 사회과학출판사, 1989), 70쪽. 가내작업반원은 공장, 기업소의 생산을 보조하는 한편 폐설물을 가공하여 여러 일용잡화와 생활필수품·소비품을 생산하였다. 그리고 폐기 폐설물·유휴자재·농토산물로 생활일용품과 부식물을 만들어 공급하는 가내편의와 주민 일용필수품들을 수리해주는 수리수선편의, 미용과 빨래를 해주는 위생편의 등을 조직하여 직장에 출근하기 어려운 여성을 노동력으로 활용하였다. 리창근, 위의 책, 71쪽.
22)『조선중앙년감』(평양: 조선중앙통신사, 1962), 195쪽.
23)『조선중앙년감』(평양: 조선중앙통신사, 1963), 234쪽.
24) 이태영,『북한의 여성생활』(서울: 민족통일중앙협의회, 1981), 79~80쪽.
25) 에버스타트와 바니스터가 북한이 발표한 자료에 기초하여 정리한 1980년대 각 생산 분야 참여에서 남녀 경제활동 인구수는 <표 2>와 같다.

<표 2> 북한의 1986·1987년 직업별·성별 인구(16세 이상)   (단위 : 천명)

	1986			1987		
	남자	여자	계	남자	여자	계
국영기업노동자	2,999	3,840	6,830	3,134	4,001	7,135
공무원, 사무원	855	1,205	2,060	879	1,224	2,103
농 민	1,350	1,836	3,141	1,312	1,855	3,167
협동기업노동자	41	69	110	42	70	112
합 계	5,191	6,950	12,141	5,367	7,150	12,517

주: 노인, 은퇴자, 노동능력이 없는 자 포함, 군인은 제외됨
출처: (Eberstadt & Banister, 1990: 135)

26) 6개년 계획 기간(1971～1976) 북한에 공장 1,055개가 새로 건설되었다. 또한 제2차 7개년 계획 기간(1978～1984)에는 이보다 더 많은 17,788개의 공장, 기업소, 그리고 직장이 새로 건설되었다. 1970년대 이후 신설된 공장 대부분은 지방산업 공장이었다. 리창근, 『로동행정사업경험』, 125～126쪽.
27) 김일성, "지도일군들의 당성, 계급성, 인민성을 높이며 인민경제의 관리운영사업을 개선할데 대하여(1964.12.19),"『김일성 저작집 18』(평양: 조선로동당출판사, 1980), 518쪽.
28) 북한의 노동력 배치 기준은 생산부문과 비생산부문이라는 경제분류이다. 생산부문은 공업·농업·기본건설·대보수·운수·체신·지질탐사·설계·기자재공급이며, 비생산부문은 상품유통·편의봉사·수매·양정·국토관리 및 도시경영·교육·문화·보건·과학 부문 등이다. 생산부문에서 직접부문은 공업·농업·기본건설·대보수 부문이며, 나머지는 간접부문으로 분류된다. 이러한 경제분류에 따라 노동력도 생산과 비생산부문 노동력으로 분류된다. 그리고 생산부문 노동력은 직접과 간접부문 노동력으로 분류된다. 구체적으로 노동 대상에 작용하는 형태에 따라 생산과정에 직접 참여하는 직접부문 노동력과 관리·보조를 하는 간접부문 노동력으로 나뉜다. 리창근, 『우리당에 의한 로동행정리론의 심화발전』(평양: 사회과학출판사, 1992), 78～87쪽.
29) 김동찬, "로력 보충 사업의 발전," 앞의 글, 10쪽.
30) 김동찬, "로력 보충 사업의 발전," 위의 글, 11쪽.
31) 『조선중앙년감』(평양: 조선중앙통신사, 1963), 234쪽.
32) 리경혜, 『녀성문제해결경험』(평양: 사회과학출판사, 1990), 96쪽.
33) 『조선중앙년감』(평양: 조선중앙통신사, 1970), 274쪽.
34) 리창근, 『우리당에 의한 로동행정리론의 심화발전』, 74～75쪽.
35) 리기섭, 『조선민주주의 인민공화국 법률제도(로동법제도)』(평양: 사회과학출

판사, 1994), 126~127쪽.
36) 리창근, 『우리당에 의한 로동행정리론의 심화발전』, 78~79쪽.
37) 이와 같은 북한정권의 논리에 따르면, 사회 양육시설 이용과 모성보호 정책, 배급제 등은 기혼여성의 생산노동 참여를 위한 당연한 정책이 아니라 여성들에게 베푸는 정권의 시혜가 된다. 이러한 시혜논리는 당과 국가에 대한 충성을 요구하는 보은報恩 이데올로기와 연계된다. 박영자, 『북한의 근대화 과정과 여성의 역할(1945~80년대)』참조.
38) 리경혜, 『녀성문제해결경험』, 94~95쪽.
39) 리경혜, 『녀성문제해결경험』, 95~96쪽.
40) 리창근, 『로동행정사업경험』, 28쪽.
41) 리기섭, 『조선민주주의 인민공화국 법률제도(로동법제도)』, 199~200쪽.
42) 리기섭, 『조선민주주의 인민공화국 법률제도(로동법제도)』, 201쪽.
43) 한 예로 1958년 10월 10일 김일성은 기양 기계공장을 현지지도하면서, 부양가족을 직장에 받아들이고 부부간 전습제를 실시하여 노동력 부족문제를 해결하라고 지시하였다. 이 지시에 따라 10월~11월 사이 불과 2달만에 전업주부 820명이 공장생산에 참여했다고 한다. 그러나 공장에서는 "부양 가족들이 무슨 기능을 배우며 무슨 일을 쓰게 하겠는가느니, 우리 직장에는 부양 가족 로력이 필요 없다느니 하면서 부양 가족 로력을 적지 않게 과소 평가하면서 그들을 받아들이지 않으려는 현상 … 자기 안해와 동일한 직장에서 일하는 것을 그리 달가와 하지 않았으며 될 수만 있으면 안해와 같이 일하지 않으려는 편향…한편 직장에 진출한 가정 부인들 가운데서도 자기들은 선반이나 기계 조립과 같은 일은 할 수 없으니 기능이 요하지 않는 창고나 혹은 운반 작업에 돌려 달라고 청원하는 동무들까지" 나타나는 등 갈등이 노골화되었다. 림학소, "부양 가족 로력들에 대한 기능 전습 사업에서 얻은 몇 가지 경험," 『로동』 (1959년 제12호), 29쪽.
44) 이항구, 『북한의 현실』(서울: 신태양사, 1988), 437쪽.
45) 리경혜, 『녀성문제해결경험』, 98쪽. 『김일성저작집』과 각종 북한 문헌들은 농촌에서 일하는 사람은 대부분 여성과 노인이라고 지적하고 있다.
46) 리창근, 『로동행정사업경험』, 80~81쪽.
47) 리창근, 『로동행정사업경험』, 83쪽.
48) 신입노동자들이 대거 북한의 공장·기업소에 편입되면서 각 공장과 생산 현장에는 규정위반·무단결근·지각·조퇴·잡담 등 무규율적인 현상이 만연하였다. 따라서 북한정권은 전체 산업·운수 부문에 강력한 노동규율화 정책을 실시했다. 리술봉, "인민경제 복구 발전에 있어서 고상한 로동 규율 확립을 위하여," 『경제건설』 (1955년 제2호), 14쪽.

49) 리경혜, 『녀성문제해결경험』, 173~174쪽.
50) 기술기능 학습반은 직장 또는 작업반 단위로 조직하며, 기술학습반과 기능전습반으로 나뉜다. 기술학습반 성원들은 기사와 준기사이고, 시험에 응시해 국가 기술자격을 받을 수 있다. 기능전습반은 무기능공을 기능공으로, 기능공을 고급기능공으로 양성하기 위해 작업반 또는 직장을 단위의 직종별로 조직된다. 기능전습반에서는 노동자들이 담당 기계설비의 구조와 작업원리 및 고장퇴치법, 안전기술규정을 비롯한 여러 기술규정, 표준조작법 그리고 규범화된 운전조작법과 작업동작의 숙련, 기공구를 다루는 법과 도면 보는 법, 새로운 기술과 선진작업방법 등을 체득하게 한다. 리기섭, 『조선민주주의 인민공화국 법률제도(로동법제도)』, 167~171쪽.
51) 이 사업은 "제한된 일부 직종의 기능노동력만 국가적인 양성체계에서 보장하고 생산자들은 해당 기업소가 책임지고 기술기능양성사업을 조직하여야 전반적 근로자들의 기술기능수준을 높"일 수 있다는 논리에 의해 추진되었다. 리창근, 『우리당에 의한 로동행정리론의 심화발전』, 113~115쪽.
52) 안기필, "부산물 직장에서 로동 및 임금 조직," 『로동』(1958년 제10호), 46쪽.
53) 김웅기, "제1차 5개년 계획에 관한 법령의 정확한 집행을 위하여," 『로동』(1958년 제9호), 13~14쪽.
54) 리인규, "로력 후비 교육 사업을 가일층 개선하자," 『로동』(1958년 제10호), 4쪽.
55) 리인규, "제품의 질 제고와 로동 생산 능률 장성에서 기능 양성 일군들의 낭년 과업," 『로동』(1959년 제1호), 13~14쪽. 즉 "기술은 반드시 책을 끼고 강당에 드나들거나 또는 전문학교나 대학에서만 배우는 것이 아니다. 우리가 말하는 것은 로동하면서 배우자는 것이다. 숙련 로동자들은 자기 기술 수준을 계속 높이기 위하여 노력하면서 반드시 기능이 부족한 3~4명의 로동자들을 맡아 책임지고 배워 주는 사업을 더욱 강화"하라는 것이었다. "생산에서의 기능공양성 및 기능향상사업을 개선강화하자," 『로동』(1959년 제4호). 1쪽.
56) 문치수, "로동 생산능률제고에서 당면한 몇가지 문제," 『로동』(1959년 제4호), 11~12쪽.
57) 이 규정의 제1장에서는 기능공양성을 위한 목적과 체계가 서술되어 있다. 제2장에서는 신입 무기능공과 재직 무기능공, 즉 생산을 독자적으로 수행할 수 없는 노동자들이 전습 대상이라고 규정하고 있다. 제3장 제10조에서는 기능전습을 위해 생산교육과 이론교육을 병행하되 생산교육은 개별적 또는 집체적으로, 이론교육은 집체적으로 실시할 것을 규정하고 있다. 제11조에서는 생산교육을 집체적으로 실시하는 방법으로 전습생 작업반을 조직하고, 전습지도자를 작업반장이 책임지고 생산교육을 하도록 했다. 이 때 전습지도자는 전습생들의

생산교육만 지도하는 전임지도자가 하도록 규정하였다. 그리고 숙련기능공에게 1~5명의 전습생을 배속시켜 그의 지도로 생산과정에서 개별적으로 교육받도록 하였다. 제4장에서는 기능전습 지도에 대한 보수를 규정하였다. 즉, 1개월 이상의 전임지도자만이 평균 임금을 받도록 하였다. 개별적으로 생산과정에서 지도하는 전습지도자에게는 전습생 1명당 월 2원씩 지불하도록 하였으나, 그것도 반액은 매달 임금에 포함되나, 반액은 기능등급 사정에서 목표 등급에 합격한 후 지불하도록 하였다. 그러므로 실질적인 보수의 의미가 없는 기능전습이었다. 제5장 기능전습 지도의 제25조는 견습공에 대하여 기능전습을 시키지 않을 경우 작업반장 등 각 단위 책임자들에게 임금의 25%까지 벌금을 부과하도록 하는 규정이었다. 리증옥, "직장 기능 전습에 관한 새 규정의 집행을 위하여," 『로동』(1959년 제4호), 25~27쪽.

58) 김동찬, "녀성들을 보다 광범히 직장에 인입하자," 『로동』(1959년 제7호), 18쪽.
59) 리창근, 『로동행정사업경험』, 23~24쪽.
60) 리창근, 『로동행정사업경험』, 24~25쪽.
61) 이 규정 제1조에서 "우리나라 로동행정사업의 중앙기관인 로동성이 로동행정 부문에서 대안의 사업체계를 확립하며 청산리정신, 청산리방법을 철저히 관철하여야 한다는 것"을 명시하고 있다. 또한 노동력원천의 조사장악과 배치·후비양성사업·선진적인 노동조직과 작업방법의 도입·사회주의 분배원칙의 실현·노동규율과 노동보호·사회보험의 수입과 지출에 대한 예산·정휴양 계획의 작성 집행 등에 대한 지도통제 강화를 규정하였다. 리창근, 『로동행정사업경험』, 25~26쪽.
62) 리창근, 『로동행정사업경험』, 27쪽.
63) 리창근, 『로동행정사업경험』, 125~129쪽.
64) 리창근, 『로동행정사업경험』, 142쪽.
65) 리창근, 『로동행정사업경험』, 28~30쪽. 그 내용은 1960년대 공장·기업소를 대상으로 작성된 노동규범과 규정들이었다. 다만 1960년대의 각종 노동규정과 규범은 대부분 농업협동조합의 노동조직 문제를 포함하지 않았다. 1970년대는 1960년대 정책화하고 실험했던 다양한 노동 규범과 규율을 전체 생산부문, 특히 농업노동에 적용하였다. 또한 기혼여성들의 안정된 노동생활을 위한 탁아소 등 조건보장이 제도화되었다. 리창근, 『로동행정사업경험』, 38쪽.
66) 김일성, "우리나라 사회주의농촌문제에 관한 테제(1964.2.25)," 『김일성저작집 18』(평양: 조선로동당출판사, 1982), 196~214쪽.
67) 북한 당국은 주체농법 교육으로 여성농민의 기술수준이 높아졌으며, 여성농민이 '적지적작, 적기적작' 원칙에 따라 품종을 배치하고 토양조건과 농작물의 특성에 맞게 비료를 주며 평당 포기수를 높이는 등 '주체농법'의 요구에 따라

농사를 지을 수 있게 되었다고 한다. 리경혜, 『녀성문제해결경험』, 174~175쪽.
68) 리경혜, 『녀성문제해결경험』, 176쪽.
69) 작업장 내 간부가 대부분 남성이었던 또 다른 이유로는 북한의 남성중심적인 생산문화와 여성의 가사・육아노동 부담 등이 작용하였다.
70) 본 논문은 북한여성의 정치사회적 지위가 남성에 비해 낮은 이유를 산업화와 노동정책에 초점에 두고 분석하였다. 그러나 북한의 양성불평등성은 역사문화적 전통과 국가주의적 전략에도 그 원인이 있다. 박영자, "북한의 남녀평등 정책의 형성과 굴절(1945~70): 북한여성의 정치사회적 지위변화를 중심으로," 『아시아여성연구』 제43집 2호 (2004), 297~330쪽.

<참고문헌>

1. 북한문헌

김동찬, "기관, 기업소 건설장들에서 녀성 로력을 더욱 광범히 인입하자,"『로동』 1958년 제10호.
김동찬, "녀성들을 보다 광범히 직장에 인입하자,"『로동』1959년 제7호.
김동찬, "로동 조직 보충 분야에서 반혁명분자들과의 투쟁을 강화하자,"『로동』 1958년 제12호.
김동찬, "로력 보충 사업의 발전,"『로동』1958년 제8호.
김리용, "1959년 로동계획 작성에서 제기되는 몇가지 문제,"『로동』1958년 제9호.
김병천, "종업원 동시조사사업의 성과적 보장을 위하여,"『로동』1958년 제5호.
김웅기, "사회주의 건설의 가일층 고조와 로동 행정일군들의 당면 과업,"『로동』 1959년 제6호.
김웅기, "제1차 5개년 계획에 관한 법령의 정확한 집행을 위하여,"『로동』1958년 제9호.
김일성,『전후 인민 경제 복구발전을 위하여』(평양: 조선로동당출판사, 1956).
김일성, "모든 것은 전후 인민 경제 복구 발전을 위하여(1953.8.8),"『전후 인민 경제 복구발전을 위하여』(평양: 조선로동당출판사, 1956).
김일성, "우리나라 사회주의농촌문제에 관한 테제(1964.2.25),"『김일성저작집 18』 (평양: 조선로동당출판사, 1982).
김일성, "지도일군들의 당성, 계급성, 인민성을 높이며 인민경제의 관리운영사업을 개선할데 대하여(1964.12.19),"『김일성 저작집 18』(평양: 조선로동당출판사, 1980).
김재덕, "시간제 로력을 옳게 리용하자,"『로동』1958년 제10호.
"더 많은 녀성 로력을 인입하기 위하여,"『로동』1958년 제5호.
"로동행정사업의 새로운 앙양을 위하여,"『로동』1959년 제4호.
리경혜,『녀성문제해결경험』(평양: 사회과학출판사, 1990).
리기섭,『조선민주주의 인민공화국 법률제도(로동법제도)』(평양: 사회과학출판사, 1994).
리술봉, "인민경제 복구 발전에 있어서 고상한 로동 규율 확립을 위하여,"『경제건설』1955년 제2호.
리인규, "로력 후비 교육 사업을 가일층 개선하자,"『로동』1958년 제10호.
리인규, "제품의 질 제고와 로동 생산 능률 장성에서 기능 양성 일군들의 당면 과업,"『로동』1959년 제1호.
리증옥, "직장 기능 전습에 관한 새 규정의 집행을 위하여,"『로동』1959년 제4호.
리창근,『로동행정사업경험』(평양: 사회과학출판사, 1989).
리창근,『우리당에 의한 로동행정리론의 심화발전』(평양: 사회과학출판사, 1992).
림학소, "부양 가족 로력들에 대한 기능 전습 사업에서 얻은 몇 가지 경험,"『로동』 1959년 제12호.
문치수, "로동 생산능률제고에서 당면한 몇가지 문제,"『로동』1959년 제4호.
박혜숙, "주체사상에 의하여 밝혀진 녀성문제의 본질적내용,"『김일성종합대학학보』(제49권 제1호) (평양: 김일성종합대학출판사, 2003).
"생산에서의 기능공양성 및 기능향상사업을 개선강화하자,"『로동』1959년 제4호.
안기필, "부산물 직장에서 로동 및 임금 조직,"『로동』1958년 제10호.
"현시기 로동행정 분야에 제기된 과업 실행 대책을 강구 ─ 각 도 로동부장 회의에서,"『로동』1958년 제11호.
『조선중앙년감』(평양: 조선중앙통신사, 1962).
『조선중앙년감』(평양: 조선중앙통신사, 1963).
『조선중앙년감』(평양: 조선중앙통신사, 1970).

2. 남한문헌

박영자, "북한의 근대화 과정과 여성의 역할(1945~80년대): 공장과 가정의 정치사회와 여성노동을 중심으로" (성균관대학교 정치학 박사학위논문, 2004).
박영자, "북한의 남녀평등 정책의 형성과 굴절(1945~70): 북한여성의 정치사회적 지위변화를 중심으로,"『아시아여성연구』제43집 2호 (숙명여자대학교 아시아여성연구소, 2004).
이태영,『북한의 여성생활』(서울: 민족통일중앙협의회, 1981).
이항구,『북한의 현실』(서울: 신태양사, 1988).
"조선민주주의 인민공화국 인민경제발전 제1차 5개년계획 실행 총화에 대하여,"『북한 연구자료집 IV』(서울: 아세아문제연구소, 1979).

3. 외국문헌

Eberstadt & Banister, *North Korea: Population Trends and Prospects,* Center for International Research U. S. Bureau of the Census Washington .D. C., 1990.

제2부
북한 여성의 삶

임순희 소설을 통해 본 북한여성의 삶:
        자아인식·삶의 목표와 가정생활을 중심으로
이미경 북한의 모성이데올로기:
        『조선녀성』의 내용분석을 중심으로
박영자 북한의 양성兩性평등 정책의 형성과 굴절
        북한여성의 정치사회적 지위 변화를 중심으로
김석향 일상생활에서 본 북한의 성평등 실태와
        여성인권의 문제

소설을 통해 본 북한여성의 삶:
자아인식·삶의 목표와
가정생활을 중심으로

임 순 희

1. 머리말

소설은 그 배경을 이루는 시대상과 사회상을 반영하며 그 시대와 사회를 살아가는 사람들의 일상적인 삶의 모습을 실감나게 묘사한다는 점에서 분석자료로서의 가치가 있다. 북한소설도 예외가 아니다. 특히 북한소설은 김일성의 '교시'와 김정일의 '지적', 또는 '말씀', 그리고 다양한 정치·이념 및 경제·사회 구호, 또는 운동 등을 통해 시대상과 사회상을 반영하며 주민들의 일상적인 삶의 모습을 있는 그대로 사실적으로 묘사하기 때문에 북한사회의 시대적·사회적 변화와 주민들의 가치관 및 생활문화에 관한 분석에 있어 유용한 자료이다. 또한 북한소설은 소설의 일반적인 특성에서 뿐만 아니라 다음과 같은 몇 가지 특징에 근거해서도 분석 자료로서의 가치를 지니고 있다.

첫째, 북한의 소설문학은 묘사를 수단으로 생활을 반영하는 묘사문학이며 소설의 묘사에서 가장 중요시하는 것은 심리묘사, 세부묘사이다.[1] 문학예술작품이 사람들에게 깊은 감동을 주기 위해서는 사람과 생활을 현실감 있게 묘사해야 하며[2] 이를 위해서는 생활을 세부화 하여 묘사해야 한다는 것이다. 따라서 북한소설은 주민들의 현실생활과 그들의 내면세계를 세부적으로 자세하게 묘사하고 있으며, 이로써 북한여성의 의식구조 및 가치관에 대한 심층분석에 있어 자료로서의 유용성이 높다.

둘째, 노동당 문예정책의 산물인 북한소설은 소설의 주제 및 소재, 형식 및 내용이 다를지라도 전하고자 하는 메시지는 일률적이다.[3] 따라서 북한 소설은 분석을 통해 북한당국의 공식 가치지향을 읽어내는 한편, 당국의 공식 가치지향에 비추어 북한여성의 가치관의 실제와 변화 여부를 밝혀 논하는 데 있어 유용한 자료이다.

셋째, 1980년대 이후 북한소설은 실제 일반사람들이 당대 현실생활에서 느끼고 마주치는 다양한 문제들, 예를 들면 도시와 농촌의 격차와 그로 인한 갈등, 세대간의 갈등, 여성문제 등 오늘날 북한의 보통사람들이 겪는 직접적이고 절실한 문제를 다루고 있다.[4] 특히 1990년대 이래 북한 소설에서 모성, 직업의식, 정체성 확립 등 다양한 관점에서 여성문제를 비중있게 다루고 있음은 북한여성의 문화를 연구하는 데 있어 분석 자료로서의 소설의 가치를 보다 더 높여주고 있다. 그러나 북한의 소설문학은 그 성격과 역할, 사회적 기능 등에 비추어 볼 때 분석 자료로서의 근본적인 한계를 지니고 있다.

북한문학은 주체사상과 당의 문예정책에 충실한 당위적 결말만을 지어내는 체제와 수령의 홍보물에 지나지 않으며, '당의 사상적 무기'로서의 역할과 '인민대중 교화'라는 사회적 기능을 수행한다. 따라서 북한소설의 성격과 역할, 사회적 기능에서 비롯되는 분석자료로서의 근본적인 한계를 극복하기 위해서는 소설작품에서 전달하고 있는 한결같은 당의 메시지를 거스르는 북한여성의 또 다른 의식구조 내지 가치관, 삶의 모습을 소설의 행간에서 읽어내는 것이 중요하다.[5] 또한 북한소설의 분석자료로서의 한계를 극복하고 소설분석의 결과를 입증 내지 반증하기 위해서는 새터민의 관련 증언과 수기 등을 보충자료로 활용하는 것이 바람직하다.

2. 북한여성의 자아인식과 삶의 목표

1) 자아인식

북한소설에서 긍정인물로 형상화된 여성들의 자아인식은 매우 긍정적이고 적극적이다. 그들은 자신의 성격과 의지, 자신의 존재 가치와 의의, 자신의 능력과 사회환경 등에 만족하며 확고한 신념과 자긍심을 가지고 능동적・적극적으로 자신의 일을 해나간다. 또한 그들은 대인관계에 있어 자신감이 넘치며 주도적이다. 소설작품에서 긍정적인 주인공으로 그려진 여성들이 지향하는 여성상은 김일성의 어머니인 강반석과 김정일의 어머니인 김정숙이다. 북한문헌을 통해 보면 북한의 모든 여성들에게 있어 '영원한 구감'으로 일컬어지는 강반석의 귀감적 역할은 다음의 네 가지로 집약된다.[6]

첫째, 대가정의 며느리로서의 모범적인 역할이다. 김일성의 회고록을 통해 보면 강반석은 "열두식구나 되는 큰 집안의 장손며느리로서 늘 바삐 지냈으며, …구차한 생활형편에서 난관이 닥쳐와도 그것을 자신의 힘과 지혜로 이겨내시면서 살림을 검박하고 알뜰하게 꾸려 나가시였으며", 뿐만 아니라 "시부모공대 잘하고 동서간에 화목하며 치산범절에 능숙하시여 칭찬이 높았다"고 한다.7) 이와 같은 강반석의 지혜와 알뜰함, 그리고 시부모에 대한 효성이 혁명적인 대가정을 화목하게 이끌어 나간 모범적인 품성이며 덕성이었다는 것이다. 여기에서 시사하는바는 전통적인 효성스런 며느리의 순종과 인내, 그리고 헌신이다. 이를 테면 "강반석녀사는 시부모 앞에서 말대답을 하거나 변명하시는 일이 한번도 없었고",8) 그런가하면 "아직 논이 없던 곳에 손수 뙈기논을 만드시여 손수 벼농사를 지으서 해마다 시할머님과 시부모님 생신날에 이밥을 지어드리시였다"9)라고 하여 강반석을 우리 전통사회의 순종적이고 헌신적인 효부의 전형으로 내세우고 있는 것이다.

둘째, 혁명가의 아내로서의 모범적인 역할이다.

김일성의 회고록에서 강반석은 성격이 부드럽고 온화하였지만 적들 앞에서는 기상이 도도하고 강의한 여성으로 그려져 있다.10) 또한 강반석은 그러한 품성으로 하여 혁명가의 아내로서 힘겨운 가정살림을 잘 꾸려나가면서 남편의 혁명활동을 열심히 도와주었다고 한다.11) 여기에서는 강반석의 "어질면서도 강의한 품성"과 남편에 대한 헌신성을 강조하고 있으며 이러한 품성이 혁명가의 아내로서 갖추어야 할 품성임을 시사하고 있다. 한편 김일성의 회고에 따르면 강반석은 "간혹 아버지가 언짢은 일이 있어 꾸중이라도 할 때면 '잘못했습니다', '다음에 고칩시다'라는 식으로 사과를 할 뿐 말대답은 하지 않았다"12)라고 하여 강반석이 남편에 대해 순종적이었음도 암시하고 있다.

셋째, 혁명가의 어머니로서의 모범적인 역할이다.

북한주민들에게 있어 강반석은 "4천만 조선인민의 탁월하고 위대한 수령을 낳아 키우신 훌륭하신 교육교양자"이고, "자제분에 대한 깊은 사랑을 혁명위업에 밀접히 련결"시킨 "조선의 어머니"로 되어 있다.13) 북한의 주장에 따르면 강반석의 생애와 활동에서 가장 빛나는 자리를 차지하는 것은 김일성을 낳아 키우고 그의 혁명위업을 높이 받들어 준 것이며 강반석은 언제나 김일성을 한 가정의 아들로가 아니라 혁명의 아들로 여기었고 김일성의 성장을 언제나 조국의 운명과 결부시키었다는 것이다.14)

넷째, 혁명가로서의 모범적인 역할이다.

강반석은 진보적이며 애국적인 가정에서 태어나 일찍이 부모로부터 애국주의 교양을 받아 어린시절에 벌써 일제와 지주들에 대한 증오심이 남달리 강하였고 가난한 사람들을 돕는 계급적 우애심이 높았다고 한다.15) 북한은 이와 같은 강반석을 일컬어 전설적 영웅, 자신의 안락을 위해서가 아니라 혁명을 위해, 나라와 민족의 운명을 위해 몸바쳐 싸운 조선여성의 모범이며 불굴의 여성혁명투사라고 찬양한다. 또한 강반석은 열렬한 공산주의자이며 탁월한 여성정치활동가, 조선여성운동의 탁월한 지도자로도 일컬어진다.

북한여성들에게 있어 또 하나의 '영원한 구감'이며 특히 북한 주부들의 우상이라고 하는 김정숙의 귀감적 역할도 강반석의 역할과 거의 같다. 김정숙 역시 혁명가로서, 혁명가의 어머니로서 모범적인 역할을 하였으며, 남편에 대해 순종적·헌신적이었고 자식에게는 아버지에 대한 충실성과 효성을 가르치며 교육에 정성을 다한 전통적인 부덕을 지닌 주부의 전형으로 그려져 있다.16) 그러나 김정숙에게 있어 가장 강조되는 것은 김일성의 충직한 친위전사로서의 모범적 역할이다. 북한은 김정숙이 김일성의 안녕을 지키는 것을 혁명전사의 어길 수 없는 본분으로 여겼으며, 이와 같이 수령의 안녕과 만수무강을 위한 일이라면 자신의 생명까지도 서슴없이 바쳐나서는 숭고한 모범이야말로 김정숙이 이룩한 불멸의 업적에서 가장 중요한 내용을 이루는 것이라고 한다. 또한 김일성에 대한 김정숙의 "절대적인 존경과 열렬한 흠모, 수령님을 영원히 높이 받들어 모시려는 더없이 맑고 깨끗한 마음"17)은 전통적인 부덕을 지닌 전형적인 아내의 모습으로도 묘사된다. 예를 들면 "김정숙동지께서는 사령부천막 가까이에서 샘물을 발견하시고 기쁨에 넘쳐 샘물터를 정히 만드신 다음 이 샘물로 경애하는 사령관동지께 밥을 지어 올리시였다", "김정숙동지께서는 삼지연의 맑은 물을 정히 떠서 경애하는 사령관동지께 먼저 올리시였다" 등이 그것이다.[18]

소설에서 긍정인물로 형상화된 여성들은 위에서와 같은 강반석과 김정숙의 귀감적 역할을 본받아 '혁명가적 역할'과 전통적인 부덕을 지닌 '전형적인 주부로서의 역할'을 수행하고자 애쓰며, 그러한 자신의 모습에 대해 긍정적이고 만족해 할 뿐만 아니라 두 가지 역할을 무난히 병행할 수 있도록 배려해 주는 당과 수령, 사회주의제도에 대해 무한한 감사를 느낀다. 그러나 이들은 인생의 주체인 독립적·개성적 인격체로서의 자아를 인식하기보다는 집단 속에 매몰된 획일화된 자아를 인식한다. 이들은 '내가 속한 집단'이 아니라 '집단에 속한 나'를 인식하고 있을 뿐이다.

> 사회적집단의 대가정에 자신의 전부를 맡기고 사는 우리 청년들은 자신의 문제와 동지의 문제를 별개의 것으로 계선을 긋고 갈라놓을줄 모른다. 하기에 그들은 자신에게 제기하는 스스로의 요구를 동지들에게도 꼭같이 요구하는것을 응당한 도리로, 의무로, 권리로 간주하는것이다.[19]

'집단에 속한 나'를 인식한다는 것은 집단 속에서 자아의 정체성을 찾는다는 것이며, 이는 곧 국가와 사회를 위해 존재하는 개인을 인식한다는 것을 의미한다. 오직 국가를 위해 존재하는 개인에게는 의무와 책임만이 요구될 뿐이며, 이러한 자아개념은 어떤 대의나 국가에 대한 광신과 맹목적인 헌신을 낳게 한다고 할 때,[20] 이에 대해 북한여성도 예외가 아니다. 소설에서 당의 공식 가치지향을 구현하는 여성들은 자신의 권리 주장은 전혀 없고 오로지 국가와 사회, 집단에 대한 의무 수행만을 중요시하며, 국가와 사회, 집단에 대한 의무도 궁극적으로는 김일성과 김정일에 대한 충실성을 뜻한다.[21] 이는 곧 맹목적 헌신의 대상이 수령 한 개인에게 집중되어 있음을 말해 주는 것이다. 이와 같이 소설에서 긍정적으로 형상화된 북한여성들은 국가와 사회, 집단과 인민에 대한 헌신에서 자아의 정체성을 확인하고자 하며, 그들의 자아 정체성 확립은 곧 수령에 대한 충실성으로 귀결된다.[22]

그러나 북한소설에서 부정인물로 그려진 여성들의 자아인식은 당의 공식 가치지향과는 다르다. 그들은 집단 속에 매몰된 획일화된 자아에 대해 회의와 갈등을 겪으며, 당과 수령, 집단과 사회에 대한 맹목적 헌신보다는 자기중심적이고 개인지향적인 자아인식을 나타낸다. 다음의 예는 사랑하던 남자가 두 눈을 잃고 '영예군인'이 되어 돌아오자 그와의 결혼을 포기한 여성과 그의 친구가 주고받는 대화이다.

<난 너희들이 뒤에서 비웃는줄 다알아. 량심이 없다느니 배신자라 느니.> <동무들이 너에게 요구하는 건 바루 시대가 우리 청년들에게…> <그만둬.> <?!……> <그 시대의 요구앞에 너희들의 태도는 어떻니?> <우리들의 태도라니?> <너 솔직히 말해봐.> <…> <너라면, 내가 아니라 너라면 넌 어떻게 했겠니! 서슴없이 그런 불구자한 테 갔겠니?>[23]

영예군인과의 결혼을 포기한다는 것은 당과 수령의 뜻을 따르지 않는다는 것을 의미한다. 이는 곧 북한여성들이 국가를 위해 존재하는 개인으로서 자아를 인식하고, 당과 수령, 집단과 사회에 대한 맹목적 헌신에서 자아의 정체성을 찾으려 하기보다는 인생의 주체인 한 개인으로서 자아를 인식하려 한다는 것을 말해주고 있다. 1990년대 이래 북한여성들의 자아인식은 뚜렷하게 변화를 나타내고 있으며, 이와 같은 변화는 위의 예문에서와 같이 북한소설에서 부정인물로 등장하는 여성을 통해 잘 반영되고 있다.

한편 북한 가요 '녀성은 꽃이라네'에서 드러나고 있듯이 북한에서 여성은 "꽃"으로 상징, 인식되고 있으며, 이와 같이 자신들이 대상화된 데 대하여 북한여성들은 거부감이나 저항감이 없는 듯 보인다. 북한의 유일한 여성잡지인 「조선녀성」에 실린 글에는 오히려 여성들이 꽃으로 사는데 대해 긍지를 느끼고 있음을 말하고 있다.

> 오늘 우리 녀성들이 충성의 꽃, 나라의 꽃, 사회의 꽃으로 만사람의 축복을 받으며 사는 긍지를 느낄 때마다 자신들을 꽃으로 피워준 따사로운 품에 대하여 생각하게 된다.[24]

북한소설에 등장하는 여성들 역시 '꽃'으로 상징, 인식되는 자아에 대해 자긍심을 나타내고 있으며 '가정의 꽃', '혁명의 꽃'으로서 당과 수령으로부터 주어진 역할 수행을 위해 열심히 노력한다.

또한 소설을 통해 보면 북한여성들은 스스로 진정한 자아를 찾으려 하기보다는 현모양처로서 희생적·헌신적인 뒷바라지를 한 남편과 자식의 성공을 통해서 자아 정체성을 확인하고자 하는 관념 및 태도를 나타내고 있다.

> 자식을 길러 이런 보람을 맛본다는것은 얼마나 행복한 일인가. 아들의 성공을 위해 애쓰던 나날들이 새삼스럽게 돌이켜진다 …. 결국 오늘의 성공은 아들에게 바친 어머니의 헌신적사랑의 산아였다. 예향은 아들의 그림에 향해지는 감탄의 눈길들이 자기를 바라보는 선망의 시선처럼 느껴졌다.[25]

그러나 비교적 드문 예로 단편소설「삶의 향기」[26]에서는 현모양처로서의 희생적·헌신적 삶이 아닌 한 인격체로서의 자주적인 삶과 자아실현을 통한 여성의 정체성 확립 문제를 다루고 있으며, 따라서『삶의 향기』는 여성문제를 다룬 다른 북한소설들과는 현저하게 차별성이 있는

작품으로 평가되고 있다.27)

2) 삶의 목표

소설에서 긍정인물로 그려진 여성들은 당의 공식 가치지향과 일치하는 삶의 목표를 설정하며 목표달성에의 강한 의지를 나타낸다. 그들은 인생에 대한 긍정적 사고와 신뢰감을 지니고 생활하며, "오늘을 위한 오늘에 살지 말고 래일을 위한 오늘에 살라"는 김정일의 '명언'에 따라 미래지향적인 삶의 목표를 추구한다. 그들에게 있어 삶의 궁극적인 목표는 "당과 수령을 위한 희생, 헌신"이며, 일심단결하여 "혁명의 수뇌부를 결사용위하는 총폭탄"이 되어 사는 데에 삶의 보람이 있다. 또한 그들에게 있어 행복의 원천은 국가와 사회, 집단에 대한 헌신에 있으며, 이를 조국에 대한 봉사와 헌신, 영예군인의 반려자로서의 삶 등으로 구현한다.

> 누구나 한번밖에 없는 청춘시절에 더 큰 보람으로 당을 받들고 위훈으로 조국을 빛내여 나간다면 그처럼 보람찬 삶이 어데 있겠어요.28)

> 그는 자기 직무를 사랑하였던가, 그랬었다. … 조국을 위하여 자기를 ≪스스로 바치는≫ 긍지와 행복감으로 하여 그리도 애착을 느꼈고 환희롭던 복무였었다.29)

> 눈 먼 영예군인의 안해가 되어줄 녀성들이 이 나라에 얼마나 많으랴만 이 의무를 나는 그 누구에게도 양보할 수 없다.30)

그러나 소설에서 부정인물로 그려진 여성들의 삶의 목표는 집단중심의 사회지향적인 것이 아니라 자아중심의 개인지향적인 것이다. 다음의 예문은 이를 단적으로 말해 주고 있다.

아이 속상해라. 어머니 이게 바로 지금 추세라지 않아요…. 어머니 지금은 남을 위해 바치고 희생하고 하는 걸 다 우습게 생각한다지 않아요. 그래야 저만 못살았지… 무슨 수단을 써서라도 저부터 잘 살고 보자는 거야. 이게 바로 오늘의 현실이야.31)

다음의 예문은 24살에 고급기능공이 되자마자 시집을 가고 공장을 퇴직해버린 새세대 여성 "최순"이 고급기능공이 된지 8년밖에 안되었기 때문에 공장을 떠날 수가 없어 남편과 떨어져 살 수밖에 없는 현실을 안타까워하는 친구에게 하는 말이다.

≪호호호, 참 남들은 구실이 없어 공장을 못떼는데… 고급기능공이 뭐 어쨌다는거야. 말로만 고급기능공, 고급기능공하지 누가 착실히 돌봐 주길 하니. 나라사정이 어려워 졌는데 제 살마련은 제가 하는게 응당하지뭐.≫ …우리 생활이 일시적으로 어려워 지자 최순은 누가 뭐라던 제나름대로 했다. 그의 머릿속에서 동요가 일어 났던것이다.32)

실제에 있어 1990년대 이래 뚜렷하게 나타나고 있는 북한여성의 자아인식의 변화와 함께 북한여성의 삶의 목표 역시 변화하고 있으며, 이는 위에서와 같이 소설에서 부정인물로 형상화된 여성들을 통해 잘 반영되고 있다.

한편 소설에서 북한여성들은 한 남자의 아내가 되고 아이를 낳아 어머니가 되는 데에서도 여자로서의 삶의 보람과 행복을 느낀다. 다음의 예문들에서는 아이를 낳지 못하는 여성의 안타까운 심정을 말하고 있다.

이렇게 그는 안해의 행복은 지닐수 있었으나 10년이 되도록 <어머니>라는 신성한 이름은 지닐수 없었다. … 그는 자신의 불행은 둘째 치고 남편과 시부모 앞에 죄스러워 더 고통이였다. 모질게 마음먹고 리혼하려고도 하였지만 남편은 허락치 않았다. … 그는 안해가 되고 어머니가 되고싶었던것이다. 남편의 사랑받는 안해로, 자식을 사랑하는 어머니로… 그것은 녀성으로서 누릴수 있는 최대의 행복일것이다.

내가 과연 그런 행복의 향유자가 될수 있을가?[33]

　량팔에 껴안은 딸과 손녀의 체온이 그의 온몸을 따스하게 감싸안고 있었다. 이것이 인생말년에 누구나 바라는 행복인지도 모른다. 어떤 사람들은 자기의 모든것을 인민을 위해, 남을 위해 바치는것이 투사의 생이라고 말한다. 옳은 말이다. 그러나 혁명가들도 인간이다. 그들도 보통사람들이 그러하듯이 자기를 이어갈 후대가 있기를 바라며 그들이 자기의 생을 잊지 말아주기를 원한다. 지금 유정은 자기의 피를 나눈 자식, 자기들의 넋과 심혼을 이을 자식이 곁에 있어주기를 얼마나 간절히 바라는것이랴. 눈귀로 소리없이 눈물이 흘러내렸다.[34]

3. 북한여성의 가정생활

1) 결 혼

(1) 결혼의 의의

　소설을 통해 보면 북한여성들은 결혼문제에 있어 상대적으로 수동적·소극적이며 전통적인 부덕을 갖춘 주부로서의 역할을 중요시한다. 또한 그들은 배우자를 선택하기보다는 선택당하기를 바라며 구애·구혼을 하는데 있어 소극적이다.

　그의 말을 언제나 숨가쁨 속에 듣고 있던 보옥은 한숨을 폭 내쉬며 이렇게 말했었다. ≪전 어쩐지 동무가 부럽군요. 목적이 뚜렷하고 열정적인 생활… 그런 것이 저한텐 적었어요.≫ ≪그 지향이 중요하지요.≫ 철우는 고무하듯 말하였다. ≪지향이 나래를 펴면 날 의욕이 생기고 열정도 의지도 생깁니다. 락심할 건 조금도 없지요.≫
　≪저한텐 그런 나래가 없어요. 동무와 사귄 이 며칠동안 자신에 대해서 절감한 것이 그것이랍니다. 혹시나… 남의 나래에 실려서 그의 충실한 방조자나 될 수 있을는지…≫ 보옥은 이런 말을 뱉어놓고 가

숨이 후두둑해났다. 한숨과 함께 뱉어놓은 이 말 속에 처녀의 기대와 희망이 깡그리 담겨져 있었던 것이다.35)

≪왜 왔소?≫ 두억형이 나직이 물었다. ≪동문 어쩜… 제가 여자라는걸 한번도 생각해 본적이 있어요?≫ ≪뭐요?!≫ ≪어떻게 제가 동무의 큰 심장에 따라 설 수 있겠나요. 때로는 유혹에도 쉽게 빠질수 있는게 처녀시절이랍니다. 그런데 동문 제가 어떤 수령에서도 혼자 헤여나올수 있다는거죠?≫ ≪?!≫ ≪너무해요, 너무. 손 한번 내밀기가 그렇게도 비싼가요?≫36)

또한 소설에서 북한여성들은 사랑하는 남자에 대한 충실한 방조자, 내조자로서의 역할을 하는 데에서 결혼의 의의를 찾는다.

이 순간 보옥은 자기가 이 품에서 떨어지지 않기 위해선 얼마나 긴장해서 살아야 하는가, 잠시도 눈팔새없이 자신을 채찍질하고 수양하며, 탐구하며 살아야 하는가를 생각했다.… 그러나 나는… 남들처럼 마음을 놓지 못하고 긴장해서 탐구하며 살아가야 하는 것으로 해서 곱절이나 더 행복한 녀성이 아니겠는가!… ≪절 믿어 주세요. 전 영원히 충실한 길동무, 과학자의 안해가 되겠어요. 혁명동지가 되겠어요.≫37)

(2) 결혼시기

북한의 가족법은 혼인 연령에 달한 결혼 당사자는 자유의지에 따라 결혼할 수 있다고 규정하고 있다.

공민은 자유결혼의 권리를 가지며(제8조), 결혼은 남자 18살, 녀자 17살부터 할 수 있지만 국가는 청년들이 조국과 인민을 위하여 사회와 집단을 위하여 보람있게 일한 다음 결혼하는 사회적 기풍을 장려한다(제9조).

그러나 위의 법조문이 시사하고 있는 바, 북한당국은 결혼의 시기를 간접 통제하고 있으며38) 이는 소설에서도 반영되고 있다. 소설에서 결혼을 앞둔 젊은이들은 "청춘시절의 위훈과 사회에 대한 헌신이 사랑의 전제이며 결혼의 촉매"39)임을 마음에 새기고 결혼 전에 국가와 사회, 집단과 인민을 위해 헌신하며, 청춘시절의 위훈과 사회에 대한 헌신이 없이 결혼하는 사람은 크게 비난받는다. 그러나 실제에 있어 북한여성들의 결혼연령은 대체로 23~24세이며, 여성의 나이가 25세를 넘게 되면 노처녀로 불리게 되고 30세 전후가 되면 결혼하기 어렵게 된다고 한다.40) 이를 말해주듯 소설에서도 여성들이 이른바 결혼적령기를 크게 의식하고 있음을 보여주는 대목이 적지 않다.

> 그 때로 말하면 금숙이 혼사문제 때문에 친척들과 주위사람들의 시달림을 받을대로 받던 때였다. 언제까지 그렇게 기다리려는가, 청춘이 영원한 것인줄 아는가 하고 그들은 이구동성으로 말했다.… 이제는 31살, 사람들이 흔히 말하는 <혼기>가 퍽 지났다.41)

> 처녀는 일솜씨도 곱고 얼굴생김새도 별반 나무랄데가 없는데 왜 그런지 대상이 나타나지 않아 30이 거의 되어서야 약혼을 했다는 처녀였다. 그래서 이제라도 혹시 총각쪽에서 파혼선고라도 해오지 않을가 처녀가 걱정한다는 소리를 들은 생각이 났다.42)

그러나 또 한편으로는 최근 식량난을 겪으면서 북한에서도 30대 미혼여성이 드물지 않으며, 독신여성을 천시하는 사회적 통념에도 불구하고 여성들 사이에 독신 선호 경향이 점차 확산되고 있는 것으로 알려지고 있다. 이는 단편소설『녀전사의 길』에서 한 여전사와 그의 상관인 여소대장이 과거를 회고하며 나누는 대화에서도 엿볼 수 있다.

> ≪녀잔 꼭 시집가야 하나요?≫ ≪무슨 뚱딴지같은 소릴…≫ ≪아니예요. 그 소대장동지도 말이예요. 남자였더라면 지금도 부대에 있었을 거예요. 음— 난 시집 안갈래요. 제대두 안되구… 할머니 될 때까지 사적포를 지킬래요.43)

다음의 예는 단막희곡 "삶의 노래"에서 미혼의 연구사 영희(38세)와 그의 연구조수로 일하는 새 세대 여성 수연(28세)의 대화이다.[44]

영희: 수연이, 너 이젠 시집을 가야지?
수연: 어머나. 호호호… 연구사동진 갑자기…
영희: 얘, 웃지마. 난 이러다가 네가 정말 나처럼 혼기를 놓치게 될 가봐 걱정이야.
수연: 아이, 연구사동지야 애인이 계시지 않나요? 꼭 결혼을 하구 가정을 이뤄야만 할가요? 뭐, 나도 이제…

(3) 배우자 선택

북한 가족법에서 "자유결혼의 권리는 결혼 나이에 이른 모든 남녀가 그 어떤 사회적인, 가정적인 구속도 받음이 없이 결혼시기와 배우자를 선택한다는 것을 의미"한다. 따라서 혼인연령에 달한 젊은이들은 부모의 동의문제에 구애됨이 없이 자유의지에 따라 결혼하며 이는 소설에서도 잘 나타난다. 소설에서 북한여성들은 배우자 선택에 있어 부모의 의견을 존중하지만 결정권은 거의 본인이 행사한다. 새터민들이 전하는 바에 따르면 북한에서는 딸의 결혼문제에 대해 아버지가 많이 관여하는 편이라고 한다. 그러나 소설에서는 그와 관련된 대목을 찾기가 쉽지 않으며, 오히려 어머니가 딸의 결혼에 관여함을 시사하는 대목은 적지 않다. 한 예로 단편소설 「갈매기」에서는 한 새 세대 처녀가 어머니의 사랑과 기대를 알면서도 자신이 마음에 둔 남자 때문에 어머니가 만나라고 권하는 총각을 만나지 않는다.

애오라지 딸자식의 행복만을 바라는 어머니의 한량없는 사랑과 기대여서 더구나 뿌리치게 되지 않았다. 하지만 결정적인 시각이 닥쳐오자 처녀는 어머니를 노엽혔다. 외삼촌이 그리도 신신당부 하였건만 그 총각이 기다리는 해안공원으로 나가지 않았던 것이다.[45]

(4) 결혼방식

북한 새 세대 남녀의 이성관은 1989년에 평양에서 개최된 제13차 '세계청년학생축전' 이후 가장 뚜렷한 변화를 보이고 있으며, 변화양상들 가운데 하나가 자유스러운 이성 교제와 그에 따른 연애결혼의 증가 추세라고 한다. 또한 1990년대 이래 북한 젊은이들 사이에서는 사랑과 결혼을 별개의 문제로 생각하는 풍조가 번지고 있고, 혼전·혼외 임신 사례도 적지 않은 것으로 알려지고 있으며, 북한에서 이름 있는 한 시나리오 작가도 이러한 풍조에 대해 다음과 같이 비판하고 있다.

> 극히 부분적이기는 하지만 사람들 속에는 사랑과 결혼을 동일한 것으로가 아니라 서로 별개의 문제로 간주하면서 사랑은 사랑대로 결혼은 결혼대로 분리시켜 생각하는 현상도 없지는 않습니다. 이런 <사랑>은 참다운 사랑을 모르는 부르죠아적 인생관의 산물이며….46)

그러나 결혼방식에 관한 새터민들의 증언은 상반된다. 그들 가운데 일부는 결혼 때에 문제가 되는 출신성분 내지 사회적 성분 때문에 북한에서는 여전히 중매결혼이 대부분을 차지한다고 말한다. 또 다른 일부는 최근 북한당국이 예전과 달리 남녀간의 자유연애에 대해 관대해졌으며, 주민들 사이에서도 남녀관계에 대한 보수적 관념이 점차 희박해져 자유연애와 연애결혼이 대부분이라고 한다. 위의 견해들을 종합해 보면, 사실상 1990년대를 통해 북한주민의 성 의식이 점차 개방 추세를 보임에 따라 새 세대 남녀들 사이에 자유연애 풍조가 널리 확산되었으며 연애결혼도 비교적 증가 추세를 보였을 것으로 판단된다. 그러나 북한에서는 여전히 연애가 수치 내지 부도덕한 행위로 여겨지고 있으며,47) 연애결혼 후 배우자의 출신성분으로 인한 이혼사례도 적지 않다는 사실 등으로 미루어 볼 때, 북한 여성들은 연애결혼을 선호하면서도 보다 더 안전한 쪽으로 중매결혼을 선택하는 것으로 미루어 짐작된다.

북한소설에서 여성들은 자유로이 연애하며 연애는 반드시 결혼으로 이어진다. 그들에게 있어서 연애와 결혼은 별개일 수 없으며, 연애와 결혼을 별개의 문제로 하여 처신하게 되면 크게 비난받는다. 또한 소설에서 북한여성들은 외적조건만 보고 주위사람의 소개로 남자와 만나는 것에 대해 불편함을 느끼며 거북해 한다. 다음의 예문은 기계공장의 현장기사로 일하며 즐겁게 살아가는 한 여성이 공장대학 시절에 자신의 담임교원이었던 분이 한 청년을 소개해 주려하는데 대해 몹시 불편해 하는 대목이다.

나는 놀래기보다 아연해지고 말았다. 진정한 사랑의 감정이 없이 얼굴이나 직업을 보고 대상자를 선택하는 그런것을 나는 경멸한다. 대방에 대한 아무런 파악도 없이 어떻게 한순간에 만나보고 인생문제를 론할수 있단 말인가. 나는 자리를 뜨려다가 선생님의 성의를 무시하는가 싶어 그냥 자리에 앉아있었다.[48]

한편 북한 소설에서는 집밖의 특정 장소에서 남녀가 정식으로 맞선을 보는 대목을 찾아볼 수 없다. 그러나 남자가 여자의 집으로 찾아가 여자의 선을 보는 대목은 있다.[49] 다음의 예문은 낯선 총각이 예고도 없이 딸을 선보기 위해 집으로 찾아온 것에 대해 기뻐하며 어머니가 딸에게 하는 말이다.

우리 선경이가 곱긴 곱긴 곱구나. 목이 쑥 빠지게. 사실은 총각이 네 선을 보려구 왔다. 얼마나 미끈하게 잘 생겼는지. 지방건설총국인가 하는곳에 있는데 글쎄 너를 보자마자 마음에 들어 찾아왔다는구나. 원 저런 복덩이가 제발로 굴러들다니…[50]

(5) 배우자 조건

소설에서 긍정인물로 그려진 북한여성들의 배우자 조건은 당의 공식 가치지향과 일치한다. 이들의 배우자 조건에서는 '당과 수령의 뜻을 관철하고자 하는 남자의 지향 및 포부'와 '당의 은덕과 배려에 대한 보답 내지 당의 뜻 관철에 의의를 둔 영예군인에 대한 의무감'이 가장 중요한 요소로 강조된다.

다음의 예문에서 여자는 어려운 농촌현실을 바꾸어 놓으려는 남자의 지향세계에 감동해서 뿐만 아니라, 방조자가 되어 주기를 바라는 남자의 요구가 곧 농촌현실의 요구인 것 같아서 그의 반려자가 되기로 결심한다.

> 그의 지향세계는 얼마나 숭고하고 아름다운가!… 여기 농촌에는 아직도 얼마나 할일이 많은가. 홍일동무는 그 많은 일들을 제손으로 해제낄 결심이라지… 나에게서 방조를 바라는 그 사랑을 바라는… 그 어째선지 이것이 그의 개인적 요구라고만 생각되지 않았다.… 농촌현실이 나로 하여금 여기에 남을 것을 바라지 않는가! 홍일동무, 남겠어요! 아는껏 방조를 주겠어요.[51]

영화문학「내 고향의 처녀들」에서 여주인공 시내는 영예군인의 아내 됨이 갖는 의미를 다음과 같이 말하고 있다.

> 저는 이 자리에서 앞못보는 남편과 일생운명을 같이하는 것이 당의 품속에서 고이 자란 우리시대 청년들의 자각임을 명심하고 영원히 변함없이 남편을 진심으로 사랑하고… 받들겠다는 것을 오늘 당조직 앞에 맹세합니다.[52]

그러나 소설에서 부정인물로 그려진 여성들의 배우자 조건은 당의 공식 가치지향과 다르다. 이들은 남자의 지향세계보다는 남자의 집안배경 내지 부모의 권력배경, 경제력 등을 중요시하며 도시 거주자를 좋아하고 영예군인과의 결혼을 꺼린다. 실제에 있어 북한여성들의 배우자 조건은 소설에서 부정인물로 그려진 여성들의 배우자 조건과 같다. 북한여성들은 당의 권력자이거나 물품공급이 잘 되는 부서의 간부 자제, 해외여행 기회가 비교적 많은 외교부 및 무역부 직원, 잘 생긴 외모에 가정환경이 좋은 사람, 도시 거주자 등을 배우자로 원하며, 식량난의 한 때에는 군관과 외화벌이 일꾼을 가장 선호하기도 했다. 이는 군관은 생활비 지급과 식량, 피복류 등의 배급이 정상이므로 생활 형편이 비교적 좋았기 때문이며, 외화벌이 종사자들은 다른 직종에 비해 돈을 많이 벌 수 있어 여유로운 생활을 할 수 있기 때문이었다고 한다. 또한 북한 여성들은 특히 직업이나 외모에 관계없이 평양총각을 선호하는데, 이는 지방처녀가 평양총각과 결혼하면 평양거주가 가능하므로 평양에서 살고 싶은 마음에서 다른 조건은 따지지 않고 평양총각을 가장 선호하는 것이라고 한다. 이와 같이 지방여자들이 평양을 비롯한 대도시의 총각을 선호함에 따라, 그 결과로 결혼 못한 농촌총각, 산간지대 공장 노동자 등의 문제가 심각했던 것으로도 알려져 있다.[53] 문제의 심각성은 김정일의 한 담화에서도 엿볼 수 있다.

> 일부 농촌 처녀들은 농촌 총각에게 시집갈 생각을 하지 않고 어떻게 하나 도시 총각에게 시집을 가서 농촌에서 빠져 나가려 하고 있습니다.[54]

한 때 북한여성들이 바라는 1등 신랑감은 이른바 '군당지도원'이라고도 했는데, 이는 군대를 다녀온 당원이면서 지식과 도덕, 그리고 돈이 있는 사람을 칭하는 것이라고 한다. 이상과 같은 북한여성들의 배우자 조건은 북한 소설에서 부정인물로 그려진 여성을 통해 다음과 같이 묘사되고 있다.

> ≪어머니, 요즘 도시처녀들이 어떤 남자를 고르는지 알아요?≫ ≪당원이겠지… 아니면 제대군인… ≫ ≪호 그건 다 옛날이예요. 지금

은 외국을 나다니면서 재산을 모으는 사람이나 다른 나라에 부모들이 가있는 총각 하다못해 외화를 쓸 수 있는 연줄이라도 있으면 선도 보지 않고 간답니다.≫55)

2) 세대주 중심의 가정생활

북한의 가족법에는 "가정생활에서 남편과 안해는 똑같은 권리를 가진다(18조)"라고 명시되어 있다. 그러나 새터민들이 전하는 바에 따르면 북한의 가정생활은 세대주 중심으로 이루어지고 있다. 북한의 가정에서 남편은 세대주라고 불리며 자녀 문제를 비롯한 가정의 모든 일에 있어 절대적인 권위를 가지고 결정권을 행사한다. 또한 북한에서는 부계 혈통 계승의 호적제도가 사라졌음에도 불구하고 자녀들의 성씨를 아버지 쪽으로 하며,56) 자녀와 친척들과의 관계도 남편 쪽을 중심으로 이루어진다. 부부간 일상대화에서 남편은 아내에게 반말을 해도 아내는 남편에게 존대어를 해야 한다. 그런가하면 남편의 외도는 흔히 있을 수 있는 일로 간주되어 크게 문제시되지 않으며, 남편이 아내를 구타하는 일도 흔한 편이라고 한다. 이와 같이 북한의 가정생활은 전통사회에서와 같이 세대주 중심으로 이루어지고 있으며, 북한문헌에서도 이를 시사하고 있다.

> 가정을 이러한 혁명화된 가정으로 꾸리는데서는 녀성들, 가정부인들의 책임이 매우 크다.… 그런데 혈육들이 모여사는 가정생활에서는 어느 단위보다 낡은 사상과 유습이 많이 남아있을수 있고 생겨날수도 있다.57)

세대주 중심의 가정생활은 소설에서도 뚜렷하게 나타난다. 아내는 남편을 '세대주' 또는 '주인'으로 호칭하며 존대어를 한다. 남편과의 언쟁도 거의 없으며 남편에 대해 순종적이고 헌신적이다.

동호의 안해나 최기사의 안해나 머리가 희어진 오늘까지 한번도 자식들에게 밥을 들려 내보낸적이 없었다. 언제나 자기들이 따끈한 밥보자기를 들고나와서는… 늙으면 아마 자식들에 대한 사랑도 사랑이지만 제 남편에게 잔정이 더 많이 가는 모양이다. 하기야 녀자들에게 제 남편보다 귀한 존재가 있으랴만…58)

훌륭한 자식의 뒤에는 다심한 부모의 사랑이 있고 성공한 남편의 뒤에는 현숙하고 충성스러운 안해의 남다른 노력이 따른다.59)

단편소설 「숲에 들렸다 가시라」에서는 한 젊은 주부가 모처럼 친정부모와 함께 숲으로 소풍 나가자는 애원에도 불구하고 출장을 떠나는 남편에 대해 여자이기 때문에 하고 싶은 말을 다 못한다.

≪아버님이 우릴 위해 모처럼 마련한 휴식인데 그렇게 빠지면 어떻게 해요? 하루 쉬고 래일 떠나세요.≫하고 예명은 애원하다싶이했었다. 하지만 고집센 남편은 부득부득 출장배낭을 꾸리면서 아무 대꾸도 없었다. ≪절 생각해서라도 하루 좀 바쳐주세요.≫ 예명은 금시 혀끝에 매달리는 그 말을 입밖에 내지 않았다. 남자쪽에서 스스로 그렇게 생각해주어야지 녀자쪽에서 입에 올리면 단박에 역스러워진다는것을 모르지않았던 것이다.60)

단편소설 『행복의 무게』에서는 의사로서 전문직을 해나가면서 가정불화를 겪은 한 여성이 역시 연구사로서 직장생활을 하는 친구에게 다음과 같이 말하고 있다.

유경이, 차마 너를 못 보겠구나. 물론 연구사업은 훌륭하고 숭고한 일이지. 그래서 난 너에게 연구사업을 그만 두라고 하고 싶진 않아. 그러나 우린 어머니이고 안해이며 한가정의 주부야. 녀성이 가정을 잃으면 도대체 무엇이 남겠니?… 노엽게 생각진 말아. 난 네가 편안하지 못하고 불화가 많았던 우리 가정처럼 되지 않길 바랄뿐이다. …우리 녀자들에게야 가정이 있잖니. 아이를 잘 키우고 남편을 성공시키고도 자기자신도 성공하고 싶은것은 우리 같은 녀성들의 리상이지. 하지만 그것이 그렇게 쉽진 않아. 녀성의 성공에 비껴 진 가정은 벌써 균형이 파괴되여 엉망이 되었다는걸 의미하지. 남편이 주부가 되었던지 아니면 아이들이 때식을 번지던지].61)

단편 소설「삶의 향기」에서는 한 대학 교수가 가정에서의 아내의 역할에 대해 다음과 같이 말하고 있다.

도대체 녀자에게 무슨 큰 뜻이 있겠다구… 도무지 녀인들은 생활을 모르거든. 아이들을 훌륭히 키우는 일이며 가정의 화목과 알뜰한 꾸림이 곧 녀성의 희망중에서 큰 몫을 차지한다는 것쯤이야 알고 있어야 할게 아닌가.… 안해가 남편의 말을 잘 듣는것이 왜 약점으로 된단 말인가?… 남편을 돕는것을 안해로서의 본분으로 미덕으로 생각하며 살아온 안해는…62)

단편소설『열쇠』에서는 아내에게 있어 남편이 지니는 의의와 중요성을 다음과 같이 말하고 있다.

어떤 사람들은 어떤 남편을 만나는가에 따라 그 여자의 일생이 규정된다고 한다. 나는 이 말이 과언이 아니라고 생각한다. 그렇듯 여자에게는 남편이 중요한것이다. …어머니들도 속이 상할 때는 남들에게 자기자식의 못난점을 하소연한다. 하지만 안해들은 혼자서 속을 썩이는 한이 있어도 자기 남편의 결함을 감추고 산다. 아마도 일심동체라는 부부의식, 남편의 명예이자 자기의 명예라는 녀성적인 속성이 작용해서일것이다. 자기 남편의 결함을 들고다니는 녀인은 안해이기전에 녀성이 아니다.63)

위에서와 같이 북한의 가정생활이 수직적 부부관계에서 세대주 중심으로 이루어진다고 하는 것은 북한사회에 전통적 유교관념인 남존여비관이 뿌리 깊게 잔존해 있음을 말해 준다. 북한에서 남존여비사상은 "남자를 존대하고 녀자를 천대하는 착취사회의 반동적 륜리도덕관"이며 근절되어야 할 봉건유교사상의 잔재로 규정되어 있다. 또한 북한은 주장하기를 법·제도적 및 현실적으로 남녀평등이 구현되어 있다고 한다. 그러나 이러한 주장과는 달리 실제적으로는 북한사회에 남존여비관이 강하게 남아있는 것으로 알려지고 있으며 이와 관련해 새터민들은 다음과 같이 전하고 있다.

> 북한 여학생들은 아직도 남존여비사상에서 헤어나지 못하고 있다.… 남자들의 입에서는 버젓이 "남녀칠세부동석"이라는 말이 나오며 여자들이 자기 앞을 지나가는 것조차 싫어한다. 한 예로 우리 학교가 남녀공학이 되었을 때 여학생들은 교실에 남학생이 한 명만 있어도 교실에 들어가지 못한 적이 있다.… 더욱 한심스러운 것은 쉬는 시간이 되어도 여학생들은 볼일을 보러 가지 못했다. 소변을 보러 가자면 창문 쪽에 앉아 있는 여학생들은 복도 쪽에 앉아 있는 남학생들 앞을 지나가야 했는데 여학생들이 남학생들의 앞을 지나가는 것을 매우 꺼려했기 때문이다.… 그 당시 나도 남자들을 위대한 존재로 여겼고 응당 그렇게 하는 것이 여자로서 몸가짐을 바로 하는 것인 줄 알았다.[64]

> 그런 거 아직도 북한은 남존사상이 많으니까요. 그저 지금 그 때 다시 사상은 뭐이냐 남자와 여자가 같이 사는 데는 여자가 남자를 먹여 살릴 수 있는 여자를 기본 택해서 가정을 묶거든요. 여자는 죽도록 벌어서 남편 먹여 살려야 되는 거예요. 남편이 가정을 먹여 살리는 것이 100% 중에 아마 20~30%밖에 안 될 거예요. 여자들은 나가서 직장일을 하고 들어와도 어쨌든 먹고 사는 데는 기본 주자로 하고 어떤 남자들이 많은가하면, 그까 여자들 몸 팔아서라고 나 먹여 살려라 그런 남자들이 절반이거든요. 막 벌어오지 못하면 막 때리고 그런 거 직접 봤어요. …그렇게 막 때리고, 자기는 벌지 못해 있어도 막 아내를 때리고, 나가버리고 기본이 그래요.[65]

북한사회에 만연해 있는 남존여비관은 노동당 기관지 ≪로동신문≫에서도 엿볼 수 있는바 ≪로동신문≫에 '조선녀성의 고상한 예의범절'

이라는 제목으로 실린 한 글에서는 "상대방에게 공손하고 유순하게 말하고 항상 자기를 낮추고 양보하는 말을 찾아쓰는 것은 조선여성들의 언어예절의 중요한 특징"이며, 여성은 "상대방에게 무엇을 요구할 때에도 직선적이 아니라 에둘러 표현해 여성다운 인간미와 부드러움을 보여주어야 한다"고 강조하고, 또한 "무릎이 드러난 짧은 치마나 보기 흉한 치마바지, 무늬나 색깔이 지나치게 조잡하고 알락달락한 옷을 입는 것은 '우리식'이 아닐 뿐더러 사람들에게 불쾌감을 주는 비도덕적인 행위"라고 못 박음으로써 여성들로 하여금 능동적이기보다는 수동적이고, 적극적이기보다는 소극적이기를 요구하고 있다.

북한주민들 사이에 뿌리 깊게 내재되어 있는 남존여비관은 소설에서도 잘 나타나 있다.

> 사실 나도 일순이가 녀자들중에서는 리해성도 있고 그중 괜찮다고 보아왔어. 그런데 어제 생활총화에서 말하는걸 보고는 손 바짝 들었어. 역시 어쩔수 없는것이 녀자야.66)

> 차체에서 힝하니 뛰여내린 진옥은 나더러 용접기를 가지러 가자고 했다. 나는 어처구니가 없었다. 처녀가 용접을 하다니?… 알지도 못하는 주제에… 제대군인 처녀도 녀자겠지. 그래 녀자에게 무슨 뾰족한 수가 있어 하루새에 저렇듯 복잡한 기계를 척척 뜯고 붙여낸단 말인가?67)

다음의 글은 사랑하는 남자로부터 자신의 나약함을 추궁당하자 강한 여성임을 자부하던 한 여전사가 울면서 반발하는 대목이다.

> 그래 어쨌다는거예요. 약해요. 여자니까요. 내가 어떤 진통을 이겨내고 있는지 알기나 하구 그런 소릴 해요? 어떤 몸이라는것두! 무정해요. 정말 무정해요.68)

한편 1990년대 중반 이래 식량난을 비롯한 경제난이 악화되면서 북한주민의 가정생활에 변화가 일고 있는 것으로 알려지고 있다. 남편들이 직장에서 생활비(월급)를 받아오지 못해 주부들이 가족의 식량문제를 해결하게 되면서부터 점차 남편들이 가장으로서의 구실을 못하고 무능력해져 가정에서의 권위가 약화되고 있다는 것이다. 이와 관련해서 대부분의 새터민 여성들은 식량난 이후 북한여성들이 주로 장사를 통해 경제력이 강해지면서 가정에서 발언권이 다소 강해진 것은 사실이나 여성들은 세대주를 집안의 가장으로 인정해 주는 것이 가정의 평화를 도모하는 것이라고 생각하므로 세대주 중심의 가정생활에 저항하지 않는 편이라고 한다. 그러나 1996년 이래 중국으로 탈북한 여성들 가운데 가족을 부양해 오다 남편의 학대에 못 견디어 탈북한 사례들이 많다고 하는 사실[69]은 식량난의 악화로 인해 적지 않은 가정에서는 오히려 가부장 문화가 더욱 심화되었음을 시사한다. 이와 관련해 새터민 여성들은 다음과 같이 전하고 있다.

> 체제 자체가 불평등이라는 거는 그런 건 잘 모르겠는데 어쨌든 북한에는 대남주의가 많이 있고 현재까지도 북한에서는 여자라고 하면 가치 없이 보고 남자들이 여자를 많이 좀 힘들게 하죠. 현 상황에서 북한에서는 여자들이 많이 움직여서 벌어먹고 있어요. 근데 남자들은 일 안해도 집에 들어오면 여자들을 때려요. 구박받는 일이 많고, 모든 시대들을 보면 여자들이 그렇게 남자들 때문에 제가 벌어 먹여도 남자들은 큰 소리치고, 남자들이 주권 쥐고 이렇게 살아요. 가정에서. 그래도 남자한테 그렇게 그저, 남자들은 여자는 조금 살다가 힘들면 내버리고 내버리고 하니까 그 사회가 그게 좀, 이혼해요. …장사를 못 한다던가 가정살림이 어렵다던가 하면 여자한테 다 덮어씌워요. 네가 살림을 잘 못하기 때문에 너하고 살기 힘들다 그렇기 때문에 이혼한다는 걸 걸고, 무조건 이혼하면 여자들은 꼼짝 못하고 이혼해요.[70]

> 북한에는 남자가 하는 일이 없어요. …하다못해 북한은 다 낭구 석탄 때니까 나무패고, 하다못해 못 박는 일도 다 여자가 해요. 남자하는

일이 없어요. …여자들이 다 해요. 못하면 남자들이 왜 너는 못 하는가, …자꾸 자기한테 주는 게 부족하면 자꾸 여자들을 때려요. 술만 먹어도 여자들을 때리지… 때려도 어디가 하소연 할 데 없죠. 그런 관계를 얘기하면 여자 바람 쏟으니까 남편이 때렸겠지, 이 정도지, 남자가 여자에 대해 성폭행한다, 아니면 남자가 아내에 대해 너무 폭력이 나쁘다, 이런 걸 몰라요. 응당한 걸로, 여자는 남자에 대해 응당 맞고…71)

4. 맺음말

우리가 지향하는 통일한국의 미래상은 남과 북의 마음이 하나 되어 서로를 북돋우며 밝고 건강한 삶을 살아가는 한민족 공동체이다. 그러나 통일의 그 날에 남과 북이 만났을 때 우리 모두는 예상했던 것보다 더 크고 복잡한 어려움에 직면할 수도 있으며 내적 통합의 과정에서 장기간 시련을 겪을 수도 있다. 이는 여성들에게 있어서도 예외가 아니다. 지난 60여 년 분단의 세월 동안 남북한은 정치·경제 및 사회·문화적 이질화를 겪어왔으며, 이질화를 겪은 만큼 남북한 여성들의 삶의 방식과 모습에 있어 크고 작은 차이가 드러나고 있다. 이와 같은 차이는 위에서 살펴본바와 같이 북한 소설작품에서도 잘 엿볼 수 있다.

집단중심의 사회지향적 가치관을 형성하도록 학습, 사회화된 북한여성들과 자아중심의 개인지향적 가치관을 지니고 있는 남한 여성들의 화합은 상호간 갈등과 긴장의 과정을 거쳐야만 할 것이다. 그러나 남북한 여성의 가치관에는 이질적인 요소들보다 동질적인 요소들이 더 많다. 이는 곧 남북한 여성들 사이에는 보다 수월한 상호 이해와 신뢰감 형성의 소지가 마련되어 있음을 의미하며, 남북한 여성의 상호 이해와 신뢰감 형성이 남북한 내적 통합에 주요 계기로 작용할 수도 있다는 기대감을 갖게 한다.

※ 이 글은 『북한 여성의 삶: 지속과 변화』(서울: 해남, 2006)의 1장 "소설을 통해 본 북한 여성의 삶"을 요약 정리한 것이다.

주 註

1) 오승련, "친애하는 지도자 김정일동지께서 <주체문학론>에서 밝히신 주체의 문학형태 리론에 대하여,"『조선문학』(1993.9), 32쪽.
2) 명일식, "우리 시대 청년들의 참다운 사랑에 대한 진실한 예술적형상,"『청년문학』(1993.5), 55쪽.
3) 모든 소설문학에서 전달하고자 하는 메시지는 '국가와 사회, 집단과 인민에 대한 헌신, 당과 수령의 뜻 관철'이다.
4) 김재용,『북한문학의 역사적 이해』(서울: 문학과 지성사, 1994), 263~271쪽, 287~307쪽 참조.
5) 북한문헌에 의하면 "긍정인물과 부정인물의 대립과 투쟁으로 갈등을 설정하고 이야기를 엮어나가는 것은 극적인 것을 형상하는데서 기본"이다. 오승련, 앞 글, 34쪽.
6) 임순희, "북한여성의 정치문화" (숙명여자대학교 대학원 박사학위 논문), 77~81쪽 참조.
7) 김일성,『회고록: 세기와 더불어(1)』(평양: 조선로동당출판사, 1992), 102쪽 ; 과학백과사전출판사 편,『백과저서 1』(평양: 과학백과사전출판사, 1902), 139쪽 ; 백봉,『민족의 태양 김일성장군』(평양: 인문과학사, 1968), 19쪽.
8) 조선민주녀성동맹 중앙위원회,『강반석녀사를 따라 배우자』(평양: 조선청년사, 1967), 30쪽.
9)『조선녀성』(1982.4), 46쪽.
10) 김일성, 앞의 책, 99쪽, 105쪽.
11) 백봉, 앞의 책, 20쪽.
12) 김일성, 앞의 책, 101쪽.
13) 조선민주녀성동맹 중앙위원회, 앞의 책 참조.
14)『천리마』(1992.4), 56쪽.
15) 과학백과사전출판사 편, 앞의 책, 139쪽.
16) 임순희, 앞의 책, 83~87쪽.
17) 황순희, "수령께 끝없이 충직한 혁명가의 영원한 정치적 생명,"『근로자』 (1982.1), 52쪽.
18)『조선중앙년감』(평양: 조선중앙통신사, 1980), 111~112쪽.
19) 현희균,『새 땅』(평양: 문예출판사, 1991), 326쪽.
20) 에드워드 스튜어트 저/ 김성경 역,『문화차이와 인간관계』(서울: 보성사, 1991), 98쪽.
21) 임순희, 앞의 책, 91~93쪽.

22) 북한당국은 여성들에게 이른바 '김정숙형의 인간, 김정숙형의 여성혁명가'에 관한 교양을 강화하고 있으며, '김정숙형의 인간'은 김일성에 대한 충실성을 기본 품성으로 한다. 『조선녀성』(1999.1), 18~19쪽 참조.
23) 리춘구, "내 고향의 처녀들,"『조선영화』(1991.10), 59쪽.
24) 『조선녀성』(1996.1), 17쪽.
25) 김혜영, "모성의 권리,"『조선문학』(1999.7), 69~70쪽.
26) 정현철, "삶의 향기,"『조선문학』(1991.11).
27) 김재용, "북한문학에서의 여성과 민족, 그리고 국가,"『통일논총』제17호 (서울: 숙명여자대학교 통일문제연구소, 1999), 166~168쪽 참조.
28) 장옥순, "청춘시절,"『청년문학』(1992.8), 45쪽.
29) 정영종, "복무는 희생이 아니다,"『청년문학』(1993.11), 37쪽.
30) 김혜영, "아름다움을 자랑하라,"『청년문학』(1991.9), 40쪽.
31) 리춘구, 앞의 글, 54쪽.
32) 박찬은, "복주머니,"『조선문학』(2001.10), 16쪽.
33) 김혜영, 앞의 글, 76쪽.
34) 김영희, "세월의 년륜속에,"『조선문학』(1998.9), 63쪽.
35) 양의선, "거대한 날개,"『조선문학』(1993.1), 38쪽.
36) 공승길, "방파제,"『조선문학』(2002.9), 41~42쪽.
37) 양의선, 앞의 글, 42쪽.
38) 1971년, 사회주의 로동청년동맹 제6차대회에서 김일성은 "한창 일할 수 있는 나이에 결혼을 하면 혁명과업 수행에 지장을 주게된다. 남자는 30세, 여자는 28세가 된 다음에 결혼하는 것이 좋을 것 같다"라고 언급한 바 있다.
39) 남대현,『청춘송가』상 (서울: 도서출판 공동체, 1988), 193쪽.
40) "탈북자 김순영의 증언,"『통일한국』(1999.10), 55쪽.
41) 석남진, "한 녀교원의 사랑,"『조선문학』(1996.9), 43~46쪽.
42) 로정법, "시대의 발걸음,"『조선문학』(2001.7), 55쪽.
43) 조근, "녀전사의 길,"『조선문학』(1996.3), 26쪽.
44) 김형길, "단막희곡: 삶의 노래,"『조선문학』(2001.9), 43쪽.
45) 손광영, "갈매기,"『조선문학』(1994.8), 69쪽.
46) 장유선, "사랑과 결혼에 대하여 하고싶은 말,"『조선영화』(1993.9), 47쪽.
47) 특히 연애하는 여성은 몸 관리를 단정하게 하지 않는 여성으로 간주하고 곱게 보아주지 않는다고 한다.
48) 송영금, "사랑은 연분이 아니다,"『청년문학』(1999.9), 39쪽.
49) 새터민들에 의하면 북한에서는 남자가 여자 집으로 찾아가 선을 보는 것이 드문 일이 아니라고 한다.

50) 전송희, "짙어가는 단풍,"『조선문학』(1998.6), 44쪽.
51) 윤승상, "물길공사장에서 쓴 일기,"『조선문학』(1991.9), 62쪽.
52) 리춘구, 앞의 글, 77쪽.
53) 일부 새터민들이 전하는 바에 따르면 식량난 악화 이후로는 평양주민조차 지방 거주를 희망하므로 오히려 도시처녀가 농촌으로 시집가는 사례가 현저하게 증가했다고도 한다.
54) 이상경, "최근 북한문학에 나타난 세대간의 갈등에 관한 연구,"『'94 북한 및 통일 연구논문집』제2권 (서울: 통일원, 1994), 136쪽에서 재인용.
55) 리춘구, 앞의 글, 54쪽.
56) 북한은 호적제도를 폐지했으나 1990년 제정된 가족법 제26조에 "자녀는 아버지의 성을 따른다"고 규정하여 부성父姓추종의 원칙을 고수하고 있다.
57)『조선녀성』(1999.3), 15쪽.
58) 윤경찬, "두기사에 대한 이야기,"『조선문학』(1997.1), 58~59쪽.
59) 김준학, "매혹,"『조선문학』(1998.9), 23쪽.
60) 김홍익, "숲에 들렸다 가시라,"『조선문학』(1999.4), 52쪽.
61) 리라순, "행복의 무게,"『조선문학』(2001.3), 31~33쪽.
62) 정현철, 앞의 글, 42~43쪽.
63) 김혜성, "열쇠,"『조선문학』(2004.4), 68쪽.
64) 여만철 외,『흰 것도 검다』(서울: 도서출판 다나, 1996), 230~231쪽.
65) 동국대학교 북한학연구소,『탈북자 증언을 통해서 본 북한인권 실태조사』(서울: 동국대학교 북한학연구소, 2005), 107~108쪽에서 재인용.
66) 반상서, "140리,"『청년문학』(1999.5), 26쪽.
67) 장옥순, 앞의 글, 40~41쪽.
68) 조근, 앞의 글, 31쪽.
69) 통일연구원,『북한인권백서』(서울: 통일연구원, 2004), 178쪽.
70) 동국대학교 북한학연구소, 앞의 책, 108쪽에서 재인용.
71) 위의 책, 108~109쪽에서 재인용.

<참고문헌>

1. 북한문헌

공승길, "방파제," 『조선문학』 2002년 9호.
과학백과사전출판사 편, 『백과전서 1』 (평양: 과학백과사전출판사, 1982).
김영희, "세월의 년륜속에," 『조선문학』 1998년 9호.
김일성, 『회고록: 세기와 더불어(1)』 (평양: 조선로동당출판사, 1992).
김준학, "매혹," 『조선문학』 1998년 9호.
김형길, "단막희곡: 삶의 노래," 『조선문학』 2001년 9호.
김혜성, "열쇠," 『조선문학』 2004년 4호.
김혜영, "모성의 권리," 『조선문학』 1999년 7호.
김혜영, "아름다움을 자랑하라," 『청년문학』 1991년 9호.
김홍익, "숲에 들렀다 가시라," 『조선문학』 1999년 4호.
로정법, "시대의 발걸음," 『조선문학』 2001년 7호.
리라순, "행복의 무게," 『조선문학』 2001년 3호.
리춘구, "내 고향의 처녀들," 『조선영화』 1991년 10호.
명일식, "우리 시대 청년들의 참다운 사랑에 대한 진실한 예술적형상," 『청년문학』 1993년 5호.
박찬은, "복주머니," 『조선문학』 2001년 10호.
반상서, "140리," 『청년문학』 1999년 5호.
백 봉, 『민족의 태양 김일성장군』 (평양: 인문과학사, 1968).
석남진, "한 녀교원의 사랑," 『조선문학』 1996년 9호.
손광영, "갈매기," 『조선문학』 1994년 8호.
송영금, "사랑은 연분이 아니다," 『청년문학』 1999년 9호.
양의선, "거대한 날개," 『조선문학』 1993년 1호.
오승련, "친애하는 지도자 김정일동지께서 <주체문학론>에서 밝히신 주체의 문학형태 리론에 대하여," 『조선문학』 1993년 9호.
윤경찬, "두기사에 대한 이야기," 『조선문학』 1997년 1호.
윤승상, "물길공사장에서 쓴 일기," 『조선문학』 1991년 9호.
조선민주녀성동맹 중앙위원회, 『강반석녀사를 따라 배우자』 (평양: 조선청년사, 1967).
장옥순, "청춘시절," 『청년문학』 1992년 8호.
장유선, "사랑과 결혼에 대하여 하고싶은 말," 『조선영화』 1993년 9호.

전송희, "짙어가는 단풍," 『조선문학』 1998년 6호.
정영종, "복무는 희생이 아니다," 『청년문학』 1993년 11호.
정현철, "삶의 향기," 『조선문학』 1991년 11호.
조 근, "녀전사의 길," 『조선문학』 1996년 3호.
"탈북자 김순영의 증언," 『통일한국』 1999년 10호.
현희균, 『새 땅』 (평양: 문예출판사, 1991).
황순희, "수령께 끝없이 충직한 혁명가의 영원한 정치적 생명," 『근로자』 1982년 1호.
『조선중앙년감』 (평양: 조선중앙통신사, 1980).
『조선녀성』 1982년 4호, 1996년 1호, 1999년 1호, 1999년 3호.
『천리마』 1992년 4호.

2. 남한문헌

김재용, 『북한문학의 역사적 이해』 (서울: 문학과 지성사, 1994).
김재용, "북한문학에서의 여성과 민족, 그리고 국가," 『통일논총』 제17호 (서울: 숙명여자대학교 통일문제연구소, 1999).
나대현, 『청춘송가』 상 (서울: 노서출판 공동체, 1988).
동국대학교 북한학연구소, 『탈북자 증언을 통해서 본 북한인권 실태조사』 (서울: 동국대학교 북한학연구소, 2005).
에느워드 스튜어트 저, 김성경 역, 『문화차이와 인간관계』 (서울: 보성사, 1991).
여만철 외, 『흰 것도 검다』 (서울: 도서출판 다나, 1996).
이상경, "최근 북한문학에 나타난 세대간의 갈등에 관한 연구," 『'94 북한 및 통일 연구논문집』 제2권 (서울: 통일원, 1994).
임순희, "북한여성의 정치문화" (숙명여자대학교 대학원 박사학위논문, 1994).

북한의 모성이데올로기:
『조선녀성』의 내용분석을 중심으로

이 미 경

1. 문제제기

이 글은 여성의 활동영역을 제한하고 억압의 기제로 작용되는 모성이데올로기가 북한체제에서는 어떻게 기능하고 있는 지를 살피려는 것이다. 모성에 관한 김일성의 교시에 의하면 북한의 모성이데올로기는 다른 사회와 마찬가지로 여성들에게 일방적인 희생, 봉사, 헌신 등을 요구하고 있다고 할 수 있다. "이 세상에서 어머니의 사랑처럼 진실하고 변함없는 사랑은 없을 것이다. 꾸짖어도 매질을 해도 아프지 않은 것이 어머니의 사랑이며 자식을 위해서라면 하늘의 별이라도 따오는 것이 어머니의 사랑이다. 그 사랑은 대가를 모른다."[1] 그러나 이것으로 북한체제에서의 모성을 모두 설명할 수 없다. 북한에서 여성의 일차적인 임무는 자녀양육으로 북한체제가 필요로 하는 구성원을 훌륭히 교양하는 어머니로서의 역할이 강조되고 있다. 그러나 이와 동시에 북한체제에서 여성은 "사회의 한 쪽 수레바퀴를 떠밀고 나가는 역군"으로서 여성의 사회활동을 적극 권장하고 이를 뒷받침하는 법적 기반과 육아와 가사노동의 사회화를 위한 제도적 장치를 마련하여 사회활동과 가정생활의 병행을 지원하여왔다.[2]

  사회활동과 가정생활의 성공적인 병행은 모든 인간들 특히 여성들의 바램이나 성취하기 어려운 현실이다. 더구나 자녀를 가진 기혼여성들에게 모성의 역할수행과 여성 개인의 자아실현을 위한 사회활동의 병행은 버거운 현실이다. 그러나 북한여성들은 학교 졸업 후 개인의 희망과 사회의 요구에 따라 직장에 배치되어 사회경제활동에 참여하며 결혼 후에도 지속된다.[3] 이런 점에서 가정생활과 사회생활의 병행을 원하는 모든 여성들에게 꿈이 북한여성들에게는 현실인 셈이다.

  과연 북한여성들은 이 같은 현실에 만족하고 있는가 혹은 북한여성들은 실제 가정생활과 사회활동을 성공적으로 이행하고 있는가? 이에 대해 기존의 연구들은 부정적인 평가를 하고 있으며 탈북 여성들 대부분의 증언도 이런 평가를 지지해주고 있다.[4] 그렇다면 이 같은 평가는 어떤 연유에서 나온 것이고 이런 북한여성의 현실은 어떻게 이해할 수 있는 것인가? 기존의 연구들은 이 문제가 북한여성들의 성차별적인 분업구조 속의 사회경제활동의 병행에서 연유된다는 공통된 연구결과를 내놓고 있다. 북한여성은 가사, 육아노동의 사회화를 위한 산후휴가제와 직장 내 탁아소, 유치원 설립 그리고 밥과 장공장, 세탁장 설치 등 법적, 제도적 지원 속에 사회경제활동에 참여하고 있다. 그러나 이런 제도적 지원에도 불구하고 성별분업에 따라 가사와 육아 등이 전적으로 여성의 책임아래 이루어지고 있는 현실에서 여성의 사회활동은 이중의 부담으로 작용되는 것이다.[5]

  그러나 북한여성들은 이에 대해 별 다른 불만을 갖고 있지 않다. 탈북

여성들에 의하면 고학력의 전문직을 가진 여성에서부터 저 학력의 노동자 혹은 가두여성에 이르기까지 대부분의 북한여성들은 전통적인 성 역할수행을 당연한 것으로 받아들이고 있었다.6) 이 논문은 이런 북한여성의 현실을 어떻게 이해할 수 있는지를 규명하려는 데서 출발한다. 이 문제는 북한사회 내 사회주의와 유교적 가부장제 원리가 어떻게 병행되고 있는지 그리고 북한체제는 이를 어떻게 합리화시켰는지가 규명돼야 할 것이다. 앞서 언급된 기존의 북한여성을 주제로 한 연구들은 모두 사회적 지위와 역할 등 북한여성의 현황과 그것이 어떤 요인에 의해 야기되었는지에 관한 전체적인 사실 분석에 그치는 것이지 그런 현상이 야기된 구체적인 요인분석은 이루어지지 않았다. 따라서 이 논문은 북한체제가 여성들에게 모순된 상황을 문제의식 없이 수용할 수 있게 동원했던 구체적인 정책을 분석하고자 한다.

북한사회 내 모순적인 원리의 병행과 유지는 우선 북한의 가부장제적 사회주의체제의 특성으로 설명될 수 있다. 북한은 최고 지도자-수령-의 권위기 이데올로기, 법, 제도, 규범 등을 규정하는 유일 지배체제를 형성, 유지하기 위해 가부장제적 유교전통의 유산을 재생, 확대시켰다.7) 북한에서 재 수용된 가부장제의 특징은 북한의 독특한 가족관에서 비롯된다. 북한은 사회주의적 가족개념으로서 대 가정이라는 용어를 통해 북한사회 전체를 하나의 가족으로 지칭하고 어버이를 지도자 김일성으로 보는 가家의식을 구성하였다.8) 북한은 전통적인 충효 이데올로기를 지도자 및 국가에 대한 의무로 재해석하여, 어버이 수령에게 절대 복종과 충효를 다하는 것이 자식된 도리이자 인민의 도리라고 여기고 가부장제에서 가장의 이미지를 국가의 수령과 가정의 남성에게 적용하여 수령은 어버이로서 인민들을 남편은 가장으로서 아내와 자녀를 보살펴야 한다고 보았다. 이로써 여성은 사회주의 혁명가로서 사회주의 건설에 참여하고 어머니로서 모범적으로 자녀를 교육하고 아내로서 충실하게 남편을 공경해야 하는 것이다.9) 이것은 여성들에게 혁명화, 노동계급화 되면서도 성 역할을 강요하는 것이었다.

이와 같이 모순된 역할수행은 북한정치체제의 특성에서 당연시된다 해도 북한여성이 이를 문제의식 없이 수용할 수 있었던 것은 북한의 모성이데올로기에서 찾을 수 있다. 북한여성이 처한 현실과 이를 재생산하는 북한의 여성정책이 잘 나타나 있는 대표적인 문헌인 『조선녀성』의 주요 내용에 의하면 북한여성은 사회활동을 하면서도 모성의 역할을 가장 우선적인 임무로 이행해야 하는 것이었다.10) 또한 모성의 역할수행은 여성의 사회활동과 관련이 있는 것으로 규정하여 여성의 사회활동이 모성역할의 완성을 위해 필요한 것으로 간주되고 있다. 이런 규정은 여성에게 전통적인 성 역할과 사회경제활동의 병행이라는 이중부담을 당연한 것으로 수용하게 하는 것이다.

이 논문에서는 이와 같이 북한여성에게 모성을 강조하는 이데올로기가 과연 여성의 이중부담을 합리화시키는 기제로 작용했는 지의 여부를 『조선녀성』의 내용분석을 통해 고찰하고자 한다.11) 이에 대한 고찰은 북한여성의 문제인 여성의 사회활동이 지위향상으로 이어지지 않는 현실이 규명될 것이다. 이와 함께 사회주의와 가부장제라는 모순적인 원리가 어떻게 북한여성에게 문제의식 없이 수용될 수 있었는 지의 문제도 해명될 것이다. 이를 위해 북한의 공식문헌과 여성정책 속에 드러나는 모성이데올로기의 의미와 그것의 구체적인 내용 그리고 이것이 북한여성에게 미친 영향을 분석할 것이다.

2. 북한의 모성정책, 모성이데올로기

일반적으로 여성에게 강요되는 모성이데올로기는 여성억압의 기제로 성별분업구조와 가부장제적 사회구조를 유지하고 보장해주는 중요한 기반으로 작용되고 있다. 본래 여성에게 있어 모성－임신, 출산, 수유, 양육 등－은 특히 결혼하여 자녀를 둔 여성에게는 자연스러운 일이지만 이것을 여성 고유의 불가피한 임무로 강요하는 것은 여성의 사회활동을 제한하는 억압의 요소가 된다. 여성이 아이를 낳는 것은 당연하고 어머니는 아이의 일차적인 책임자라는 것 따라서 여성의 위치는 가정이며 가정에서 여성의 임무는 가족구성원을 돌보고 이들에게 정서적 안정을 제공하는 것이라는 모성이데올로기는 성별 노동분업과 가부장제 질서 유지에 기여한다.[12] 결국 모성이 여성에게 일차적이고 중요하다는 이데올로기는 여성의 다양한 역할선택에 제한적인 요소로 작용하여 억압과 종속의 기제가 되는 것이다. 그렇다면 북한체제에서 모성이데올로기는 어떤 의미로 작동되고 있는가?

　북한은 정권수립초기부터 양성평등의 원칙아래 여성의 사회활동을 위한 각종 법령[13]을 마련하고 여성의 혁명화, 계급화를 위한 계몽단계에서도 여성의 우선적인 역할로 모성을 강조해왔다. 북한의 여성정책과 현황을 잘 알려주는 대표문헌인 『조선녀성』을 보면 북한여성정책의 주요 내용이 여성을 사회경제활동에 참여시키기 위해 남성과 동등한 '혁명과 건설의 한쪽 수레바퀴'라고 하는 소명의식을 고취시키는 것과 함께 북한체제가 원하는 사회구성원의 양육을 위한 자녀교양의 중요성과 방법 등을 교육하는 것이었다. 또한 북한이 모성을 여성에 있어 가장 기본적인 임무로 강조해 왔다는 것은 여성들을 교양하는 방법 중 하나로 운영된 '어머니학교'[14]와 '전국 어머니대회 개최' 등에서 알 수 있다.

　이런 점에서 북한에서 강조하는 모성이데올로기는 일반적인 경우와 달리 여성의 활동영역을 제한하려는 의도는 없다고 할 수 있다. 북한에서는 모성을 강조하면서도 여성의 사회경제활동을 적극 장려하는 한편 이를 법적, 제도적으로 뒷받침하고 있다. 북한은 정권수립초기 양성평등의 원칙에 따라 여성을 사회경제활동에 참여시키기 위해 각종 법령을 제정하는 한편 출산, 육아와 관련하여 모성보호장치를 마련하였다.[15] 산전산후 유급휴가, 수유시간부여, 임산부와 유모의 시간외 노동과 야간 노동금지 등 모성보호조치를 취하는 한편 작업장 내 탁아소와 유치원 설치뿐 아니라 밥 공장, 장 공장, 세탁 장 등을 마련하여 육아와 가사의 문제를 사회적으로 해결하려는 일련의 조치를 취하였다.[16] 물론 이런 법적, 제도적 장치들이 실제 어느 정도 효율적으로 운영됐는지의 여부에 관해서는 재론의 여지가 있지만 일단 이 조치들이 마련되어 운영됐다는 것은 북한의 모성이데올로기가 여성의 사회활동의 제한을 의미하는 것은 아니다.

이와 같이 북한에서 강조하는 모성이 여성의 사회경제활동의 참여와 연관되어 있다는 것은 1961년 김일성이 '전국어머니대회'에서 행한 가정에서의 여성의 역할 특히 어머니의 역할을 강조하는 연설에도 잘 나타나 있다. 김일성은 '자녀교양에서의 어머니들의 임무'라는 제목의 연설에서 사회주의 건설에서 사상교양이 중요하고 이에 따라 사회구성원들 특히 후대들의 사상교양을 담당하고 있는 어머니의 역할이 중요하다는 것을 주장하였다.

> "… 자녀 교양에서 제 1 차적 책임을 지고 있는 어머니들의 교양자적 역할을 더욱 높일 데 대한 문제를 토론하게 된 것은 매우 시기 적절하다고 생각합니다.… 가정 교육에서는 어머니가 중요한 책임을 져야 합니다. 왜 아버지보다도 어머니의 책임이 주요한가? 그것은 아이들을 낳아서 기르는 것이 어머니이기 때문입니다. 어린이의 첫째가는 교양자는 어머니입니다. …어머니가 가정교양을 잘 주면 학교에서나 사회조직에서 교양하기 매우 헐합니다.…"[17]

이런 역할을 잘 수행하기 위해서는 여성이 우선 혁명적으로 무장돼야 하는 것이었다.

> "… 전체 녀성들을 공산주의 어머니로, 후대들에 대한 훌륭한 공산주의 교양자로 만들며 그들을 사회주의 건설에 적극적으로 참가하게 하는 것입니다. 공산주의 어머니와 공산주의 건설자로 되는 것은 서로 분리시킬 수 없는 일입니다. …공산주의 어머니가 되기 위하여서는 우선 사회주의 건설에 열성적으로 참가하여야 합니다."18)

위의 김일성의 연설은 여성의 사회경제활동이 자녀양육의 필요차원에서 장려, 강조하는 것이지만 여성의 사회경제활동은 여성해방과 권익향상을 가져오는 주요한 수단으로도 권장되었다.

> "… 우리 어머니들이 사회적 로동에 적극 참가하는 것은 녀성들의 완전한 사회적 해방을 실현하기 위한 결정적 조건으로 됩니다. 우리 녀성들이 가지고 있는 남녀평등권도 사회적 활동에 적극 참가하지 않고서는 실질적으로 실현될 수 없는 것입니다. …"19)

이런 북한의 주장에 대해서는 이미 앞서 언급한바와 같이 기존의 많은 연구들이 실제 북한여성의 현실과 괴리가 있음을 밝히고 있으며 이에 대해서는 재론의 여지가 없다. 김일성의 연설에서도 여성의 사회경제활동은 모성의 역할수행에 필요한 부분으로 강조되고 있듯이 여성의 권익향상은 부가적이라는 것을 입증하는 셈이다. 결국 여성의 사회활동을 권장하면서 육아와 가사노동의 사회화 등 법적, 제도적 장치가 마련되고, 운영됐음에도 불구하고 여성에게 자녀양육의 일차적 책임 부여는 북한여성에게 이중의 역할부담으로 작용되는 한편 이를 합리화하는 것이라 할 수 있다.

또한 북한여성은 모성의 역할수행을 위해서는 사회구성원으로서 갖추어야 할 요건인 공산주의적인 도덕과 각종 지식과 문화 등을 갖추고 있어야 하는 것이었다.

"우리 어머니들과 녀성들은 또한 공중도덕을 모범적으로 준수하며 공동 재산을 애호하는 고상한 품성을 소유하여야 합니다.… 사회주의 건설에서 녀성들의 역할을 높이며 자녀들에 대한 가정교양을 옳게 하기 위하여 제기되는 또 하나의 중요한 과업은 어머니들과 녀성들의 지식수준과 문화수준을 높이는 것입니다.… 또한 어머니는 자녀들을 문화 위생적으로 양육하기 위하여 일정한 과학상식과 보건위생지식을 반드시 소유하여야 합니다."[20]

이와 같은 요건들은 북한사회의 구성원이 갖춰야 할 것으로 북한체제가 원하는 구성원을 양육하기에 앞서 여성 스스로 그 요건들을 갖추고 있어야 자녀들을 잘 가르칠 수 있기 때문이라는 것이다. 이를 위해 어머니들은 "항상 학습하는 기풍을 세우고 학습 열의를 더욱 높이어 근로자학교와 근로자중학교에 가서도 배우고 어머니학교에 가서도 배우고 … 모든 조건을 다 리용하여 적극적으로 배워야 하겠습니다"라는 것을 주장하였다.[21] 이를 위해 북한은 정권수립초기부터 여성을 혁명화, 노동계급화하기 위해 계몽, 의식화하는 작업을 강조하는 한편 여성에게 교육의 기회를 확대하여 왔다. 북한에서는 이것이 모성의 역할 수행에 필요한 것 뿐 아니라 여성해방과 지위향상을 위한 것으로 규정하고 있지만 무엇보다 여성인력을 사회경제발전전략에 활용하기 위한 것이었다.[22]

이와 같이 살펴볼 때 북한의 모성이데올로기는 다면적인 역할수행을 전제로 하고 있어 일반적인 모성론에서 논의되고 있는 것과 같이 여성의 활동영역을 제한하는 것은 아니다. 그렇다면 이런 북한의 모성론은 모든 여성들의 꿈인 사회활동과 모성의 병행을 보장한다고 할 수 있는가? 나아가 북한여성들에게 만족한 삶을 영위하게 하는 것인가? 아니면 모성을 위한 다양한 역할수행이 여성에게 이중, 삼중의 부담만 안겨주는 것인가? 그리고 왜 북한체제에서의 모성이데올로기는 다면적인 역할수행을 전제하고 있는가? 이것이 지닌 함의와 기능은 무엇인가 그리고 북한여성에게 어떤 영향을 미치는 것일까? 등의 문제가 제기된다.

　주지하는 바와 같이 북한여성들의 사회활동은 여성 개인의 발전보다 모성의 역할수행차원에서 필요로 한 것으로 간주되어 북한여성은 사회경제활동과 함께 전통적인 성 역할을 수행해야 하는 것이었다. 이런 점에서 북한의 모성론은 여성에게 이중적이고 모순적인 역할 수행을 정당화시키는 역할을 할 뿐 아니라 성별분업구조의 가부장제적 질서유지에 기여하는 것이라 할 수 있다. 과연 북한의 모성이데올로기는 이런 기능을 수행하고 있는지 그리고 이를 위해 북한체제에서 동원됐던 정책수단이 무엇이었고 그 결과 북한여성의 현실은 어떠한지를 규명해보고자 한다. 이를 위해 북한여성의 가장 대표적인 문헌인 『조선녀성』에 나타난 모성의 강조와 그것의 내용분석을 통해 북한여성에게 요구되는 모성의 구체적인 내용을 살펴보고자 한다.

3. 북한의 이상적인 모성상을 통해서 본 모성이데올로기

1) 『조선녀성』 속의 이상적인 모성상

　『조선녀성』은 북한여성의 대표적인 단체인 조선민주여성동맹중앙위원회-여맹-의 기관지의 성격을 지닌 가장 대표적인 북한여성관련 문헌으로 1946년 9월 월간지로 창간된 이래 매월 발행되다 1983년부터 2000년도까지는 1년에 6회 격월간으로 발행되었고 2001년부터는 다시 월간으로 발행되고 있는 여성잡지이다.[23] 이 잡지의 주 내용은 기관지의 특성답게 당, 정권기관 등의 정책을 해설, 선전하고 여성들의 모범적인 삶의 전형을 소개함으로써 그들을 계몽, 교육하는 것이 주류를 이루며 그 세부내용은 시기별 대내외 상황에 따른 정책변화로 강조와 정도에 있어 차이를 보이나 여성의 우선적인 역할로 모성을 강조하고 있다.

『조선녀성』의 내용 중 자녀교양의 중요성과 방법 등 모성의 역할을 강조하는 글들은 자녀교양에 있어 어머니의 역할이 가장 중요하고 이를 잘 수행하기 위해서는 교양을 갖추어야 함을 강조하는 것이었다. 여기서 어머니가 갖추어야 할 교양이란 북한사회가 원하는 구성원 즉 지도자와 당에 충성을 다하고 집단을 위해 개인을 희생하는 집단주의 윤리를 실천하는 주체형의 공산주의 인간을 말한다.[24] 이와 같이 자녀양육을 위해 여성이 공산주의적 덕성을 갖춘 주체형의 인간이 된다는 것은 우선 여성의 활동영역이 가정에서 사회로 확대되는 것을 의미하며 노동계급화, 혁명화를 이루도록 자질과 여건마련이 수반돼야 하는 것이었다. 따라서 북한에서는 정권수립시기부터 여성의 경제사회활동의 참여를 위한 법적, 제도적 조치가 취해지는 한편 문맹퇴치를 위한 교육 등이 행해졌다. 이런 일련의 시도들은 여성의 지위향상과 관련성을 지닌 것으로 북한에서는 이것이 실현됐음을 공론화 하였다.[25]

그러나 이미 앞서 언급했듯이 이 같은 북한의 공식적인 주장은 현실과 거리가 있으며 오히려 북한여성들에게 이중, 삼중의 부담을 가중시키는 것이었다. 이런 점에서 『조선녀성』에는 북한여성들에게 과중한 역할부담을 합리화하는 차원에서 이것을 성공적으로 수행하고 있는 여성들의 모범적인 사례를 소개하는 글이 주류를 이룬다. 이것은 북한여성들에게 이들의 모범사례를 따라 배우기를 권하는 것으로 북한사회에서 가장 이상적인 여성 혹은 모성으로 칭송되며 본받기를 강요하는 대표적인 인물은 지도자 김일성과 김정일의 어머니인 강반석과 김정숙이다. 이 두 여성이외에도 『조선녀성』에는 일반여성들 가운데 북한체제가 원하는 역할을 잘 이행하고 있는 소위 '숨은 영웅'으로 칭송되고 있는 여성들의 모범적인 사례를 소개하며 이들의 행적을 따라 배우기를 권하고 있다. 따라서 이들 이상적인 여성들의 업적을 칭송하는 글을 통해 북한체제가 원하는 여성상, 모성상과 함께 북한의 모성이데올로기와 정책이 파악될 수 있을 것이다. 우선 북한여성들이 따라 배워야 하는 북한체제에서 가장 바람직하고 이상적인 모성상인 북한 최고지도자의 어머니인 강반석과 김정숙의 경우를 살펴보고자 한다.

　강반석과 김정숙에 대한 칭송과 본받기가 『조선녀성』속에 등장한 것은 1960년대 후반부터였으나 1970년대 말에서 1980년대 본격화되었다. 이것은 북한의 정치, 경제상황과 관련이 있는 것으로 우선 유일 지배체제의 형성에 따라 지도자에 대한 우상화작업이 그의 가계로까지 확대된 데 따른 것이다.26) 또한 이 시기부터 북한은 경제성장의 지체에 따라 경제난이 가시화되면서 항일무장투쟁시기의 혁명투사로서 지도자를 양육했던 김일성의 어머니 강반석과 김정일의 생모인 김정숙을 통해 북한여성들에게 혁명과 건설 등에 참여하면서도 모성의 역할을 훌륭히 수행할 것을 독려, 합리화하기 위한 것이었다고 할 수 있다.

　강반석과 김정숙이 이상적인 북한의 여성상 혹은 모성상으로 칭송되어 처음 『조선녀성』에 등장한 것은 1967년 7월 호에 '조선의 어머니-강반석 녀사', '강반석 녀사의 모범에서 배워' 이에 따라 '당에 더욱 충직한 안해가 되겠습니다', '아들을 수령님의 참된 전사로 키우겠습니다' '자신을 부단히 혁명화 하겠습니다'의 글이 게재되면서이다. 이 글들은 한결같이 강반석의 모범을 따를 것을 강조한 것으로 이런 논지의 글은 이후에도 계속되어 『조선녀성』에는 강반석의 행적을 기리는 고정난이 생기는 한편 이를 따라 배우는 것이 녀맹의 중요 사업 중 하나로 추진되었다. 한편 김정숙에 대한 칭송이 『조선녀성』속에 등장한 것은 1975년 12월 호에 '김정숙 어머님은 언제나 우리 곁에 계십니다'라는 시를 비롯하여 '위대한 수령님의 안녕을 지키시여', '불요불굴의 혁명투사 김정숙

동지의 말씀 중에서' 등이 게재되면서이다. 김정숙에 대한 글은 이후 한동안 『조선녀성』에 등장하지 않다가 1979년 8월호에 '어머니의 충성을 따르렵니다'라는 노래와 함께 '무송현성 전투에 깃든 불멸의 이야기', 1979년 9월 호에 '녀사의 숭고한 모범을 따라 배우도록' 등이 게재된 이후 본격적으로 김정숙의 행적이 칭송되었다.[27] 김정숙에 대한 칭송과 업적을 기리는 내용은 특히 김일성에게 충성을 다했다는 것을 강조하고 있는 점에서 강반석의 경우와 약간의 차이를 보인다.

김정숙에 관한 글의 주요 내용은 '혁명투사'로서, '현모양처'로서, 김일성의 '충직한 친위전사'로서의 역할 등을 성공적으로 수행했다는 것이다. 이 가운데 김정숙에 대한 칭송은 지도자 김일성을 충성을 다해 보필했다는 것에 집중되며 이를 강조하는 글이 주류를 이룬다.[28] '혁명의 어머니 김정숙 동지를 따라 배우는 사업을 더욱 힘있게 벌리자'와 '조국개선의 나날에', '숭고한 모습 우러르며'라는 글 등은 김정숙이 지도자인 김일성에게 충실성을 보였다는 것을 나타내고 있다.[29] 전자의 글은 수령과 당에 충직한 주체형의 공산주의 혁명가로 만들기 위한 사업을 김정숙이 몸소 실천했다는 것을 기리고 있고 후자의 글은 김일성에게 무조건적으로 충성을 다해 일상생활에서 뿐 아니라 친위근위대로서 밤마다 보초를 섰다는 것을 강조하고 있다. '숭고한 모습 절절히 그립습니다'와 '주체형의 혁명투사의 귀감이신 김정숙 녀사를 따라 배우자', '혁명전사의 기쁨'도 혁명전사로서 인민에 대한 헌신, 배려, 희생을 다하면서도 수령에 대해 충실성을 보였다는 것을 강조하는 내용을 싣고 있다.[30]

이와 같은 김정숙에 대한 칭송과 우상화작업은 다양한 측면의 함의를 지니고 있다고 할 수 있다. 북한여성의 이상적 모델로 칭송되는 김정숙은 단순히 김정일이라는 차세대 지도자를 양육한 어머니로서와 혁명투사로서 가정생활과 사회활동을 훌륭히 병행하는 슈퍼우먼으로서만이 아니다. 김정숙이 두 가지 역할을 수행하면서도 지도자 김일성에게 무조건 충성하고 당 정책을 충실히 수행했다는 것은 지도자에 대한 충성이 여성의 역할수행에서 중요부분을 차지하고 있다는 것을 말해주는 것이다.31) 또한 아내로서 김정숙이 남편인 김일성에게 취한 태도는 가정 내 부부관계에서 아내가 남편에게 절대 순종하는 모습이다. 이것은 북한여성이 사회활동과 별개로 가정에서는 성별분업 구조의 가부장제 전통 속에 생활하고 있다는 것을 나타내는 것이다. 다음의 김정숙을 기리는 글이 이를 잘 드러내고 있다.

"… 위대한 수령님께서는 늘 자정이 넘어 때로는 새벽녘에야 댁에 들어 오시였습니다. 그러나 녀사께서는 언제 한번 수령님께서 들어오시기 전에 먼저 식사를 하시거나 쉬는 적인 없으시였습니다.… 위대한 수령님의 안녕을 지키시기 위해 한밤중에도 몇 번씩 일어 나시여 저택 주변을 돌아 보시였습니다."32)

위의 글은 김정숙이 김일성을 보필했다는 것을 강조하는데 그치는 것이 아니라33) 가정 내의 남편과 아내의 관계에서 위계적인 가부장제의 전통이 계승되고 있음을 나타낸 것이다. 김정숙에 대한 업적과 행적을 칭송하는 내용의 글은 북한의 지도급 인사들의 회상기 혹은 시와 노래 등 그 형식은 다양하지만34) 내용은 일률적으로 다음과 같이 혁명가로서 뿐 아니라 현모양처와 같은 전통적인 성 역할을 수행하고 있다는 것이다.

"… 백발백중의 명 사격수로 이름 떨친 녀장군이신데다 정치적 식견과 안목이 뛰어난 정치활동가이시지만 그처럼 현숙하고 상냥하고 소박하고 소탈하신 분이 또 어디 있겠소.…"35)

그러나 북한의 이상적인 모성으로 그려지는 김정숙의 업적과 경력의 내용은 당시 정치적인 필요에 따라 삭제, 첨가, 과장 등이 행해져 역사적 사실의 왜곡을 가져왔다.36) 특히 업적과 경력의 첨가, 과장은 또 다른 북한의 이상적인 모성상인 김일성의 어머니 강반석과 할머니 리보익에 대한 업적에서 더욱 부각된다. 이들에 대한 칭송은 김일성의 우상화 작업이 그의 가계로까지 확대, 강화된 데 따른 것으로 이들의 업적은 최고 지도자 가계의 일원으로서 손색이 없어야 하는 것이었다.『조선녀성』속에 그려지는 강반석은 지도자 김일성을 훌륭히 길러낸 어머니로서 항일무장투쟁 시기 애국활동을 한 혁명투사였다.

> "열렬한 공산주의혁명투사이시며 우리나라 녀성 해방운동의 탁월한 지도자이신 강반석 어머님의 빛나는 생애를 … 불요불굴의 우리나라에서 첫 공산주의 녀성 혁명조직인 반일 부녀회를 무으신지 55돐이 되는 날입니다.… 강반석 어머님계서는 1926년 12월 26일 무송에서 우리나라의 첫 혁명적 녀성 대중조직인 부녀회를 결성하는 모임을 가지게 되었습니다."37)

강반석이 항일무장투쟁시기 혁명여성조직을 만들어 여성해방운동의 첫걸음을 내딛게 했다는 것을 주장하는 위의 글은 혁명투사인 아들을 길러내기 위해서는 우선 어머니부터 혁명투사여야 한다는 북한여성정책의 기조에 따른 것이라 할 수 있다. 이에 따라 김일성의 할머니인 리보익도 혁명투사인 아들과 지도자 손자를 길러낸 훌륭한 모성으로서 칭송의 대상이 되었다.38) 또한 이들 두 여성에 대한 칭송의 내용에는 김정숙과 마찬가지로 희생, 봉사, 헌신 등을 기본으로 하는 전통적인 성 역할을 잘 수행하고 있음을 주장하고 있다.39)

이와 같이 김정숙과 강반석, 리보익 등 김일성 가계의 여성들을 이상적인 모성상으로 내세워 북한여성들에게 본받기를 강요하는 것은 1960년대 말 유일 지배체제의 형성에 따라 지도자 김일성을 중심으로 북한사회 전체가 일원적으로 재편되는 과정에서 비롯된 것이다. 이에 따라 김일성의 유일 지배체제를 정당화하는 차원에서 지도자에 대한 우상화 작업이 가계로까지 확대되면서 이들 여성이 북한의 이상적인 여성상 혹은 모성상으로 부각된 것이다. 특히 이들 여성에 대한 우상화작업은 1970년대 중반이후부터 본격화되어 1980~90년대에 보다 강화되는데 이것은 당시 북한의 상황과 관련이 있다. 북한은 1970년대 중반부터 경제 성장의 둔화로 경제난이 가시화되면서 자력갱생을 통해 고난극복을 강조하는 한편 지도자에 대한 충성을 강조하였다. 이것은 의식주를 비롯한 생필품 보급과 사회보장제도 등 국가가 인민의 기본적인 생활을 보장해주지 못하면서 체제와 정권의 정당성을 위해 강화된 것이라 할 수 있다. 그 시기 북한의 이상적인 모성상으로 강조된 김정숙, 강반석, 리보익 등은 모두 지도자 김일성과 관련이 있다는 것 이외에 어려운 시기-일제시기, 항일무장투쟁시기-에 혁명투사를 양육, 보필했다는 공통점이 있다. 즉 이들 세 여성은 고난의 상황에서도 모성의 역할을 성공적으로 수행했다는 것을 강조하는데 그치는 것이 아니라 당과 국가를 위해 헌신은 물론이고 지도사에게 충성을 다했다는 것을 말해주는 것이었다.

『조선녀성』에는 김일성 가家의 여성들 외에도 일반여성 가운데 영웅으로 호칭되어 그들의 모범사례를 북한여성들에게 본받기를 권하고 있다.[40] 다음으로는 이들의 모범사례를 중심으로 북한의 이상적인 모성상의 유형별 내용 분석을 통해 그 안에 관철되고 있는 북한의 모성이데올로기를 규명하고자 한다.

2) 이상적인 모성상의 유형별 모성이데올로기

강반석과 김정숙 등『조선녀성』속에 그려진 이상적인 모성상의 내용을 살펴볼 때 북한체제에서 원하는 모성은 단순히 한 가정의 어머니로서 자기 자녀만의 양육에 그치는 것이 아니라 다면적인 역할수행을 필요로 하는 것이었다. 우선 북한체제가 필요로 하는 공산주의적 인간을 양육하기 위해 여성 스스로 공산주의 도덕을 갖춘 인간으로서 당과 국가, 지도자에 충성을 다하고 집단의 이익을 위해 개인적인 것을 희생할 줄 알며 혁명과 건설투쟁에 앞장서야 하는 것이었다. 이런 점에서 북한체제에서 강조하는 모성론은 여성의 활동영역이 가정에서 사회로 확대되어 사회경제활동의 참여는 물론이고 북한사회의 한 구성원으로서 시기별 국가가 필요로 하는 것들을 이행하는 슈퍼우먼으로서의 여성을 전제로 하고 있다. 그렇다면 북한체제에서 왜 모성의 역할에 다면적인 역할수행을 전제로 하고 있으며 그것은 구체적으로 어떤 역할인가? 이 문제의 규명은 북한에서 모성이데올로기가 어떤 의미로 기능하고 있는지가 밝혀질 것이다. 이것의 규명을 위해 『조선녀성』속에 소개되고 있는 이상적인 모성상의 구체적인 사례를 통해 그 내용과 특징을 분석하고자 한다.

(1) 영웅의 어머니

『조선녀성』속에 그려지는 이상적인 어머니는 개인감정에 연연해하지 않고 지도자와 국가를 위해 자식의 영웅적인 행위를 격려하고 때로는 이 과정에서 자식의 희생도 용인할 수 있는 '영웅의 어머니'이다. 영웅의 어머니는 "… 혁명가의 어머니, 공산주의 어머니로… 귀한 자식을 나라에 바치고도 그것을 자랑으로, 영광으로 생각하는 어머니…" 로 자녀를 혁명가, 공산주의자로 길러내고 나라를 위해 자식의 희생도 감내하는 한편 그것을 영광으로 간주하는 어머니이다.[41] 이런 영웅의 어머니의 사례는 다양하며 그 한 예는 뜻밖의 상황에서 수류탄이 터지는 순간 몸을 던져 지도자의 초상화를 지키고 동료를 구원한 군인의 어머니가 죽은 아들을 애달퍼 하기보다 그의 뒤를 이어 다른 아들도 군대로 보내는 것이다.42) 특히 이 글에서 보여준 영웅적인 행동은 북한체제에서 구성원이 갖추어야 할 요건 가운데 가장 우선적인 것이 지도자에 대한 충성과 헌신이라는 것을 입증하고 있으며 북한의 이상적인 모성도 이에 입각해야 한다는 것을 나타내고 있다.

북한에서 지도자에 대한 충성은 최고 지도자의 권위가 북한사회 전체를 지배하는 '수령제' 혹은 '유일 지배체제'로 불리 우는 북한체제의 특성 상 지극히 당연한 것이지만 역사와 혁명의 주체인 인민이 수령의 지도를 따를 때만 그 역할을 할 수 있다는 혁명적 수령관과 사회정치적 생명체론에 의해 정당화된다.43) 수령을 절대화하고 무조건 받드는 견해와 관점을 본질로 삼고 있는 혁명적 수령관과 당과 인민대중의 생명은 사회정치적 생명체의 중심으로서 수령이며 당과 인민대중의 역할도 그 영도의 중심으로서 수령에 의해 대표된다는 사회정치적 생명체론에 의하면 지도자에게 충성을 다하는 것은 북한인민의 존재 그 자체가 된다. 따라서 북한여성들은 어떤 역할 수행에도 지도자에게 충성을 다하는 것이 필연적으로 요구되는 것이다.

또한 이 글에서 보여주는 영웅의 어머니는 영웅의 자녀를 가진 어머니에 그치는 것이 아니라 스스로 영웅적인 행위를 하는 또 다른 영웅인 것이다. 이것은 북한이 주장하는바와 같이 공산주의 인간형을 양육하기 위해서는 가정에서부터 공산주의 인간으로 자라나도록 어머니 역할이 중요하고 이를 위해 어머니부터 공산주의 인간으로서 소양을 갖추고 있어야 한다는 것을 입증하는 것이라 할 수 있다.

(2) 인민군대의 어머니, 병사들의 어머니

『조선녀성』속에 자주 언급되고 있는 또 다른 북한의 이상적인 모성상은 인민군대의 어머니, 전사들의 어머니이다. 이는 집단주의적인 이상을 실현하는 어머니로 자기 자식을 군대로 보내 지도자와 국가를 위해 목숨 바쳐 복무하는 것을 당연하게 여기는 한편 군대와 군인 모두를 자기의 친자식처럼 돌보기 위해 원호사업에 열성인 어머니이다. "… 어머니는 아들이 마지막 순간까지 위대한 수령님과 친애하는 지도자 동지께 충직한 전사로 빛내일 수 있도록 병사의 어머니가 된 자신의 의무라는 생각을 가슴깊이 새기였다… 오늘도 래일도 영원한 초병의 어머니로, 수많은 아들딸들을 영웅으로 키워나가는 이 나라의 강직한 어머니로 한 생을 빛내갈 것이다"44) 이 글은 '초병의 어머니' 라는 글의 일부로 불치병에 걸린 아들이 당과 수령을 위해 군대를 떠나지 않는 것을 격려한 어머니를 칭송한 것이다.

또한 '전사들의 미더운 어머니' 와 '한 생을 ≪인민군대어머니≫로 살리'라는 글에 의하면 인민군대와 군인을 친자식처럼 돌보는 어머니는 "… 전체인민이 인민군대를 사랑하고 적극 원호하며 일단 유사시에는 인민군대와 함께 침략자들을 반대하여 싸울 수 있는 만단의 준비를 하도록 하여야 하겠습니다…"라는 김정일의 교시에 따라 어머니 심정으로 군대원호사업을 이행하고 있음을 칭송하고 있다.45) '어머니는 오늘도 군인정신으로 산다' 라는 글은 자녀를 군대에 보낸 어머니의 심정을 그리는 편지 형식인 글로서 군대에 있는 자식과 마찬가지로 군인정신으로 살 것을 장려하고 있다. "… 어머니는 눈이 오고 비가와도 세월이 흐르고 흘러도 언제나 군인정신으로 살아가련다…"46) 이런 글들은 모두 군민일치를 실천하는 모성을 칭송하는 것으로 『조선녀성』에는 군민일치의 중요성을 강조하고 이를 실천하는 차원에서 군대를 돌보는 어머니들의 행위를 '군인정신'으로 불리며 원호사업을 일상화하는 한편 이로부터 삶의 보람을 찾는 모성을 소개, 이를 권장하고 있다.47)

북한이 군대와 군인을 돌보는 여성을 바람직한 모성상으로 내세우는 것은 대내외 위기의 대처방안으로 군사 우선의 정치를 운영한데서 연유된 것으로 특히 김정일 정권의 '선군정치' 표방이후 두드러지게 나타났다. 탈냉전이후 북한은 극심한 경제난과 대외적 고립의 상황에서 체제 및 정권의 안보를 확보하기 위해 군부가 국정 전면에 나서는 군사 우선의 정치를 운영하였다. 김정일은 최고지도자로서 국방위원장에 취임한 이후 '선군정치' 와 '군민일치'를 내세워 군대와 군인을 우대하고 돌보는 사업을 권장하였다. 이에 따라 군민일치를 실천하는 차원에서 원호사업에 힘쓰는 여성이 바람직한 여성 내지 모성상으로 칭송된 것이다.[48]

이와 같은 '병사의 어머니', '전사의 어머니'는 앞서 '영웅의 어머니'의 경우와 같이 개인보다 집단의 이익에 우선하는 정신과 당과 지도자에게 충성을 다하는 공산주의적인 도덕과 의무를 실천한 것으로 전쟁 등 위기가 발생할 경우 자식을 군대로 보내고 자신도 자식 못지않게 후방에서 식량생산이라던가 혹은 원호사업에 앞장서는 어머니를 이상적인 모성상으로 간주하고 있는 것이다.

(3) 고아의 어머니

『조선녀성』에서 자주 거론되는 또 다른 바람직한 모성상은 육체적인 혈연관계를 넘어 고아를 친자식처럼 거둬 양육하는 어머니이다. "… 자기 아이를 사랑하는 마음으로 남의 아들딸을 사랑할 줄…. 사람을 몹시 사랑하며 남의 고통을 자기의 고통과 같이 아파할 줄 아는 사람만이 진정한 공산주의자로 될 수 있습니다"라는 '숨은 애국자-공산주의어머니-애국 렬사 유자녀 14명을 훌륭히 키워낸 만경대구역 만경대 동 김옥화 녀성에 대한 이야기-'[49]의 글은 부모 없는 아이들을 양육하는 여성을 '애국자' 혹은 '공산주의 어머니', '진정한 공산주의자' 등으로 부르며 참다운 모성을 실현하고 있는 것으로 칭송되고 있다. 또한 이런 모성의 실현은 지도자의 배려에 대한 보답차원에서 당연한 것으로 간주되고 있다.

북한에서 혈연관계를 초월하여 사회구성원을 한 가족처럼 돌보는 행위는 사회전체가 서로 돕고 이끌며 화목하게 사는 하나의 대 가정이라는 전제아래 "≪하나는 전체를 위하여, 전체는 하나를 위하여≫라는 집단주의 원리에 기초하여 사회의 모든 성원들이 하나의 대 가정을 이루고 서로 돕고 이끌면서 고락을 같이해나가는 것은 우리 사회의 중요한 특징이며 본질적 우월성입니다"라는 김일성의 교시에 의한 것이다.50) 이 같은 김일성의 교시에 따라 북한인민 모두는 혈연적 관계를 초월하여 모두 다 한 가족이 되야 하는 것이므로 부모 없는 아이들의 어머니가 되는 것은 지극히 당연한 것으로 권장되었다.51) 이런 행위는 미혼의 여성에게도 예외가 아니어서 고아를 자기 친자식처럼 키우는 것 뿐 아니라 고아만이 아닌 부양가족이 없는 로인들과 영예군인들을 가족처럼 돌보는 것이 권장되었다. 또한 이 같은 내용의 모성 내지 모성애는 자본주의체제에서는 있을 수 없는 사회주의체제에서만 볼 수 있는 장점으로 규정하고 있다.52)

이와 같이 북한에서 바람직한 모성상은 북한사회의 구성원 - 당과 수령에게 충성을 다하고 집단을 위해 기꺼이 희생하는 - 을 양육하는데 그치는 것이 아니라 여성 스스로가 북한사회의 구성원으로서 갖추어야할 요건을 체득하고 있어야 함은 물론이고 시기별 북한사회가 필요로 하는 것들을 모성적 역할로 충족시켜야 하는 것이었다. 경제난으로 사회보장제도의 운영이 원활하지 못하자 고아, 노인 등 부양가족이 없는 사람을 가족의 구성원으로 받아들여 이들을 돌본다든지 군사 우선의 정치운영에 따라 원호사업에 힘쓰는 한편 개인감정을 초월하여 국가와 지도자를 위해 본인은 물론이고 자녀의 희생도 감수해야 하는 것이다. 이런 점에서 볼 때 북한에서의 이상적인 모성은 혈연으로 이루어진 한 가정의 울타리를 넘어 북한사회 전체라는 공간구조에서 국가와 지배자를 위해 희생, 봉사, 헌신 등을 해야 하는 것이라 할 수 있다. 이 같은 모성의 다면

적인 역할 수행이 여성들에게 쉽지 않는 일이라는 것은 다음의 글에서
도 잘 나타내고 있다.

> "… 녀성이라면 누구나 다 어머니가 될 수 있다. 허나… 어머니라는
> 이름으로 불리우기는 결코 쉽지 않다. … 어떻게 사는 것이 어머니라
> 는 이름을 잃지 않고 참답게 사는 것인가… 조국을 위해 피를 바친 영
> 웅들과 영예군인들, 전쟁 로병들을 잘 도와주고…. 부모 잃은 아이들
> 의 어머니가 되고 자식 없는 늙은이들의 자식이 되어… 공장 로동계급
> 을 물심양면으로 지원하여 생산적 앙양을 일으키는데 이바지… 자식
> 에게 돈과 재물을 물려주는 그런 어머니가 아니라 당과 수령, 조국과
> 인민을 위해 참답게 살 줄 아는 정신을 넘겨주는 그런 어머니…"53)

위의 글에서 알 수 있듯이 북한에서 바람직한 어머니는 북한사회에
서 필요로 하는 것들 특히 경제난이후 국가책임 아래 운영되던 각종 사
회보장업무들 - 영예군인, 전쟁병사, 고아, 부양가족 없는 노인 등의 보
살핌 - 이 각 개별 가정으로 넘겨짐에 따라 이것들을 모성의 특징인 무
조건적이고 일방적인 희생과 봉사로 해내는 것이다. 여기에 북한여성은
사회구성원을 양육하는 자로서 자녀를 당과 수령, 조국과 인민을 위해
개인적 희생을 다할 수 있는 참다운 공산주의 인간으로 자라게 하도록
솔선수범해야 하는 것은 물론이고 여성자신도 혁명과 건설의 역군으로
서 사회, 경제활동에 적극 참여하여 국가발전에 이바지하도록 요구되었
다. 이것은 북한의 모성이데올로기가 여성을 가정 속에 매몰한 채 사회
활동을 봉쇄하는 것이 아니라 해도 여성 개인의 성취동기와 자아실현과
는 거리가 먼 국가와 사회의 필요를 충족시키기 위한 인력활용과 그것
의 정당화를 위한 것이라 할 수 있다. 즉 북한의 여성정책 혹은 모성정
책은 시기별 북한체제의 정책적 필요에 따라 여성의 인력활용을 최대화
하기 위해 모성을 여성본연의 임무로 규정하고 무조건적인 헌신과 희생
을 요구하는 모성의 역할로 여성에게 다중 역할 수행에 따른 부담을 합

리화하기 위한 것이었다.

　북한은 정권 수립초기부터 인구 절반이상을 차지하고 있는 여성을 사회경제발전 전략에 활용하기 위해 여성의 경제사회활동에 참여할 수 있도록 법적, 제도적 기반을 마련하는 한편 남성과 동등한 사회구성원으로서의 역할수행을 위한 의식화를 위해 교육, 계몽사업에 힘썼다. 한국전 이후 전후 복구와 사회주의 경제건설시기에는 여성의 사회 경제활동의 참여를 장려하고 이를 지원하기 위해 가사와 육아의 사회화가 적극 시도되는 한편 여성의 노동계급화, 혁명화가 강조되었다. 그러나 1980년대 접어들어 북한경제가 어려워지면서 희생과 봉사에 근거한 여성의 노동력은 더욱 요구되었다. 특히 경제난으로 인한 공식공급체계의 마비로 이전 국가가 보장해주던 각종 사회보장제도의 운영에 차질을 초래하면서 이것의 부담을 각 개별 가정 내 여성에게 부과된 것이라 할 수 있다. 이에 따라 북한여성은 어머니, 주부, 며느리라는 전통적인 성역할이 혈연가족에만 국한되는 것이 아니라 군, 고아, 부양가족 없는 노인 등 사회전체 구성원의 어머니, 주부, 며느리까지 역할이 확대 되야 하는 것이었다. 이런 점에서 북한은 여성에게 가족과 사회 전체를 국가가 원하는 이상적인 방향으로 이끄는 핵심적인 견인차 역할수행을 요구하였고 이에 따른 부담을 희생과 봉사를 전제로 하는 모성으로 합리화하기 위해 여성에게 모성을 본연의 임무로 강조하였다고 할 수 있다.

4. 결론: 북한 모성이데올로기의 특징과 기능

　임신, 출산, 양육 등 모성을 여성본연의 임무로 간주하고 이를 강요하는 모성이데올로기가 북한체제에서는 어떤 의미로 작동하고 있는 지를 살펴보고자 했다. 북한에서도 모성은 여성에게 있어 일차적인 임무로 북한체제가 필요로 하는 구성원의 양육을 우선적인 역할로 간주하고 있다. 본래 아이를 가진 여성에게 있어 모성은 자연스러운 일이지만 이것을 여성 고유의 불가피한 임무로 강요하는 것은 여성의 사회활동을 제한하는 억압의 요소가 된다. 그러나 북한에서는 여성의 사회경제활동을 의무와 권리로서 간주하고 이를 적극 권장하는 한편 법적, 제도적 장치를 마련하여 지원하여왔다. 이에 따라 북한여성은 법적, 제도적 뒷받침 속에 다른 모든 여성이 원하는 사회활동과 가정생활을 병행할 수 있었다. 그러나 북한여성의 이런 생활이 여성 개인의 만족으로 이어지는 것은 아니었다. 우선 북한여성의 사회경제활동은 여성 개인의 자아실현을 위한 선택의지에 의한 것이었다기보다 북한인구의 절반이상을 차지하고 있는 여성인력을 국가발전전략에 동원하기 위한 차원에서 권장되었던 것이다. 이것은 북한에서 여성의 경제사회활동의 권장이 전후 경제복구시기부터 사회주의 건설 총동원시기에 두드러졌고 1980년대 이후 북한의 경제가 침체국면에 접어들어 노동력의 수요가 급감하면서 여성의 노동 참여율이 감소했다는데서 입증된다.

또한 북한여성의 사회활동과 가정생활의 병행이 여성 개인의 자아실현과 지위향상으로 이어지지 않았던 것은 가부장제적 권위주의 체제라는 북한정치체제의 특성에서 연유된 것이었다. 북한은 유일 지배체제를 형성, 유지하기 위해 가부장제적 유교전통을 재 강화하여 이것의 운영원리에 따라 여성들의 사회활동에도 불구하고 성별분업구조 속의 전통적인 성 역할 수행을 당연한 것으로 간주하고 있었다. 비록 법적, 제도적 지원이 있다해도 가사와 육아 등이 전적으로 여성의 책임아래 가정생활과 사회활동의 병행은 북한여성들에게 이중의 부담으로만 작용하는 것이었다.

그러나 북한여성들은 이 같은 상황을 큰 불만 없이 수용하고 있으며 이것은 여성의 사회활동과 가정생활의 병행을 합리화하는 북한의 모성이데올로기로 규명된다. 북한여성에 관한 모든 것이 총망라된 문헌인 『조선녀성』을 살펴본 결과 그것의 주요 내용은 모성을 여성본연의 임무로 간주하여 모성의 중요성과 방법 등의 논의가 주류를 이루는 가운데 이를 훌륭히 수행하는 여성을 이상적인 여성상 혹은 모성상으로 규정하고 이들의 본받기를 권고하고 있었다. 북한체제에서 규정하고 있는 이상적인 모성은 사회구성원의 양육자로서 사회구성원이 갖추어야 할 것을 모두 요구하고 있어 다면적인 역할 수행을 전제로 하고 있다. 이에 따라 북한의 여성은 당과 지도자에게 충성을 다하고 집단주의 정신을 실현하며 혁명과 건설투쟁에 앞장서는 투사로서 가정과 사회생활 모두를 잘 병행해야 하는 것이었다.

이와 같이 다면적인 역할수행을 전제로 하고 있는 북한의 모성이데올로기는 여성개인에게는 과중한 부담을 안겨주는 것이나 희생, 봉사, 헌신을 기초로 하고 있는 여성본연의 임무인 모성의 역할수행 차원에서 합리화되는 것이었다. 즉 북한여성은 모성의 임무수행을 위해 그리고 이와 동시에 북한체제에서 필요로 하는 구성원으로서 시기별로 국가와 사회가 원하는 역할을 수행해야 하는 것이었다. 이에 따라 사회주의 대건설시기에는 여성의 사회경제활동의 참여가 적극 권장되었고 경제난으로 공식공급체계의 마비로 의식주와 의료, 교육 등 각종 사회보장이 개별 가족 차원의 책임으로 넘겨진 후에는 희생과 봉사를 특징으로 하는 여성의 모성적 역할이 사회 전체로 확대, 요구되었다. 영예군인이나 부양가족이 없는 고아나 노인을 돌본다거나 군민일치를 실현하는 차원에서 원호사업에 여성이 적극 참여하는 것이 권장되었던 것이다. 이런 점에서 볼 때 북한체제에서 모성을 여성본연의 임무로 간주하고 이를 여성에게 강요한 모성이데올로기는 여성의 인력을 국가의 필요에 따라 활용하기 위한 것이었다고 할 수 있다.

따라서 사회경제활동이 지위향상으로 이어지지 않은 상태에서 문제의식과 개선의 여지조차 보이지 않았던 북한여성의 현실은 국가의 필요에 따라 여성인력활용의 극대화를 합리화하는 북한의 모성이데올로기로 설명될 수 있다. 즉 남성과 동등하게 사회활동의 참여에도 불구하고 전통적인 성별분업구조 속에 순응한 채 이중, 삼중의 역할부담을 짊어진 북한여성의 현실은 이를 당연시하고 정당화하는 모성이데올로기가 작동되는 북한체제에서 당연한 결과였던 것이다. 이런 점에서 북한의 모성이데올로기는 일반적인 모성이데올로기와 달리 여성의 활동영역을 제한하는 것은 아니었다해도 결과적으로 성별분업 구조와 가부장제적 질서 유지에 기여하는 것이었다.

※ 이 논문은 『한국정치외교사논총』 제26집 1호 (2004)에 발표된 논문을 수정·보완한 것이다.

주註

1) "어머니,"『조선녀성』1999년 1호.
2) 윤미량,『북한의 여성정책』(서울: 한울, 1991), 79~89쪽.
3) 결혼 후 개인의 사정-이사, 질병, 육아-과 지역별 산업현장의 인력수급의 불균형 등으로 移職, 혹은 離職으로 정규직을 포기하기도 하지만 이런 경우에도 부업의 형식으로 사회경제활동에 참여하고 있다.
4) 이태영,『북한여성에 관한 연구』(서울: 국토통일원 조사자료실, 1979) ; 이태영,『북한의 여성생활』(서울: 민족통일중앙협의회, 1981) ; 이태영,『북한여성』(서울: 실천문학사, 1988) ; 박현선, "북한여성의 지위와 역할에 관한 연구: 1945.8~1947.2"(이화여대 석사학위논문, 1988) ; 조형, "북한사회체계와 가부장제," 이대한국여성연구소 편,『북한의 여성관』(서울: 이대한국여성연구소, 1992) ; 정무장관실,『북한여성의 실태: 연구보고서』(서울: 정무장관 제 2실, 1990) ; 남인숙,『북한여성의 실재』(서울: 한국부인회 총본부, 1992) ; 김선욱,『북한여성의 지위에 관한 연구: 여성관련법 및 정책을 중심으로』(서울: 한국여성개발원, 1992) ; 한국여성개발원,『북한여성의 지위에 관한 연구』, '92 연구보고서(200-6), 1992 ; 손봉숙,『북한의 여성: 그 삶의 현장』(서울: 공보처, 1993) ; 문숙재,『북한여성과 가정생활』(서울: 여성학 논집, 1994) ; 이금순, "북한의 성별 불평등실태와 전망,"『통일연구논총』(서울: 민족통일연구원, 1996) ; 정현백,『쟁점 북한여성, 어떻게 만날 것인가』(서울: 여성과 사회, 2001) ; 여성한국사회연구소,『북한여성들의 삶과 꿈』(서울: 사회문화연구소, 2001) ; 이화여대 여성연구,『통일과 여성: 북한여성의 삶』(서울: 이화여대 출판부, 2001). 이상의 북한여성연구들은 북한여성의 지위와 삶을 분석하는 것으로 양성평등의 원칙아래 사회경제활동에 참여하지만 가부장제적인 성별분업구조 속에 전통적인 성역할 병행으로 여성의 사회활동은 지위향상으로 이어지지 않았다는 비슷한 결론을 제시하고 있다. 탈북여성들도 실제 그들의 사회경제활동이 가사노동과 함께 자아실현이기보다 거의 생계유지 등 현실적인 이유에서 이루어지고 있어 전문직인 경우를 제외하고 대부분 북한여성들은 기회만 있으며 직장을 그만두고 싶어했다고 한다(청진, 혜산, 신의주에 거주했던 노동자, 가두여성).
5) 이태영,『북한여성』, 위의 책 ; 박현선, "북한여성의 지위와 역할에 관한 연구: 1945.8~1947.2," 위의 논문 ; 한국여성개발원,『북한여성의 지위에 관한 연구』, 위의 책.
6) 탈북 여성들 대부분은 그들의 사회적 지위와 학력과 상관없이 가부장적 권위주의체제 속에 유지되고 있는 엄격한 성별분업을 당연한 것으로 받아들이고 있었다. 물론 이중부담과 역할에 따른 어려움에 대해 불만이 있기도 하나 "이것

은 조선의 전통이 아니냐, 우리 할머니도 어머니도 그래왔고…"라는 식으로 어쩔 수 없이 감내해야 하는 것으로 체념하고 있었다. 50대 청진 출신의 고등졸의 탈북 로동자여성 ; 40대 혜산출신의 탈북 대졸 중학교교원여성.
7) 조형, "북한사회체계와 가부장제," 이대한국여성연구소 편, 『북한의 여성관』(서울: 이대한국여성연구소, 1992).
8) 북한사회에서 가족은 사회주의 사회의 세포조직으로서 최저 생산단위임과 동시에 사회주의이론의 학습장으로서 사회주의국가건설에 기여하는 전통적, 도구적 가족주의로 변질되어 새로운 가부장적 사회주의를 가져왔다. 박현선, 『현대북한사회와 가족』(서울: 한울아카데미, 2003), 43~44쪽.
9) 이효재 외 여성한국사회연구소 편, 『새로 쓰는 여성과 한국사회』(서울: 사회문화연구소, 1999), 426~467쪽.
10) 『조선녀성』은 지도자 김일성과 김정일의 교시, 당 정책 교양, 정치 사상교육, 모범적인 여성들의 수기와 미담, 숨은 영웅소개 등을 통해 여성이 수행해야 할 역할을 제시, 권고하고 있다. 그 세부내용은 시기별 대내외 상황에 따른 정책차이로 강조와 정도에 있어 차이를 보이지만 통시기적으로 모성을 여성의 가장 우선적인 역할로 강조하고 있다.
11) 이 논문의 주요 분석의 대상인 『조선녀성』은 1946년 창간호에서부터 2003년까지 발간된 것을 이용하였다. 그러나 이 가운데 통일부에 보관된 것은 1946~1950년까지와 79년부터 2003년까지이고 1950년대와 70년대의 『조선녀성』은 일본 조선대학에 비치되어 있는 것으로 이것의 녹차와 필요한 내용을 부분 복사하여 분석, 인용하였다.
12) 이연정, "여성의 시각에서 본 '모성론'," 심영희·정진성·윤정로 공편, 『모성의 담론과 현실』(서울: 나남출판사, 1999), 27~28쪽.
13) 정권수립초기 사회주의 체제원리에 따라 제정된 법률 가운데 여성과 관련된 주요 법률들을 제정 연대순으로 나열하면 다음과 같다. 「토지개혁에 대한 법령」(46.3.5), 「로동자 및 사무원에 대한 노동법령」(46.6.24), 「남녀평등권에 대한 법령」(46.7.30), 「인민공화국헌법」(48.9.8), 「탁아소에 관한 규정」(49.2.1), 「사회주의 헌법」(72.12.28), 「어린이 보육 교양법」(76.4.29), 「사회주의 로동법」(78.4.18), 「가족법」(90.10.24) 등이 있다. 박은정, "북한법이론과 여성주의," 『한국여성학』 제13권 1호 (1997) 137쪽.
14) 여성들을 교육, 계몽하기 위해 만들어진 어머니학교는 인민반, 작업반 별로 한 달에 2번 이상 씩 개최되었다. '어머니학교'에 관한 내용이 『조선녀성』에는 1956년 10월부터 나오기 시작하여 1978년 11월까지 간헐적으로 소개되고 있으며 그것의 주요 내용은 당시 당의정책 등을 홍보하는 것에서부터 여성에 관한 전반적인 것들을 교육, 계몽하는 것이었다. 예컨대 문맹퇴치를 비롯한 혁명

계급화하기 위한 교육, 자녀를 교육하는 방법. 위생, 보건문제, 옷, 음식 만드는 법, 탁아소운영, 여맹사업에 관한 것 등이다. 결국 어머니학교는 여성을 북한체제가 필요로 하는 구성원으로 만드는데 있었다고 할 수 있다. 이런 목적에서 만들어진 어머니학교가 1968년을 기준으로 전국에 11만 2000개가 있고 217만 명이 가입됐다는 기록에 의해볼 때 당시 여맹의 주요 사업 가운데 하나로 추진되었다는 것을 알 수 있게 한다. 『김일성저작집 23』 (조선로동당출판사, 1983) 47~48쪽.

15) 여성관련 주요 법률 가운데 여성의 노동력을 효율적으로 동원하고 양육부담을 덜어주기 위한 것은 사회주의 노동법에 6개월 이상된 임산부의 경노동 전환과 임산부의 야간노동 금지 등의 규정과 구체적인 여성건강 보호를 위해 마련된 「여성 상담소에 관한 규정」(1948.12.3) 및 「산원에 관한 규정」(1949.10.28)이 있다. 특히 이 규정에는 허약한 여성이나 임신부, 다태 분만 여성에게 관심을 기울이고 있다. '어린이 보육교양법'에도 다양한 모성보호조항이 마련되어 '한꺼번에 둘 이상의 어린이를 낳아 키우는 어머니에게는 유급으로 일정한 산후 휴가를 더 준다', '3명 이상의 어린이를 가진 여성 근로자들의 하루 노동시간을 6시간으로 한다'는 규정 등을 통해 근로여성의 모성을 특별 보호해 주고 있다. 또한 서서 일하는 여성의 경우는 1시간에 10분씩 휴식을 취하도록 하고 있으며 '노동자 및 사무원에 대한 노동법령' 제 26조에는 1년 이내의 유아에 한해 1일 2회, 30분씩 유급수유시간의 보장을 규정하고 있다. 홍순호 외 『북한인식과 한반도』 (서울: 살림출판사, 1999), 219~221쪽.

16) 윤미량, 『북한의 여성정책』, 앞의 책 ; 함인희, "북한의 성불평등구조," 홍순호 외 저 『북한인식과 한반도』 (서울: 살림, 1999), 219~221쪽.

17) 이 연설의 전문은 1961년 '전국어머니대회'에서 행한 연설을 모아둔 『전국 어머니대회문헌집』에 있다. 이 책은 전국 여맹원들과 모범어머니들의 자녀 양육에 있어 자아반성과 북한체제가 원하는 구성원을 양육하는데 성공하기까지 경험담을 모아둔 문헌이다. 『전국어머니 대회 문헌집』 (조선녀성사, 1962), 3~19쪽.

18) 위의 책, 33쪽.

19) '후대들을 앞날의 공산주의 건설자로 교양 육성하기 위한 어머니들의 과업에 대하여'-전국 어머니대회에서 한 조선 민주 녀성 동맹 중앙위원회 제 1 부위원장 김옥순 동지의 보고-(1961년 11월 15일) 위의 책, 80~81쪽.

20) 위의 책, 83~84쪽.

21) 위의 책, 85쪽.

22) 이것은 북한체제가 여성의 사회경제활동의 장려와 이를 뒷받침할 제도적 장치가 가장 활발히 마련된 시기가 사회주의 대 건설을 추진하던 1950년대 후반에

서 70년대이고 1980년대 이후 북한의 경제가 침체국면에 접어들어 노동력의 수요가 급감하면서 여성을 더 이상 경제영역에 유입시키려는 노력을 기울이지 않았고 실제 여성의 노동참여율이 감소했다는데서 입증된다. 함인희, "북한의 성불평등구조," 앞의 글, 223쪽.
23) 『조선녀성』은 1946년 5월 10일 여맹 제 2차 대표대회에서 봉건적 인습과 문맹에 빠져있던 북한여성을 정치적으로 자각시키고 국가생활에 동원하기 위해 발간을 결정하였다. 여맹의 기관지로서 발간된 『조선녀성』은 여성에 관한 모든 것-육아, 예절, 요리, 패션, 의학, 건강상식 등-을 망라한 여성교양종합잡지면서 동시에 당과 국가의 정책을 전달하고 합리화하는 기관잡지로서의 특성을 지니고 있다. 이 잡지에 관한 전체적인 특성을 알 수 있는 문헌으로는 이 잡지를 총체적이고 개괄적인 내용분석을 하고 있는 연구보고서가 있다. 임순희, "『조선녀성』분석," (통일연구원, 2003) 연구총서 03-03.
24) 주체형의 공산주의자는 북한사회의 이상적인 인간형으로 주체사상교양으로부터 만들어지며 북한주민들 모두 되야 하는 현실목표이다. 수령에 대한 충성과 효성을 제일덕목으로 혁명적 의리와 동지애로 무장하였으며 집단을 위해서는 자신의 목숨을 내던질 수 있는 영웅이 유일체제를 유지하기 위한 주체형의 공산주의자이다. 이런 주체형의 공산주의자는 주체사상의 지도적 원칙 중 하나인 사상개조 선행의 원칙에 근거해서 새로운 전형으로 제시되고 있다. 이종석, 『새로 쓴 현대북한의 이해』(서울: 역사비평사, 2000), 227~30쪽.
25) 북한은 여성의 지위향상이 가정생활에 있어 봉건잔재와 일제잔재의 청산을 중요조건으로 간주하고 이런 것들이 정권수립초기 제반 민주개혁을 통해 해결된 것으로 주장하고 있다. "…1946년 6월 24일 발포한 로동법령은 로동해방과 사무원 녀성들의 로동생활에 새로운 광명을 준 것이며 … 녀성의 사회경제부문의 활동에 있어서 진정한 남녀평등의 권리를 누리게 하는 법령이었다. … 토지개혁법령과 로동법령은 북조선 녀성들을 봉건예속과 인습에서 완전히 해방하여준 기본이 되는 법령인 것이다."『조선녀성』1949년 11호, 89쪽.
26) 북한체제의 특징에 대한 규정은 다양하지만 가장 두드러진 특징은 수령으로 불리우는 최고 지도자의 권위가 이데올로기, 법, 제도, 규범 등을 규정하는 데 있어 북한의 정치체제를 수령제 혹은 유일지도체제라 할 수 있다. 즉 김일성-김정일의 지도를 유일한 것으로 받아들이는 유일 지도체제는 북한사회 전체를 관통하는 지도체제로 북한사회의 특징을 가장 확실히 보여주는 것이다. 스즈키 마사유키(鐸木昌之),『北朝鮮-社會主義と 傳統の 共鳴』(동경: 동경대 출판부, 1992), [유영구(역),『김정일과 수령제 사회주의』(서울: 중앙일보사, 1995)], 71~102쪽.
27) '녀사의 숭고한 모범을 따라 배우도록'라는 제목에서 여러 지역의 초급녀맹위

원회에서 김정숙동지를 따라 배우기 위한 사업을 여러 가지 형식과 방법으로 벌리고 있다는 것을 소개하며 이중 하나로 ≪김정숙동지를 회상하여≫에 대한 연구발표모임을 가지고 있다고 한다. 『조선녀성』 1979년 9호, 22쪽.
28) 『조선녀성』속에 김정숙을 칭송하는 수식어는 '항일의 녀장수', '백두산녀장군', '녀걸', '녀신', '지도자', '련합대장', '독립영웅', '여걸' 등 다양하다. 『조선녀성』 1989년 4호.
29) 『조선녀성』 1980년 12호.
30) 81/09, "··· 존경하는 김정숙녀사께서는 위대한 수령님의 사업을 도와드리시고 그이께서 바라시는 문제를 푸는데 한몸 바치시는 것을 가장 숭고한 의무로. 기쁨으로 여기시였습니다.··· 저는 앞으로 주체형의 공산주의혁명가의 귀감이신 김정숙녀사를 적극 따라 배워 위대한 수령님과 영광스러운 당 중앙에 끝없이 충직한 공산주의혁명가로 자라날 것을 결의합니다"『조선녀성』 1981년 10호, 31쪽.
31) 북한여성에게 요구되는 것이 훌륭함 모성을 발휘해야 하는 것이지만 이에 앞서 우선적으로 당과 국가 그리고 지도자에게 충성을 다해야 한다는 것을 이상적인 여성의 모델의 행적 이외에도 일반 평범한 사람들의 선행을 통해서도 강요하였다. 예컨대 고난의 시절 몸바쳐 희생한 여성의 이야기를 소개 "조국의 딸 -공화국영웅 조옥희동무에 대한 이야기-" 『조선녀성』 1982년 7호, 30~1쪽.
32) "혁명의 어머니 김정숙 녀사를 모시고" 『조선녀성』 1982년 2호, 31~2쪽.
33) 김정숙이 김일성에게 충실성있게 섬겼다는 것 특히 친위전사로서 역할을 해냈다는 것을 주장하는 글은 김정숙을 기리는 글에서 계속 강조되고 있다. '친위전사'(92년 6호), '불요불굴의 공산주의혁명투사 김정숙동지께서 지니고 계신 투철한 혁명적 수령관'(93년 1호), '백두의 녀장군의 수령 결사 옹위 정신'(97년6호) ; '혁명조직에 끝없이 충직하신 참다운 혁명가', '뜻깊은 화폭 앞에서' (2000년 2호).
34) 김정숙에 대한 칭송이 여러 형태의 글로 나타나있다. 우선 노래와 가요로는 '조선의 어머니'(79년 7호) '어머니의 충성을 따르렵니다'(79년 8호) '항일의 녀성영웅에 대한 숭엄한 형상, 가요≪못잊을 삼일포의 메아리≫에 대하여'(83년 3호) ; 시로는 '어머님께서 오늘도 웃고 계시니'(79년 12호) '위대한 어머님을 추억하여'(91년 6호), '김정숙동지께 드리는 시'(92년 6호) ; 김정숙을 기리는 사적지를 방문한 기행문 형식의 글은 '언제나 봄빛 넘쳐나는 땅'(82년 9호), '그 영상 우러러', '어머님의 고향집 앞에서' '영광으로 이어진 마루터', '영원히 빛나리' '내도산녀성들을 혁명화하는 길에서', '조국에 대한 사랑 뜨겁게 맥박치는 곳에-영분혁명사적지를 찾아서-'(87년 5호) 수필로 '충성으로 빛나는 길' (82년 9호) 등이 있다.

35) 이 글은 여연구의 김정숙에 대한 회상 '어머님의 은혜로운 사랑 속에서'의 내용의 일부이다. 여연구의 회상 속의 김정숙은 왕성한 사회활동(그 시대 체제가 필요로 하는 인물 즉 혁명투사)과 함께 현모양처 (남편을 극진히 섬기고 보필하고 자녀를 국가가 원하는 인물로 훌륭히 성장시키는 일) 즉 슈퍼우먼이다. 『조선녀성』 1981년 1-2호 ; 2004년 5호, 26쪽.
36) 김정숙여사가 김일성에게 행한 충성심에 대한 주장은 시간이 지남에 따라 심각한 조작, 과장이 있다는 것을 말해준다. "… 천백번 스러져도 다시 일어나 위대한 수령님의 신변안전만은 기어이 보장해야 한다는 철석같은 신념, 살이 찢기고 뼈가 부서져도 수령님의 안녕만을 끝까지 지켜야 한다는 … 수령님의 안녕을 바라시여 고이 기르던 머리태를 잘라 그이의 신발에 깔아드리시고는 … 존경하는 녀사께서는… 오직 수령님의 안녕과 혁명위업을 보위하시는데 모든 것을 다 바치시였다"『조선녀성』 1982년 7호, 11쪽.
37) 『조선녀성』 1981년 4-5호, 32쪽 ; 1981년 12호, 13쪽 위의 글 이외에도 강반석여사가 항일무장투쟁을 하던 시기 김일성이 한 혁명의 일을 도왔다는 것을 강조하는 글로 '어머님께서 써주신 네 글자' 강반석이 최후에 있었던 장소인 소사하의 집 "소사하의 등잔불" 팔도구라는 곳에서는 이곳에 강반석이 여성들에게 야학에서 글(세상이치도)을 가르쳤다는 것을 쓰고 있다.(82년 7호) 이런 논조의 강반석여사에 대한 칭송은 시간이 지날수록 그 내용이 첨가되며 강화되여 강반석여사는 북한여성해방운동의 시원을 마련한 인물로 확고히 자리를 구축하게 된다. 이글 주상한 글은 '녀성해방운동의 시원이 마련되던 나날 속에' (96년 1호), '반일부녀회장' 반일부녀회 결성 70돐 맞아' (96년 6호).
38) "… 할머님의 한생은 자손들을 혁명의 길에 나서도록 교양하시고 그분들의 활동을 적극 도우신 애국자의 일생이었으며 무한히 근면하고 소박하고 겸손한 성품을 지니신 혁명가의 어머님, 혁명가의 할머님으로서의 빛나는 일생이였다" '강의한 애국의 정신으로 살아오신 조선의 할머님 – 리보익 할머님 탄생 105돐을 맞으며 –' (81년 4-5호), 33쪽 이 글 이외에도 리보익이 일제시기 혁명투사의 아들과 손자를 두고 일본의 박해와 회유전략에도 항일투지를 지켜냈다는 것을 칭송하는 글, '시련을 맞받아 싸운 빛나는 한 생' (84년 5호) 등이 있다.
39) 다음의 강반석을 기리는 글은 강반석이 혁명가의 아내로서 그리고 혁명가의 아들을 키워낸 어머니로서만이 아닌 시부모에게 효성스러웠던 며느리였음을 강조하고 있다. "… 만경대에서 아직 논이 없던 시절에 우물곁 실도랑에 뙈기논을 만들어 시부모님 생신날 쌀밥을 지어주었다.…"『조선녀성』 1982년 4호, 45~46쪽.
40) 북한은 이상적인 여성상으로 김일성 가계의 여성만이 아닌 당과 국가와 지도자를 위해 헌신하여 타의 모범이 되는 일반여성들을 '숨은 영웅'으로 내세워 '숨

은 영웅들의 모범을 따라 배울 것'을 강조하였다. 1983년에 들어서면서 '위대한 영웅들의 모범을 따라 배울데 대하여 주신 교시'(발췌) 이래『조선녀성』에 이들의 모범적인 사례를 소개하는 고정난이 할애되어 지속적으로 이들의 본받기를 강조하였다.

41)『조선녀성』1993년 5호, 20쪽.
42) "영웅의 어머니-함경북도 은덕군 오봉로동자구 오옥환녀성에 대한 이야기-,"『조선녀성』1998년 6호, 28~29쪽.
43) "인민대중의 최고 뇌수이며 통일단결의 중심"이라는 지위를 규정하고 있는 혁명적 수령관과 정치적 생명을 매개로 어버이 수령과 어머니 당, 인민대중이 혈연적 관계에 기초하여 유기적으로 통일되어 있다는 사회정치적 생명체론은 북한체제의 특징인 유일지배체제의 이론적 토대가 되고 있다. 사회정치적 생명체론은 기본적으로 생명의 이분법에서 출발한다. 사람들에게는 생명유기체로서 살며 행동하는 육체적 생명과 함께 사회적 존재로서 살며 활동하는 정치적 생명이 있는데 후자가 더 중요하고 이것은 영생하는 것으로 수령이 이 생명의 중심이 되며 수령부터 받는다. 즉 수령, 당, 대중은 정치적 생명체 안에서 '혈연적 관계'로 맺어지는 것으로 규정되고 대중에게는 '생명의 은인'인 '어버이수령'에 대해 충성과 효성을 다할 것이 요구된다. 이종석,『새로 쓴 현대북한의 이해』, 앞의 책, 216~218쪽 ; 사회과학출판사,『주체사상총서 2: 주체사상의 사회역사원리』(백산서당, 1989 재출간).
44)『조선녀성』1993년 1호, 29~30쪽 이 같은 내용의 '전사의 어머니'라는 제목의 글은 그 이전과 이후에도 많이 게재되어 있다. '전사의 어머니' (66년 11호), '일곱 아들을 초소에 보낸 어머니'(74년 2호) 등.
45)『조선녀성』1993년 5호, 36쪽 ; 1995년 3호, 31쪽.
46)『조선녀성』1996년 2호, 28~29쪽.
47) 아들 8형제 모두 인민군대에 보낸 어머니가 행복으로 여기고 있다는 것을 칭송하는 내용의 글 '어머니의 행복-허천군 신흥로동자구 10인민반에 사는 방옥성녀맹원에 대한 이야기-'『조선녀성』1993년 2호.
48) 그러나 1990년대 선군정치가 실시되기 이전에도 원호사업을 중시하여 이를 행하는 여성과 모성을 칭송하는 글이 있었다. 예컨대 "전사의 어머니-조국해방전선시기 전선을 원호하며 잘 싸운 룡림군 구룡리 안춘화어머니에 대한 이야기-,"『조선녀성』1981년 12호.
49)『조선녀성』1990년 1호, 31쪽.
50) '하나의 대 가정 속에 꽃피는 소행',『조선녀성』1993년 6호, 25쪽.
51) '다섯 명의 고아를 기르는 어머니'(57/05), '혁명유자녀의 어머니가 되시여'(1)(2)『조선녀성』1976년1호, 3호.

52) "… 모성애를 지켜줄 품… 사회주의 제도… 사회주의를 빼앗겨 모성애마저 빼앗겼다…"라며 아이들을 기를 형편이 못되면 아이들을 유기하는 사례가 있는 자본주의에서 보다 사회주의체제에서 모성애를 더 잘 지킬 수 있음을 강조하고 있다. "모성애,"『조선녀성』1994년 1호, 30쪽.
53) "어머니,"『조선녀성』1999년 1호, 32~33쪽.

〈참고문헌〉

1. 북한문헌

김일성, 『김일성저작집 23』 (평양: 조선로동당출판사, 1983).
김정일, 『친애하는 지도자 김정일동지의 문헌집』 (평양: 조선로동당출판사, 1992).
김창하, 『불멸의 주체사상』 (평양: 평양출판사, 1995).
조선민주녀성동맹, 『조선녀성』 1946~2003.12, (평양: 근로단체출판사).
천금진, 『혁명의 어머니』 (평양: 인문과학사, 1979).

2. 남한문헌

김선욱, 『북한여성의 지위에 관한 연구: 여성관련법 및 정책을 중심으로』 (서울: 한국여성개발원, 1992).
김정자, 『북한여성연구-가족, 복지, 소설의 측면에서』 (서울: 여성학연구, 1994).
남인숙, 『북한여성의 실재』 (서울: 한국부인회 총본부, 1992).
문숙재, 『북한여성과 가정생활』 (서울: 여성학 논집, 1994).
박은정, "북한법이론과 여성주의," 『한국여성학』 제13권 1호 (1997).
박현선, "북한여성의 지위와 역할에 관한 연구: 1945.8~1947.2" (이화여대 석사학위논문, 1988).
박현선, 『현대북한사회와 가족』 (서울: 한울아카데미, 2003).
사회과학출판사, 『주체사상의 사회역사원리』 (서울: 백산서당, 1989).
손봉숙, 이경숙, 이온죽, 김애실 공저, 『북한의 여성생활』 (서울: 나남, 1991).
손봉숙, 『북한의 여성: 그 삶의 현장』 (서울: 공보처, 1993).
여성한국사회연구소, 『북한여성들의 삶과 꿈』 (서울: 사회문화연구소, 2001).
윤미량, 『북한의 여성정책』 (서울: 한울, 1991).
이금순, "북한의 성별 불평등실태와 전망," 『통일연구논총』 (서울: 민족통일연구원, 1996).
이상화, "북한여성의 윤리관," 『통일을 대비한 남북한여성의 삶에 대한 비교』, 제4차 통일문제 학술세미나 자료집 (1996.12.9).
이연정, "여성의 시각에서 본 '모성론'" 심영희·정진성·윤정로 공편, 『모성의 담론과 현실』 (서울: 나남출판, 1999).
이온죽, "여성과 가족," 최명 편, 『북한개론』 (서울: 을유문화사, 1990).
이종석, 『새로 쓴 현대북한의 이해』 (서울: 역사비평사, 2000).
이태영, 『북한여성에 관한 연구』 (서울: 국토통일원 조사자료실, 1979).

이태영, 『북한의 여성생활』(서울: 민족통일중앙협의회, 1991).
이태영, 『북한여성』(서울: 실천문학사, 1988).
이화여대 여성연구, 『통일과 여성: 북한여성의 삶』(서울: 이화여대 출판부, 2001).
이효재 외 여성한국사회연구소 편, 『새로 쓰는 여성과 한국사회』(서울: 사회문화연구소, 1999).
임순희, 『'조선녀성'분석』, 통일연구원 연구총서 03-03 (서울: 통일연구원, 2003).
전상인, 『북한의 가족정책 변화』(서울: 민족통일연구원, 1993).
정무장관실, 『북한여성의 실태: 연구보고서』(서울: 정무장관 제2실, 1990).
정현백, 『쟁점 북한여성, 어떻게 만날 것인가』(서울: 여성과 사회, 2001).
조 형, "북한사회체계와 가부장제," 이대한국여성연구소 편, 『북한의 여성관』(서울: 이대한국여성연구소, 1992).
한국여성개발원, 『북한여성의 지위에 관한 연구』, '92 연구보고서 (200-6), 1992
함인희, "북한식 사회주의체제와 여성관," 『민족과 문화』(서울: 한양대 민족학 연구소, 2000).
함인희, "북한의 성불평등구조," 홍순호 외 저 『북한인식과 한반도』(서울: 살림, 1999).
홍순호 외 저, 『북한인식과 한반도』(서울: 살림, 1999).
스즈키 마사유키(鐸木昌之), 『北朝鮮－社會主義と 傳統の 共鳴』(동경: 동경대 출판부, 1992), [유영구(역), 『김정일과 수령제 사회주의』(서울: 중앙일보사, 1995)].

북한의 양성(兩性)평등 정책의 형성과 굴절:
북한여성의 정치사회적 지위 변화를 중심으로

박 영 자

1. 들어가는 말

북한정권은 1946년 7월 30일 남녀평등권법령 발포로 북한 여성들이 온갖 봉건적 예속과 사회적 불평등으로부터 해방되어 남성과 동등한 권리를 가지게 되었다고 선전한다.[1] 그러나 북한이 권위주의적인 남성문화가 공고화된 사회이며, 양성 불평등성이 심각하다는 것이 탈북자 증언과 각종 북한사회 연구의 공통된 지적이다.[2]

해방이후 북한 여성의 정치사회적 지위 향상은 전 시대와 비교해서 놀랄 만큼 진전되었으며 당시 서구 선진자본주의 국가의 양성평등 정책에 비해서도 혁신적이었다. 그러나 한국전쟁과 산업화, 그리고 수령을 중심으로 한 사회적 위계체제가 공고화되면서 북한의 양성평등 정책은 양성 불평등 정책으로 굴절되었다.3)

본 논문은 무산자계급 주도성과 함께 사회평등을 주창하였던 북한정권의 초기 양성평등 정책이 어떠한 과정을 경과하며 굴절되었는지를 규명하고자 한다. 구체적으로 북한정권의 초기 양성평등 정책의 성격과 특징을 살펴보고, 어떠한 역사적 과정을 통해 초기의 양성 평등성이 불평등성으로 전환되었는지를 정치사회사적 맥락에서 밝히려 한다.

연구방법은 문헌분석으로 1차 자료인 북한문헌을 주요한 연구재료로 활용한다. 북한문헌을 활용하는 방법은 먼저 권력의 이데올로기와 선전이 가장 적게 나타나는 『로동신문』과 『김일성저작집』을 동시 고찰하고, 미시적인 북한의 여성 정책과 생활을 살펴볼 수 있는 『조선녀성』을 핵심적인 연구재료로 활용한다. 다음으로 북한의 각종 1차 문헌과 그 분야에 관련된 2차 문헌을 교차 분석하는 방법으로 사실을 확인하여 활용한다. 그리고 북한정권의 요구를 수용했던 여성들의 삶을 살펴보기 위해 북한에서 발행된 각종 수기와 증언자료를 활용한다.

2. 양성평등 정책의 형성

전통사회에서 북한여성은 물리적으론 다수임에도 불구하고, 사회적으론 언제나 '소수자'였으며 권력의 시야에 있지 않았다. 여성은 권력의 지반을 지탱하고 있었으나, 농업문화에 기반한 배타적이며 대규모적인 혈연공동체 질서에서 정치사회적 지위를 갖긴 어려웠다.4)

해방이후 김일성 세력은 가족공동체의 관리자로 오랜 세월 정치·경제·사회 전반에서 가려져 있던 여성을 사회주의 건설의 주체로 구성하려 했다. 이 정책은 노동법과 남녀평등법, 그리고 선거 사업을 통해 현실화되었다.

1) 여성의 사회진출과 핵가족화: 노동법과 남녀평등법

1946년 6월 24일 김일성이 위원장이었던 북조선 임시인민위원회는 「북조선 로동자, 사무원에 대한 로동법령」을 공포한다. 총26조로 구성되어 있는 규정 중 여성 관련 조항은 제7조 동일노동 동일임금, 제14조 노동여성의 해산 전 35일·해산 후 42일 휴가 보장, 제15조 임신한 여성노동자 보호와 임금 보호 규정, 제16조 만1세 미만의 유아를 가진 노동여성은 1일 2회 30분씩 수유시간 보장, 제17조 태모나 유모에게 시간외 노동과 야간 노동 금지, 제18조 사회보험제 실시, 이 중 두 번째 조항은 임신 및 해산으로 인한 휴가시 보조금 지불이다.[5]

노동법령의 여성 관련조항을 분석해 볼 때, 김일성 정권이 여성을 규율화하는 방향은 크게 세 가지이다. 첫째, 여성을 생산영역으로 인입하기 위한 경제적·제도적 기초를 마련함으로서, 여성의 사회진출을 추진한 것이다. 둘째, 노동력 재생산을 위한 모성보호정책을 권력의 시혜로 받아들이게 한 것이다. 셋째, 제16조에서 보여지듯 근대적 시간규율을 수유기부터 양육에 적용하게 하고, 수유시간을 단축시켜 여성의 사회활동을 가능하게 한 것이다.

당시 북한정권은 노동법령을 여성해방 정책이라며, 여성 당원과 열성자들을 통해 두 가지 선전논리를 전파한다. 하나는 여성이 인간답게 살수 있는 조건을 주었기에 정권에 협조하고 과업을 실행해야 한다는 것이다.[6] 또 다른 하나는 권력의 시혜에 생산증대로 보답해야 한다는 것이다.[7] 즉, 북한여성이 인간답게 살 수 있게 해준 정권에 대한 충성심과 은혜에 대한 보답을 결의하게 한 것이다.

초대 북조선공산당 중앙위원회 부녀부장이며, 해방 후부터 1960년대 중반까지 여성동맹위원장으로 활동했던 박정애는 노동법령의 의의를 여성해방과 여성노동자의 모성보호라고 선전한다. 구체적으로 경제적 독립을 가능하게 한 여성해방의 첫걸음이며, 여성노동자들이 모성을 보호하면서도 경제사회적 지위를 확보할 수 있게 해주었다는 것이다.8)

그러나 여성의 생산영역으로의 진출이 그리 순조롭게 진행되진 않았다. 뿌리깊은 대가족 중심의 농업공동체 문화 속에서 여성들이 사회에 진출한다는 것은 어려운 문제였다. 문제점은 크게 두 가지로 나타났다. 하나는 여성의 사회진출에 대한 남성과 사회전반의 부정적 반응이다. 즉, "여성들의 가두진출街頭進出에 대해 '요사이 여자들은 미쳤다', '풍기가 문란하다'라는 등 이상한 눈초리"가 팽배했던 것이다.9)

또 다른 하나는 권력의 요구에 대한 여성의 저항이다. 즉, "지금 어떤 녀성들은 여자가 무엇을 하겠는가, 여자가 앞에 나서고서야 일이 되는가고 하면서 건국사업에 나서기를 주저하고 있으며 심지어 일부 녀성들은 사회사업에 나서고있는 동무들을 뒤에서 비웃고있"는 현상이다. 김일성은 당시 여성들의 사회진출 거부를 "일제사상잔재와 봉건적 관념" 때문이라고 인식하였다. 즉, "적지 않은 녀성들이 놀고 먹는 것을 좋은 것으로 생각하고 로동을 천하게 여기며 돈있는 사람을 부러워하는 것이라든지, 사회사업에 나서기를 주저하며 민족적 자부심을 가지지 못하고 있는 것이라든지, 가문을 따지면서 사람들을 평가하며 무당을 불러 굿을 하고 점쟁이를 찾아가 점을 치는 것과 같은 것들은 다 일제사상잔재와 봉건사상잔재의 표현"이라며 강하게 비판한다.10)

이러한 사회갈등 속에서 여성을 생산영역으로 이끌어 내기 위해, 김일성 정권은 여성노동에 대한 인식전환을 추진했다. 여성노동이 생계를 위해 할 수 없이 하는 고통스러운 행위가 아니라, 국가건설을 위한 신성

한 행위라는 것을 전사회적으로 선전한 것이다.11)

정권의 선전과 국가, 사회단체의 조직화를 통해 여성의 사회진출은 조금씩 증가하였다. 해방 후 북한여성이 참여하는 생산노동의 종류는 크게 세 가지였다. 첫째는 농업생산이고, 둘째는 공업생산이며, 셋째는 각종 노력동원이다. 당시 '건국사상총동원운동'12)의 목표는 생산증대운동과 결부되어, 공장과 기업소에서는 '증산돌격운동'으로, 농촌에서는 애국미 헌납운동과 누에치기 운동으로, 지역에서는 각종 기반시설 건설과 보수공사 등으로 나타났다.

노동법령 발표 약 한달 후인 1946년 7월 30일 임시인민위원회는 "일제식민지정책의 잔재를 숙청하고 낡은 봉건적 남녀간의 관계를 개혁하며 녀성들로 하여금 문화, 사회, 정치 생활에 전면적으로 참여하게 할 목적"으로 「북조선남녀평등권에 대한 법령」을 발표한다. 이 법령은 1947년 2월 개최된 <북조선 도·시·군 인민위원회 대회>에서 제도화된다. 각 조항과 주요 시행세칙 등을 살펴보고, 그 성격을 사회주의적 근대화를 위한 핵가족과 여성 개체화라는 관점으로 분석해 보면 다음과 같다.13)

제1조 국가, 경제, 문화, 사회, 정치 생활의 모든 영역에서 여성들은 남자들과 평등권을 가진다. 이 조항을 현실화하기 위해 시행 세칙 제3조에서 봉건적 유습인 남존여비 사상으로 인한 여성 학대와 폭행, 그리고 기타 일체 차별 대우를 금지한다고 규정한다. 이 조항은 여성에게 권력의 규율을 내면화시키기 위한 전제가 된다. 즉 여성을 근대적인 개인으로, 남성에 종속된 존재가 아닌 개체個體로 인식하게 한 것이다.

제2조 지방주권기관 또는 최고주권기관 선거에서 여성들은 남자들과 동등한 선거권과 피선거권을 가진다. 시행 세칙 제1조에서 여성은 남자와 동일한 자격으로 지방(도, 시, 군, 면, 리)과 중앙 인민위원회 위원을 선거하고 그 위원에 피선될 권리를 가지며, 국가기관·정당·사회단

체·공동단체의 위원 또는 직원이 될 수 있다고 규정한다. 이 조항은 여성이 선거 과정에서의 자기 의사표출로 개체성을 확인하게 하고, 사회적으로 여성의 개체성을 인식하게 하는 사회적 장치, 즉 1인 1투표제의 근대적 개체성을 제도화하기 위한 것이다.

제3조 여성들은 남자들과 동등한 노동의 권리와 동일한 임금, 그리고 사회보험 및 교육의 권리를 가진다. 이 조항은 노동법령 제7조·제18조와 연계되어 여성이 국가·사회생활에 적극 참가할 기회와 조건을 주며, 민주주의 국가건설의 권리와 의무, 그리고 사회보험 혜택을 가지게 하는 것이라고 시행세칙에서 밝히고 있다. 또한 시행세칙 제2조에 의해 여성도 남자와 같이 교육을 받으며 문화생활을 할 수 있는 권리와 균등한 기회를 보장하여 과거의 불합리한 봉건적 유습을 타파하고 민주건설의 발전을 요청하는 것이라고 그 의의를 설명하고 있다. 이 조항은 동일노동 동일임금을 통해 여성이 사회적으로 개체가 될 수 있는 사회 경제적 처우를 명시한 것이다.

제4조 여성들은 남자들과 같이 자유결혼의 권리를 가진다(결혼할 본인들의 동의 없는 비자유적이며 강제적인 결혼을 금지한다). 시행세칙 제8조에 의해 결혼은 당사자간 자유의사에 의한 합의로 이루어진다는 '결혼서'를 당사자가 살고있는 시·면인민위원회에 제출하게 하였다. 그곳에서 '결혼서'가 수리되어야만 결혼은 성립된다. '결혼서'에는 첫째, 당사자 자유의사에 의한 합의가 있었다는 것, 둘째, 당사자 쌍방雙方이 상대방의 신체상태(정신병·성병·호흡기병이 있는가 없는가 또는 불구자인가 아닌가 등)를 잘 알고 결혼한다는 것, 셋째, 당사자의 결혼회수回數 및 당사자가 가진 자녀의 수를 기재記載하게 되어 있다. 이 조항은 여성의 자율 선택권을 명시한 것이다.

제5조 결혼생활에서 부부관계가 곤란하고 부부관계를 더 계속할 수 없는 조건이 생길 때에는 여성들도 남자들과 동등한 자유 이혼의 권리

를 가진다. 모성으로서 아동양육비를 이전 남편에게 요구할 소송권을 인정하며 이혼과 아동양육비에 관한 소송은 인민재판소에서 처리하도록 규정한다.

이혼은 가족 공동체를 파괴하는 큰 사건이기에 시행세칙에 그 조항을 자세히 두고 있다. 첫째, 합의 이혼은 당사자가 살고 있는 시·면 인민위원회에 '이혼서'를 제출하면 이혼이 성립된다(시행세칙 제10조). 둘째, 합의가 이루어지지 않을 시 소관 시·군 인민재판소에 이혼소송을 제기하여 해결한다(시행세칙 제11조). 이때 '일시적 감정' 때문인 것으로 재판부로부터 인정된 경우에는 3개월에서 6개월까지 일정 기간 소송절차를 중지한다. 그 후 다시 이혼소송을 진행한다. 지정 기일에 당사자 쌍방이 다 출두하지 않거나 또는 이혼소송을 제기한 원고原告가 출두하지 않는 때는 이혼소송을 취소한 것으로 인정한다(시행세칙 제12조~제16조).

2회 이상 이혼하려는 자의 이혼소송은 좀 더 신중히 처리하기 위하여 시·군 인민재판소에서 하지 않고 도 재판소에서 관리하게 했다. 자진하여 2회 이상 이혼을 하려는 경우에는 '이혼서'를 제출할 때, 혹은 이혼소송을 제기할 때 5천 원의 금액을 소관所管 인민재판소에 납부하기로 되어 있다. 그러나 부득이한 사정이 있을 때, 즉 빈궁하여 돈 5천 원은 없고 부부생활은 더 계속할 수 없는 자를 구제하기 위하여 소관 도 재판소의 결정에 따라 납부 액 5천 원을 면제받을 수도 있다(시행세칙 제17조).[14]

제5조 후단은 이혼 시 모성으로서 아동 양육비를 전 남편에게 요구할 소송권을 인정하며, 이혼과 아동양육비 관련 소송은 시·군 인민재판소에서 처리하도록 규정하였다. 그러나 부부가 다 같이 동 수의 자녀를 양육하는 경우는 서로 양육비를 청구할 수 없었다. 이 조항은 여성의 행복 추구권과 부계가족과 남성으로부터의 독립 가능성, 그리고 자녀에

대한 공동 책임을 밝힌 것이다.

제6조 결혼 연령은 여성 만17세, 남성 만18세 이상으로 규정한다. 시행 세칙 제9조에서 종래의 봉건적 유습으로 인한 조혼 풍속이 가져오는 모든 폐단을 방지하고, 정당한 결혼생활을 보장하려는 것이라고 그 의의를 밝히고 있다. 즉, 동양식 며느리(민며느리제)와 데릴사위제 같이 어린 나이에 나이 차가 많은 상대와 결혼하는 제도를 금지한 것이다.

권력이 이 조항을 통해 목표했던 것은 세 가지이다. 첫째, 여성이 경제·사회적 독립과 사회 노동을 통해 개체로서 사회 경험을 할 수 있게, 사회 풍습으로 만연했던 조혼을 금지하고 만혼을 권장한 것이다. 둘째, 여성이 생산과 건설에 참여하도록 결혼 시기를 늦춘 것이다. 셋째, 대가족 질서를 핵가족 질서로 전환하기 위한 것이다. 조혼은 다산多産과 일부다처제, 부계가족 강화의 원인이 되었다. 그러므로 조혼금지는 핵가족화를 위한 주요 조항이었다.

핵가족은 권력의 규율을 내면화하는데, 대가족에 비해 비교할 수 없을 만큼 용이하다. 대가족은 배타적이고 강고한 권력구조를 형성하기 때문에 중앙의 정치권력이 쉽게 침투할 수 없다. 또한 내부 위계 질서가 방대하고 연계망이 넓으며 공동체의 생활관리 업무가 많기에, 특히 여성이 사회활동에 참여하기 어려운 구조이다. 때문에 북한정권은 핵가족화를 추진한 것이다.

제7조 중세기적 봉건관계의 유습인 일부다처제와 여자들을 처나 첩으로 매매하는 여성 인권유린의 폐해를 앞으로 금지한다(공창, 사창 및 기생 제도-기생권법, 기생학교-를 금지한다. 이 항을 위반하는 자는 법에 의하여 처벌한다).

이 조항은 세 가지 성격을 갖는다. 첫 번째는 근대의 특성이라고 할 수 있는 계약의 성격, 즉 개체와 개체의 결합이라는 특성을 가족 구성에 도입한 것이다. 두 번째는 농업을 기반으로 한 혈연 공동체 질서를 사회주의적 질서로 재구성하려는 것이다. 또한 혈연 집단이 세력화되는 것을 방지하려는 것이다. 즉, 대가족제도가 가지고 있는 완고한 혈연보호주의와 타 집단에 대한 배타성을 배제하려는 것이다. 때문에 핵가족을 제도화하였다. 세 번째는 비생산적 소비문화로 인한 남성의 생산력 저하 또는 자유주의적 문화의 재생산을 방지하려는 것이다.

제8조 여성들은 남자들과 동등한 재산 및 토지 상속권을 가지며 이혼할 때에는 재산과 토지를 나누어 가질 권리를 가진다. 이 조항은 양성평등을 위한 여성의 사회경제력 권리를 법적으로 규정한 것이다. 상속에서 며느리는 제외되었다. 며느리는 시아버지의 재산과 토지를 상속할 수 없고, 딸은 아들과 동등한 상속권이 있다는 것이다. 이혼 시 재산분할과 자녀양육비 등에 대한 자세한 시행 세칙을 제4, 5, 6, 7, 21, 22조에서 밝히고 있다. 이 조항은 여성이 가족 내 경제 기반을 통해 개체권個體權을 가져야 한다는 것을 여성과 가족구성원에게 밝힌 것이며, 부계가족제로 인한 대가족 형성과 재생산을 방지하려는 것이다.

제9조 본 법령의 발포와 동시에 조선 여성의 《권리》에 관한 일본 제국주의의 법령과 규칙은 무효로 한다. 시행 세칙 제23조로 기존 여성의 법률 행위능력과 친권행사에 관한 부당한 대우, 그리고 여성의 권리를 제한하며 억압한 법령과 규칙을 일제히 무효로 한다고 그 의의를 밝히고 있다. 이 조항은 여성들이 전통과의 단절을 통해 사회주의적 근대 주체가 될 것을 명시한 것이다.

마지막으로 본 법령은 공포하는 날부터 효력을 발생한다고 명시하고 있다.

뿌리깊은 대가족 질서를 핵가족으로 재구성하고 여성을 개체화시키는 것은 쉽지 않았다. 그리하여 정권은 시행세칙 제24조부터 제28조까지에 남녀평등법령과 시행세칙 구현을 강제하기 위한 구체적 처벌규정을 두었다. 이 처벌규정은 1947년 1월 24일에 북조선임시인민위원회 결정 제163호 「북조선의 봉건유습잔재를 퇴치하는 법령」과 제164호 「생명, 건강, 자유, 명예보호에 관한 법령」이 공포되면서 전반적으로 개정된다. 법령 위반에 대한 처벌이 더욱 구체화되고 강화된 것이다.15)

여성에게 권력의 규율을 내면화시키기 위한 기초로서 남녀평등법이 제정되고 구체화되었으며, 당원과 여맹을 통하여 다음과 같은 논리가 전체 북한여성에게 선전되었다.

첫째, 여성 해방과 독립을 위한 기초가 형성되었다. 여맹은 이 논리를 다음과 같이 표현하였다.

> 조선여성이중속적생활을 하여온 근본원인은 봉건적 착취관계로 성립되는 봉건적 경제기구위에서 반민주적 사회제도의 탓이였다. 민주주의국가에서는 군한된 일부 특수계급의 의사로써만 정치가 시행되는 것이않이다. 전인민의 의사의반영으로써 시행되어야할 것이다.…8살 난 남편에게 17·18세의 안헤를 얻어주는 것…8세의 신랑이 17·18세의 안해더러 야-너-하며 또 그안해가 여덟살 코홀리게보고네-네-하면서 서방님 주인님 하던 것을 생각하면 참말로 옛말이라 하지않을수 없다. 그러나 이것은 옛말이 안이라 지금의 3·40십대의 인간이 너무도 많은 것을 보아 놀라지않을 수 없다…이러한 조혼은 생리적 부자연이며 모든 가정 비극과 여인의 눈물의 원인… 또한 이법령은 여인의 위생학적 향상 보장… 인신매매 등 금지… 축첩제는 여성의 인격을 비하하는 것으로 인신매매와 다처제는 긴밀한 연관… 상속에서 남아본위는 인구의 반수인 여자를 무시하는 특수계급전제의 악습이며 여자의 독립을 무시하는 것이다.16)

둘째, 은혜에 보답하고 남성들을 잘 설득해야 한다. 이러한 논리를 당시 보건부 직원이었던 이소조와 평양고무공장 노동자 안옥레의 글을 통해 살펴보자.

…이러한 권리를 받엇으니 우리여성들은 완전한 의무리행에 매진하여야겟고 충분한 실력배양에 많이 노력하여야겟음니다. 남자되시는 여러분들은 이에대한 충분한리해와 후원으로써 앞으로더욱 적극노력하시여 이법령발표의 본의를 달성시키는동시에 이즈러짐이없는 완전한 조선사회의 건설을 기하는바임니다.[17]

…남자에게 요구하는 것을 말슴들인다면 많기도하지만 무엇보다도 가정생활하는데 있어서 법령만가지고 하는것이아니라 감정적으로까지 여자에게남녀평등으로 생각하여주고 서로서로 도와주고 살림하여주면 대단히좋겠습니다.[18]

셋째, 시혜에 대한 보답으로 조국 건설에 앞장서야 한다. 이러한 논리는 종종 남성간부의 언술을 통해 선전되었다. 당시 이러한 논리를 선전한 북조선 사법국장 최용달과 북조선 예술총연맹 서기장 리 찬의 글을 인용하면 다음과 같다.

…붉은군대의 원조하에 인민의 정권이 수립된 북조선과 미군 하에 반동세력이 조장되고있는 남조선과의 대조되는 형편은 오직 민주조선의 건설만이 여성의 해방을 가져온다는 것을 뚜렷이 가리쳐준다. 이제 이력사적법령을 앞에놓고 一千五百만 우리여성은 더욱 깊이 이원측을 인식하면서 법령의 실시에 용감할 것과 민주조선의 과업에 총돌격할 구든결의가 있기를 한마듸 부탁할뿐이다.[19]

…이제야 그대들앞에 열어진 「참삶」의 대평원의 백화란만한 개화는 그러나 여인 그대자신들의 철저한자각과 부단의 분투에서만 올것임을 통절히 깨달어야할것이며 동시에 그화근을 좀적고 그화엽을 파고드는벌레가 결코 일반사나히들이라는 종래적개념이아니라 이땅의 모든발악 이땅의 모든행복을치는 그 소위 「반동독숭」임을 아러야할것이며 이것의구축 이것의박멸 나아가 민주신조선의확립과 사수만이 다년여인천국으로 통하는길임을 확실히 인식하고 이길로의 문자그대로의 총력총진군을 급속히 과감히 전개해야될것입니다.[20]

이상과 같은 선전 논리는 여성 당원과 활동가를 중심으로 여성 대중에게 지속적으로 선전·전파되었다. 또한 과거 역사에서 한번도 권력으로부터 주목받지 못하였던 여성들은 정권의 선전 논리를 내면화하기 시작한다.

2) 여성의 사회적 권리인식과 개체화: 선거사업

여성이 개체임을 자각하고, 전 사회적으로 개체로 인식하게 한 계기는 선거였다. 임시인민위원회 건설 이후, 1946년 11월 3일 도, 시, 군 인민위원회 선거와 1947년 2월 24일·25일 리(동)인민위원회 선거, 1947년 3월 5일 면 인민위원회 선거를 통해 김일성과 노동당은 권력의 주도성과 정당성을 확보하였다.[21]

당시 선거과정에서 여성의 선거권과 피선거권 행사에 대한 반대 여론이 팽배했다. 이러한 갈등에도 김일성 세력은 선거 관련 여성권리를 공세적으로 강조했다. 왜냐하면 선거는 여성을 개체화하고 권력의 규율을 내면화하기 위한 기초사업이기 때문이다. 여성의 선거참여를 둘러싼 갈등에 대하여 1946년 11월 1일 평양시민 선거경축대회에서 김일성은 다음과 같이 밝히고 있다.

> 어떤자들은 인민위원회 위원으로 녀성을 선거하지 말며 심지어 녀성을 선거에 참가시키지 말자고 합니다. 이것도 역시 잘못된 생각입니다. 녀성은 인구의 절반을 차지하고있습니다. 만일 정권기관 선거에나 또는 그 사업에 인민의 반수가 참여하지 않는다고하면 그 정권을 참된 인민정권이라고는 도저히 말할수 없을 것입니다. 녀성들은 커다란 힘이며 수많은 녀성들이 남성들에 조금도 못지않게 우리 나라를 부흥시키는 사업을 감당하고 있습니다. 우리 나라에서는 녀성들이 모든 분야에서 남성들과 완전히 평등한 권리를 법적으로 보장받고 있습니다. 그렇게 때문에 남녀평등권에 관한 법령은 인민위원회 위원선거에서도

전적으로 구현되여야 하며 그래야만 그것이 진정한 민주주의적 선거로 될 수 있습니다.[22]

 다수결주의에 따른 민주주의 구현이라는 대의에 입각하여, 여성의 선거 참여를 논한 것이다. 당시 도, 시, 군 인민위원회 위원선거는 총유권자 451만 6,120명 가운데 99.6%인 450만 1,813명이 투표에 참가하였으며, 다수가 민주주의민족통일전선에서 추천한 입후보자를 찬성 투표하였다. 찬성투표 비율은 도 인민위원선거에서는 97%, 시 인민위원선거에서는 95.4%, 군 인민위원선거에서는 96.9%였다. 이 가운데 인민위원으로 당선된 여성은 453명으로 전체 인민위원수의 13.1%였다. 여성의 정치 진출에 대하여 김일성은 "다 같은 사람이면서도 낡은 봉건적, 식민지적 조선에서 사람다운 대우를 받지 못하고 짓밟혀오던 녀성들은 오늘 새 조선에서 당당하게 정치무대에 올라섰으며 인민주권기관에 수많은 자기의 대표들을 보내고 있다"고 그 의의를 밝혔다.[23]
 이 선거는 각 대중조직에 노동당의 권력 망과 지지 기반을 형성하는 데 결정적 역할을 하였다. 특히 선거 선전과 투표 조직화 사업에서 학생과 여성의 역할이 두드러졌다.[24] 선거사업을 지도하는 선거위원으로 여성 6,300여명이 참가하였으며, 초등·중등의 여학생들은 음악·무용·연극으로 선거와 투표 지원 활동을 하였다. 자성慈城에 사는 최룡여는 선거선전원 임무를 다하기 위해 자신의 결혼 날짜를 연기했으며, 송금세는 만삭인 몸으로 선전사업을 하였다. 의주義州의 김예용은 평소 건강이 쇠약했음에도 선거선전원의 책임을 맡고 농민들과 생활을 같이 하며 선거선전을 하였다고 한다. 또한 희천熙川의 신정희는 자동차 사고로 다리를 다친 후 치료도 제대로 받지 않은 채 지팡이에 의지해서 선거함을 짊어지고 다니며 선전하였다고 한다. 장정숙이라는 당시 13살 소녀는 어린 몸으로 몇 십리나 되는 산길을 세 번이나 올라가서 숯 굽는 노동자들에게 선거에 대한 해설선전을 하였다고 한다.[25]

당시 선거 선전사업에 동원된 여자 선전원은 인민반 내 여자 선전원과 합하여 14만 610명에 달하였다. 이 선거를 경과하면서 1946년 말 여맹원 수는 103만 명을 넘어섰다. 당시 여맹위원장 박정애는 이 선거사업을 통하여 여맹원들의 사상수준이 향상되고 조직적으로 단련되었다고 평가한다.[26]

그리고 '건국사상총동원운동'이 진행되는 과정에서 1947년 2월 24일・25일 리(동)인민위원회 선거, 1947년 3월 5일 면 인민위원회 위원 선거가 실시되었다. 여전히 농업중심 사회였던 당시 북한에서 리・면 선거는 농촌에 세부 권력망을 형성하는데 기여한다. 면・리(동) 인민위원 선거에서 여성의 역할은 이전 선거보다 더 강조된다.[27]

면・리(동) 인민위원 선거 결과, 여성위원은 전체 위원의 14.77%에 해당하는 1,986명이 되었다. 전체적으로 1946과 1947년도 도, 시, 군, 면, 리 인민위원회 위원선거에서 선출된 여성위원 수는 9,488명이었다. 또한 1946년~1949년 사이에 각 성, 국을 비롯한 각급 인민위원회와 기타 국가기관에서 일하는 여성 정무원 수는 상, 국장을 비롯해서 1,048명이었고, 1,697명의 여성들이 각급 검찰기관과 재판소에서 활동하였다.[28]

해방이후 북한정권은 노동법과 남녀평등법, 그리고 선거사업을 통해 여성의 사회진출과 양성평등을 위한 법과 제도를 구축하였다. 물론 이 과정에서 기존의 가족공동체 질서를 고수하려는 흐름은 지속되었다. 그러나 전체적으로 김일성 세력을 중심으로 한 노동당은 권력의 정당성을 확보했으며, 이와 함께 여성의 정치사회적 지위는 상승되었다.

그러나 이러한 상승은 다분히 형식적이었다. 왜냐하면 권력은 기존 가족구조의 위계성과 성역할 분담을 부정하지 않았기 때문이다. 개체화를 위한 제도적 형식을 갖추고 여성의 사회참여를 강제하였으나, 한편으론 성역할 분담과 위계질서가 온존하는 핵가족 제도를 구성하였으며,

또 다른 한편으로 사회집단 내의 위계성을 담지한 여성조직을 제도화하고 여성에게 집단규율을 강제한 것이다.

그럼에도 불구하고 초기 여성의 정치사회적 지위 향상은 전시대와 비교해서 놀랄 만큼 진전되었으며 전쟁 이후보다 높았다. 그 예로 1948년 8월 25일 개최된 최고인민회의 제1기 대의원 선거에서 선출된 대의원 총수 572명 중 여성대의원 수는 69명이었다. 반면 1962년 10월 8일 개최된 최고인민회의 제3기 대의원 선거에서 선출된 대의원 총수 383명 중 여성대의원 수는 35명이었다. 또한 권력의 실세인 노동당 여성 중앙위원은 절대적으로 낮은 비율이었으며, 특히 1946년에는 총 42명 중 2명이었으나 1961년에는 총 85명 중 2명으로 여성의 사회진출이 왕성했던 산업화시기에 오히려 그 비율이 낮아졌다.[29] 전후 여성의 사회활동이 지속적으로 상승하였음에도 여성의 정치사회적 지위 향상에 대한 고려는 오히려 낮아진 것이다.

3. 양성평등 정책의 1단계 굴절: 전쟁과 가국家國일체화

한국전쟁은 북한의 강력한 국가통제 체제와 김일성 세력이 강화될 수 있는 결정적 계기가 되었다. 전시 총동원체제와 노동당의 지도는 김일성과 노동당 권력을 강화시켰다. 그리고 전 사회적 집단화를 통해 전후 산업화의 기반을 형성하게 했다. 한편 전시 점령군에 의해 자행된 만행과 학살은 북한주민이 국가주의를 내면화하게 했으며, 북한의 각종 감시와 통제 제도가 정당성을 갖게 했다. 이 과정을 통해 북한의 권력은 김일성 세력으로 집중화되었다.

북한정권은 국가와 가족의 일체화를 추진했고, 여성은 스스로 또는 강제에 의해 가족과 국가의 일체화를 경험하였다. 이 과정에서 전쟁으로 인한 가족사적 복수와 권력에 대한 충성이 연계되었고, 해방 후 전개된 양성평등 정책이 1단계 굴절을 하게 된다.

1) 여성의 국민화: 국가주의적 심성의 내면화

전시 여성들을 원활히 조직 동원하기 위한 경험적 기제는 해방 이후 전개된 북한의 양성평등 정책이었다. 전시 여성동원을 위해 북한정권은 '여성인 나에게 정권이 무엇을 해주었는가'를 상기시키며, 권력의 정당성을 재확인하게 하는 동시에, 은혜에 보답해야 한다는 도덕성을 강조하였다.

이러한 은혜에 대한 보답을 선동하는 여성들은 "국가가 나에게 준 이 임무"에 매진할 것을 결의하고 선전한다. 한 예로 당시 국영함흥고무공장 지배인이었던 로영자는 한편으론 사회진출을 통한 여성해방을 강조하면서, 또 다른 한편으로는 도덕성에 호소하는 보은報恩 이데올로기로 여성의 사회진출과 생산증대를 촉구한다.[30]

한국전쟁 과정에서 북한여성은 국가주의에 기반한 국민성을 형성하게 된다. 여성이 어머니 또는 아내로서만이 아니라 '국민'으로 자신을 사고하며 행동하게 된 것이다. 전시에 자신을 '국민'으로 사고하고 행동한다는 것은 "조국과 인민을 위하여 우리 민족 력사 발전의 어려운 시기에 내가 무엇을 하였는가?"를 자문해야 하는 것이며, "원쑤에 대한 증오와 조국에 대한 보다 강한 애국적 헌신성과 승리에 대한 자신성 밑에 어떠한 위기가 닥쳐와도 어떠한 고난에 부닥쳐도 어떠한 희생이 요구되여도 능히 감당할 수" 있어야 하는 것이다.[31]

해방이후 국가주의적 심성을 가진 '국민'으로 재구성된 북한여성은 전시에 자신의 행복과 조국의 안녕을 하나로 인식해야 했다. 이에 대해 당시 여맹 부위원장이던 조복례는 다음과 같이 표현한다.

> 각 분야 여성들은 자기들의 진정한 행복을 보장하여 주는 공화국이 없이는 녀성들과 아동들의 권리도 있을 수 없으며 안락하던 가정을 페허로 만들며 젊은 안해에게 과부의 설움과 귀여운 자녀들을 고아와 죽엄으로 몰아넣은 원쑤 미제를 타승하지 않고서는 조국의 독립과 자유도 있을 수 없다는 것을 너무나도 잘 안다. 때문에 조국의 흥망과 민족의 영예와 후손만대의 운명을 결정하는 원쑤와의 판갈이 싸움에서 승리를 쟁취하기 위하여서는 목숨 바쳐 싸우는 것을 가장 고상한 영예로 생각하기 때문이다.32)

이러한 논리는 전통을 재구성하면서 전개되었다. 여성들의 헌신적 애국심을 불러일으키기 위한 정당성을 확보해야 했기 때문이다. 이에 대한 하나의 논리를 살펴보자.

> 조국 수호의 꽃으로 사라진 계월향이나 논개는 임진 조국 전쟁 시기에 우리 녀성들이 발휘한 애국심의 일단을 표시하는 것이며, 또한 그것은 조선 녀성의 언제나 참을성 있고 슬기로우며, 또 침착하고 죽음을 두려워하지 않는 고상한 도덕적 품성의 구체적인 표상인 것이다. 조선 녀성의 고유한 이 같은 도덕적 풍모가 오늘의 우리 녀성들에 간직되고 있는 것은 물론이다.33)

이와 같이 북한여성은 행복을 보장해주는 민족과 국가에 충성과 헌신을 다할 것을 요구받았으며, 이러한 행동은 조선여성의 전통적 도덕 품성으로 선전되었다. 그리고 전시 북한여성은 국가의 요구에 부응하였다. 그리하여 전쟁 말기인 1953년 3월 13일 ≪로동신문≫ 1면 헤드라인에서는 "녀성들이여! 당신들의 공훈은 우리 조국 청사에 길이 빛날 것이다"라며 여성의 활동을 치하한다.34)

2) 가족과 국가의 일체화: '남편과 오빠를 대신하여'

국가주의 담론은 가족공동체와 동일한 논리를 가지고 있다. 가족은 가장 기본적인 사회관계이며, 사회질서를 구성원에게 내면화시키는 단위이다. 전통적 가족관계의 핵심은 부父를 기준으로 한 위계질서이다. 또한 가족 내 종횡의 혈족관계는 사회적 거리의 기초가 되었다. 그러므로 가족 내 개인은 독립적 인격체가 아니다. 아버지의 일은 아내의 일이고, 오빠의 일은 누이의 일이었다.35)

이러한 가족공동체 질서를 내면화했던 북한여성은 "전체녀성들이여! 조국과 인민을 위하여 전선에 나간 남편들과 오빠들과 아들딸들을 대신하여 더욱 용감히 싸우라! 더욱 빛나는 로력적 위훈을 세우라!"라는 호소와 "복수심과 적개심을 더욱 높이며 조국과 인민을 위하여 전선에 나아간 남편들과 오빠들과 아들딸들을 대신하여 빛나는 로력적 위훈을 세우"라는 호소36) 부응해야 했으며 그렇게 하였다.

한 예로 여성 착암공 김춘희는 남편이 인민군에 입대하면서 했다는 "당신은 훌륭한 착암공이 되어 내가 하던 일을 맡아주시요"라는 말에 "내 걱정은 마시고 부디 잘 싸워주세요"라고 답한 후, 남편 직장에 착암 조수가 되어 생산과 생활의 모범이 되었다고 한다. 특히 남편과 같은 기술자가 되기 위해 노력했다고 한다.37) 또한 여성 운탄부 김길녀는 1950년 7월 그녀의 오빠가 입대하는 날, 자기도 오빠에게 지지 않게 후방에서 싸우겠다는 결의로 운탄부가 되었고, 기능 습득에 전력을 다하여 매일 400%의 생산능률을 발휘하는 모범노동자가 되었다고 한다.38) 리 당세포위원장인 장옥금은 세포위원장이었던 남편이 입대하게 되자, 세포총회에서 세포위원장으로 선출되었다. 그녀는 "처음에는 과연 세포위원장의 책임을 감당해 낼 수 있겠는가에 대하여 적지 않은 불안"을 느꼈으나 남편을 생각하며 열성적이고 모범적으로 활동했다고 한다.39)

정권은 전선에 나간 남편이나 오빠, 아들과의 편지교환을 통해 그들의 뜻을 따라야 한다는 의지를 더욱 높이게 했다. 영웅칭호를 받은 리태련의 아내 김원순은 남편의 편지 구절인 "나는 우리 당과 수령을 위하여 굴할 줄 모르는 용기와 용감성을 내어 끝까지 고지를 사수하였소. 당신도 근무자의 안해로서 자기 생활상 곤난을 국가와 인민들의 원호에만 의존하지말고 매사를 자기의 힘으로써 타개함에 용감하시요"라는 "말을 언제나 잊지 않고" 전선원호와 후방사업에 모범을 보였다고 한다.40) 김근하는 "나는 당신과 같이 영용한 인민군대를 남편으로 하고 있는 행복한 안해입니다. 나는 이 영예를 지키여 '기어코 승리하고야 만다'는 굳은 의지를 가지고 싸우고 있습니다"라며 從의 의지를 보여주었다.41)

이와 같은 여성들의 '남편과 오빠를 따르는' 활동에 대해 남성들은 "후방의 로력전선에서 나를 대신하여 국가사업에 더 충실"하라는 답장으로 인격적 위계질서를 보여 주었다.42)

從의 논리에 따라 여성의 사회신출이 강제되어 여성 생산활동 인구가 증대했음에도 불구하고 그에 맞는 정치사회적 지위가 주어졌던 것은 아니다. 수복 후 김일성은 정권기관 복구 과정에서 여성간부들을 많이 등용하라고 지시하였다.43) 그러나 각 마을 여맹위원장을 비롯하여 사업능력도 있고 당에 충실한 여성이 많았음에도 불구하고 세포위원장도 노인이고 리인민위원회 위원장도 노인인 마을이 대부분이었다. 즉 김일성이 지적하였듯이, "당과 정부에 무한히 충실하고 적에 대한 증오심이 높고 솔직한 녀성열성당원들이 많은데 군당에서는 녀성이라고 해서 그러는지 이런 좋은 녀성동무들을 간부로 쓰지 않"았다.44)

이렇듯 북한 정권은 전쟁이라는 위기상황에서 여성에게 국가주의적 심성을 내면화시키고, 가국일체화를 통해 가족을 국가의 세포로 강화시켰다. 이 시기에 북한의 양성평등 정책은 1단계 굴절을 한다.

4. 양성평등 정책의 2단계 굴절: 산업화와 위계체제화

북한의 산업화 정책은 공식적으론 '중공업-경공업' 동시발전 노선이라고 하였으나, 실질적으론 '중공업우선주의'였다. 중공업우선주의는 생산부문의 위계를 초래했으며, 노동자 간 위계에 반영되었다. 중공업 공장은 경공업이나 지방산업에 비해 노동력과 자재, 배급 등을 우선 공급받았으며, 노동자의 사회적 지위도 높았다. 반면 경공업과 지방산업은 모든 부분에서 열등한 대우를 받았다.

이러한 생산부문의 위계는 남녀 노동자간 위계에도 반영된다. 북한의 중앙 중공업 공장 노동자 다수는 청장년 남성이었으며, 경공업이나 지방산업 공장노동자 다수는 여성이었다. 따라서 생산부문의 위계가 남녀 노동자간 위계를 초래했다. 산업 내부에서도 성역할론에 따라 여성노동자는 생산증대 외에 애정과 헌신성으로 남성노동자를 보조하고 생활을 관리하는 '노동자의 어머니'상이 강조되었다.

또한 1960년대 중반을 경유하며 북한의 경제발전 속도가 떨어지게 되었으며, 국제적 갈등 관계가 노골화되었다. 이에 따라 1966년 북한은 경제와 국방의 동시건설 정책을 실시했으며, 전시체제를 강화하였다. 그리고 1967년을 기점으로 '수령제'라는 위계적 지배질서가 구조화되었다. 이 과정에서 혁명하는 남편을 보조하고 자식을 혁명가로 양육하며, 생활경제를 책임지는 혁명적 어머니 역할이 강조된다.

즉, 공장과 가정에서 성별 위계가 구조화된 것이다. 이 과정은 북한의 정치사회가 위계적으로 구조화되는 것과 맞물려 있었다. 이 시기에 북한의 양성평등 정책은 2단계 굴절을 한다.

1) 성별 노동의 위계화:
   중공업우선주의와 생산의 위계

성별 노동의 위계화를 가장 잘 볼 수 있는 공간은 중공업공장이다. 북한의 산업화 정책이 중공업우선주의 정책을 핵심으로 하였기 때문이다. 중공업공장은 경공업이나 지방공업에 비해 생산규율과 당규율이 강했으며, 전후 산업 군사화 정책에 따라 생산 전투가 일상화되었다. 노동자 대부분은 성인 남성이었으며, 소수의 기사와 기술자가 있었으나 여성은 대개 잡일이나 사무원 또는 통계원 등으로 일하였다.

전쟁과 급속한 산업화 정책으로 인한 노동력 부족으로 북한정권은 전후복구 3개년 계획(1954~1956) 마지막 해인 1956년 이후 여성 노동력 증대 정책을 전면화했다. 중공업 공장지역에서는 남편의 공장에 아내를 취업하게 했으며 이 사업은 1958년부터 본격화했다. 한 예로 1958년 10월 10일 김일성은 기양 기계공장을 현지지도하면서, 부양가족(전업주부)을 직장에 받아들이고 부부간 전습제를 실시하여 노동력 부족문제를 해결하라고 지시하였다. 이 지시에 따라 10월~11월 사이 불과 2달만에 부양가족 820명이 공장생산에 참여했다고 한다.45) 그러나 공장에서는 다음 인용에서 확인할 수 있는 다양한 갈등이 나타났다.

> 부양 가족들이 무슨 기능을 배우며 무슨 일을 쓰게 하겠는가느니, 우리 직장에는 부양 가족 로력이 필요 없다느니 하면서 부양 가족 로력을 적지 않게 과소 평가하면서 그들을 받아 들이지 않으려는 현상… 자기 안해와 동일한 직장에서 일하는 것을 그리 달가와 하지 않았으며 될 수만 있으면 안해와 같이 일하지 않으려는 편향…한편 직장에 진출한 가정 부인들 가운데서도 자기들은 선반이나 기계 조립과 같은 일은 할 수 없으니 기능이 요하지 않는 창고나 혹은 운반 작업에 돌려 달라고 청원하는 동무들까지…46)

이러한 상황에서 공장간부들은 관철되어야만 하는 교시에 매달려 각종 선전과 교양사업을 강화하고, 기혼여성을 주물·제관·기계·조립 직장 등 남편과 같은 직장에 배치하였다. 이 공장에서 부부간 기능전습제에 소속된 부양가족 수는 532명이었다. 공장에서는 부인의 생산과 기술 지도를 남편이 하게 하였다.47) 그러나 남성중심적 군사문화가 팽배한 중공업공장에서 기혼여성 대부분은 남편의 일을 보조하였다. 또한 기혼여성 중심의 생활필수품 직장을 구성하여 일하게 하였다.48)

남성중심적 생산문화와 목표달성 규율, 그리고 군사문화가 팽배했던 중공업공장에서 생활필수품 직장은 외면 받았으며 생산효과 역시 크지 않았다. 지시에 따라 산업화 초기에 의무적으로 구성했으나 공장 내에서 다른 직장과 동일하게 인정받거나 관리되지 않았다. 그 원인은 한편으론 공장 당국이 중앙 계획목표 달성에 매달려 이 직장을 관리할 여력이 없었기 때문이며, 또 다른 한편으론 중앙 중공업공장의 간부나 노동자들 사이에서 여성노동자를 인정하지 않으려는 분위기가 팽배했기 때문이다.49)

1960년대 이후에는 산업의 군사화가 더 강화되어, 공장 내 남성중심적 위계문화 역시 공고화되었다. 예를 들어 "군대의 계획이 적과의 싸움을 위한 계획이라면 경제계획은 자연과의 투쟁을 위한 계획"이라며, 계획부터 생산까지 군사규율로 강제하였다. 공장의 군사문화는 1962년 당중앙위 제4기 2차 전원회의에서 김일성이 천리마작업반 운동 외에 군대식 '근위공장쟁취운동'을 지시하면서 본격화되었다.50)

공장간부들은 여성노동자들이 집중 배치되어 있는 생필품직장을 실질적으로 관리하거나 지도하지 않았으며, 남성노동자들은 무관심하거나 '불명예스러운 일'로 사고하였다. 또한 지역에 따라 1958년부터 본격화된 지방산업과 각종 가내작업반을 통해 중공업 공장에서 나오는 폐설물과 부산물이 재활용되었기에 중공업공장 내에 생활 필수품직장은 유

명무실하였다.51)

전체적으로 북한여성은 농업과 경공업, 그리고 지방산업 공장에 집중 배치되었으며, 중공업공장의 여성노동자 대부분은 사무직이나 통계원, 그리고 보조 노동력으로 활동하였다. 그리고 생활필수품 직장에서 기혼 여성노동자가 활동하였으나, 공장에서 비중있는 직장은 아니었다. 반면에 여성노동자들은 남성노동자 보다 공장 내 각종 동원사업에 많이 참여했다. 부양가족 대부분은 노동자구내 경공업이나 지방산업, 그리고 가내작업반에서 노동하였다. 이 과정에서 생산부문의 위계는 성별 노동의 위계를 초래했다.

2) 공장과 가정에서의 성역할의 위계화

권력이 요구하는 여성 혁신노동자의 조건은 당과 김일성에 대한 충성과 생산증대와 함께, 헌신적 애정과 생활관리로 반원들을 모범 노동자로 만드는 것이다. 구체적으로 헌신성, 동료에 대한 사랑과 애정, 인내심있는 행동으로 뒤처진 노동자들을 선진노동자로 만드는 것, 노동자 생활 관리 등이다. 즉, 노동자들의 어머니가 되는 것이다.

대표적 사례는 길확실이다. 그녀의 수기는 각종 단행본과 신문 등을 통해 북한 지역 전역에 선전되었고, 여성노동자들이 많은 공장에서는 조직적으로 학습되었다. 길확실과 같은 노동자들은 노력혁신자라고 불려지며 사회적 특혜를 받는다. 구체적으로 도급임금제에 의해 상대적으로 더 많은 임금을 받는 것, 무료 견학과 혁명전적지·혁명사적지 답사, 정양소·휴양소 이용에 우선권 부여 등이다.52) 그리고 각종 감시 대상에서 제외되기도 한다. 또한 사회적 지위가 상승되고 어디를 가나 칭송과 대우를 받는다. 그러므로 길확실을 비롯한 여성 혁신노동자들의 삶은 혁신적 노동자성을 획득하고자 하는 여성들에게 삶의 지표가 되었다. 또한 여성노동자 내면에 노력영웅이 되고 싶은 욕구와 함께, 그 삶을 본받으려는 내면화 과정이 진행되었다.53)

이에 반해 남성 혁신노동자의 조건은 국가계획을 선도하는 혁신적 행동이다. 구체적으로 생산과제 수행을 위해 불면 불휴하며 목표를 달성하는 것, 어떠한 갈등이 있어도 당정책과 수령의 지시를 고집스럽게 관철시켜 나갈 것, 기계문제로 생산에 차질이 있을 때는 기계 자체를 만들거나 기술혁신을 주도하는 것 등이다.

이러한 공장 내 남녀 간 역할차이는 성(性)역할의 위계를 나타낸다. 여성노동자들은 직장에서 노동자들의 어머니가 되도록 강제되었고,54) 이 것은 남성노동자들에게는 크게 요구되지 않는 여성 혁신노동자의 덕목이다. 남성과 비교하여 여성 혁신노동자의 덕목과 사례를 분석해보면, 공장에서 중요한 역할을 하는 남성노동자의 생활을 관리해주며 내조하는 역할이 강조된다. 즉 공장내 성역할을 위계적으로 구조화한 것이다.

한편 북한의 가정에서 어머니는 생활경제의 책임자, 혁명하는 남편보조, 혁명의 후비대 양성, 사회주의 생활문화 구현으로 가정의 혁명화를 이루는 주체로 구성된다. 이에 비해 아비지는 혁명과 권위의 상징이었으나, 가정의 혁명화를 위한 독특한 역할이 강제되지는 않았다. 이러한 부부간 위계는 양성 자녀간 위계와 가사노동에도 직간접적으로 반영되었다.

1967년을 기점으로 김일성의 절대권력이 확립되면서 북한여성의 귀감은 그의 어머니인 강반석이 된다. 1967년 7월 31일자『로동신문』은 "그이는 우리 모두의 어머니시다"라는 제목으로 강반석을 소개한다. 이 시기부터 북한여성, 특히 기혼여성이 따라 배워야 할 지표는 강반석이 되었다. 그리고 1970년대부터 각급 여맹은 '『강반석녀사를 따라 배우자』 100번 읽기 운동'을 전개하며 모든 여맹원이 이 책을 암기하게 하였다.

또한 강반석 기념관 참관과 탄생지 견학, 각종 기념대회를 통해 북한

여성은 이러한 여성관을 교육받았다. 각 지역 여맹에서는 강반석 따라 배우기 운동을 전개했고 각종 모임이 만들어졌으며, 젊은 여성과 여학생들은 그녀를 따라 배우기 위한 연구토론모임을 조직하여 활동하였다.55) 이 과정에서 북한의 여성 신화가 창출된다. 신화의 내용은 전통적 여성성과 근대적 사회주의의 혁명성을 접목한 것이다.

강반석은 1967년 이후 북한정권의 여성관을 대표한다. 소위 혁명성이라는 이데올로기만 빼면 어릴 적엔 아버지의 뜻에, 결혼해선 남편의 뜻에, 남편 사후엔 아들의 뜻에 따라 사는 삼종三從이 체현되어 있는 여성상이다. 북한정권은 강반석을 다음과 같이 선전한다.

> 강반석녀사는 조국의 광복을 위하여 싸우신 남편 김형직 선생의 혁명활동을 자기의 모든 것을 다 바쳐 도와주신 방조자였으며 친근한 전우였을 뿐만 아니라 김일성동지를 조선민족의 탁월하고 위대한 수령으로 키우신 어머니이시며 조국의 광복과 녀성들의 해방을 위하여 녀성대중을 혁명에로 불러일으키는 투쟁을 직접 조직지도한 훌륭한 혁명가였다. …녀사의 빛나는 생애외 활동은 혁명하는 남편을 어떻게 도우며 자제분들을 어떻게 키우며 시부모는 어떻게 공대하고 가정은 어떻게 혁명화해야 하는가를 우리 녀맹원들과 녀성들에게 가르쳐주는 생활과 투쟁의 훌륭한 본보기이다.56)

1967년 이후 강반석은 정권과 여맹에 의해 선전된 북한여성의 절대 지표였으며, 그녀의 가정생활은 '가정 혁명화'의 모델이 되었다.

김정일 후계체제가 가시화된 1970년대 말부터는 김일성의 아내이자 김정일의 생모인 김정숙이 "위대한 수령님께 끝없이 충직한 주체형의 혁명투사"로 선전된다.57) 북한정권은 그녀의 생애를 주체사상에 따라 재구성하여, 북한여성에게 다음과 같은 삶을 강제한다.

> 온 사회의 주체사상화를 실현하는 성스러운 위업이 찬란히 꽃피고 있는 오늘 혁명의 어머니 김정숙녀사를 따라배워 어머님처럼 위대한

수령님께 모든 충성을 다 바치며 대를 이어 주체의 혁명위업의 승리를 위해 끝까지 싸워나가려는 것은 전체 근로자들의 한결같은 지향으로 혁명적 의지로 되고 있다.58)

남편인 김일성에게 모든 것을 다바쳐 헌신했다는 김정숙의 생애는 북한 전체 구성원에게 '충성의 귀감'이며, 자식을 키워 혁명의 대를 잇게 한 혁명적 어머니의 최고봉으로 선전된다. 이에 반해 북한정권이 아버지의 훈육으로 강조한 점은 국가의 고난과 자신의 비참했던 삶을 이야기하며 자녀들에게 현재의 행복을 인식시켜 주고, 당과 김일성에게 충성할 것을 유도하는 일반적인 사회적 권위자 역할이었다.59)

이렇듯 북한정권은 공장과 가정에서 성역할을 위계적으로 구조화했다. 이러한 성역할의 위계구조화는 전통적인 양성 불평등성과 연계되었으며, 북한의 양성평등 정책은 2단계 굴절을 한다. 이에 따라 북한여성의 정치사회적 지위는 남성에 비해 낮을 수밖에 없었다.

5. 맺는 말

해방 후 북한의 인구구성은 직업적으론 농민이 성별로는 여성이 다수였다. 무산자계급 주도의 사회주의 국가건설을 추진한 김일성 세력은 해방 후 여성의 사회진출을 추진하는 동시에 정치사회적 지위를 향상시키려 했다. 그러나 한국전쟁을 경과하며 국가와 가족이 일체화되면서 전 사회적으로 위계질서가 강화되었고, 여성의 정치사회적 지위는 무산자계급의 지위 향상에 비해 높아지지 않았다.

한국전쟁 이후 북한 정권은 가정을 안정화시켜 효율적인 통치구조를 구축하기 위해 이혼을 제한하였다. 해방이후 여권신장과 함께 전개된 자유이혼 분위기를 제어한 것이다. 구체적으로 1956년 3월 8일자 내각

결정 제24호에 의하여 협의이혼절차를 폐지하고, 재판에 의한 이혼만을 인정하였다. 또한 임신중이거나 생후 1년 미만의 자녀를 가진 여성에게는 이혼소송을 제기하지 못하도록 하였다. 그리고 이를 위반하여 소송을 제기한 경우나, 소송진행 중 앞의 사유가 발생했을 경우에는 그 사건을 기각하게 하였다.60) 이렇듯 전쟁을 경과하며 진행된 국가와 가족의 일체화로 북한의 양성평등 정책은 1단계 굴절을 한다.

그럼에도 불구하고 모든 여성의 생산활동을 추진한 북한정권은 여성의 혁명성과 능동성을 강조했다. 그러나 산업화시기 중공업우선주의에 따른 산업간 위계가 남녀 노동자간 위계에 영향을 미쳤으며, 산업 내부에서도 성역할론에 따라 여성노동자는 생산증대 외에 애정과 헌신성으로 노동자들의 생활을 관리하는 '노동자의 어머니'가 되도록 했다. 더욱이 1967년을 기점으로 '수령제'라는 위계적 지배질서가 구조화되면서, 소위 '혁명하는 남편' 보조와 '혁명의 후비대' 양성, 그리고 생활경제를 책임지는 '내조형 인간'으로서 혁명적 어머니 역할이 강조된다. 즉, 공장과 가정에서 성별 위계가 구조화된 것이다. 이 과정은 북한의 정치사회가 위계적으로 구조화되는 것과 맞물려 있었다. 이 시기에 북한의 양성평등 정책은 2단계 굴절을 한다.

전체적으로 해방이후부터 1960년대 중반까지는 한국전쟁을 통한 1단계 굴절이 있었음에도 불구하고, 여성의 노동자계급화 정책에 따라 양성평등이 추진되었다. 그러나 1960년대 중반부터 군사문화와 수령이라는 절대 권력을 중심으로 전 사회가 위계적으로 재구성되면서 양성평등 정책은 역행하였다.

※ 이 논문은 "북한 양성평등정책의 형성과 굴절,"『아시아여성연구』제43집 2호 (숙명여자대학교 아시아여성연구소, 2004)에 실린 논문에 기초합니다.

주註

1) 《로동신문》 2004년 7월 30일.
2) 이러한 사실은 남한 사회에 정착한 탈북자 가정에서도 확인할 수 있다. 탈북자 가정은 남한 가정에 비해 봉건적인 남성 권위주의로 인한 갈등의 정도가 심하다. 《연합뉴스》 2003년 7월 30일.
3) 북한정권은 여성에게 당과 최고지도자에 대한 목숨 바치는 충성과 "사회주의 건설에서 남자들과 꼭같은 역할"을 제시하고 있다. 박혜숙, "주체사상에 의하여 밝혀진 녀성문제의 본질적내용,"『김일성종합대학학보』 제49권 제1호 (2003), 24쪽. 동시에 여성은 "가정의 꽃, 사회의 꽃, 나라의 꽃"이라며 가부장적 인식을 드러내고 있다. 《로동신문》 2004년 3월 8일.
4) 전통사회에서 여성은 대가족 공동체를 관리하고 유지하는 생활관리자였으며, 공동체의 권력자는 남성과 노인이었다. 이에 대한 연구는 한국여성연구소 여성사연구실 편,『우리 여성의 역사』(서울: 청년사, 1999) ; 한국고문서학회 편,『조선시대 생활사 1』(서울: 역사비평사, 1996) ; 한국고문서학회 편,『조선시대 생활사 2』(서울: 역사비평사, 2000) ; 여성한국사회연구회 편,『한국가족론』(서울: 까치, 1990) 등 참조.
5) 김일성, "북조선 로동자. 사무원에 대한 로동법령,"『김일성저작집』 2 (평양: 조선로동당출판사, 1979), 273~279쪽.
6) 김병혜, "勞動法令實施를 當하야,"『조선녀성』 1946년 창간호, 31쪽.
7) 오국화, "解放을 차즌 노동자의 감사,"『조선녀성』 1946년 창간호, 30쪽.
8) 박정애, "勞動法令과 女性,"『조선녀성』 1946년 창간호, 33~34쪽 ; 북한 여성잡지『조선녀성』은 노동법령 발포 1년 사업을 평가하면서, 사회보험제 실시 결과 1947년 2월과 3월 중 의료혜택을 받은 피보험자가 5만 여명, 가족으로 의료 혜택 받은 이가 4천여 명, 일시적 노동능력 상실로 인한 보조금을 받은 이가 8천여 명, 산전산후의 보조금・유가족 연금을 받은 이가 수많으며, 1947년 내에 휴양소에 2만 300명, 요양소에 1000명이 가게 되었다고 보고한다. 북조선민주여성총동맹 중앙위원회, "勞動法令發布 1 週年을 맞으며,"『조선녀성』 1947년 6월호, 6쪽 ; "社說 : 勞動法令發布以後의 北朝鮮勞動女性,"『조선녀성』 1947년 6월호, 1쪽.
9)『조선녀성』 1947년 1월호, 33쪽.
10) 김일성, "현 국제국내정세와 녀성들의 과업,"『김일성저작집』 1 (평양: 조선로동당출판사, 1979), 369~372쪽.
11) 이에 대해 김일성은 다음과 같이 주장한다. "지난날에는 로동을 가장 천한 것으로 여기고 남의 로동을 착취하며 놀고 먹는 것을 신성한 것으로 여겨왔습니

다. 이것은 착취계급이 부식한 그릇된 사상입니다. 인민정권 밑에서는 로동이 참으로 신성하고 영예로운 것입니다. 우리 로동자들이 로동을 하면 할수록 나라의 재부는 더 많이 창조되고 이에 따라 그들의 생활도 높아집니다. 우리의 녀성로동자들은 비록 일본제국주의 통치때에 노예살이를 하던 그 공장에서 계속 일을 하고 있으나 지난날과 같이 일제의 압박과 착취를 받는 임금로동자인 것이 아니라 나라의 주인으로서 건국로동에 참가하고있는 믿음직한 역군입니다." 김일성, "녀성동맹의 금후과업에 대하여," 『김일성저작집』 2 (평양: 조선로동당출판사, 1979), 215쪽.

12) 1946년 11월 25일 북조선임시인민위원회 제3차 확대위원회에서 한 연설에서 김일성은 선거사업을 총화하며, 인민위원회의 당면과업 중 하나로 '낡은 사상의식을 개변하기 위한 투쟁'으로 '건국사상총동원운동'을 제기한다. 당시 이 운동의 표어는 첫째, 국가재산으로 사복을 채우는 자는 인민의 원수이다. 둘째, 네거리에서 직장에서 농촌에서 '건달군'을 숙청하자. 셋째, 일하지 않는 자는 먹지 말라. 넷째, 국가의 심장을 파먹는 모리배들을 인민재판에 넘기자. 다섯째, 개인 향락주의를 타도하자. 여섯째, 모든 기관에서 관료주의를 숙청하자. 일곱째, 난료배들과 내동분자들을 숙청으로써 인민주권의 권위를 확립하며 국가법령의 존엄성을 고수하자. 여덟째, 행정기관 내에서 일절 관료주의적 형식주의적 사업방식을 청산하자였다. 『조선녀성』 1947년 1월호, 32쪽.

13) 다음의 내용은 본 법령과 초대 사법부 법무부장인 김윤동의 글에 기초한 분석이다. 김일성, "북조선남녀평등권에 대한 법령," 『김일성저작집』 2 (평양: 조선로동당출판사, 1979), 327~328쪽 ; 김윤동, "北朝鮮의 男女平等權에 對한 法令," 『조선녀성』 1947년 7월호, 19~24쪽.

14) 이러한 조항으로 볼 때 애초 북한정권이 가족구조 자체를 해체하려는 구상은 없었다. 다만 가족 공동체가 유지되는 원리를 혈연에 기초한 배타적 대가족제가 아닌, 당과 국가의 사회주의적 요구에 충실한 사회 세포로 재구성하고 핵가족을 제도화하려 한 것이었다. 이혼을 하기 위해 재판소까지 가야한다는 것은 여전히 농업중심 사회이며, 국가기관이나 재판기관에 대한 두려움을 가지고 있는 대부분의 사람들에게는 거의 불가능한 일이었다. 또한 2회 이상 이혼할 시 내야하는 5천 원의 벌금은 1949년 기준으로 일반 노동자의 월급이 1,400원 가량이었으므로, 그 간 인플레이션을 무시한다고 해도 대략 4개월 간 월급에 가까웠다. 김창순, 『북한 사회론』 (서울: 북한연구소, 1982), 391쪽.

15) 김윤동, "北朝鮮의 男女平等權에 對한 法令," 앞의 글, 24쪽.

16) 북조선민주여성총동맹 중앙위원회, "북조선남녀平等權에 대한 여성 法令 해설," 『조선녀성』 1946년 창간호, 87~93쪽.

17) 이소조, "남녀평등권법령을 보고," 『조선녀성』 1946년 창간호, 96쪽.

18) 안옥레, "남녀평등권법령을 보고: 남성에게 들이는 말씀," 『조선녀성』 1946년 창간호, 95쪽.
19) 최용달, "녀성에게 들이는 말씀," 『조선녀성』 1946년 창간호, 96쪽.
20) 리 찬, "녀성에게 들이는 말씀," 『조선녀성』 1946년 창간호, 94~95쪽.
21) 김일성, "인민위원회 위원선거에 대하여," 『김일성저작집』 2 (평양: 조선로동당출판사, 1979), 418쪽 ; 김일성, "각급 인민위원회 위원선거 총결과 금후의 중심임무," 『김일성저작집』 3 (평양: 조선로동당출판사, 1979), 190쪽.
22) 김일성, "력사적인 민주선거를 앞두고," 『김일성저작집』 2 (평양: 조선로동당출판사, 1979), 520~521쪽.
23) 김일성, "민주선거의 총화와 인민위원회의 당면과업," 『김일성저작집』 2 (평양: 조선로동당출판사, 1979), 542~545쪽.
24) 이에 대하여 김일성은 선거사업을 주도하였던 여성 선전원들의 공로를 치하하며, 이러한 열성은 "우리 인민의 애국심의 표현으로서 우리 건국력사에 길이 남"을 것이라고 의의를 밝히고 있다(김일성, 1979, 549~560). 당시 선거의 입체적 상황은 『조선녀성』지 기자의 감상문을 통해서 생생하게 그려지고 있다. 특히 여성의 입장에서 바라본 선거풍경이라는 점이 주목할 만하다. 『조선녀성』 1947년 1월호, 64~65쪽.
25) 신고송, "면·리 인민위원선거에 있어서도 여성들은 싸운다," 『조선녀성』 1947년 2월호, 24~25쪽.
26) 박정애, "解放된 北朝鮮女性," 『조선녀성』 1947년 2월호, 7쪽.
27) 신고송, 1947. "면·리 인민위원선거에 있어서도 여성들은 싸운다," 앞의 글, 25~26쪽.
28) 리경혜, 『여성문제해결경험』 (평양: 사회과학출판사, 1990), 72~74쪽.
29) 리경혜, 위의 책, 73쪽. 여성의 혁명화·노동계급화가 추진된 1967년 이후 최고인민회의 여성대의원비율은 급상승하여 1970년대 이후에는 20%를 유지했다. 그러나 1960년대를 경과하며 북한의 최고인민회의는 형식 권력이었으며, 실제 권력은 노동당 중앙위원회에 있었다. 1970년 11월 현재 노동당 중앙위원 총 117명 중 여성 정위원은 6명으로 아주 낮은 참여율이었다. 손봉숙·이경숙·이온죽·김애실 공저, 『북한의 여성생활』 (서울: 나남, 1992), 242쪽.
30) 로영자, "남녀평등권법령 실시 후 4년간," 『조선녀성』 1950년 7월호, 24쪽.
31) 리금순, "후방의 공고화를 위한 동맹단체들의 과업," 『조선녀성』 1950년 8월호, 22쪽.
32) 조복례, "남녀 평등권법령 발포 5주년을 맞는 조선녀성," ≪로동신문≫ 1951년 7월 30일.
33) 윤세평, "임진 조국전쟁 시기에 발휘된 녀성들의 애국 지성," ≪로동신문≫

1952년 4월 13일.
34) ≪로동신문≫ 1953년 3월 13일.
35) 김동춘, 『전쟁과 사회』(서울: 돌베개, 2000), 274~276쪽.
36) ≪로동신문≫ 1951년 3월 9일.
37) ≪로동신문≫ 1951년 7월 30일.
38) 조복례, "남녀 평등권법령 발포 5주년을 맞는 조선녀성," 앞의 글.
39) ≪로동신문≫ 1951년 12월 17일.
40) ≪로동신문≫ 1951년 11월 18일.
41) ≪로동신문≫ 1952년 3월 9일.
42) ≪로동신문≫ 1952년 4월 10일.
43) 김일성, "전시인민생활안정을 위한 몇가지 과업," 『김일성저작집』 6 (평양: 조선로동당출판사, 1980), 285쪽.
44) 김일성, "조선로동당은 조국해방전쟁 승리의 조직자이다," 『김일성저작집』 7 (평양: 조선로동당출판사, 1980), 237~238쪽.
45) 림학소, "부양 가족 로력들에 대한 기능 전습 사업에서 얻은 몇 가지 경험," 『로동』 1959년 제12호, 29쪽.
46) 림학소, 위의 글, 29쪽.
47) 림학소, 위의 글, 29쪽.
48) 기혼여성 노동력 활용과 자재절약 정책에 따라 가 중공업공장에 신설을 의무화한 생활필수품 직장이다. 생활필수품 직장은 중공업공장에서 나오는 폐설물과 부산물 등 쓰레기로 버려지는 "내부예비를 동원 이용하여 인민소비품을 전문적으로 생산하는 중공업부문 공장"이다. 북한은 생활필수품 직장을 중공업 공장의 부대 생산직장으로 정의한다. 사회과학원, 『경제사전』 2 (평양: 사회과학출판사, 1985), 194쪽.
49) 김일성, "모든 힘을 여섯 개 고지의 점령을 위하여," 『김일성저작집』 15 (평양: 조선로동당출판사, 1981), 392쪽.
50) 김일성, 위의 글, 358쪽 ; 426~427쪽.
51) 그러나 북한 당국은 1960년대 들어 여성노동력과 생활소비품 욕구가 증대되면서 지방산업과 가내작업반에서 필요한 설비를 생활필수품 직장에서 생산하게 하였다. 1963년 북한은 유명무실하였던 중앙공업 각 공장·기업소의 생활필수품 생산을 정상화하고 확대하게 하였다. ≪로동신문≫ 1963년 7월 29일.
52) 사회과학원, 『경제사전』 1 (평양: 사회과학출판사, 1985), 519~520쪽.
53) 길확실, 『천리마 작업반장의 수기』(평양: 직업동맹출판사, 1961).
54) 길확실, 위의 책.
55) 1967년 이후 ≪로동신문≫에 실린 강반석 관련 대표 기사를 살펴보면, 현재까

지 지속되는 북한의 '혁명적 어머니'화 정책을 알 수 있다.
56) 조선민주녀성중앙위원회, 『강반석 녀사를 따라배우자』 (평양: 근로단체출판사, 1967), 1~2쪽.
57) 근로단체출판사, 『주체형의 혁명투사의 빛나는 귀감이신 김정숙녀사』 (평양: 근로단체출판사, 1980), 4쪽.
58) 근로단체출판사, 위의 책, 5쪽.
59) ≪로동신문≫ 1967년 3월 8일.
60) 조일호, 『조선 가족법』 (평양: 교육도서출판사, 1958), 130쪽.

<참고문헌>

1. 북한문헌

김윤동, "北朝鮮의 男女平等權에 對한 法令,"『조선녀성』1947년 7월호.
근로단체출판사,『주체형의 혁명투사의 빛나는 귀감이신 김정숙녀사』(평양: 근로단체출판사, 1980).
길확실,『천리마 작업반장의 수기』(평양: 직업동맹출판사, 1961).
김병혜, "勞動法令實施를 當하야,"『조선녀성』1946년 창간호.
김일성, "북조선 로동자. 사무원에 대한 로동법령,"『김일성저작집 2』(평양: 조선로동당출판사, 1979).
김일성, "현 국제국내정세와 녀성들의 과업,"『김일성저작집 1』(평양: 조선로동당출판사, 1979).
김일성, "녀성동맹의 금후과업에 대하여,"『김일성저작집 2』(평양: 조선로동당출판사, 1979).
김일성, "북조선남녀평등권에 대한 법령,"『김일성저작집 2』(평양: 조선로동당출판사, 1979).
김일성, "인민위원회 위원선거에 대하여,"『김일성저작집 2』(평양: 조선로동당출판사, 1979).
김일성, "각급 인민위원회 위원선거 총결과 금후의 중심임무,"『김일성저작집 3』(평양: 조선로동당출판사, 1979).
김일성, "력사적인 민주선거를 앞두고,"『김일성저작집 2』(평양: 조선로동당출판사, 1979).
김일성, "민주선거의 총화와 인민위원회의 당면과업,"『김일성저작집 2』(평양: 조선로동당출판사, 1979).
김일성, "전시인민생활안정을 위한 몇가지 과업,"『김일성저작집 6』(평양: 조선로동당출판사, 1980).
김일성, "조선로동당은 조국해방전쟁 승리의 조직자이다,"『김일성저작집 7』(평양: 조선로동당출판사, 1980).
김일성, "모든 힘을 여섯 개 고지의 점령을 위하여,"『김일성저작집 15』(평양: 조선로동당출판사, 1981).
로영자, "남녀평등권법령 실시 후 4년간"『조선녀성』1950년 7월호.
리 찬, "녀성에게 들이는 말씀".『조선녀성』1946년 창간호.
리경혜,『여성문제해결경험』(평양: 사회과학출판사, 1990).

리금순, "후방의 공고화를 위한 동맹단체들의 과업," 『조선녀성』 1950년 8월호.
림학소, "부양 가족 로력들에 대한 기능 전습 사업에서 얻은 몇 가지 경험," 『로동』 1959년 제12호.
박정애, "勞動法令과 女性," 『조선녀성』 1946년 창간호.
박정애, "解放된 北朝鮮女性," 『조선녀성』 1947년 2월호.
박혜숙, "주체사상에 의하여 밝혀진 녀성문제의 본질적내용," 『김일성종합대학학보』 제49권 제1호 (2003).
本社 ― 記者, "選擧日의 感想," 『조선녀성』 1947년 1월호.
북조선민주여성총동맹 중앙위원회, "북조선남녀평등권에 대한 여성 法令 해설," 『조선녀성』 1946년 창간호.
북조선민주여성총동맹 중앙위원회, "勞動法令發布 1 週年을 맞으며," 『조선녀성』 1947년 6월호.
사회과학원 주체경제학 연구소, 『경제사전』 1, 2 (평양: 사회과학출판사, 1985).
신고송, "면·리 인민위원선거에 있어서도 여성들은 싸운다," 『조선녀성』 1947년 2월호.
안옥례, "남녀평등권법령을 보고 : 남성에게 들이는 말슴," 『조선녀성』 1946년 창간호.
오국화, "解放을 차즌 노동자의 감사," 『조선녀성』 1946년 창간호.
윤세평, "임진 조국전쟁 시기에 발휘된 녀성들의 애국 지성" ≪로동신문≫ 1952년 4월 13일자.
이소조, "남녀평등권법령을 보고," 『조선녀성』 1946년 창간호.
조복례, "남녀 평등권법령 발포 5주년을 맞는 조선녀성" ≪로동신문≫ 1951년 7월 30일자.
조선민주녀성중앙위원회, 『강반석 녀사를 따라배우자』 (평양: 근로단체출판사, 1967).
조일호, 『조선 가족법』 (평양: 교육도서출판사, 1958).
최용달, "녀성에게 들이는 말슴," 『조선녀성』 1946년 창간호.
"3·8국제 부녀절 기념 평양시 경축 대회에서 진술한 박정애 동지의 보고" ≪로동신문≫ 1952년 3월 9일자.
"<참관기> 강반석 어머님께서 걸으신 영광의 새벽길" ≪로동신문≫ 1972년 7월 30일자.
"강반석녀사의 고매한 혁명정신과 강의한 품성을 따라 배우자" ≪로동신문≫ 1968년 7월 28일자.
"그이는 우리 모두의 어머니시다" ≪로동신문≫ 1967년 7월 31일자.
"남녀 평등권법령발포 5주년을 로력 위훈으로 기념하는 녀성들" ≪로동신문≫ 1951년 7월 30일자.

"룡제리 농촌세포위원장 장옥금동무의 사업경험," ≪로동신문≫ 1951년 12월 17일자.
"社說 : 勞動法令發布以後의 北朝鮮勞動女性," 『조선녀성』 1947년 6월호.
"생활 필수품 생산에서 새로운 전환을 위하여," ≪로동신문≫ 1963년 7월 29일자.
"선군시대 녀성들의 숭고한 정신세계," ≪로동신문≫ 2004년 3월 8일자.
"아버지의 절절한 마음," ≪로동신문≫ 1967년 3월 8일자.
"우리나라 공산주의녀성운동에 쌓아올리신 강반석어머님의 불멸의 업적을 깊이 학습한다," ≪로동신문≫ 1972년 7월 29일자.
"위대한 조선의 어머니이시며 열렬한 공산주의투사이신 강반석 어머님," ≪로동신문≫ 1969년 7월 31일자.
"전체 조선녀성들에게 보내는 조국통일 민주주의전선 중앙위원회 호소문," ≪로동신문≫ 1951년 3월 9일자.
"조선의 어머니," ≪로동신문≫ 1970년 7월 31일자.
"조선의 위대한 어머니 강반석녀사께서 남기신 숭고한 혁명정신과 불멸의 투쟁업적은 우리 조국청사에 찬연한 빛을 뿌리고 있다," ≪로동신문≫ 1971년 7월 29일자.
"조선의 위대한 어머니 강반석녀사를 따라배우기 위한 평양시청년학생들의 연구토론모임," ≪로동신문≫ 1971년 8월 1일자.
"조선의 위대한 어머니 강반석녀사의 빛나는 생애와 고귀한 업적은 우리 인민과 녀성들의 심장속에 영생불멸할 것이다," ≪로동신문≫ 1972년 7월 31일자.
"후방에 보내는 전선 용사들의 편지에서," ≪로동신문≫ 1952년 4월 10일자.
"후방에서 싸우는 영웅의 아내," ≪로동신문≫ 1951년 11월 18일자.

2. 남한문헌

김동춘, 『전쟁과 사회』 (서울: 돌베개, 2000).
김창순, 『북한 사회론』 (서울: 북한연구소, 1982).
손봉숙·이경숙·이온죽·김애실 공저, 『북한의 여성생활』 (서울: 나남, 1992).
여성한국사회연구회 편, 『한국가족론』 (서울: 까치, 1990).
한국고문서학회 편, 『조선시대 생활사 1』 (서울: 역사비평사, 1996).
한국고문서학회 편, 『조선시대 생활사 2』 (서울: 역사비평사, 2000).
한국여성연구소 여성사연구실 편, 『우리 여성의 역사』 (서울: 청년사, 1999).
≪연합뉴스≫ 2003년 7월 30일자.

일상생활에서 본 북한의 성평등
실태와 여성인권의 문제

김 석 향

1. 문제의 제기

최근 2~3년 사이 남북한 교류의 규모가 급격히 늘어나면서[1] 예전과 달리 분야별 남북한 교류의 필요성이 점차 구체화되는 단계에 들어섰다. 이와 같은 흐름에 따라 남북한 여성계의 교류도 앞으로 점차 늘어날 전망이다. 남북한 여성계의 교류가 필요한 이유는 향후 남과 북은 성평등의 이념을 구현하고 여성인권을 보호하는 민족공동체를 만들어 나가는 일에 서로 힘을 합쳐야 할 것이기 때문이다.

그런 의미에서 남북한의 여성이 성평등의 이념과 여성인권의 개념을 기준으로 자신과 상대방의 생활세계가 지닌 특성을 정확하게 파악하고 문제점을 찾아내는 것은 남南과 북北, 남男과 여女가 함께 잘사는 민족공동체를 만들기 위해 반드시 거쳐야 할 단계라고 하겠다. 이 글의 목적은 북한여성의 일상적인 생활세계를 성평등의 이념과 여성인권의 측면에서 어떻게 평가해야 하는지 생각해 보는데 있다. 남북한 여성의 현실을 대비하는 것도 북한여성의 생활세계를 여성인권의 측면에서 평가하는 문제를 보완하기 위한 도구적 성격을 지니며 남과 북, 어느 한 쪽 여성의 일상적 생활세계가 다른 쪽의 경우보다 더 낫고 못함을 비교하려는 시도가 아니라는 점을 밝혀둔다.

우리 사회에서 성평등을 실현하고 여성의 권리 찾기를 위해 노력해 온 선각자 중에 상당수의 사람이 다른 면에서는 몰라도 남녀평등의 실현이라는 측면에서만큼은 북한이 남한보다 앞서 있을 것이라는 의견을 발표해 왔다. 이와 같은 의견이 나오게 된 주요한 원인 중의 하나로 북한당국이 정권을 수립하기도 전이었던 1946년 북조선임시인민위원회를 통해 「북조선 로동자 및 사무원에 대한 로동법령」과 「남녀평등에 관한 법령」 및 그 시행세칙을 공포·시행한 이후 여성의 고용평등과 모성보호를 확대하는 제도적 기반을 지속적으로 마련해 왔다는 사실을 지적해야 할 것이다.

1990년대 들어 남북한의 교류가 늘어나고 북한이 국제무대에 등장하는 사례가 많아지면서 부족하나마 북한주민의 일상생활에 관한 자료가 구체적으로 소개되기 시작하면서 남녀평등의 측면에서 북한을 이상적인 사회로 묘사하는 의견은 많이 줄어들었다. 북한당국이 마련한 제도의 혜택이 실제로 주민들의 일상생활에 반영되는 것이 아니라는 의견이 나오기 시작했고 여성을 위한 각종 제도를 마련하면서 북한당국이 어떤 의도를 가지고 있었는가 하는 점을 분석하는 측면에 관심을 기울이는 학자가 늘어났다.

그럼에도 불구하고 남북한 여성의 지위를 비교하는 경우에는 20%가 넘는 북한의 여성 최고인민회의 대의원 비율과 10%에 훨씬 미치지 못하는 우리의 여성 국회의원 비율은 예외 없이 등장하며 개인적으로 아이를 돌봐 줄 사람을 구할 수 없다면 사실상 직장을 포기해야 하는 남한 여성의 실정과 곳곳에 탁아소와 유치원을 설립해 놓고 근무 중에도 모유를 먹일 수 있도록 수유시간을 배정하는 북한 여성의 상황을 대조하는 사례는 빠지지 않는다.

이 글에서는 성평등의 이념과 여성인권의 개념을 기준으로 할 때 북한여성의 일상생활을 어떻게 평가해야 하는지 생각해 보고자 한다. 글의 목적을 위해서 먼저 제도적 측면에서 남북한 여성의 지위를 대비시켜 볼 것이다. 특히 정치적 권리와 경제적 권리, 교육을 받을 권리, 폭력 및 성폭력으로부터 보호받을 권리라는 측면에서 여성을 위해 남북한 당국이 어떤 제도적 장치를 마련해 왔는지 살펴보기로 한다. 다음으로는 일상적 측면에서 본 북한여성의 지위를 고찰해 볼 예정이다. 북한당국이 여성을 위해 각종 제도를 마련했다고 하더라도 실제로 여성의 일상생활에서 성평등과 여성인권의 이념이 구현되어 나타나는가 하는 점은 별개의 문제이기 때문이다. 마지막으로 결론에서는 보편적인 인권 및 여성인권의 개념을 기준으로 할 때 북한여성의 일상생활은 어떻게 평가할 수 있는가 하는 문제와 연결하여 남북한 여성교류가 본격화되는 시대에 대비하여 우리가 어떤 자세를 취해야 할 것인지 생각해 보고자 한다.

2. 제도적 측면에서 본 남북한 여성의 지위 비교

북한당국은 공식적으로 정권을 수립하기 전부터 여성의 지위에 대해 정책적인 관심을 기울여 왔다. 1945년 11월 조선민주여성동맹의 전신인 「북조선민주여성동맹」을 창설하는가 하면 1946년 3월 북조선임시인민위원회는 "민주개혁"의 첫 조치로서 「북조선토지개혁에 관한 법령」을 발표했고 곧 이어 「북조선 로동자 및 사무원에 대한 로동법령」과 「북조선 남녀평등권에 관한 법령」을 발표하였다. 세 가지 법령은 북한 당국이 1948년에 헌법을 제정한 이후에도 체제의 골격을 이루는 기준의 역할을 하는데[2] 공교롭게도 모두 성평등의 측면에서 본 여성의 권리를 구체적으로 규정해 놓았다는 공통점을 지니고 있다.

「북조선토지개혁에 관한 법령」은 북한여성이 남성과 같이 토지를 분배받아 자립적인 경제기반을 마련하는 계기로 작용한다. 이 법령의 시행세칙 제15조는 "가족 수와 가족 내 노동력의 수"를 기초로 각 가구별 토지분배점수를 계산한 뒤 이 점수와 1점 당 분배토지 면적을 곱하여 각 가구가 실제로 받게 되는 토지의 면적으로 산출하였다. 이 때 토지분배의 기준이 되는 점수는 남자 18~60세, 여자 18~50세는 1점을 주고 남자 61세 이상, 여자 51세 이상의 경우 0.3점을 주었다.[3] 비록 10세의 연령 차이는 있지만 당시의 사회적 기준으로 볼 때 여자의 노동력을 남자와 똑같이 인정하고 동일한 면적의 토지를 분배했다는 것은 분명히 파격적인 조치였다.

「북조선 로동자 및 사무원에 대한 로동법령」은 동일노동·동일임금의 원칙과 산전 35일·산후 42일의 유급휴가를 규정했고 1년 이내 유아를 양육하는 여성노동자에게 1일 2회 30분의 수유시간 허용, 임신 6개월 이후 산전휴가에 이르는 기간 동안 중노동 금지, 시간외 노동과 야간노동 금지 등 여성의 노동권 확보와 모성보호에 필요한 조항을 담고 있었다. 또한 「북조선 남녀평등권에 관한 법령」은 제1조에서 "국가 경제·문화·사회·정치적 생활의 모든 령역에 있어서 녀성들은 남자와 같은 평등권을 가진다"고 규정한 뒤 시행세칙에서 여성이 남성과 같이 각급 공직을 맡을 권리를 가지며(제1조), 재산 및 토지의 상속권을 가지고(제5조), 이혼을 할 때 결혼 중 공동소유에 속한 재산과 자기 몫의 토지에 대한 분배를 청구할 권리(제21조) 등을 구체적으로 명시해 놓았다.

1946년 당시 북조선임시인민위원회가 발표한 법령의 내용은 최근까지 남한의 여성계가 숙원사업으로 추진하면서도 뚜렷한 성과를 올리지 못한 사항이 상당히 많이 포함되어 있는 것이 사실이다. 남한에서도 1948년 제헌헌법을 제정하면서 모든 국민이 법 앞에 평등하며 성별을 이유로 차별 받지 아니하고 인간으로서 존엄과 가치를 보장받을 것을 기본원칙으로 확립했다고 하지만 법률의 구체적인 조항을 통해 여성인권의 보호를 추구하는 것은 1987년 「남녀고용평등법」이 제정된 이후의 일이었다. 시기적으로 볼 때 여성의 지위에 대한 북한당국의 정책적 관심이 훨씬 앞서 있다는 점을 나타내 준다.

게다가 여성의 지위 향상을 도모하는 북한당국의 정책적인 조처는 1946년 발표한 세 가지 법령에서 멈추지 않고 그 이후에도 계속 이어졌다. 그 내용을 좀더 구체적으로 살펴보면서 남한의 경우와 비교해 보자.

1) 정치적 권리

여성의 정치적 권리를 나타내는 지표 중의 하나가 여성 국회의원의 비율이다. 여성 국회의원의 비율을 기준으로 남북한을 비교하면 북한은 남한보다 훨씬 앞서 있다. 우리의 국회의원에 해당하는 북한의 최고인민회의 대의원의 비율은 1948년 제1기 대의원을 구성하던 당시부터 이미 여성의원의 비율이 12.1%에서 출발했다. 그 이후 여성의원의 비율이 증가하여 1970년대 이후 오늘날까지 20% 내외를 유지하고 있다. 1998년 제10기 최고인민회의 대의원 687명 중의 여성의원 비율은 20.1%에 이른다. 한편 남한의 여성 국회의원 비율은 제16대에 이르러 총 273명 중의 17명을 차지하여 6.2%에 이른 것이 최고의 기록이었다.[4] 제15대 국회 당시 여성의원의 비율은 3.6%를 기록했으며 제헌국회 이후 제15

대 국회에 이르기까지 여성의원은 연인원 80명으로 총 의원 수 3,770명을 기준으로 할 때 2.1% 수준이다.5)

2) 경제적 권리

여성의 경제적 권리는 그 사회가 여성의 노동권을 어느 정도 보장하는가 하는 점과 여성의 경제활동 참여를 지원하기 위해 모성보호 및 아동양육의 부담을 덜어주는 정책이 있는가 하는 점으로 평가할 수 있다. 이미 언급한 바와 같이 북한당국은 여성의 노동권을 보장하기 위해 1946년 「북조선 로동자 및 사무원에 대한 로동법령」에서 동일노동·동일임금의 원칙과 산전·산후 유급휴가제, 수유시간 허용, 임산부와 산모의 중노동 및 시간외 노동, 야간노동 등을 금지하도록 규정해 놓았다. 이런 규정은 1978년 「사회주의 노동법」에서도 그대로 나타나며 1993년에는 「어린이 보육교양법 세칙」의 제정을 통해 산전 60일·산후 90일 등 총 150일을 산전·산후 유급휴가 기간으로 연장하기도 했다. 또한 임산부와 허약한 여성의 건강 보호를 위해 1948년과 1949년 「녀성상담소에 관한 규정」과 「산원에 관한 규정」을 마련하는가 하면 아동양육의 부담을 덜어주는 정책적 조치로서 1947년과 1949년 「탁아소 규칙」과 「탁아소에 관한 규정」을 필두로 1976년 「어린이보육교양법」을 제정하여 탁아소와 유치원의 설립을 적극적으로 추진해 나갔다.

한편 남한은 1987년에 이르러 여성의 인력개발과 활용의 필요성을 인정하는 「남녀고용평등법」을 제정하였고 1991년에 「영유아보육법」을 제정하였다. 헌법에 명시한 남녀평등의 이념을 구현하고 정치·경제·사회·문화 등 다양한 영역에서 남녀평등을 촉진하고 여성의 발전을 도모하기 위한 「여성발전기본법」을 1995년에 제정하였으며 1999년에는 이 법률을 「남녀차별금지 및 구제에 관한 법률」로 개정하였다.

법률과 규정의 제정시기를 기준으로 하여 그 사회의 여성의 위치를 평가한다는 것은 무리한 일이다. 현실적으로 법률과 규정의 내용이 어느 정도 구현되고 있는가 하는 점을 구체적으로 평가하는 기준을 포함해야 할 것이기 때문이다. 그럼에도 불구하고 여성의 경제적 지위 향상을 위한 남북한 당국의 의도적인 노력을 평가해야 한다면 북한이 앞서 있었다는 결론을 내리게 될 것이다.

3) 교육을 받을 권리

교육은 피교육자로 하여금 자신의 자질을 개발하여 삶의 기회를 찾게 하는 통로로서 한 사람이 인권을 향유할 수 있게 만드는 중요한 요소가 된다. 따라서 남북한의 여성이 교육을 받을 권리를 제대로 누려 왔는가 하는 점은 여성인권의 측면에서 볼 때 중요한 의미를 지닌다. 그런데 이 경우 역시 북한이 남한보다 앞서 있다는 평가를 내리게 된다.

북한당국은 1975년 이후 유치원 높은반 1년 - 인민학교 4년 - 고등중학교 6년으로 이어지는 11년제 무상의무교육제도를 시행하면서 해당 연령층의 아동과 청소년은 성별에 관계 없이 균등한 교육을 받을 기회를 제공해 왔다. 또한 "녀성의 인테리화 정책"을 통해 남녀사이의 문화 지식 수준의 차이를 없애 여성 노동력의 질적 향상을 도모하기도 했다.6)

남한은 중학교 무상의무교육제도를 1985년 이후 단계적으로 실시해 왔으며 2002년 이후 전국적으로 시행할 계획을 세워 놓았다. 남한에서는 1990년대 이후 중학교 및 고등학교 진학률이 100%에 육박하기 때문에 무상의무교육제도의 실시 여부가 성별에 따른 교육기회의 차이를 만드는 것으로 볼 수 없다. 그러나 북한이 11년제 무상의무교육제도를 실시하던 1975년을 기준으로 한다면 당시 초등학교 졸업 이후 중학교 진학을 앞둔 남한의 여성들이 균등한 교육의 기회를 보장받지 못했다는 점을 인식할 수 있다.

4) 폭력과 성폭력·성희롱으로부터 보호받을 권리

이와 같이 제도적 측면을 기준으로 할 때 북한의 여성정책은 상당히 앞선 것으로 평가된다. 다만 여성인권의 실현을 위해 가장 중요한 사안 중의 하나로 꼽히는 폭력과 성폭력·성희롱으로부터 보호받을 권리에 대해서는 다른 면모를 보인다. 앞서 언급한「북조선의 남녀평등권에 관한 법령」과 그 시행세칙은 일부다처제와 여성에 대한 인신매매, 공창·사창·기생제도를 금지하고 여성에 대한 학대와 폭행 금지조항을 명시했다. 문제는 그 뒤 북한당국이 공포해 온 각종 법률과 규정에서 여성폭력문제는 중요하게 다루어지지 않는다는 점이다.

남한에서 1953년 형법에서 여성에 대한 강간과 인신매매, 추행 등을 처벌하는 규정을 명시하였다. 그러나 여성폭력문제가 사회적 관심사로 대두한 것은 1980년대 이후 여성단체들이 적극적으로 활약한 결과였다. 여성폭력문제를 제도적 차원에서 해결하려는 노력의 성과로 1993년 「일제하 군위안부 피해자 생활안정법」을 필두로 1994년「성폭력 범죄의 처벌 및 피해자보호 등에 관한 법률」및 1997년「가정폭력범죄의 처벌 등에 관한 특례법」·「가정폭력방지 및 피해자 보호 등에 관한 법률」을 제정하였다는 점을 들 수 있다.[7]

남북한 여성의 지위를 제도적 측면에서 비교해 볼 때 정치·경제·교육의 측면에서 북한이 남한보다 앞선다는 평가를 내릴 수 있겠다. 특히 여성의원의 비율을 20% 수준으로 유지한다거나 여성의 노동권 및 모성보호·탁아소와 유치원 시설 확대를 강조해 온 북한의 현실은 높이 평가할 만하다. 다만 여성인권의 구현을 위해 중요한 사안 중의 하나인 여성폭력문제에 대해서 북한당국이 적극적 대응을 하지 않은 이유가 무엇인지 함께 생각해야 할 과제로 남는다고 하겠다.

3. 일상적 측면에서 본 북한여성의 지위

일상적 측면에서 본 북한여성의 지위를 정확하게 파악하려면 여성과 남성을 포함하여 북한주민의 생각을 폭넓게 확인해야 할 것이다. 그런데 지금과 같은 분단상황에서는 실제로 우리가 만나서 대화할 수 있는 북한여성의 숫자가 지극히 한정되어 있는 실정이다. 또한 어렵게 북한여성을 만났다고 하더라도 이들이 소리 높여 북한에는 **여성문제가 없고 문제여성만 있으며**[8] 자신들은 "수령님이 온갖 착취와 예속에서 해방시켜 주셨고 사상문화적 락후성과 가정일의 무거운 짐에서 벗어나게 해주셨기 때문에 남조선 녀성과 비교할 수 없는 권리를 누리며 행복하게 산다"고 강조하는 모습을 지켜보면서 달리 그 실상을 가늠할 방법이 없다는 사실을 인정해야 하는 상황이다.

이 글에서는 차선책으로 북한의 소설 및 신문 등 출판자료와 북한이탈주민의 증언을 활용하여 일상적 측면에서 본 북한여성의 지위를 파악하는 시도를 해보고자 한다.

1) 여아의 출생과 남아선호

한 사람이 태어나는 순간, 부모와 주변 사람으로부터 진심으로 환영을 받는지 여부는 보편적 인권 구현을 위해 중요한 사안이라고 하겠다. 그런 만큼 한 사람의 여성이 태어나는 순간, 어떤 대접을 받았는가 하는 점은 여성인권의 구현이라는 측면에서 볼 때 반드시 점검해야 할 영역에 속한다.

북한이탈주민의 증언을 종합해 보면 딸이 태어났을 때 환영하는 부모가 없는 것은 아니지만 드문 편이라고 한다. 40대 여성은 1990년 이후 식량난이 심해지면서 "딸이 있는 부모는 쫓겨나지 않아도 딸이 없는 부모는 쫓겨난다는 말이 있는데도 아이가 태어날 때에는 단연코 아들을 좋아하는 것"이 북한사회의 일반적인 현상이라고 했다. 이와 같은 증언의 내용은 1993년에 나온 북한의 소설에서도 그대로 나타난다.

> 이순은 집안의 맏이였다. 그의 동생이 아직 태여나기 전 도인민병원의 권위있는 박사선생은 아들을 하나 기어코 낳아보고 싶어하는 건강한 임신부를 손수 진찰해보고 나서 자식낳이는 이번으로 그치는게 좋겠다고 권고하였다. …앞으로 또다시 낳게 된다면 그 역시 딸일 것이라는 암시였다. 격분하고 락심한 임신부는 누구나가 다 존경하는 박사선생을 아무 것도 모르는 개대가리같은 두상이라고 욕을 하다가 그만에야 베개에 얼굴을 묻고 눈물을 찔끔 짰다. 그렇지 않아도 드살이 센 함경도 녀자가 얼마나 야단을 해대는지…녀인은 여섯이나 되는 자식을 슬하에 두면서도 아들 하나 없다고 서운해하였는데 나이 들어 가면서는 남편 앞에서 그것을 늘 미안해하였다.9)

1993년에 나온 『바다는 내 사랑』이라는 소설의 주인공 이순은 딸 여섯을 둔 딸부잣집의 맏딸이다. 소설에 등장하는 이순은 한 마디로 나무랄 구석이 없는 처녀로 그려진다. 일 잘하고 똑똑하고 남을 배려할 줄 알고 책임감이 강하며 부모가 인정하고 동네에서 칭찬을 받을 뿐 아니라 "인물만 팔아도 호강을 하게 될" 정도로 곱게 생겼다고 묘사했다. 그러나 태어나는 순간 딸이라는 이유로 어머니의 환영을 받지는 못했다는 것이다.

물론 북한소설에 등장하는 여자들이 모두 딸이라는 이유로 태어나는 순간, 부모의 환영을 받지 못하는 것으로 그려지지는 않는다. 1991년에 나온 『단발머리』라는 소설의 한 부분을 인용해 보자.

어머니가 나를 낳았을 때 온 집안은 경사로 들끓었대. 그렇게도 바라던 딸이 태여난 것을 아신 아버지가 부엌에서 국자를 든 채로 뛰여 올라오구 장난꾸러기 세 오빠들은 어머니 주위에 오구구 모여 앉아 갓난 아기의 빨간 주먹을 쥐여보려구 옴지락거렸다누나. 하루종일 방안이 좁다 하게 뛰여다니는 사내애들만 있는 집안에 참하고 귀여운 딸애가 하나 있었으면 하는 것이 부모들의 간절한 소원이였어. 연공인 아버지는 반생을 로동으로 거칠어진 손에 맏오빠 연필을 부여잡고 학습장 한 권을 다 써버리며 송미라는 내 이름을 지었대. 언제나 푸르싱싱하게 아름답게 자라라고…10)

『단발머리』라는 소설에서 주인공 혜정의 친구로 등장하는 송미가 자신이 어떻게 태어나 자랐는지 이야기하는 내용이었다. 위로 아들만 셋을 둔 집안에서 막내로 딸이 태어났을 때 온 집안 식구가 진심으로 환영하는 장면을 묘사해 놓았다.

서로 다른 소설의 두 장면을 북한이탈주민에게 읽어보게 한 뒤 어느 쪽이 일반적인 상황이냐고 질문했더니 "태어날 때 남자아이가 태어나면 부모들이 더 좋아하는 것은 당연한 일"이라고 했다. 간혹 딸을 기다리는 부모가 있기는 하지만 일반적인 현상은 아니라는 것이었다. 실제로 북한주민이 어느 정도로 남아의 출산을 선호하는지 측정할 길은 없다. 그럼에도 불구하고 남아선호가 보편적인 현상이라는 점은 쉽게 짐작할 수 있다.

2) 가정과 학교·직장에서 일상화된 남성우대 문화

여성 북한이탈주민과 대화를 하거나 이들이 기록해 놓은 자료를 보면서 재미있는 현상 한 가지를 발견했다. 이들은 대부분 자신들이 살아온 과정을 설명하면서 북한에는 "남녀평등권·남녀평등제도·남녀평등정책"이 있어서 여자도 남자와 똑같은 권리를 누린다고 이야기를 시작한다. 그런데 막상 이야기의 내용을 들어보면 가정과 학교·직장에서 일상생활을 해 나갈 때 성별에 따른 차별을 많이 경험하는 것으로 나타난다. 우선 다음의 인용문을 살펴보자.

> 우리도 중국처럼 남녀평등권이 있어서 남자와 여자가 똑같은 권리를 가지고 있고 사회적으로도 실시한다. 그런데 중국에 와서 비교해 보니 조선 여성들이 남편 공대를 잘 하는데도 남자는 그렇게 잘 하지를 않고 좀 권세를 피운다. 남자들은 나이 많은 분들한테… 쌍말을 하고 때리고 자식이 부모한테도 그렇게 하는 예절 없는 현상이 드문 있다. 부모들도 예절이 없다고 욕은 하지만… 나도 전에는 남자들이 쌍말하는 걸 "남아다운 패기다" "남자라면 저쯤 만한 패기가 있어야 한다"고 생각했는데 중국에 와서 남조선 사람을 얼핏 보니 생각이 달라진다.[11]

40대 여성 북한이탈주민 조○○은 북한에는 남녀평등에 관한 법령이 있어서 여자들이 사회에서 차별을 받는 일이 없지만 가정에서는 차별을 받는다고 말했다.[12] 자신은 어린 시절 맏딸로서 채석공장 탁아소 원장이었던 어머니를 대신하여 집안살림을 온통 도맡아 하면서 동생들을 돌보면서 지냈는데 아들인 오빠는 늘 가만히 앉아서 공부만 하는 것이 불만이었다고 했다. 그녀는 자신과 같이 오빠나 남동생에 비교해 볼 때 딸이라는 이유로 차별을 받았던 북한여성은 드물지 않다고 말했다.[13] 그런데 가정에서 이렇게 차별을 받는다고 하더라도 학교와 사회에서는 남녀평등정책에 따라 여자도 남자와 똑같은 대우를 받는다는 것이 그녀의 주장이었다.

그러나 막상 학교생활을 설명하면서 그녀는 남녀평등에 관한 법령은 있지만 학교에서 여학생을 사로청위원장이나[14] 분단위원장과 같은 간부로 선출하는 경우는 거의 없다고 했다. 여학생이 선출되는 경우가 전혀 없는 것은 아니지만 있다고 해도 아주 드물다는 것이었다.[15]

또 학교 다닐 때 원족을 간다면 여학생들이 쌀과 된장은 물론이고 밥솥이나 그릇, 땔나무까지 준비해서 음식을 준비해 놓으면 남학생들은 그저 와서 먹는다는 것이었다. 대학 시절 군사야영이나 농촌지원에 나갔을 때 남학생이 빨래감을 맡기면 여학생은 아무 말 없이 빨아서 가져다주는 것을 당연하게 여긴다고 하면서 그녀는 "여자로 태어나면 그저 모든 것을 양보하고 참으면서 살아야 한다"고 말했다.16)

그렇다면 남녀평등을 주장하지만 결국 학교에서도 여학생을 차별하는 것이 아니냐고 질문하자 그녀는 잠시 생각한 뒤 "차별이라는 것보다 가정에서 배운 것을 그대로 하다 보니까…" 하고 대답했다.

한편 30대 여자로 1981~1995년에는 무산광산 노동자로 일했고 1995년 이후 1997년까지 연사군 협동농장 농장원으로 지내다가 북한을 떠난 홍ㅇㅇ이라는 여성의 면담기록을 보면 "가정에서 남녀간에 차별이 많아도 직장에서는 직업의 종류나 성격에 관계없이 남녀가 동일하게 노동한다"고 주장하는 것으로 나타난다.17) 그런데 그녀의 증언 중에는 "직맹원을 제외하면 남자들은 총화시간에나 보일 정도로 근무에 태만하며 근무시간 중 음주나 부녀자 폭행도 한다"는 내용이 포함되어 있다.

남자가 여자를 폭행하는 현상은 직장뿐만 아니라 학교에서도 자주 발생하는 것 같다. 이ㅇㅇ은 20대 남자로 1994년 평양외국어대학 불어과를 졸업한 뒤 다시 일어과에 들어가서 공부하다가 중퇴했고 그 이후 자동차사업소 노동자로 일하다가 북한을 떠났다. 그는 학교에서 남학생이 여학생을 때려도 여학생이 감히 항의하지 못할 정도로 남녀차별이 심한 편이라고 증언했다.18)

한편 30대 남자로 1993년 김책공대 응용수학과를 졸업한 뒤 1994년 신의주경공업 대학 수학강좌 조교원을 지냈고 1996년 8월부터 사회안전부19) 산하 외화벌이사업소 지도원을 하다가 12월에 북한을 떠난 최ㅇㅇ은 북한이 "남성본위주의" 때문에 남녀간 직업적·사회적 차별이

심하며 농촌으로 갈수록 이런 경향이 심해진다고 평가했다.[20]

그러나 평양 출신의 엘리트 여성도 직장에서 남녀차별이 뚜렷하다고 증언하는 것을 보면 이런 현상은 대도시라고 해도 예외 없이 나타나는 것이 아닌가 하는 느낌이 든다. 김ㅇㅇ은 40대 여자로 김일성종합대 고전문학과 졸업 후 1979~1995년 국방·군수와 관련한 기초이론을 제공하는 제2자연과학원 산하 제2자연과학출판사 기자로 재직하면서 과학자와 군수관련 종사자를 대상으로 기사를 집필하다가 1997년 8월에 북한을 떠났다. 전문직 여성이었던 김ㅇㅇ이 볼 때 그녀의 직장이었던 제2자연과학출판사는 남녀차별이 심한 곳이었다. 차별의 증거로 그녀는 이렇게 증언한다. "우리 출판사의 200명 중 여기자는 명목상 50명이지만 실제 글을 쓰는 사람은 나를 포함해 2명밖에 없었다."[21] 말하자면 여자에게는 직장에서 중요한 일을 맡기지 않고 남자를 보조하는 업무를 담당하게 한다는 것이다.

결국 북한여성들은 북한의 특징을 설명할 때 남녀평등권·남녀평등 정책 등을 언급하고 있지만 실제로는 가정과 학교·사회에서 일상적인 차별을 경험하는 것으로 느껴진다. 그 중에서도 인민군 하전사로 근무하다가 북한을 떠난 손ㅇㅇ은 군대에 있을 때 아버지가 사망하면 집에 갈 수 있지만 어머니가 사망할 경우에는 못 간다고 증언하는 것을 들었을 때[22] 제도와 현실 사이에 쉽게 극복할 수 없는 괴리가 존재한다는 느낌이 들었다.

3) 부부관계의 성평등 실태: 가사분담 상황과 가정 내 폭력의 문제

부부관계의 평등함을 측정한다는 것은 어느 사회에서나 쉽지 않은 일이다. 특히 제한된 자료를 통해서 들여다보는 북한의 부부관계가 과연 평등한지 측정하려는 시도 자체가 무리한 측면을 지니고 있다. 이 글에서는 다만 접근 가능한 자료를 활용하여 북한의 일반적인 부부관계에 접근해 보고자 한다.

북한의 일반적인 부부관계는 여자의 순종적인 태도를 전제로 유지되는 것으로 판단된다. 다음에서 인용하는 여성 북한이탈주민들의 목소리를 들어보자.

> 남자들이 여자들을 좀 어떻게 대할까? …. 자기 아내라기보다도 자기 가정에 주부라기보다도 딱 … 머슴을 대하듯이 그런 점이 있어요…. 이거하라, 저거하라, 남자들이 말하면 여자들이 순종해야 되는 게 있어요.
>
> 남편이 너무 완강하고 좀 그랬어요. 모든 걸 여자를 아주 낮춰 보고 아주 무시하고… 남편에게 쥐여 살았어요… 북한에서는 남편이 항상 두려운 존재였고… 그리고 남편을 높이 보면서 살았고… 남자는 여성이 복종해야 할 존재이고 남성의 권리가 강했어요. 정치에서는 남녀평등을 주장하지만 실제로는 그렇지 않았어요.23)

조ㅇㅇ은 북한에서 여자는 일단 시집을 가면 남편에게 무조건 복종하는 것이 미덕이라고 배운다고 말했다. 자신도 어릴 때부터 어머니를 통해서 시집가면 귀머거리 3년, 벙어리 3년, 장님 3년으로 석삼년을 참고 살아야 한다는 이야기를 늘 들었다는 것이다. 이런 교육을 받고 나서 시집을 간 뒤 제일 어렵고 힘들었던 점은 남편인 "세대주의 식사를 옳게 보장하는 일"이었다고 했다.

15일에 한 번 식량배급을 받아 오면 남편의 몫으로 하얀 입쌀을 따로 구분해 놓은 일에서부터 매일 저녁 남편의 퇴근 무렵이 되면 제때 식사를 준비해야 하기 때문에 가까운 곳에 사는 친정에도 마음놓고 다니지 못했다는 것이다. 다른 여자들도 다 이런저런 시집살이를 했겠지만 자신의 경우에는 "북한을 떠날 때까지 단 한끼도 허술히 넘길 수 없었던 남편의 식사보장"이 가장 힘든 시집살이였다는 것이 그녀의 말이었다.

이와 같은 희생적인 모습은 사실상 북한여성의 일반적인 생활태도로 보인다. 북한이탈주민 중에는 어린 시절부터 어머니가 밥을 지으면서 아버지 몫으로 하얀 입쌀밥을 준비하기 위해 솥 안에 가재를 펴놓고 그 위에 쌀을 얹어 밥을 지을 때부터 잡곡밥과 쌀밥을 구분하는 모습을 보면서 자랐다고 증언하는 사람들이 많다. 남편의 밥그릇에 잡곡이 섞이게 되는 것은 "국가에서 주는 배급이 점점 적어지고 잡곡의 비율이 엄청나게 늘어난 이후" 불가피하게 나타나는 현상이지만 일반적으로 북한여성들은 이런 상황에서도 "가장의 밥그릇에 쌀알"을 올리려고 노력하는 것 같다.24) 특히 식량난이 심해지고 난 이후에는 여성들이 남편과 아이들을 먹이기 위해 자신은 굶는 경우도 많았던 것으로 판단된다. 북한의 로동신문에서는 북한여성의 희생적인 생활태도를 다음과 같이 묘사해 놓았다.

> 류례없이 간고했던 ≪고난의 행군≫, 강행군의 언덕을 넘으며 오늘에 이르는 나날 혁명과 건설의 힘있는 력량으로 우리 녀성들이 가정과 사회, 혁명을 위하여 강성대국 건설을 위하여 묵묵히 바친 그 값비싼 사랑과 헌신을 무슨 말로 다 헤아릴 수 있으랴… 때식을 끓일 길이 칡뿌리를 캐면서도… 자기의 모든 것을 다 바쳐서라도 가정과 혁명앞에 지닌 자신들의 사명을 다 하려는 각오와 헌신의 마음이였다…. 한 공기의 죽도 남편과 자식들을 위해 양보하며 밝은 웃음으로 가정의 행복을 지켜 온 우리 녀인들, 귀여운 자식의 손에 좋은 것을 쥐여주지 못해도 남편과 아들들의 밥곽에 나물밥을 담으면서도 아무 내색도 없이 출근길에 올라 빈 밥곽을 감추어 가며 선반기를 돌려 가던 강직한 희천의 녀인들.25)

그런데 이런 상황에서 남편이 가사일을 분담하는 사례는 많지 않은 것이 분명하다. 식량이 없으면 먹을 것을 찾아서 준비하고 가루탄을 받아서 연탄을 찍거나 장작을 패서 땔감을 마련하는 일은 "당연히 여자에게 차례지는 몫"인데 그나마 물도 제대로 나오지 않고 전기도 턱없이 부족한 상황이라 "고생고생 열 두 가지 고생을 하면서" 이런 일을 감당해야 하는데 남편인 세대주가 도와주는 경우는 별로 없다는 것이 일반적인 증언의 내용이다.

특히 북한의 경제난이 심각해지면서 장사를 해서 돈을 벌어 생활을 유지하는 것까지 여성이 감당해야 할 몫으로 인식하는 경우가 많은 것으로 나타난다.

> 같이 벌었는데 애 아빠는 계속 대학을 다녔으니간, 아무래도 제가 장사를 했다고 봐야지요. 대체로 북한에서는 여자들이 벌어서 먹어요. 여자가 강하면 가정이 쓰러지지 않아요. 여자가 약하면 가정이 쓰러지지요. 남자가 아무리 돈을 잘 벌어도 쓰러지더라구요. 남자들은 아무리 잘해도 파도가 있거든요…. 여자들이 잘 벌면 배급이 안 나와도 잘 살아요.26)

대다수 북한여성들은 이런 상황에 대해 특별히 분노하는 것 같지는 않다. "그냥 남자 할 일 따로 있고 여자 할 일 따로 있는 것"이고 "여자는 아주 태어날 때부터 숙명적으로 순종을 하게끔 만들어진 물건"이기 때문에27) 가정 일을 꾸려나가는 데 있어서 고생스러운 일은 당연히 여자가 감당해야 할 몫으로 생각하며 남편이 "거들어주면 고맙고 안 거들어주면 혼자서 꾸려나가야 할 일"로 여긴다는 것으로 나타난다. 이와 같은 북한여성의 특성에 대해 다음과 같은 의견도 있다.

> 북한여성은 세계 어느 나라 여성들보다도 근면하고 헌신적이다. 여성의 노동계급화라는 당의 노선에 따라 '혁명을 떠미는 한쪽 수레바퀴'라고 칭송 받는 북한의 여성들은 남자와 똑같이 협동농장과 공장에서 힘든 노동을 겪어낸다…. 북한사회에서 여성의 손길이 미치지 않는 곳이라곤 도대체 찾아볼 수가 없다. 그뿐인가. 가사와 육아는 여성이 도맡아하고 텃밭을 가꾸는 것도 거의 여성의 몫이다…. '여성은 꽃이

라네'라는 노래의 가사처럼 '정다운 아내와 누이들'이 없다면 북한의 가정, 나아가 북한사회는 유지되기가 힘들 것이다. 1990년대 초반에는 집안 일을 돕지 않고 건달 피우는 남자들을 빗대어 '남자는 나비라네'로 바꿔 부르다가 최근에는 '여성은 황소라네'로 불리고 있다고 한다. 현숙하고 근면하고 남자를 존경하여 떠받드는 북한여성은 북한남자들에게 하늘이 내려준 축복이 아닐 수 없다.28)

우리 구역에서는 남성들을 '멍멍이'라고 합니다. 여성보다 악이 없고 살 의욕이 약해서 집 지키는 '멍멍이'라고 부릅니다. 여성들은 이런 멍청이 '멍멍이'를 먹일 수 없으므로 하는 수 없이 아이를 데리고 살 길을 떠나갑니다. 그래도 집 떠난 여성과 아이는 살 수 있지만 이 '멍멍이'는 얼마 되지 않아 집안에서 굶어 죽습니다. 이런 멍멍이가 많습니다.29)

문제는 이렇게 여성이 생활을 책임져야 하고 남편의 가사분담을 기대할 수 없는 상황에서 가정 내 폭력도 심각한 수준이라는 것을 암시하는 증언이 많다는 점이다. 다음의 인용문을 잠시 살펴보기로 하자.

오늘 남편이 직장에서 학습을 해야 하는데, 깜빡하고 책을 못 가져가서 다른 사람을 시켜서 집에다 알려준다. 남편은 일을 하니까 집에 다녀갈 시간이 없으니 내가 책을 갖다 줘야 하는데, 그러지를 않았을 때 저녁에 와서 신경질을 낸다. "학습노트를 왜 가져오지 않았는가? 그래서 학습에 못 참가했다"는 식이다. 집에 있는 나는 나대로 제 할 일이 바빴기 때문에 남편 말에 반박이 나가면 서로 의견이 맞지 않아서 싸움이 일어난다. 싸움할 때는 무섭다. 막 때리고 치고 하는 것을 우리 마을에서 많이 봤다. 대체로 여자가 맞는다. 그러나 여자도 괘씸한 생각이 드니까 센 여자들은 같이 때리고 뭘 던질 때도 같이 던진다.

또 인간생활이기 때문에 "남편이 딴 여자를 본다." 이럴 땐 여자가 괘씸한 마음이 들어서 남편이 다니는 공장에 가서 문제를 제기한다. 그러면 그 문제가 상정되어 남편이 속해 있는 조직이나 단체의 회의 때 비판을 받게 되어 있다. 사람들 앞에서 딴 여자 본 것을 비판받으면 남편은 사람들 앞에서 망신했다고 아주머니를 때린다.30)

4) "신랑감을 찾는 사업"의 중요성

여자의 입장에서 볼 때 결혼생활을 유지하는 것이 결코 쉬운 일로 보이지 않음에도 불구하고 북한주민들은 일반적으로 남자보다 여자가 더 결혼에 적극적인 태도를 보여야 하는 것으로 인식하는 경향이 강하다.[31] 1995년 이후 식량난이 심해지면서 젊은 여자들 중에서 결혼을 기피하는 성향이 나타난다고 하지만 그런 경우는 일부분이라는 의견이 많았다.[32]

북한여성들이 결혼에 대해 적극적이어야 하는 이유는 여자의 나이가 25세를 넘으면 안 된다는 사회적 강박관념에서 찾아야 할 것이다. 1997년에 나온 북한영화 <청춘이여!> 초반부에서 남자주인공 기호의 아버지는 나이 30이 다 된 아들을 장가 보내지 못해서 안타까워하는 어머니를 향해 "총각은 나이 들수록 금값인데 뭘 그리 걱정을 하는가" 하고 타박을 한다.

반면에 "호박은 늙을수록 맛이 있어도"[33] 처녀는 갓 스물을 넘기려 할 때 잠깐 금값이고 25세가 지나면 값이 뚝 떨어진다는 것이다. 북한당국이 한때 노동력의 부족을 염려하여 만혼을 장려하면서 결혼 연령은 여자 28세·남자 30세가 적당하다고 강조했지만 이와 같은 정책적 접근도 처녀의 나이가 25세를 넘기면 값이 떨어진다고 생각하는 주민들의 일상적인 태도를 바꾸지 못했던 것 같다.

북한의 처녀에게 있어 "신랑감을 찾는 사업"이 무엇보다 중요한 일이라는 점을 설명하면서 그 이유로 북한에는 여자가 남자보다 많기 때문에 여자들이 결혼하기 어렵기 때문이라고 설명하는 북한이탈주민도 있었다.

북한에서는 남한과 달리 결혼식 날보다 약혼식 날 부부동침을 한다.

그 이유는 여성의 수가 많다나니 여성들이 시집가기가 힘들어서 여자의 집에서 어떻게 하나 남자를 쟁취하려고 약혼식 날 여러 가지 방법으로 남자에게 술을 많이 마시게 하고 취기가 오르면 여성하고 잠자리를 같이 하게 한다. 일단 여성과 잠자리를 같이 하면 남자는 법적으로 여자를 책임질 의무가 있다.34)

간혹 여성 본인은 싫다는 의사 표현을 분명하게 하는데도 아버지가 나서서 잠자리에 들도록 권유하는 경우도 있다고 한다. 부모가 이렇게 나서는 것은 사회적으로 여자가 싫다고 해도 적극적으로 따라다녀서 자신의 뜻을 관철시키는 남자를 "남자다운 성격"을 지닌 존재로 미화하는 성향이 있기 때문이다. 다음 인용문을 살펴보자.

> 그 사람은 나 결혼하기 전까지 얼마나 나를 무시했는지 몰라요.… 내 의견을 듣지 않고 내 의향을 듣지 않고 우리 아버지한테 가서 내가 자기를 좋아한다고 말하고 자기네 집에 가서도 승낙을 받았고… 내 자존심을 무시했거든요. 그래서 싸움도 많이 하고 했는데… 그 때 우리 집에서도 마지막에는 두 손 네 발 다 들었어요. 나 끝까지 그 사람하고 안 살겠다고 그러니까… 우리 아버지는 그 사람 좋다고 했는데 나는 그냥 싫다고 한 거예요.…그런데 그 사람이 일요일에 왔는데 약혼식을 그 날로 했어요… 약혼식을 그 날로 했는데 그 남자가 약혼식 날에 그냥 나하고 같이 자자고… 안 자겠다는 거 우리 아버지가 그 날 같이 자게 했거든요. 그래서 나야 어쩔 수 없이 그렇게 됐죠.35)

일단 여성과 잠자리를 같이 하면 남자가 법적으로 책임을 져야 한다고 했지만 실제로 북한의 법률상 남자의 의무를 구체적으로 규정해 놓은 조항이 있다는 뜻은 아닌 것 같다. 다만 이런 경우 남자들이 의무감을 느끼도록 직장이나 당조직, 청년동맹 등에서 강력하게 권고하는 풍토가 있다는 점은 다음의 인용문에서도 나타난다.

> 연애를 하다 애가 생겨서 문제가 되면 조직적으로 문제를 세우고

비판해 주고 무조건 살게 만들려고 한다. 사회주의는 서로가 살게끔 하자는 게 기본목적이니까 최악의 경우에도 살게끔 교양을 주는데 강제로 살라고는 못한다. 비판무대에 올리고 욕하고 해도 안되면 여자한테 처리하라고 한다. 그러면 여자는 아이를 떼어버린다.36)

이와 같은 내용을 종합해 볼 때 북한에서는 여자의 정숙함을 강조하면서 연애를 금기시하는 풍조가 있음에도 불구하고37) 혼전 성경험이 그렇게 낯선 현상은 아니라는 점을 짐작할 수 있다. 문제는 정확한 성교육이 이루어지지 않고 별다른 피임 도구도 없는 상황에서 자칫 임신을 했을 때 남자가 싫다고 하면 인용문에서 나온 것처럼 "아이를 떼어버리는" 방식으로 대처하게 될 가능성이 높다는 점이다.

5) 매춘과 성폭력·성희롱의 문제

굳이 성性에 대한 엄숙주의를 거론하지 않더라도 북한주민들이 일반적으로 남녀간의 성 문제를 공개적으로 언급하는 것을 상당히 거북해하는 것은 분명한 사실로 나타난다. 가정과 학교에서 성교육이 제대로 이루어지지 않은 이유도 부모와 교사가 성에 대해 언급하는 것을 거북해하기 때문이다. 다음 인용문을 통해서 성에 대한 북한주민들의 일반적인 인식의 성향을 짐작해 보기로 하자.

> 달거리를 할 때 엄마한테 교육받는 것은 없고 중학교 실습시간에 선생님께서 가르쳐 준다. 달거리가 시작되면 이제 여자로서 사람이 됐다는 것인데, 위생적으로 어떻게 지켜야 되는가만 알려 준다. 이 달거리가 다른 한 인간을 잉태하기 위한 시점이라는 건 안 알려준다. 그건 말하기가 무엇해 한다. 선생님들도 뻔히 아니까 학생들 앞에서 "자, 동무들이 달거리하기 때문에 남자들과 주의하시오"라고는 하는데, 왜 주의해야 하는지 구체적으로… 말하지는 않는다.…선생님은 "그 책을 다 읽어보시오"라고만 한다. 우리는 그걸 다 읽어보고 자체로 안다. 부

부간의 성 관계도 비밀이기 때문에 절대 밖에 나가서 말하지 않는다. 부부간의 잠자리를 말하는 사람은… "자기 남편을, 아내를 망신시킨다"고 생각하기 때문이다.38)

이와 같은 인식이 일반화되어 있는 상황에서 매춘과 성폭력·성희롱의 문제를 공개적으로 논의할 가능성은 거의 없다. 그러나 북한에도 매춘과 성폭력·성희롱의 문제가 존재하며 여성들이 이 문제로 인한 고통을 겪는 것만큼은 부인할 수 없는 사실이다. 다음 인용문을 통해서 오늘날 북한사회에서 이 문제가 어떤 형태로 나타나고 있는지 짐작해 보기로 하자.

> 함흥, 청진, 혜산 같은 곳에 가면 역전에 몸 파는 여자들이 많다. 먹을 것을 주거나 조선 돈 50원에도 잠자리를 같이 할 수 있다. 원래는 사회주의라고 하여 많은 것을 통제하여 왔는데 지금은 통제를 하지 못한다. 옛날 같으면 그런 여자는 총살을 당했을 것이다. 간부들이야 이런 데 가면 안 된다. 다른 방법이 많다. 밑에 일하는 여자들이 많으니까 "입당할래?" 하며 유혹한다. 기관의 간부들은 종업원 중에 마음에 드는 여자가 있으면 하루 저녁을 데리고 노는데, 여자가 거부하면 입당시켜 준다고 유혹한다.39) 그 말에 숱한 처녀들이 노리개가 되는 일이 다반사이다.40)

> 북한이 대규모 건설공사를 하는 곳이면 늘 속도전청년돌격대원들에 의한 민원이 제기되고 패싸움이 발생한다. 돌격대원들은 작업장 주변 공장 기업소와 사민가를 상대로 한 도둑질과 집단구타, 서로 간의 패싸움, 문란한 성생활 등으로 조용할 날이 없다. 대표적인 것이 1980년대, 북한의 서북부 순환철길 공사에 투입된 속도전청년돌격대원들의 패싸움이었다.41)

이와 같은 인용문이 북한사회의 현실을 어느 정도 정확하게 반영하고 있는가 하는 점은 지금부터 남과 북이 함께 확인해 나가야 할 과제 중의 하나라고 하겠다. 다만 현재의 상태에서는 북한당국이 공개적으로 전혀 인정하지 않지만 그 사회 내부에서는 일상적으로 매춘과 성폭력·성희롱의 현상이 일어나는 상황이지만42) 북한사회 내부에서는 누구도 이 문제에 대해서 분명한 대책을 세워야 할 당위성을 주장하지 않는 것이 오늘날 북한의 현실이라는 점을 인식해야 할 필요가 있다. 왜냐하면 이와 같은 현실의 인식이 궁극적인 문제해결의 출발점이 될 것이기 때문이다.

4. 남녀평등에 대한 북한여성의 "이중적인 인식의 구조"

앞에서 소개한 자료의 내용을 종합해 보면 북한에 사는 여성도 그렇지만 이미 북한을 떠나 온 북한이탈주민들도 북한여성의 사회적 지위에 대해 언급할 때에는 예외없이 "남녀평등제도"의 특징을 거론하는 것으로 나타난다. 대체로 여성은 남자와 똑같이 그 사회의 한쪽 수레바퀴를 이끌어 가고 있으며 온갖 착취와 압박에서 벗어나 정치·사회적으로 남자와 똑같은 권리를 누리고 있다는 말로 이야기를 시작하는 경우가 많았다. 그런데 막상 생활의 다양한 측면을 소개하다 보면 성차별 현상과 여성인권을 위협하는 경험을 일상적으로 하고 있는 것으로 밝혀진다.

분명히 일상적으로 성차별을 경험하면서도 이들이 북한사회의 특징 중의 하나로 "남녀평등"을 언급하는 현상을 어떻게 이해해야 할 것인가? 이와 같은 인식의 괴리가 생기는 원인은 과연 무엇인가? 검증된 정답은 아니지만 몇 가지 가설을 제시할 수 있겠다.

첫째, 북한당국이 지금까지 자본주의 사회의 "비참한 녀성의 처지"와 "혁명의 한쪽 수레바퀴"로서 당당하게 사회적 역할을 수행하는 북한여성의 모습을 대비시키는 교육에 힘을 기울여 온 결과로 볼 수 있을 것이다. 학교교육은 물론이고 북한의 신문과 방송 및 각종 출판물과 학습자료에 이르기까지 북한여성의 지위를 "혁명의 한쪽 수레바퀴"로 소개하는 일에 인색하지 않다.

1992년에 나온『조선말 대사전』제1권에서 "녀성"과 관련된 단어를 찾아 그 용례를 살펴보면 재미있는 사실을 발견할 수 있다. "낡은 사회·자본주의 사회·봉건 사회"의 여자들은 "철 들기 전부터 일본인 공장의 여공으로 고된 노동력을 팔아야 하고, 카페나 카바레 또는 빠 같은 술집에서 손님을 접대하는 여급으로 구박을 받는 존재이며 관가의 여자 종"의 모습으로 등장한다. 용모가 뛰어나고 재주가 비상하거나 자색의 아름다움이 한 고을의 으뜸인 전통사회의 여성도 등장하지만 이들의 모습에서 남자와 똑같이 선 당당한 모습은 나타나지 않는다.

이와 대조적으로 북한여성의 모습은 "김일성 광장에서 항일유격대원의 복장을 입고 붉은기를 날리며 보무당당히 나아가는 녀대학생들의 자랑찬 대오"와 "김일성 광장 앞으로 보무당당히 행진해 가는 녀성군인"으로 묘사되어 있다. 여성으로서 당당한 삶을 누릴 수 있는 곳은 이 곳뿐이라고 강조하는 북한당국의 입장은 오늘날 북한에서 살고 있는 일본 여인의 발언을 통해 더욱 극명하게 나타난다.

> 위대한 령도자 김정일동지를 화목한 대가정의 어버이로 높이 모시고 사는 주체의 사회주의 조국은 이 세상 그 어디에도 없는 사람 중심의 사회로서 누구든 이 품에 안기면 보람찬 삶을 누리게 된다. 선봉군 부포리 6인민반에는 처녀시절부터 공화국의 품에 안겨 행복한 삶을 누리고 있는 올해 73살의 전쟁로병인 일본인 서송만(일본이름 하라다 데루꼬) 녀성이 살고 있다.
>
> 그가 공화국의 품에서 참된 삶을 누리며 살아온 근 50여년의 나날을 통하여 우리는 어버이 수령님과 위대한 장군님의 은혜로운 품, 사

회주의 조국의 품이야말로 인생을 가장 보람있게 꽃피워주는 한없이 따사로운 품이라는 것을 절감하게 된다…. 서송만녀성은 이렇게 말한다. ≪난 공화국의 품에 안겨서야 참된 삶의 보금자리를 찾았다. 전화의 그 시절에 위대한 수령님의 품에 안겨 병사가 되고 당원으로 자랐다. 오늘 행복한 가정에서 여생을 즐길 수 있는 것은 위대한 장군님의 은덕과 사랑을 떠나서는 생각할 수 없는 일이다. 태어나고 자란 곳이 조국이 아니라 인생의 운명도 미래도 다 맡아 보살펴주고 꽃피워주는 곳이 진정한 조국이다. 참으로 주체의 사회주의 조국은 우리 모두의 참된 삶의 보금자리이다.≫[43]

둘째, 북한의 로동신문과 방송은 "남조선의 여성들은 착취와 압박의 대상이며 미제침략군에게 몸수색을 당하는 실정"이라고 소개해 왔다는 점도 원인으로 작용했을 것이다. 다음의 인용문을 살펴보기로 하자.

≪부익부 빈익빈≫의 썩고 병든 남조선 사회에서 돈없고 권세없는 근로인민들의 생활은 말할 수 없이 비참하다. 그들은 항시 불행과 고통 속에서 신음하고 있다. 녀성들이 경우에는 더욱 그러하다. 남조선 녀성들은 녀자로 태어났다는 죄 아닌 ≪죄≫로 온갖 차별과 천대, 멸시의 대상으로 되고 있다. 그들은 혹심한 정치적 무권리를 강요당하고 있다. 자료에 의하면 세계적으로 남조선녀성들의 사회적 지위가 가장 낮다고 한다.[44]

사진을 보라. 길가던 남조선 녀인이 두 팔을 머리우로 쳐들고 미제 침략군에게 몸수색을 당하고 있다. 제 땅도 아닌 남의 땅에서 미제 침략군 놈들이 무슨 권리가 있어 남조선 녀성의 가는 길을 막고 아무 거리낌없이 그의 몸에 손을 대고 있는가. 이야말로 인권유린의 극치이다…. 저 녀인이 당하는 수모는 곧 남조선 녀성들이 당하는 수모이며 저 녀인의 참상은 곧 남녘겨레 모두의 참상이다.[45]

북한주민들이 인용문과 같은 신문기사의 내용을 글자 그대로 믿는지 여부는 확실하지 않다. 그러나 오랫동안 비슷한 내용을 반복해서 듣고 보고 읽으면서 그 영향을 받았을 가능성이 전혀 없다고 하기도 어려운 일이다. 북한이탈주민 한 사람은 자신이 북한에 있을 때 이런 내용을 보거나 들으면 "그대로 믿지는 않지만 그래도 어느 정도 근거가 있을 것"이라고 생각했었다고 말했다.

5. 맺음말

남녀평등에 관한 북한여성이 이중적인 인식의 구조를 지니고 있다는 점은 앞으로 지속적으로 연구해야 할 과제로 남는다. 특히 앞으로 남북한 주민들이 직접 만날 기회가 많아질 것으로 예상되는 만큼 이 문제에 대해서는 체계적으로 접근해야 할 필요가 있다.

이 문제가 중요한 이유는 궁극적으로 남북한의 만남이 사람과 사람의 만남이기 때문이다. 사람과 사람의 만남인 만큼 그 과정에서 남녀의 만남은 필연적으로 따라오게 되는데 현재와 같은 상태라면 개인의 차원에서 감당하기 어려운 사회적 갈등이 발생할 것으로 예상되기 때문이다. 그런 의미에서 먼저 온 북한이탈주민들이 나중에 오는 사람을 위해 남녀관계에 대해 충고하는 내용을 귀담아 들어 볼 필요가 있다.

> 남한여성들은 어려서부터 남자들과 자유롭게 대화하고 동등하게 살아왔기 때문에 북한남자들이 힘들어하는 문제도 여기에 있다.…남한여성과 결혼하려면 북한식 남성권위주의를 없애고 동등한 입장에서 여자를 배려해야 한다.

> 북한에서 가져 온 남존여비사상을 버리고 여자는 남자를 더욱 존경하고 사랑하는 화목한 가정을 이룩해야 한다. 한국에 왔다고 해서 남편에게 대들고 가출하는 등 그릇된 생활양식을 버려야 한다.

> 많은 귀순자들이 남한여성과 사귀다가 상처받는 경우도 많이 목격

했다. 북한에서는 남녀간에 친구라는 개념이 없고 남녀간 만남이 남한처럼 자유롭지 않기 때문에 이런 문제를 빨리 터득하고 사랑과 친구 사이의 개념에 대해서 인식할 필요가 있다고 본다.[46]

※ 이 논문은 『제주인권학술회의 발표자료집: 한반도의 평화와 인권』(2001)에 실린 글을 게재한 것이다.

주註

1) 1990년 이후 남한주민의 북한방문 현황을 연도별로 정리해 놓은 도표를 보면 최근 2~3년 사이에 방북인원이 급증했다는 점이 나타난다. http://www.unikorea.go.kr 참조.

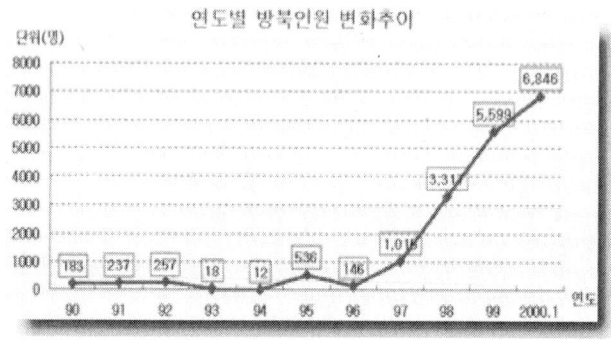

2) 윤미량, 『북한의 여성정책』(서울: 한울, 1991), 11쪽.
3) 법원행정처, 북한의 부동산제도, 법원행정처 (1997), 87쪽 ; 17세 이하 청소년과 아동의 경우에는 성별에 따른 구분을 하지 않고 연령을 기준으로 9세 이하는 0.1점, 10~14세는 0.4점, 15~17세는 0.7점을 배정하였다.
4) 2000년에 출범한 제16대 국회에서 여성의원은 16명으로 출발했으나 그 이후 한 명이 의원직을 승계하여 17명이 되었다.
5) http://columnist.org/ysi/d/fem.htm
6) http://women.or.kr/unification/policy/wlaw01.html
7) http://root.re.kr/root/root-report-1.htm
8) 박혜란, '남북한 생활문화와 삶의 질,' 이배용 편, 『통일을 대비한 남북한 여성의 삶의 비교』(서울: 이화여자대학교, 1997), 259쪽.
9) 로정법, 『바다는 내 사랑』(평양: 문학예술종합출판사, 1993), 18~19쪽.
10) 김은옥, 『단발머리』(평양: 문예출판사, 1991), 91쪽.
11) 좋은벗들, 『북한사람들이 말하는 북한 이야기』(서울: 정토출판, 2000), 44쪽.
12) 2000년 12월 북한이탈주민과 면담한 자료.
13) 『조선말 대사전』에서 딸이라는 단어를 찾으면 "업신여기던 딸이 떡함지 이고 온다"는 예문이 나온다. 사회과학원 언어학연구소, 『조선말 대사전』제2권 (평양: 사회과학출판사, 1992), 1198쪽.
14) 1996년 이후 사로청은 청년동맹이라는 명칭으로 바꿔 부른다. 사로청은 사회

주의청년동맹의 약칭이었으나 1996년 1월 김정일의 지시로 사회주의청년동맹이 김일성사회주의청년동맹으로 바뀐 뒤 그 약칭도 청년동맹으로 바뀐 것이다.
15) 2000년 7월 면담한 50대 탈북여성은 자신의 딸이 고등중학교 다닐 때 사로청위원장을 지냈는데 그 당시 함경북도 경성시의 10여 개 고등중학교 중에서 여자가 사로청위원장으로 선발된 경우는 자신의 딸 이외에 없었다는 점을 자랑했다.
16) 학교뿐만 아니라 직장이나 북한 전역의 대규모 공사가 벌어지는 돌격대 건설현장에서는 일반적으로 여자가 남자의 작업복을 빨아주는 것을 당연하게 여기는 분위기가 강하다. 앞서 언급한 소설의 여자 주인공 이순은 같은 작업반에서 일하는 진수의 빨래를 도맡아 해오다가 서로 사이가 서먹해지면서 그 일을 못 하게 되자 다음과 같은 심경을 토로하고 있다. "그가 소금이 내밴 작업복을 입고있는 것을 보면서도 이전처럼 빨아주겠다고 나설 수 없다는데서 오는, 무엇인가 귀한 것을 놓쳐버린 듯한 허전함…" 로정법, 『바다는 내 사랑』, 앞의 책, 169쪽.
17) 민족통일연구원 1998년 8월 "북한실상 및 주민들의 정치적 태도 변화에 대한 귀순자 면담결과보고"
18) 민족통일연구원 1998년 8월 "북한실상 및 주민들의 정치적 태도 변화에 대한 귀순자 면담결과보고"
19) 지금은 인민보안성으로 명칭이 바뀌었으며 우리의 경찰에 해당하는 조직을 말한다.
20) 민족통일연구원 1998년 3월 "북한실상 및 주민들의 정치적 태도 변화에 대한 귀순자 면담결과보고"
21) 『신동아』 1999년 6월호, 263쪽.
22) 민족통일연구원 1998년 9월 "북한실상 및 주민들의 정치적 태도 변화에 대한 귀순자 면담결과보고"
23) 김정미, "탈북여성의 정체성 변화에 관한 연구" (이화여대 대학원 석사학위논문, 1999), 21~22쪽.
24) 김승철, 『북한동포들의 생활문화양식과 마지막 희망』 (서울: 자료원. 2000), 26~27쪽.
25) ≪로동신문≫ 2000년 3월 8일 제4면, "강성대국 건설에 적극 이바지하는 조선녀성들의 긍지, 당의 참된 딸로 사는 행복"
26) 박현선, "현대 북한의 가족제도에 관한 연구: 가족의 사회적 재생산과 가족제도의 관계를 중심으로" (이화여대 대학원 박사학위논문, 1998), 154쪽.
27) 김정미, 앞의 글, 20쪽, 25쪽.
28) 최주활, "여성이 북한을 먹여살린다," 『북조선입구 I』 (서울: 지식공작소,

2000), 87쪽.
29) 박현선, 앞의 글, 175쪽.
30) 좋은벗들, 앞의 책, 43~44쪽.
31) 여성 북한이탈주민을 면담하는 과정에서 그렇게 결혼생활이 힘들고 어려우면 결혼을 하지 않는 것이 어떠냐고 묻자 그녀는 한참 생각하더니 "북한사회는 여자가 혼자 살 수 없는 구조"로 되어 있어 결혼을 안 할 수는 없다고 대답했다.
32) 좋은벗들, 앞의 책, 132쪽 ; 북한여성들이 식량난을 겪으면서 결혼을 기피하는 이유를 설명해 놓은 내용이 재미있다. 그 내용을 인용해 보면 다음과 같다: "여자들 같은 경우 제 혼자 벌어서 먹고살기에는 그나마 괜찮은데 남자까지 거두자면 힘들다. 그래서 여자들이 결혼을 잘 안 하려고 하니 30살이 넘은 남자들이 많다."
33) 리성식, '행복의 방아,' 『조선문학』 1998년 1월호, 61쪽.
34) 2000년 12월, 30대 남성 북한이탈주민의 증언.
35) 김정미, 앞의 책, 24쪽.
36) 좋은벗들, 앞의 책, 47쪽.
37) 김정미, 앞의 책, 32쪽.
38) 좋은벗들, 앞의 책, 50~51쪽.
39) 북한이탈주민들은 공통적으로 여자가 당원이 된다는 것은 남자에 비해 훨씬 어려운 일이라는 인식을 갖고 있었다. 게다가 당원이 되려면 자신이 속한 단위의 당 세포비서의 추천이 절대적인 만큼 여성들이 이런 유혹을 뿌리치기 쉽지 않으며 또 여성이 거절한다고 해서 상대방 남자가 쉽게 포기하지 않는 경우가 많다는 것이다.
40) 좋은벗들, 앞의 책, 133쪽 ; 이 글에서는 북한여성들의 혼전 성관계 경험이 보편화되어 있다는 점을 이야기하면서 "새 것을 찾겠으면 탁아소에나 가보라"는 말을 소개해 놓았다.
41) 김승철, 앞의 책, 64~65쪽.
42) 매춘과 성폭력, 성희롱과 아울러 성적인 농담을 보편적으로 사용하는 북한남성의 태도를 어떻게 볼 것인가 하는 문제도 함께 논의해야 할 필요가 있다. 일반적으로 북한남성은 소위 "걸쭉한" 농담이야말로 자신의 남성성을 잘 나타내는 도구로 인식하는 경향이 강한 것으로 나타난다. 한편 북한여성들은 성적인 농담을 들을 때 불쾌하더라도 내색하지 않거나 부끄러워하면서 피하는 것이 "여성다운 태도"라고 인식하고 있었다. 이와 같은 태도로 미루어 이른바 남남북녀 南男北女가 만나는 경우보다 남녀북남 南女北男이 만났을 때 갈등의 소지가 더 클 것으로 짐작된다.
43) 《로동신문》 1999년 6월 11일자, 제4면 '참된 삶이 꽃펴난 보금자리: 선봉군

부포리에서 사는 전쟁로병인 일본인 서송만 녀성의 생활에서'
44) ≪로동신문≫ 1999년 3월 8일자, 제6면, '언제면 차별이 끝나겠는가'
45) ≪로동신문≫ 1999년 3월 8일자, 제6면, '더 이상 모욕당할 수 없다'
46) 통일부 정보분석국 자료, 2001.

<참고문헌>

1. 북한문헌

김은옥, 『단발머리』 (평양: 문예출판사, 1991).
로정법, 『바다는 내 사랑』 (평양: 문학예술종합출판사, 1993).
리성식, '행복의 방아,' 『조선문학』 1998년 1월호.
사회과학원 언어학연구소, 『조선말 대사전』 제2권 (평양: 사회과학출판사, 1992)
≪로동신문≫ 2000년 3월 8일 제4면, "강성대국 건설에 적극 이바지하는 조선녀성들의 긍지, 당의 참된 딸로 사는 행복"
≪로동신문≫ 1999년 6월 11일자, 제4면 '참된 삶이 꽃펴난 보금자리: 선봉군 부포리에서 사는 전쟁로병인 일본인 서송만 녀성의 생활에서'
≪로동신문≫ 1999년 3월 8일자, 제6면, '언제면 차별이 끝나겠는가'
≪로동신문≫ 1999년 3월 8일자, 제6면, '더 이상 모욕당할 수 없다'

2. 남한문헌

김승철, 『북한동포들의 생활문화양식과 마지막 희망』 (서울: 자료원. 2000).
김정미, "탈북여성의 정체성 변화에 관한 연구" (이화여대 대학원 석사학위논문, 1999).
민족통일연구원 1998년 3월 "북한실상 및 주민들의 정치적 태도 변화에 대한 귀순자 면담결과보고"
민족통일연구원 1998년 8월 "북한실상 및 주민들의 정치적 태도 변화에 대한 귀순자 면담결과보고"
민족통일연구원 1998년 9월 "북한실상 및 주민들의 정치적 태도 변화에 대한 귀순자 면담결과보고"
박현선, "현대 북한의 가족제도에 관한 연구: 가족의 사회적 재생산과 가족제도의 관계를 중심으로" (이화여대 대학원 박사학위논문, 1998).
박혜란, '남북한 생활문화와 삶의 질,' 이배용 편, 『통일을 대비한 남북한 여성의 삶의 비교』 (서울: 이화여자대학교, 1997).
윤미량, 『북한의 여성정책』 (서울: 한울, 1991).
좋은벗들, 『북한사람들이 말하는 북한 이야기』 (서울: 정토출판, 2000).
통일부 정보분석국 자료, 2001.
최주활, "여성이 북한을 먹여살린다," 『북조선입구 I』 (서울: 지식공작소, 2000).
『신동아』 1999년 6월호.

인터넷 자료. http://www.unikorea.go.kr
인터넷 자료. http://columnist.org/ysi/d/fem.htm
인터넷 자료. http://women.or.kr/unification/policy/wlaw01.html
인터넷 자료. http://root.re.kr/root/root-report-1.htm

제3부
경제난 이후 북한의 여성과 가족

박현선 북한 경제개혁 이후 가족과 여성생활의 변화
임순희 식량난이 북한여성에게 미친 영향
이미경 경제난이후 북한여성의 삶과 의식변화와 한계:
       탈북 여성과의 심층면접을 중심으로
김귀옥 한반도 경제공동체 형성과 여성의 역할:
       남북경협을 중심으로

북한 경제개혁 이후 가족과 여성생활의 변화

박 현 선

1. 서 론

　북한 역사상 가장 힘들었던 1990년대 중반의 '고난의 행군' 시기에 국가의 공백을 가족 스스로 책임질 수밖에 없었다. 이러한 상황에서 가족의 생계는 여성에 의해 보장되었다. 식량배급이 중단되고 공장이 멈춘 상태에서 여성들이 식량을 구하고 사경제활동으로 돈을 벌어 가족을 부양한 것이다. 1999년 경제성장률이 플러스로 전환하고 3년 연속 플러스 성장을 거두자, 북한은 경제회복을 위해 2002년 7월 「7·1경제관리개선조치」(이후 7·1조치라 칭함)를 발표하고 본격적인 경제개혁에 돌입하였다. 물가와 임금 인상, 인센티브제 도입, 배급제 폐지 등을 골자로 한 7·1조치는 북한 스스로 1946년 토지개혁에 해당하는 사회 경제적 파장을 내포한다고 설명할 정도로 북한의 전면적인 경제개혁의 방향을 제시하고 있다. 이어 북한은 2002년 9월「금강산관광지구」,「개성공업지구」를 지정하여 '개방지역'을 확대하고, 2003년 3월 종합시장 도입, 개인의 서비스업 허용 등의 '상업개혁'을 실시하고, 2004년 1월 가족단위 영농과 기업개혁 조치를 시범 실시하는 등 추가 경제개혁 조치를 시행하였다.

이같은 경제개혁에서 지켜지는 경제운영 방침은 '신사고'와 '실리' 등의 개혁논리의 강조이다. 김정일은 '낡은 틀과 재래식 방식에서 벗어나 새로운 관점', 즉 신사고적 관점에서 문제를 인식하고 실천하여 혁신을 이룩할 것과 '사회주의 원칙을 고수하면서 최대의 실리를 획득'하는 사회주의적 실리주의 아래 개혁을 성취해 낼 것을 요구하고 있다. 이중 실리주의는 경제개혁의 기본원칙으로 작용한다. 실리주의는 경제개혁 뿐 아니라 정치, 사회, 가족 등의 사회제도 전반을 개혁하는 기본원칙이기도 하다. 현재 북한은 실리주의 원칙 아래 경제개혁을 시작으로 사회 전반을 혁신(evolution)하여 실리사회주의를 실현하는 것을 목표로 삼고 있다.

사회 전반의 실리주의적 개혁은 비효율성을 배척한다는 명분 아래 배급제, 사회보장서비스를 축소함으로써 국가의 부담을 줄이고 개인의 책임은 높이는 방향으로 진행되고 있다. 더욱이 7·1조치 이후 물자부족에 의한 초인플레이션(Hyper-Inflation)이 발생하여 주민들의 생활비 부담은 더욱 가중되고 있다. 따라서 경제개혁이나 사회 전반의 개혁은 효율성을 높여 생산성의 확대와 국가경쟁력을 높일 수 있지만, 그 개혁과정에 적응하지 못하는 계층을 양산할 수 있는 것이다. 다시말해 생산성을 높여 인센티브제의 혜택을 받아 높은 임금을 받고, 시장에서의 사경제활동, 즉 장사로 많은 돈을 벌 수 있는 사람들은 '신흥 부자'가 되지만, 그렇지 못한 사람들은 국가로부터의 혜택도 줄어들어 더욱 빈곤의 나락에 빠져들게 된다. 사회주의 북한에서 빈부격차라는 자본주의적 병리현상이 심화되고 있는 것이다.
 더욱 문제인 것은 개인부담의 증가가 고스란히 가족, 그 중에서도 여성의 부담으로 전가되는 것이다. 국가 위기였던 경제난 속에서 가족을 부양했던 여성들이 경제가 회복기에 들어 더 잘살아보자는 경제개혁을 하는 시기에도 가족을 책임져야만 한다. 현재 북한의 경제개혁과 사회개혁은 여성의 가족 부양책임을 강화하는 확대하는 방향으로 진행되고 있는 것이다. 과거 경제난의 시기에는 배급제, 사회보장제라는 제도가 변한 것이 아니라, 국가의 총체적 위기라는 여건상 그 제도의 운용이 원활하지 못한 '현실' 때문에 가족의 생존문제가 제기되고, 이를 해결하기 위해 여성들이 앞장서서 가족의 기본 생계를 보장하였다. 이제 경제개혁 시기에는 배급제, 사회보장제가 축소되어 제도 자체가 변화되었고, 변화된 '제도'가 생활비 부담이라는 문제를 발생시켜, 여성들의 가족 부양의 역할을 다시 요구하는 것이다.
 여기서 현재 진행되는 북한의 경제개혁에 대해 다음과 같은 문제제기를 할 수밖에 없다. 실리주의를 표방하는 북한의 경제개혁이 효율성 제고와 국가 경쟁력 확대를 추구하고 있으나 과연 가족과 여성의 삶의 질을 향상에 관심과 긍정적 역할을 수행하고 있는가에 관한 문제이다.
 따라서 본 연구는 경제개혁이라는 새로운 북한사회의 구조적 변화가 가족과 여성에게 어떤 조건을 제공하며, 이에 따라 가족과 여성의 행위적 대응은 어떻게 달라지는가를 분석함으로써 경제개혁과 가족 및 여성의 관계를 설정하는 것을 그 목적으로 한다.
 본 연구는 이를 위해 구조적 관점과 행위적 관점의 연계(macro-micro linkage)를[1] 통한 구조와 행위 분석을 이론적 분석틀로 삼는다. 구조적 접근은 북한의 사회경제적 상황이라는 구조적 조건이 가족과 여성에 미치는 영향을 분석하는 것이다. 행위적 접근은 구조적 조건에 대응하여 가족과 여성이 변화의 과정에 능동적으로 작용하는 과정을 분석하는 것이다. 구조와 행위 분석이란 가족과 여성이 구조적인 변화 압력에 대응하여 가족과 여성의 이익을 확대하는 행위양식의 분석을 의미한다.

다음 2장은 구조적 조건에 해당하는 장으로 북한이 어떠한 경제적 조건에서 어떤 목적으로 경제개혁을 추진했는가에 관한 내용을 기술한다. 3장은 구조적 변화 요인을 분석하는 것으로 주로 경제개혁의 주요 내용인 임금과 물가의 인상, 배급제의 축소 등의 구체적 내용을 파악한다. 4장은 구조적인 문제가 발생한 상황에 대한 분석으로 경제개혁이 생활비의 급격한 증가와 함께 가족 및 여성의 부담을 강화시키고 있는 문제점을 분석한다. 5장은 행위적 위기 대응에 관한 장으로 가족의 강화와 여성 역할의 확대에 초점이 맞춰진다.

2. 경제현황과 경제개혁

1) 고난의 행군 시기 이후의 경제현황

북한 경제는 1998년 헌법 개정과 2002년 7·1조치, 2003년 인민생활공채 발행 등의 제도개혁에도 불구하고, 자원 고갈과 기반 시설 부족으로 자체적인 성장 잠재력 확충에 한계를 보이고 있다. 북한은 1993년에 나진·선봉 등 특구 개방을 통한 외자 유치를 추구했지만 별다른 실적을 거두지 못했다. 북한은 자력갱생이라는 경제발전 전략의 한계를 인식하여 외자 유치를 통해 빈곤의 함정(poverty trap)에서의 탈출을 시도했지만 북미관계 악화와 나진·선봉지대 및 신의주 특별행정구 개발 지연 등으로 인해 서방국의 외자 유치에 차질을 빚었다.

한국의 공식통계인 한국은행 발표에[2] 따르면 2003년 북한경제는 실질 GDP 기준으로 1.8% 성장하여 1999년부터 적게나마 5년 연속 플러스 성장세를 지속하였는데 구체적인 북한의 경제성장률 추이를 정리하면 다음 <표 1>과 같다.

<표 1> 북한의 경제성장률 추이   (단위: %)

연 도	1990	1991	1992	1993	1994	1995	1996	1997	1998	1999	2000	2001	2002	2003
성장률	-3.7	-3.5	-6.0	-4.2	-2.1	-4.1	-3.6	-6.3	-1.1	6.2	1.3	3.7	1.2	1.8

출처: 한국은행, 『각 년도 북한 GDP 추정결과』 (2004).

최근 북한경제가 일단 최악의 상황은 벗어났다고 할 수 있다. 연속 플러스 성장을 지속하고 있는 것은 북한경제 회복의 긍정적 신호가 된다. 지난 1995년 이래 제기된 북한경제 붕괴에 의한 경착륙 논쟁은 일단 수면 밑으로 가라앉았다. 오히려 일부에서는 강성대국론3)에 의한 정권의 안정성으로 앞으로 20~30년간은 북한정권이 지속될 것이라는 주장까지 나오고 있다.4) 이와 더불어 북한이 예산집행결과를 공개한 1999년 이후 처음으로 2002년 수입 면에서 계획 목표를 초과 달성하는 양태를 보였다.5)

그러나 '북한경제가 경제난 이전인 80년대 수준으로 완전히 회복되었는가'라는 질문에 대한 답은 여전히 불투명하다. 예산 규모는 2002년 기준으로 221억 7,379만원에 불과하여 달러 기준으로 100.3억 달러(1달러 당 2.21 북한 원) 선에 그치고 있다. 이와 같은 규모는 지난 1994년에 비해 대략 절반 수준으로 축소된 것으로 사실상 초긴축 예산을 편성한 것이다. 결국 현재 북한경제의 수준은 1990년대 중반의 절반 수준에 머무르고 있다.6) 이에 따라 북한은 경제회복 추세가 불투명하고 불안정하기 때문에 지난 1993년 이후 새로운 경제개발계획을 발표하지 못하고 있다.7) 섣부른 경제계획 입안은 향후 계획이 달성되지 못하였을 때 실무자들의 책임이 우려되어 쉽게 경제계획을 제안할 수 없는 상황이다.

북한은 3난(식량난, 에너지난, 외화난)을 해결하기 위하여 곡물생산과 산업생산의 필수적인 전력생산에 총력을 기울이고 있으며 원유도입에 주력하고 있다. 2004년의 경우 2003년보다 작황은 다소 개선된 수준이다. 2004년에도 425만톤이 생산되어 수요량 639만톤에는 214만톤이 부족하다.[8] 유상수입과 무상지원을 합한 북한의 연평균 곡물 도입량 121만톤을 감안할 때, 2004년에도 100만톤 내외가 부족한 형편이다. 따라서 곡물 생산은 4년간 회복세를 이어갔으나 여전히 국내 최소 식량수요에 못 미치면서 외부의 식량지원이 필요한 상황이다.[9]

2) 경제개혁 조치의 기본 방향과 의미

북한은 2002년 7월 7·1경제관리개선조치, 11월 개성공업지구와 금강산특구 지정, 2003년 3월 인민생활공채, 2004년 개성공단지구법 하위 규정 발표 등을 통해 경제 활성화를 도모하고 있다. 7·1조치는 북한 경제개혁의 근간을 이룬다. 2004년 들어 북한의 기관지인 노동신문과 민주조선 사설 등에 나타난 경제정책들은 강성대국 건설을 목표로 실리보상의 경제관리, 과학기술 및 기술개건에 대한 강조, 종자론, 나님의 봉화 등의 경제정책과 농업생산의 확대,[10] 전력부문, 채취산업, 철도부문 등 선행부문의 정상화를 독려하고 있다.

현재 북한이 추진하는 7·1조치의 기본 방향은 사회주의 기본 틀인 국가계획경제에 실리보장의 원칙을 접목시키는 것이다. 경제관리개선조치는 실리보장 원칙을 적용하기 위해 세 가지 방향에서 추진된다. 첫째, 모든 생산물을 '제 가치대로 계산'해야 실리를 보장할 수 있다는 전제하에 임금과 가격의 현실화를 추진하며, 둘째, 공장·기업소에서 시행하고 있는 독립채산제에 대한 평가를 '번 수입에 의한 평가'라는 실적 위주 방식으로 전환하고, 셋째, 분배에 있어서는 '많은 일을 하고 많이 번 사람에게는 많이 분배하고 적게 일하고 적게 번 사람에게는 적게 분배 한다'는 성과분배의 원칙을 적용하는 것이다.[11] 이런 원칙 아래 임금과 물가의 인상, 인센티브제 도입 등이 추진되었다. 7·1조치의 일차적 목적은 국영 부문과 사경제 부문간의 가격 차이를 줄여 사경제부문, 즉 암시장의 확대를 막고 주민들의 생필품 부족 문제를 해결하는데 있다. 이러한 문제점을 해결함으로써 7·1조치는 최종 목적인 계획경제 시스템의 정상화를 추구하는 것이다.

그러나 배급제 축소, 기업의 책임경영제 실시, 성과급 제도의 도입, 가족분조제의 확대 등의 조치는 기존의 경제관리 방식과는 차원이 다른 정책으로서 계획경제의 근간을 흔들 수 있는 개혁적 조처로 볼 수 있다.

북한은 주민들에게 소비재를 공급하는 과정에서 국정가격으로 공급되는 국영상점에서는 물자공급이 원활히 이루어지지 않아, 시장의 필요성을 절감한다. 2003년 3월에는 농민시장을 종합시장으로 전환시킨다. 종합시장은 과거 10일에 한번 열리던 장마당과 달리 연중 개장되며 지붕이 있는 상설시장으로 통일거리, 광복거리, 문수거리, 대성거리, 평천거리 등 평양시내에 11개 외에 전국적으로 300여개[12] 간설을 목표로 하고 있다. 북한 당국은 종합시장이 북한 전역에 조성되고 있으며 시장 운영에 관한 경험이 없기 때문에 외국으로부터 최대한의 협조를 구할 계획이라고까지 밝혔다. 또한 북한은 통제·운영할 '종합시장'에 개인 판매대를 허용함으로써 그 동안 기관이 운영했던 유통시장에 개인 진출이 가능하게 되었다. 이로써 국가 몰래 장마당에서 물자를 거래하던 관행은 평양에서 사라지고 있다. 그러나 개인이 매대를 운영하기 위해서는 합법적으로 수입, 물품을 생산·유통해야 함으로써 어느 정도는 사경제를 통제하는 수단으로 작용할 것이다. 이는 국영상점들이 주민들에게 물자를 공급하는데 한계가 있다는 것을 인정하여 국영상점과 종합시장을 부분적으로 병행 운영함으로써 사회주의 국가 내에 시장경제와 사회주의 계획경제를 부분적으로 공존시키는 정책이라 할 수 있다.

북한에서는 7·1조치 이후 급격한 물가상승과 임금인상으로 인한 통화량 급증과 공급물자 부족으로 인플레이션이 발생하였다. 배급식량이 대폭 축소됨에 따라 암시장 쌀가격은 4배 이상 급등하였고 상승세는 급속히 진행되고 있다. 이에 따라 북한 당국은 2002년 10월과 11월에 2~3억달러 상당의 물자를 중국으로부터 수입함으로써 인플레이션을 억제하려고 했다. 그러나 핵문제가 발생하면서 그 이후 수요보다 공급물량이 매우 적어 일부 품목의 경우 3~4배 이상 가격이 폭등하는 초인플레이션이 발생하였다. 그러나 이런 인플레이션을 7·1조치의 폐해로 봐야 하는가 혹은 의도적으로 북한당국이 인플레이션을 일으켜 사경제를 통제하기 위한 것으로 해석해야 하는가에 대한 논쟁이 있을 수 있다. 인플레이션은 경제현상에서 부정적 측면이 강하지만 사회주의를 개혁하는 과정에서 발생하는 인플레이션은 상대가격 변화를 통해 시장개혁이 일어나고 있음을 시사하는 것으로 일부 긍정적인 측면으로 볼 수 있을 것이다. 다시말해 사회주의 국가에서 인플레이션이 발생한다는 것은 정부가 물가통제를 포기하였다는 것을 의미하며, 이러한 조건에서 인플레이션은 물가가 작동한다는 것을 보여주는 것으로 곧 시장경제가 작동하고 있다는 것이다. 의도한 인플레이션이었건 아니면 7·1조치의 폐단이었던 간에 북한은 농민시장을 종합시장으로 바꾼 이후 시장의 활성화와 인민생활공채를 통해 인플레이션을 억제하고자 한다. 향후 북한 당국이 물자의 공급을 증가시켜 과도한 인플레이션을 통제하여 근로자들의 근로의욕을 고취시킬 수 있다면 북한경제는 회복 국면으로 들어가는 청신호를 맞을 것이다.

3) 경제개혁 조치 평가

7·1조치를 중심으로 한 북한경제 변화를 파악하는 관점에 따라 그

해석도 상이하여 크게 시장지향적 '개혁·개방'으로 평가하는 입장과 계획관리의 효율성 제고 등 '개선조치'로 평가하는 입장으로 구분된다. 다시말해 본격적인 시장개혁을 위한 신호탄인지 아니면 사회주의 효율성 제고를 위한 일시적인 과도기 조치인가를 놓고 논쟁을 하는 것이다.

경제관리방식의 변화를 해석하는 관점은 시장경제체제로의 이행인 동유럽형, 시장경제체제로의 전환인 동아시아형, 북한식이며 제3의 길인 쿠바형으로 나눌 수 있다. 이 경우 동유럽형은 북한체제의 붕괴를 전제로 하며, 동아시아형과 쿠바형은 북한체제의 유지를 전제로 한다. 북한은 당연히 자신들의 체제도 유지하면서 경제회복도 추진하는 쿠바형 모델을 모색하고 있다.13)

과거 사회주의 국가의 체제전환 과정을 비교 분석할 경우 전통사회주의, 개량사회주의, 시장사회주의 및 사회주의 체제전환의 네 가지로 구분할 수 있다. 중국은 1977년 전통사회주의를 종식하고 1978년 등소평의 개혁으로 개량사회주의에 진입했다. 이어 중국은 1984년부터 경제특구 등 본격적인 개혁·개방정책으로 시장사회주의로 이행하였고 상업은행 설립, 증권거래소 설립 등 모든 시장경제조치를 도입한 1993년부터는 사회주의체제를 전환하였다고 평가된다. 북한의 경우 정권수립부터 2001년까지를 전통사회주의로 구분하고 2002년 7월의 7·1조치를 기점으로 개량사회주의로 들어섰다고 볼 수 있다.14) 이는 7·1조치에 의해 물가를 개혁하는 가격개혁이 일어났기 때문이다. 개혁의 내용과 본질은 북한의 현행 계획경제 체제에 시장 경제적 요소를 접목하는 형태가 될 것은 틀림없다.

북한에서 시장경제로의 대규모 경제개혁이 일어나고 있다고 주장하기엔 아직 미흡하다. 현재는 '가격개혁(Price Reform) → 소유제개혁(Ownership) → 정치개혁(Political Reform)'이라는 전형적인 사회주의 개혁과정에서 가격개혁이라는 초기단계라고 볼 수 있다. 다만 변화의 징후가 포착되기 시작했으며 시장경제 메커니즘 일부가 주민들의 경제생활 속에 파고들기 시작한 것은 분명하다. 김정일 정권은 2003년 초부터 정권 수립 55주년의 의미를 강조하면서 정치·경제·사회 등 각 분야에서 최대한의 성과를 강조하고 있다. 이에 따라 경제 각 부분에 실리주의 분위기가 만연되고 있으나 성과는 희망하는 만큼 나타나지 않고 있다. 이는 경제개발의 2대 요소인 자본과 노동 중에서 7·1조치로 노동력 동원에는 성공하였으나 자본조달에 성공하지 못했기 때문이다.

그러나 이러한 정치·경제·사회 각 분야에 영향을 미치는 실리주의 원칙은 사회주의의 비효율성을 쇄신하여 최대의 성과를 추구하지만, 주민들의 실제 생활에서는 실리주의가 개인의 부담을 강조하고, 이를 감당하지 못하는 사람들에게는 빈곤을 강요하는 결과를 초래하는 것이다.

이상의 7·1조치를 중심으로 한 북한의 경제개혁이 가족과 여성에게 어떤 구조적 요인으로 작용하고 있는가를 7·1조치의 핵심 내용인 임금, 물가, 배급제를 중심으로 살펴보면 다음과 같다.

3. 구조적 변화 요인: 임금 및 물가인상, 배급제 축소

1) 차등적 임금인상과 여성 관련 직종임금

북한 당국은 7·1조치를 통해 임금을 평균 18~25배 정도 인상하였다. 임금인상의 원칙은 첫째, 평균 18~25배에 달하는 물가 인상에 따른 생활비를 보전하는 것이다. 둘째, 임금을 차등 인상하여 분배의 평균주의 원칙에서 오는 모순을 제거하는 것이다. 셋째, 식량과 소비품 가격,

집세 등을 인상하여 배급제도를 사실상 폐지하고 이를 보상하는 차원에서 임금을 인상하여 가계의 경제적 자립을 유도하는 것이다.15)

이러한 원칙 아래 가구당 부부가 일한다는 것을 가정하고 노동자와 사무원의 월 임금을 평균 2,000원 정도로 기준 삼았고, 28개 부문 337개 직종의16) 노동자 평균임금을 월 1,888원 수준으로 인상하였다. 이는 북한 공식환율(1달러=150원)로 계산할 때 13달러 수준에 불과하다.

임금인상은 직종별로 차등적으로 이뤄졌는데 산업별로 볼 때, 중화학공업이 2,329원으로 가장 높고 그 다음이 농림수산업 2,161원, 서비스업 1,676원, 경공업 1,623원의 순으로 나타나고 있는데 이를 정리하면 다음 <표 2>와 같다.

<표 2> 북한의 산업별 평균임금 수준   (단위: 북한 원)

구 분	중화학공업	농림수산업	서비스업	경공업	전 체
평균임금	2,329	2,161	1,676	1,623	1,888

출처: 한국무역협회 회원사업본부 남북교역팀, 『북한의 임금 구조와 시사점』 (2003), 2쪽.

업종별로는 석탄공업 3,026원, 광업 2,870원, 금속공업 2,517원으로 상위 3위를 차지한 반면 급양給養17) 1,300원, 양정糧政 1,308원, 상업 1,321원은 가장 낮은 임금을 기록하였다. 하위를 기록한 업종은 모두 서비스업 분야이다.

여성문제와 관련하여 주목할 것은 경공업과 서비스업 분야의 평균임금이 가장 낮다는 것이다. 경공업노동자중 여성이 차지하는 비중은 70%에 이르고, 서비스업 중 상업, 급양 종사자 대부분이 여성이라 할 정도로 두 분야는 여성의 경제적 지위와 밀접한 관련을 갖는다는 것이다.

먼저 경공업의 평균임금은 1,623원으로 전 업종 가운데 가장 낮은 수준이며 전체 평균의 86%에 불과하다는 것이다. 경공업에서 옷감생산부문이 가장 높게 나타났으며, 음료와 가죽제품 생산 부문은 최하위를 점하였는데 이는 다음 <표 3>과 같다.

<표 3> 북한의 경공업 주요 부문별 평균임금 수준 (단위: 북한 원)

	옷감생산	신 발	기초식품	가죽제품	음료생산	전 체
평균임금	2,055	1,583	1,548	1,400	1,373	1,623

출처: 한국무역협회 회원사업본부 남북교역팀, 『북한의 임금 구조와 시사점』(2003), 3쪽.

경공업의 평균임금이 이처럼 낮은 이유는 북한이 중화학공업 우대정책을 수행하기 때문이다. 앞으로도 북한은 소비재 산업의 회복보다 중공업 육성에 경제정책의 초점을 맞춰 나갈 것이다.[18] 북한은 동일노동 동일임금, 남녀간 임금격차 없는 동일임금 지급의 원칙을 지키고 있지만 직종별 임금 격차로 인한 남녀간 임금 차이가 구조적으로 발생하고 있는 것이다. 경공업노동자의 평균임금은 중공업노동자의 69.7%에 불과하다. 7·1조치 이전 1998년 기준으로 경공업노동자의 평균임금이 중공업노동자의 64%였던 점을 감안하면, 그 격차가 5.7% 감소하였지만, 여전히 구조적으로 여성들은 남성보다 낮은 임금을 받을 수밖에 없다.

다음으로 서비스업의 경우 평균임금은 1,676원으로 전 업종 평균임금의 89% 수준에 그치고 있다. 전력부문이 2,388원으로 가장 높게 나타났으며 그 다음이 해운과 철도운송 부문이 차지하였지만, 상업이나 급양, 문화[19] 등의 단순 서비스부문은 1,300원대에 불과하다. 이를 구체적으로 제시하면 다음 <표 4>와 같다.

<표 4> 북한의 서비스업 주요 부문별 평균임금 수준 (단위: 북한 원)

구 분	전 력	해 운	철도운송	자동차운수	문 화	상 업	급 양	전 체
평균임금	2,388	2,370	1,980	1,805	1,515	1,321	1,300	1,676

출처: 한국무역협회 회원사업본부 남북교역팀, 『북한의 임금 구조와 시사점』(2003), 3쪽.

이처럼 서비스업의 평균임금이 낮은 것은 이를 생산을 위한 육체노동이 아니라 단순업무로 인식하기 때문이다. 서비스업의 평균임금이 경공업보다 높지만, 여성들이 대부분을 차지하는 상업과 급양은 전체 337개 직종 중 335위와 337위를 나타내고 있다는 것을 감안하면, 여성의 참여가 많은 서비스업 분야의 평균임금 수준은 전체 산업 중 최하위임을 알 수 있다.

업종별 차이 외에, 같은 직종 내에서도 기능보유 여부와 기능수준에 따라 임금은 상당한 격차를 보이고 있다. 노동자의 숙련도를 무기능, 기능, 고급기능 등의 3단계로 구분하고 있는데, 고급기능 보유자의 경우 보통 기능보유자 보다 50% 정도를 더 받는다. 이러한 격차는 경제회복을 위해 기술습득을 강조할 수밖에 없는 북한 당국의 의지가 반명된 것이다. 고급기능전문가 및 기술직 중 여성의 비중이 35% 정도에 그치는 현실을 고려할 때, 기능별 차등 지급이 여성들의 평균임금이 더 낮아지는 요인이 될 것이다.

북한은 모성을 보호한다는 명목아래 힘이 덜 드는 분야라고 생각하는 경공업과 서비스업 등에 주로 여성들을 배치한다. 이러한 국가에 의한 직종분리현상과 아울러 여성들의 기술습득 비율이 낮기 때문에 동일노동 동일임금 원칙에도 불구하고 여성들의 경제적 지위가 남성에 비해 낮게 나타나고 있는 것이다.

그런데 임금과 관련하여, 2004년부터 임금의 상한선을 폐지하고 국가납부금 외의 나머지 이윤내에서 자체배분을 허용하는 등 기업이 임금을 결정하고 이를 지급하는 권한을 확대하여 물가상승에 따른 생계비를 보전하고 있다. 또한 임금수준이 물가수준에 맞춰 크게 인상되었지만, 실제 지급은 정상적으로 이뤄지지 않은 것으로 알려지고 있다. 탈북자들의 증언에 의하면 인상된 임금 중 일부만 받거나 임금대신 '약속증서'를 발급받는 경우도 있다고 한다.

2) 획일적 물가인상과 가족경제

7·1 조치를 시행자들은 기존의 상황, 즉 낮게 책정된 국정가격과 농민시장의 가격차를 이용하여 국가물자를 빼돌려 농민시장에 높은 가격에 판매하여 생산은 국가가 하면서도, 상품과 돈은 개인 손에 들어가 있는 상황을 비판하면서 국정가격 현실화의 필요성을 지적한다.[20]

7·1조치에 의한 국정가격 결정기준은 원가에 근거한 농민시장 가격이고, 원칙은 국가의 가격제정원칙 고수이다. 다시말해 북한 당국은 가격이 제품의 원가를 정확히 반영하고 상품유통과 화폐유통을 원만히 하기 위해 상품가격을 고정시키지 않고 능동적으로 계속 조절하겠다고 선언하였지만 국가의 가격제정원칙을 포기하지는 않았다는 것이다.[21] 이는 통상 사회주의 국가들이 체제전환을 시도할 때 '가격자유화(Price Reform)'가 핵심적인 개혁조치이나 북한은 국가가격제정 원칙을 견지함으로써 여타 동유럽 등 체제전환 국가들과 차이를 보이고 있다.[22]

'국가가격제정국'은 국정가격을 인상하기 위하여 전체 품목의 가격을 18~25배 인상하였다. 우선 농업 생산물의 가격을 조정하였다. 1960년 당시 북한 당국은 국가수매가격의 10분의 1가격으로 식량을 노동자, 사무원에게 공급하는 이중곡가제를 시행하였다.[23] 이와 같은 농산물의 저가격 정책은 40년 이상 북한당국의 핵심적인 경제관리 방법으로 지속되었으나, 정부의 양곡적자 부담은 늘어만 갔다. 이러한 경제상황에서 당국은 식량가격을 현실화하여 알곡 판매가격을 1kg당 8전에서 44원으로 550배 대폭 인상한다. 쌀의 농민수매 가격은 토지, 물, 비료 및 농민들의 노동력 등 생산원가를 계산한 결과 kg당 40원으로 종전의 kg당 82전보다 50배 인상하였다. 7·1조치 이전과 이후 농산물의 수매 및 판매가격의 변화를 비교하면 다음 <표 5>와 같다.

<표 5> 7·1 조치이후 농산물 수매 및 판매가격 변화 동향

구 분	인상 전		인상 후		인상 폭
쌀	수매가	82전/ kg	수매가	40원/ kg	50배
	판매가	8전/ kg	판매가	44원/ kg	550배
옥수수	수매가	60전/ kg	수매가	20원/ kg	33배
	판매가	6전/ kg	판매가	24원/ kg	400배
콩	판매가	8전/ kg	판매가	40원/ kg	500배
밀가루	판매가	6전/ kg	판매가	24원/ kg	400배

출처: ≪조선신보≫ 2002년 7월 26일자, 2002년 11월 북한현지 방문 조사 및 방북자 면접 조사.
남성욱, "2002년 북한의 임금과 물가인상에 따른 주민 생산·소비행태의 변화에 관한 연구," 『7·1경제관리개선조치의 평가와 향후 전망』, 고려대 북한학연구소 제4회 국제학술세미나 자료집 (2003.6.26), 24쪽.

아울러 공산품의 경우 운동화는 3.5원에서 180원으로 51배 인상하였고, 세숫비누는 2원에서 20원으로 10배 인상하였다. 연료의 경우, 석탄은 톤당 34원에서 1,500원으로 44배, 휘발유는 리터(ℓ)당 40원에서 2,800원으로 40배 인상하였다. 전력의 경우는 거의 무상 수준이었던 1kwh당 3.5전에서 2.1원으로 60배 인상하였다. 공공요금은 평양－청진간 철도 운임의 경우 17원에서 590원으로 36배, 시내버스와 지하철의 경우 10전에서 2원으로 각각 20배 인상하였다. 국정가격의 인상은 농민시장 가격을 현실화하는 것이지만 상품에 따라 인상폭에 차이가 난다. 식량은 쌀과 옥수수의 경우 수매가는 33~50배, 판매가는 400~550배 인상하였다. 안경, 세숫비누 등 비식료품은 평균 25~30배, 연료는 평균 40배, 공공요금은 20~35배 각각 인상하였다. 이상의 국정가격 인상 내용을 정리하면 다음 <표 6>와 같다.

<표 6> 7·1 조치이후 국정가격의 인상률

상품종류	품목	단위	조치이전 가격(A)	조치이후 가격(B)	인상폭 (B/A배)	종별 변화
육어류	닭고기	kg	18원	180원	10	12.2
	청어	kg	10원	100원	10	
	말린 명태	마리	10전	2원	20	
양념류	된장	kg	20전	17원	85	67
	간장	kg	20전	16원	80	
	콩기름	kg	4원	180원	45	
	조미료	kg	5원	300원	60	
	고추가루	kg	1.5원	100원	66	
주류	소주	1ℓ	50전	43원	85	78
	맥주	병	50전	50원	100	
	설탕	병	2원	100원	50	
공산품	남자 운동화	켤레	3.5원	180원	51	33
	세수비누	개	3원	20원	7	
	세탁비누	개	40전	15원	38	
	텔레비전	대	350원	6,000원	17	
	페니실린	개	40전	20원	50	
연료	석탄	톤	34원	1,500원	44	58
	전력	1kWh	3.5전	2.1원	60	
	디젤유	리터(ℓ)	40원	2,800원	40	
	휘발유	톤	922.86원	64,600원 (옥탄가 95)	70	
		리터(ℓ)	40원	2,800	70	
공공요금	철도여객	운임	17원	590원(평양↔청진)	36	27
	침대열차	운임	50	3,000 (평북평성↔함북남양)	60	
	시내버스	운임	10전	2원	20	
	지하철요금	1구간	10전	2원	20	
	전차요금	1회	10전	1원	10	
	유원지입장료		3원	50원	17	

출처: 북한내부 자료, 『로동자 생활비 표준표』, 2002년 10월 북한현지 조사.
남성욱, "2002년 북한의 임금과 물가인상에 따른 주민 생산·소비행태의 변화에 관한 연구,"『7·1경제관리개선조치의 평가와 향후 전망』, 고려대 북한학연구소 제4회 국제학술세미나 자료집 (2003.6.26), 25~26쪽.

식량과 소비품을 중심으로 한 물가인상은 곧바로 가족경제의 부담을 의미하는 것이고, 이는 곧 가족경제의 주체로서 살림을 책임지는 여성들에게 부담으로 작용한다. 또한 물가인상에 맞춰 임금이 인상되었다고는 하나, 임금은 차등 인상되고 물가는 일률적으로 인상됨으로써 임금인상의 혜택이 적은 여성들, 즉 노동의 생산성이 높지 못하거나 상대적으로 평균임금이 낮은 직종에 종사하는 여성들의 생활이 압박을 받을 수밖에 없다.

3) 배급제의 축소와 개인 부담

북한은 7·1조치 이후 배급제를 사실상 폐지하고 사회보장제도를 축소하는 방향으로 개혁을 진행하고 있다. 식량 및 소비품 가격을 인상하여 사실상 배급제도를 폐지하고 집세 등을 인상하여 사회복지를 축소하고, 이를 보상하는 차원에서 임금을 인상함으로써 가계의 경제적 자립을 유도한다는 것이 북한 당국의 의도이다.[24] 이제 북한 주민은 자신이 번 돈으로 식량부터 모든 생활에 필요한 물건을 사서 써야 하고, 돈을 지불하고 서비스를 받아야 한다. 의식주의 국가배급제 아래에서는 국가는 식량, 주택 등을 거의 무상에 가까운 초저가로 제공하였으나 7·1조치 이후 식량 및 집세와 공공요금을 대폭 인상함으로써 배급제가 사실상 무용화된 것이다.

따라서 식량의 경우 일반주민들은 기준량(700g/일)의 절반 이하(300g/일)를 공급받고 나머지 부족한 식량은 시장을 통해 자력으로 해결해야 한다. 그런데 외화수입이 있거나 해외에서 식량조달이 가능한 기관과 기업소 등은 종업원들에게 식량을 자체 공급하도록 조치하고 있다.[25] 이러한 배급제의 사실상의 폐지에도 불구하고 군대, 당·정 간부, 평양시민 등의 특수계층은 국가로부터 식량을 우선적으로 공급받는다.

또한 집세, 즉 '주택사용료'의 경우 7·1조치 이전에는 수입의 0.03% 정도에 불과하였으나 7·1조치 이후 1㎡ 당 월 2원으로 인상되어 60㎡ 의 주택에 거주하는 경우 약 78원을 지불하여, 수입의 2.0%(수입 4,000원 가정)를 차지한다. 공공요금 또한 20~25배 정도 인상되었다.

물론 북한은 공식적으로 배급제나 사회보장제의 축소나 폐지가 아니라고 주장하고 있다. 북한은 경제관리개선조치를 실시하더라도 "나라가 인민들의 생활을 책임적으로 돌보아 준다는 정책적 립장에는 조금도 변함이 없다"고 강조하면서 의료와 교육 등의 공적서비스는 지속할 것임을 분명히 밝히고 있다. ≪조선신보≫에서도 사회보장제가 완전히 없어지는 것이 아니라 무상치료제, 무료의무교육제, 사회보험제와 정휴양제, 영예군인 우대제 등의 '사회적 시책'들은 계속 시행할 방침이라고 보도하고 있다. 오히려 연금이나 생활보조금은 인상되었다고 주장하고 있다. 고아나 가족이 없는 노인들을 데려다 부양하는 세대들은 부양자 1명당 매월 300원 정도의 보조금을 더 받는다고 한다.[26]

그러나 2002년 7월 25일 평양에서 북한 외무성 제8국 서종식 부국장은 유럽국가 대표들을 상대로 한 설명회에서 30개 범주의 사회보장제도는 그대로 유지될 것임을 밝혔지만, 그 외의 분야에 대해서는 국가 의존도를 낮춰나갈 것임을 시사하였다.[27] 또한 2001년 10월의 경제관리개선지침에서 '무료의무교육제, 무상치료제 등 사회주의제도의 우월성을 보여주는 시책들도 일부 불합리한 것'으로 정리할 필요가 있다고 언급하였다. 이러한 사실들을 통해 앞으로 북한이 사회보장제도를 개편해 나갈 것임을 예상할 수 있다. 개편의 방향은 국가지원의 축소와 개인 및 가족 부담의 증가가 될 것이다. 이미 북한은 2002년 9월부터 학제를 개편하고 대학수학 기간을 4~6년으로 단축하고 교과과정을 개편하는 등 실리주의적 경향을 보이고 있다.[28]

이러한 변화가 사회보장정책의 후퇴인지 아니면 형태의 변화인지에 대해 북한은 "나라가 인민들의 생활을 돌본다는 측면에서 보면 같으나 그 형태가 달라진 것이다. … 국가가 근로자들에게 돌려주는 혜택의 범위를 조정한 것은 사회주의 분배원칙이 자기의 기능과 역량을 원만히 수행할 수 있도록 하기 위한 조치라고 볼 수 있다"29)고 하면서 이는 소통되는 돈의 액수만을 바꿨을 뿐 그 흐름까지 변화된 것은 아니라고 주장하고 있다. 기업소는 노동자의 임금을 올리고, 기업소는 임금 인상분 만큼 국가에 세금을 덜 내고, 국가는 노동자에 대한 제반 재정지출을 줄인다는 것이다. 이러한 논리에도 불구하고, 국가 복지지원의 축소로 평가되어야 할 것이다. 결국 일하지 않는, 혹은 일할 수 없는 노약자나 실업자의 생활기반이 흔들릴 소지가 더 높아지는 것이다.30)

분명한 것은 현재 진행 중인 경제개혁이 배급제나 사회보장제에서 국가의 역할을 축소하는 방향으로 간다는 것이다. 7·1조치 이전에 국가는 이중곡가제에 의해 주민들의 식량공급을 보조하는 데만 일년에 수십억원 이상을 지출하였다. 배급제의 축소와 함께 임금인상은 국가와 가계의 경제관계를 독립적으로 유도하여 국가 재정을 건전화한다는 목적을 갖고 있다. 국가가 더 이상 가계를 책임지지 않아도 되는 조건에서 국가가 기존의 정부보조 정책에서 벗어나 국고를 경제건설 등에 투입할 수 있다는 것이다. 결국 이러한 조치는 자본주의 국가의 정부역할 축소를 강조하는 '작은 정부론'과 유사하다고 할 수 있다.

이러한 추세와 함께 북한은 사회주의에 대한 개념 변화를 시도하고 있다.31) 과거 북한 주민들에게 사회주의는 곧 배급제를 의미하였는데, 배급제가 폐지됨으로서 사회주의를 '집단주의'로32) 정의함으로써 새로운 논리를 개발하고 있다.

결국 배급제, 사회보장제의 축소는 국가적 차원에서는 가격인상을 통하여 주민들의 의식주 공급의 책임자라는 부담에서 어느 정도 벗어날 수 있는 계기가 되었지만, 개인과 가족의 차원에서는 국가의 줄어든 부담을 고스란히 떠안게 되고, 그 부담의 최종 종착지는 바로 여성이다. 고난의 행군시기에 그러했듯이 여성들은 가족경제의 책임자로서 그 역할을 수행하기 때문이다.

4. 구조적 문제 발생: 생활비 증가, 여성 및 가족 부담 강화

1) 생활비 증가에 따른 여성 부담 증가

북한은 7·1조치로 인한 임금인상의 기본생활비 산출방식은 이전보다 생활수준이 높아지도록 책정하였다고 하나, 실제로 임금인상분 만큼 각종 소비품의 물가 역시 인상하였다. 따라서 7·1조치에 의한 임금인상은 극소수의 고급 노동자를 제외하고는 '삶의 질'을 향상시키지 못했기 때문에 외형적 인상이라 할 수 있다.[33]

앞의 2장의 경제개혁조치에서 살펴본 바와 같이 7·1조치 이후 장마당의 물가가 가파르게 올라 인플레이션이 확산되었다. 2002년 2월에 비해 2003년 3월에 가면 쌀가격은 4배 이상 급등하고 그 외 물가는 평균 2.5배 인상된다. 2004년 8월말 같은 시기에도 평양의 통일거리 시장의 '시장한도가격'[34]에 비해 공급상황이 원활하지 못한 함경북도 청진의 '장마당 물가'는 3~4배 정도 더 상승하였다. 각 시기별, 지역별 물가를 비교하면 다음 <표 7>과 같다.

<표 7> 평양 농민시장-평양 통일거리시장(시장한도가격)
－함북 청진 장마당 가격 비교   (단위: 북한 원)

구 분	2002.2 평양농민시장	2003.2 평양농민시장	2004.5 평양통일거리시장 (시장한도가격)	2004.8 평양통일거리시장 (시장한도가격)	2004.8 함북 청진 장마당
쌀(1kg)	48~55	130~150	240*	420(수입산)*	900
감자(kg)				60	
옥수수(1kg)	20~32	75~85	120	200	450~480
두부콩(1kg)	60~70	180~190	250	450	
식용유 (콩기름 1kg)	160~200	600~650	1,000	1,500	2,000
계란(닭알, 1알)	10~13	22~25	40	45	100
명태(1마리)	100	300~400	500		
돼지고기(1kg)	160~180	360~380	750	1,000	2,700
미원 (맛내기 453 g)	180~190	420~430	600	850	
설탕(1kg)	130~150	400~420	310	470	900
휘발유(1kg)	130~150	330~350	400~600		1,500~1,600
경유(1kg)	80~100	280~300	400~600		900
비누(450 g)	60~70	165~175	100 (빨래비누)		
담배류(외국산)	100~110	230~240	300		800(중국산)
담배류 (국산)	45~50	70~80	100		1,000 (고양이)
이발비용	5~10	15~20	25		
운동화	200	300~400	800		800
환율(1달러)	220	670(비공식)	138(공식)	1Euro:2,000	1,300 (비공식)

출처: 남성욱, "북한의 7·1 경제개혁의 비교사회주의적 함의와 향후 전망,"『국제지역학회 추계학술회의 발표논문집』국제지역학회 추계학술회의 (2004.10.30), 15쪽.
주: 2004년 가격은 필자의 2004년 5월24~29일간 평양 남포 방북시 현장조사와 도교신문 보도를 근거로 작성, 2002년, 2003년 가격은 탈북자 조사와 현지 방문 조사를 토대로 작성, 2004년 8월 가격은 일본의 환일본경제연구소 발행 'ERINA 정보' 9월호, 2004년 8월 가격은 탈북자 신문 '새동네' 2004년 9월 1일자. 2004년 8월 환율, 한국 1만원은 북한 원 1만1,815원. 실제 통일거리시장 상품가격은 북한산 쌀이 680원이었다.

결국 7·1조치 이후 전반적인 자재 공급부족과 시기적 수급 불균형 등으로 물가가 급등하는 초인플레이션이 발생하였다. 장마당의 물가는 수요공급 원리에 따라 수급사정에 의존하기 때문에 국영상점과 달리 시장의 공급 상황을 신속하게 반영한다. 현재 장마당에서 거래되는 원화의 비공식 환율(100달러=13만원)을 기준으로 환산한 북한 돈의 가치는 대략 남한 돈의 85% 수준으로 함북 청진의 장마당에서 1,000원에 팔리는 북한산 최고급 담배인 '고양이' 1갑은 남한 돈으로 850원 정도이다. 북한 장마당의 실거래 가격을 남한 화폐가치로 환산해보면 물가고의 수준을 짐작할 수 있다. 북한 장마당에서 거래되는 식용유 1kg의 가격을 남한 돈으로 환산하면 1,692원인데 이는 남한의 2,407원의 70% 수준이며, 1kg에 762원에 팔리는 설탕이 남한에서는 kg 당 950원에 거래되고 있다. 휘발유도 1kg에 1,270~1,320원으로 1,930원 수준인 남한과 큰 차이가 없으며, 쌀은 kg당 762원으로 남한 가격(2,390원)의 1/3 가격에 거래된다.[35]

북한에서 사무직 노동자의 임금이 2,000원이 안되는 점을 감안하면 부부가 맞벌이를 하여도 현재 임금만으로는 가족의 생필품조차 살 수 없는 초인플레이션이다. 이같은 초인플레이션 상황은 7·1조치 시행 당시 북한 당국이 4인 가족 1세대중 부부 2명이 노동에 종사한다는 전제 아래 생활비가 4,000원 정도 필요하다고 보고 1인당 임금을 2,000원 정도로 산정한 계산을 무색하게 만든다.[36]

구체적인 생활비 구성을 보면 다음과 같다. 먼저 식량비를 보면 7·1조치 이전에는 노동자와 사무원의 실질 생계비에서 차지하는 몫이 불과 3.5%에 지나지 않았지만, 7·1조치 이후 50[37]~60%[38] 정도를 차지할 정도로 증가하였다. 생활비의 절반 이상을 식량비에 지출한다는 것은 이른바 '엥겔지수'가 높다는 것을 의미하는 수준에서 나아가 아직도 단순 생계유지가 북한 가족의 당면 문제라는 것을 단적으로 보여주는 것이다.

다음으로 주거생활의 경우 북한의 주택보급율은 북한의 자료로는 70% 정도이지만 1990년대 중반의 '고난의 행군' 시기를 지나면서 56~63% 수준으로 떨어진 것으로 추정한다.[39] 새로운 주택수요가 연간 5~6만 가구에 이르는데 비해 연간 4만여 가구 정도가 건설되어 신혼부부의 경우 4~5년을 기다려야 주택배정을 받을 수 있다.[40] 국가에서 주택을 소유하고 개인에게 배정하면 개인은 사용권을 갖는 것이다.[41] 주택 규모는 직위와 계층에 따라 차별적인데, 일반주택의 가구당 거주면적은 8.7~11평 정도이다. 주민들은 '주택사용료'를 내는데 7·1조치 이전에는 수입의 0.03% 정도에 불과하였으나, 7·1조치 이후 2.0% 정도를 지불한다.

그 외에 전기세의 경우 1KW당 7·1조치 이전에 3.5전에서 7·1조치 이후 2.1원으로 60배 인상된다. 특기할 점은 북한 당국이 2004년 3월 9일 전기료 부과 기준이 되는 요금표를 최초로 만들었다는 점이다. 국가가격제정국이 2004년 3월 9일자로 발행한 전기요금 징수 관련 기밀문서에 따르면 가정용 전등의 경우 10W 기준 1개당 월 3원 80전, TV수상기는 월 45원으로 요금이 고정 부과된다. 가정용 전기난방요금은 종량제로 0.5KW 당 월 37원 50전으로 책정되었다.[42] 이러한 전기요금표는 그간 '인민반' 반장이 가정용 전기요금을 마음대로 징수하여 주민들의 불만이 많았던 것도 반영하고 있다.

실제 북한에서는 한달 총수입이 8,000~12,000원이 돼야 중산층으로 분류될 수 있고, 안정적으로 가계를 꾸릴 수 있다고 한다.[43] 2003년 ≪조선신보≫에 평야의 중산층 가정으로 소개된 평양시 인민위원회 도시경영국 최세화 부국장의 경우 그들 부부와 두 딸이 모두 직장생활을 하여 총 수입이 10,000원 정도인 것으로 소개되었다.

구체적으로 2003년 6월 평양의 중산층에 속하는 호텔봉사원 가족의 사례를 들면 다음과 같다. 이들 4인 가족의 수입은 10,000원, 지출은 8,000원에 달한다.[44] 57세의 아버지는 평양시 인민위원회 중간간부로 3,500원을, 53세에 평양시 도시시설관리소에 근무하는 어머니는 2,000원을 받으며, 26세의 호텔봉사원인 본인은 1,500원 기본금에 성과급 1,500원 정도를 받아 합 3,000원 정도의 수입이 있고,[45] 23세의 도서관 사서인 동생은 1,500원을 받는다. 이들 가족의 지출은 식량비 1,600원, 국영상점 생필품 구입비 2,000원, 시장 구입품 비용 3,000원, 아파트·전기사용료 400원, 기타 1,000~1,500원, 저축 1,500~2,000원 정도이다. 이들 가족은 식량구입에 수입의 16%를 지출하는데, 이는 북한 가족 일반의 식량 지출비인 50%에 비하면 적은 비중이다. 하지만 식량비(1,600원)와 국영상점 생필품 구입비(2,000원), 시장 구입품 비용(3,000원)를 다 합하면 6,600원으로 식량과 생필품 구입에 66% 이상을 쓰고 있다는 것을 알 수 있다.

이러한 사례는 결코 북한 주민 일반의 예가 아니다. 그것은 호텔봉사원 가족이 '혁명의 도시'이자 선택받은 주민들에게만 삶이 허락된 '평양'에 거주하고, 그것도 행정기관인 인민위원회의 중간간부가 세대주이고, 두 자녀가 모두 부양가족이 아니라 경제활동을 하며, 큰 딸은 인센티브제가 확실한 외국인 대상의 호텔봉사원이기 때문에 가능하다.

따라서 일반 북한 가족들은 10,000원의 수입을 올리기도 어렵고, 임금만으로 식량과 생필품 구입도 수월하지 않기에 10명중 9명은 생활비를 벌기 위해 사경제활동인 장사에 매달릴 수밖에 없는 것이다. 물론 장사의 주체는 여성임에 틀림없다.

2) 가족강화에 따른 보수화 현상

가족과 여성문제와 관련하여 북한이 실시한 경제개혁중 농업부문에서의 '가족단위 영농' 시범실시에 주목해야 한다. 2002년 7·1조치 이후 농업부문에서 분조관리제의 규모를 7~8명 정도로 축소하는 '가족분조제'를 계획하였고, 2002년 6월 1일 관련기관에 하달된 내부 문건에 의하면 2003년 1월에 전국적인 도입을 예고하였지만 실제 시행되지는 않았다. 그러다 2004년 1월에 가서 '집단영농 방식 완화 및 가족영농' 시범 실시를 결정하였다. 이에 따라 황해북도 수안과 함경북도 회령 등지의 일부 협동농장을 시범적으로 선정하여 분조를 가족단위(2~5가구)로 재편하고 농지를 할당하여 경작하도록 하였다.46)

중국이 1978년에서 1983년 개량사회주의 시기에 '농가생산책임제'를 실시하여 가족단위의 영농을 추진하였던 것과 같은 맥락이다. 비효율성 근절을 위해 영농규모를 축소하는, 다시말해 분조를 보다 작게 하는 조치를 취할 때, 가장 효율적인 단위로 고려된 것이 바로 가족인 것이다. 물론 2~5가구가 분조를 구성하기는 하지만 기본적으로 가족 단위가 고려된 점을 강조해야 할 것이다.

북한은 7·1조치 이전에 협동농장에서 가족 단위의 분배방식을 채택하였다. 협동농장에 가서 노동할 때는 개인 단위로 하지만, 연말분배는 가족의 '세대주'(가장)가 가족 구성원들의 노동점수를 합한 분배 몫을 받아 가족 단위로 수행된다. 도시에서 노동자, 사무원들에게 15일마다 배급되는 식량도 세대주 앞으로 나오는 것과 동일한 맥락이다.

이처럼 북한에서 이미 '분배'의 단위였던 가족이, 경제개혁 후에는 농업 '생산'의 단위로까지 확대 설정된 것이다. 이미 북한은 1990년 가족법을 제정하여 가족구성원의 부양의무를 가족에게 전가함으로써 가족의 책임을 강화하는 조치를 취하였다. 그 후에도 북한은 가족에서의 여성역할의 중요성을 강조하여 가족 책임자의 역할을 여성에게 부과하였다. 그 결과 초유의 경제난, 식량난에도 불구하고 여성의 노고에 의해 가족의 생계가 가능한 것이었다.

결국 북한은 본질상 가장 '보수적'인 성격을 띨 수밖에 없는 가족이라는 사회제도를 강조하고 강화함으로써 체제의 보전을 꾀하고 있다고 할 수 있다. 북한은 사회의 '세포'인 가족을 안전하게 확립할 때만이 유기체로서의 사회가 유지될 수 있다는 논리를 세우고 있는 것이다. 경제난을 이겨낸 힘도 사경제활동을 통해 생계를 보장한 힘도 가족에게서 나왔다는 사실을 이미 경험한 북한 당국은 이제 경제개혁을 추진하는 대변혁 속에서 가족을 보다 공고히 하고자 한다. 북한은 한편으로는 개인과 가족의 부담을 강화하면서도 다른 한편으로는 가족구조가 깨지지 않게, 그래서 가족을 유지하기 위해 가족구성원들이 치열하게 삶을 꾸려나갈 수 있게 가족 단위를 존중하고 있는 것이다. 가족은 어떠한 경우에도 해체될 수 없으며 가족은 그 어떤 것보다도 최우선한다는 가족주의의 발현이라고 할 수 있다. 이는 곧 생활비 압박이라는 구조적 문제에 직면하여 가족의 책임의식을 높이고 여성의 부양자 역할을 높이는 행위적 대응으로 연결된다.

5. 행위적 위기 대응: 가족책임제의 강화와 여성의 역할

경제개혁 이후 북한 주민들은 가족책임제를 더욱 강화하게 된다. 7·1조치를 비롯한 경제개혁은 임금을 인상한다는 측면에서는 가족생활을 안정시키는 정책이지만, 배급제의 사실상의 폐지라는 측면에서 가족 생활보장에 부정적 의미를 갖는다. 또한 인센티브제도에 의해 열심히 일한 사람에게 그만큼의 물질적 보상을 보장함으로써 놀고먹는 '건달군'을 허용하지 않는다는 것이다. 결국 경제관리개선조치는 가족의 생활수준이 가족성원의 노력 여하에 의해 결정되게 만드는 방책이다. 물론 1990년대 중반 이후 가족성원, 그 중에서도 여성들의 사경제활동에 의해 가족생활이 유지되었지만, 명목적으로는 국가의 가족생활 보장정책이 표방되어 왔다. 이제는 형식적으로도 가족의 생활수준이 국가에 의해 보장되는 것이 아니라, 가족성원에 의해 결정되는 것으로 변화된 것이다. 더욱이 7·1조치 이후 초인플레이션에 의한 생활비 부담은 공장·기업소에서 받는 임금만으로는 식량과 생필품의 구입조차도 어렵게 만들어 버렸다. 임금을 많이 받는 고급 노동자들은 사회주의경제활동 만으로도 충분히 생활이 가능해 졌지만[47] 이는 예외적인 경우이다.

이러한 상황에서 가족의 생계를 위한 사경제활동, 그 중에서도 여성들의 사경제활동이 증가한다. 식량과 소비품을 중심으로 한 물가인상은 곧바로 가족경제를 압박하며, 이는 가족경제의 주체로서 살림을 책임지는 여성의 부담이 되기 때문이다. 여성들은 가족 구성원의 입장에서뿐 아니라 노동자 개인의 입장에서도 생활의 압박을 받는다. 즉 물가인상에 맞춰 임금이 인상되었다고는 하나, 임금은 차등 인상되고 물가는 일률적으로 인상됨으로써 대부분 기술이 없거나 평균임금이 낮은 직종에 종사하는 여성들의 생활이 압박을 받을 수밖에 없다.

사경제활동이 증가함에 따라 여성들은 개인과 가족 차원에서 돈을 벌기 위해 고심하고, 북한 당국도 이를 긍정적으로 평가하기 시작하였다. 이는 당국이 '종합시장'에 개인판매대를 허용함으로써 그 동안 기관이 운영했던 유통시장에 개인 진출을 가능하게 한 것에서도 확인할 수 있다. 또한 당국은 자금력을 갖춘 주민들이 기관·기업소로부터 맥주집, 가라오케, 목욕탕, PC방 등을 임대 운영하거나 신규 개업이 가능하게 하여 개인의 서비스업을 허용하였다. 이러한 북한의 변화는 시장을 '통제의 대상이 아닌 상품유통의 일환'으로 인정하면서 '계획과 시장의 공존'을 모색하고 있는 정책으로 전환한 것을 의미한다.[48]

과거 북한에서 사경제활동은 때로는 단속과 처벌의 위험을 감수하면서 이뤄졌으나, 이제 사경제활동은 국가적 차원에서의 보장과 때로는 장려 속에 행해진다. 이는 과거 국가가 공급을 원활하게 해 줄 수 없는 경제난이라는 현실적 조건 때문에 어쩔 수 없이 사경제활동을 묵인해 주고 간혹 단속을 하는 형태로 통제한 것이라면, 이제는 국가가 사경제활동을 경제회복을 위한 적극적 기제로 인식하여 허용하는 여건이 마련된 상태에서 개인들은 보다 적극적인 사경제활동을 할 수 있는 것이다.

이상의 사경제활동의 증가로 주민들의 경제마인드가 변화하고 있다. 주민들의 노동 및 가족경영 등에 관한 의식이 실리적, 합리적으로 변하고 있다는 것이다. 물론 이러한 의식변화는 여성에게만 국한되는 것이 아니라 모든 주민들에게 적용되는 것이지만, 궁극적으로 가족경영의 주체이자 책임자로서의 여성들의 의식변화가 더 뚜렷하게 나타난다고 할 수 있다. 구체적으로 경제마인드의 변화를 살펴보면 다음과 같다. 먼저 임금에 있어 생산자 우대의 인센티브 제도는 공장과 기업소의 노동자, 사무원뿐 아니라 농민들을 더욱 열심히 일하게 만들고 있다. 생산성에 비례해 임금을 차등 지급하여 물질적 인센티브를 부여함으로써 기존의 사상적 보상제도에 익숙해 있던 노동윤리가 변화할 것이다. 다음으로 주민들의 경제에 대한 인식도 수정되고 있다. 과거 1990년대 중반에는 국가경제 시스템의 마비로 가족 자체로 생활을 유지하기 위해 사경제활동을 본격화하면서 사유재산이나 이윤에 대해 알아가기 시작했지만, 이제는 공적 영역의 시스템 자체가 인센티브 제도를 도입하도록 변화함으로써 이러한 제도에 맞춰 경제 인식 자체를 수정하고 있는 것이다. 공적, 사적으로 실리라는 문제를 자신의 생활과 결부하여 생각하게 되고, 자본주의적 마인드를 발전시키고 있는 것이다.

이러한 의식변화와 관련하여 가족경영에 대한 의식을 강화시키고 있다. 북한여성과 가족은 한편으로는 임금의 형태로 주어진 생활비를 효과적으로 운영하고, 다른 한편으로는 수입을 높이기 위한 노력을 경주해야만 한다. 한 달 한 달 생활비를 계산하고 그에 맞춰 소비를 조절하고, 생활을 유지 혹은 향상시키기 위해 직장에서는 실적을 올리고, 직장 밖에서는 사경제활동으로 수입을 올리는 노력을 다해야 하는 것이다.

6. 결 론

이상에서 북한의 경제개혁이 물가와 임금을 인상하고 배급제를 사실상 폐지함으로써 국가의 부담을 줄이는 방향으로 진행되었고, 이러한 구조적 변화는 여성과 가족의 생활비 부담과 책임 증가라는 구조적 문제를 초래하였고, 이에 가족책임제와 여성들의 사경제활동이 강화되는 행위적 대응 과정을 분석하였다. 구조와 행위분석이라는 측면에서 여성과 가족의 행위적 대응을 유인하는 구조적 변화에 더 많은 분석을 할애하였다.

현재 북한의 개혁은 개량사회주의의 가격개혁 단계에 있다. 경제개혁을 통해 농업과 경공업 등의 노동집약적 산업에서 생산성이 향상되고 상거래가 활성화되는 성과를 거두었다. 이러한 성과에도 불구하고 경제개혁이 여성과 가족에게 주는 의미는 북한의 개혁과 그로 인한 모든 변화가 궁극적으로 가족과 여성의 책임으로 다음과 같이 귀결된다는 것이다.

첫째, 7·1조치에서 차등적인 임금인상을 할 때 소비재보다 중공업 육성에 초점을 맞추는 경제정책에 의해 여성의 비중이 높은 경공업과 서비스업의 임금인상은 최하위에 머물렀다.

둘째, 7·1조치에서 물가를 농민시장 수준에 맞춰 일률적으로 인상함으로써 상대적으로 남성보다 평균임금이 낮은 여성들은 더욱 경제적인 압박을 받는다. 즉 차등적 임금인상과 일률적 물가인상 사이에서 여성들의 경제적 지위는 더욱 낮아졌다. 따라서 7·1조치에 의한 임금인상은 극소수의 고급노동자를 제외하고는 '삶의 질'을 향상시키지 못하는 외향적 인상에 머물렀다.

셋째, 식량 및 소비품의 가격을 인상하여 사실상 배급제를 폐지하고, 이를 보상하는 차원에서 임금을 인상하여 가계의 경제적 자립을 유도한다는 북한 당국의 논리와 의도는 임금인상분 이상으로 물가가 급격히 인상되는 초인플레이션에 의해 가족의 기본생계마저 위협받는 상황을 초래한다.

넷째, 북한 당국이 임금인상률을 결정할 때 4인가족의 기본 생활비로 상정한 금액이 4,000원인데, 이 생활비로는 식량과 생필품 구입도 하기 어려운 것이다.

다섯째, 결국 배급제의 축소는 국가적 차원에서는 주민들의 의식주 공급의 책임자라는 부담에서 일정 부분 벗어날 수 있는 계기가 되었으나, 개인과 가족의 차원에서는 국가가 줄인 부담을 고스란히 떠안게 되고, 그 부담은 최종적으로 여성에게 귀착된다.

여섯째, 농업부문 생산개혁에서 '가족분조제'를 시범 실시함으로써 북한은 이제 명실공히 생산과 분배에서 가족을 기본 단위로 삼게 되고, 이는 가족주의를 더욱 심화시킬 것이다. 끝으로, 이상의 모든 경제개혁은 가족과 여성의 책임을 강화시키고, 이는 가족구성원의 생활비를 벌기 위한 여성들의 사경제활동의 확대로 현실화된다.

결국 국가가 더 이상 가계를 책임지지 않아도 되는 조건에서 국가는 기존의 정부보조 정책에서 벗어나 국고를 경제건설 등에 투입할 수 있을 것이다. 이러한 조치는 자본주의 국가의 정부역할 축소를 강조하는 '작은 정부론'과 유사하다고 할 수 있다. 국가의 경제회복 지원을 위해 모든 부담과 책임을 가족과 여성에게 전가하는 방식인 셈이다.

앞으로 북한 사회의 변화를 전망하면 다음과 같다. 향후 북한경제의 향방은 그럭저럭 버티기(Muddle Through), 경제규모의 축소 및 쇠퇴(Decay), 완만한 회복 등의 세 가지로 예상된다. 김정일 국방위원장은 현재로서는 적극적인 개혁·개방정책을 추구하기보다는 내부체제 단속에 주력하면서 사회주의 체제내부에서 실리를 제고하는 실리사회주의 개혁에 주력할 것으로 전망된다.

북한이 실리사회주의를 표방하면서 배급제를 사실상 폐지하고 식량, 주택을 비롯하여 전반적인 유상화로 나아갈 것이기 때문에 더욱 개인과 가족의 부담이 증가할 것이다. 가족부담의 증가는 곧 계층간, 가족간 계층 격차를 심화시켜 빈부격차가 더욱 확대될 것이다. 과거에는 사경제 활동 혹은 뇌물 수수 여부에 의해 계층간 격차가 발생했다면 이제는 성과급 여부와 사경제 활동의 적극성 여부에 차이가 생겨날 것이다.

그러나 긍정적인 변화의 단초도 보이고 있다. 남녀관계의 변화, 성역할고정성의 변화 가능성을 엿볼 수 있다. 경제난 이후 여성들의 사경제 활동이 증가하고 그에 따른 가족경제 기여도가 높아지면서 1997년에서 1998년경부터 가장권의 변화가 일부 포착되었지만, 공식적으로 평양에서 발간되는 월간잡지 『천리마』 2004년 11월호에서 남편들에게 아내의 가사노동을 도울 것을 강력히 권장하고 있는 것이 발견되었다. "저녁에 귀가하면 밥도 짓고, 아침이면 소학교에 다니는 딸애의 옷단장도 돌봐줘라"[49)는 북한으로서는 파격적인 표현을 통해 북한 당국의 변화된 의식을 감지할 수 있다. 이를 통해 가부장적 권위주의에 물들어 있는 북한 남성들에게 공식적으로 가사노동분담을 주문함으로써 북한 당국의 변화를 포착할 수 있다.

이제 북한이 경제의 빈곤의 수렁(Poverty Trap)을 탈출하기 위해서는 북핵문제 해결을 통한 국제사회의 자본 지원에 달려있다고 할 수 있다. 북한 경제개혁의 성공은 생산성 증대와 공급확대에 달려있고, 이를 위해서는 개방을 통한 외자유치가 관건이 되기 때문이다. 북한은 앞으로 사회주의의 평등과 혁명성이라는 기존의 과제와 실리와 효율성이라는 새로운 과제의 결합이라는 문제를 해결해내야 할 것이다.

※ 이 논문은 『여성학논집』 제22집 1호 (2005)에 실린 것에 기초한다.

주註

1) M. Schmink, "Household Economic Strategies: A Review and Research Agenda", *Latin American Research Review* 19/3 (1984), p. 23.
2) 북한경제의 추정치는 매년 3월 한국개발연구원, 농촌경제연구원, 산업연구원 등의 분야별 국책연구기관을 비롯하여 대학교수, 통일부, 국가정보원 등이 참여한 가운데 한 해 동안 국내외와 북한내부에서 발표된 북한경제에 관한 각종 통계 및 자료를 토대로 전년대비 증감 등을 종합적으로 검토한 후 발표된다.
3) 사회주의 강성대국론은 '고난의 행군' 시기가 마감한 1998년에 처음으로 등장하였다. 강성대국론의 제기는 경제난에 지친 인민들에게 새로운 미래의 희망을 주기 위한 것이었다. 강성대국론의 핵심은 정치・사상 강국과 함께 경제강국을 이루는 것이다. "주체의 강성대국," ≪로동신문≫ 1998년 8월 4일 ; "정론 강성대국," ≪로동신문≫1998년 8월 22일 ; 김근식, "김정일 시대의 북한 경제정책 변화,"『통일경제』, 2001년 1・2월호, 36쪽.
4) Selig S. Harrison, *Korean Endgame* (Princeton: Princeton University Press, 2002), pp. 3~8.
5) 27개 성 중앙기관, 56개 연합기업소・연합회사, 관리국 등이 연간계획을 초과달성(전년비 0.3% 증가)하였으며, 196개 시・군은 지방예산수입계획 10.9% 초과달성으로 중앙예산으로 7억 7,984만 1,000원을 납부하였다. 지출면에서도 경제건설수요 증가에 따라 계획대비 0.5% 초과 지출하였으며 비목별 구성비를 보면 인민경제비(42.3%), 인민적시책비(38.1%) 등 경제건설 및 주민생활 향상과 관련된 비목이 대부분(80.4%)을 차지하였다. 재정수지 면에서는 0.2억 달러의 적자 운용을 하였는데 예산발표 재개 이후 경제건설 수요 팽창에 따라 4년 연속 재정적자를 탈피하지 못한 것으로 나타났다. IMF, "Democratic People's Republic of Korea Fact Finding Report."
6) 남성욱, "최고인민회의 제10기 4차회의를 통한 북한의 경제정책 변화 전망,"『통일경제』5・6월호, 2001, 54~63쪽.
7) 북한은 그동안 7차례에 걸쳐 경제발전계획을 추진하였다. 북한은 경제계획에 차질이 나고 새로운 도약이 필요할 때면 각종 구호를 제시하였다. Kurak, John Y. T. *A Comparative Study of Foreign Trade in North and South Korea* (Denver: University of Denver, 1992).
8) FAO, Production Yearbook, Monthly Bulletin of Statistics, Every Year, Statistics of Grain Production in North Korea, 한국, 통일부, 농진청 발표 자료.
9) ≪연합뉴스≫ 2004년 11월 3일.
10) ≪로동신문≫ 2002년 1월 16일, 사설 "올해를 농업생산성과로 빛내이자" ; ≪로

동신문≫ 2002년 1월 30일, 사설 "나남의 봉화 따라 공동사설과업 관철에 더 큰 박차를 가하자."
11) 남성욱, "북한의 7·1 경제개혁의 비교사회주의적 함의와 향후 전망,"『국제지역학회 추계학술회의 발표논문집』(국제지역학회 추계학술회의, 2004.10.30), 2쪽.
12) 통일연구원,『북한의 경제개혁 동향』(서울: 통일연구원, 2005.3), 31쪽.
13) 남성욱, 앞의 글 (2004), 16쪽.
14) 위의 글, 16~17쪽.
15) 남성욱, "2002년 북한의 임금과 물가인상에 따른 주민 생산·소비행태의 변화에 관한 연구,"『7·1경제관리개선조치의 평가와 향후 전망』고려대 북한학연구소 제4회 국제학술세미나 자료집 (2003.6.26), 31~32쪽.
16) 2002년 7·1조치를 발표할 당시 북한 당국이 작성한 것으로 추정되는 "로동자 생활 기준표"가 중앙일보를 통해 국내에 입수되었다. 구체적인 임금액을 이 기준표에 나온 것을 제시한 것이다.
17)『현대조선말사전』에 의하면 급양은 "식당, 밥공장과 같은데서 음식을 만들어 근로자들에게 공급하는 일"이라고 하여 요식업에 해당한다는 것을 알 수 있다. 과학, 백과사전출판사,『현대조선말사전』상 (평양: 과학, 백과사전출판사, 1981), 320쪽. 구체적으로 "로동자생활기준표"에 의하면 급양부분은 "료리가공로동자, 취사원(조리사), 료리사, 고급료리사, 출납 및 의례, 접대, 고급의례, 려관안내, 관리로동자, 급양부문기계설비, 무기능로동자, 기능로동자, 급양부문일반로동자" 등으로 구성되어 있다.
18) ≪중앙일보≫ 2003년 6월 26일.
19) 문화분야 종사자는 "로동자생활기준표"에 의하면 "석고상형상로동자, 초상휘장형상로동자, 돌조각형상로동자, 양화필름현상로동자, 음향설비생산로동자, 수리로동자"등을 의미한다.
20) "가격과 생활비를 전반적으로 개정한 국가적 조치를 잘 알고 강성대국 건설을 힘 있게 앞당기자" 2002년 7월,『KDI 북한경제 리뷰』2003년 1월호, 39~45쪽. 원문은 www.bekkoame.ne.jp.
21) ≪조선신보≫ 2002년 7월 26일.
22) 박석삼, "최근 북한 경제조치의 의미와 향후 전망" (한국은행조사국북한경제팀, 2002.8), 9쪽.
23) 국토통일원,『북한 최고인민회의 자료집 제2집』(서울: 국토통일원, 1988) ; 김일성, "시·군 인민위원회의 당면한 몇 가지 과업에 대하여,"『김일성 선집 6』(평양: 조선로동당출판사, 1960), 31쪽. 1958년 당시 국가는 농민들에게서 쌀 1kg에 50원씩 주고 사서 노동자, 사무원들에게 5원에 배급하였다.

24) 북한의 가격제정국 관계자는 "자기가 받은 노임으로 살림살이 모든 문제를 풀지 않으면 안 되게 되니 누구나 실리라는 문제를 자기 생활과 결부하여 생각하게 되었다," ≪조선신보≫ 2002년 7월 26일.
25) 통일연구원, 『북한의 경제개혁 동향』(서울: 통일연구원, 2005.3), 23쪽.
26) 『민족21』 2004년 2월호.
27) ≪연합뉴스≫ 2002년 8월 18일.
28) 박현선, "남북한 교육지표 비교 연구,"『북한학연구』 3 (서울: 고려대학교 북한학연구소, 2002), 7쪽.
29) ≪조선신보≫ 2002년 7월 26일.
30) 박현선, 『현대 북한사회와 가족』(서울: 한울아카데미, 2003), 376~378쪽.
31) 『정상회담 이후 북한 주민 일상생활의 변화』, 경남대학교 북한대학원 주최 제3회 북한대학원 전문가 워크숍 자료집 (2003.12.3), 13쪽.
32) 최근 30권으로 발간된『조선대백과사전』에서 "사회주의는 집단주의에 입각해서 운영되는 사회이며…"라고 기술하고 있다.
33) 이철수, 『북한사회복지의 변화와 전망』(수원: 아주남북한보건의료연구소, 2004), 102~103쪽.
34) 시장한도가격은 평양시 시장가격 관리국이 정한 '판매할 수 있는 최고가격'으로 19개의 대상품목은 매일 조금씩 변화된다고 한다.
35) 남성욱, 앞의 글(2004), 14쪽.
36) 미확인 정보에 의하면, 2005년 북한은 7·1조치 이후 급등한 물가로 인한 주민들의 부담을 덜어주기 위해 임금을 대폭 인상할 계획이라고 한다.『민족21』 2005년 1월호.
37) 『민족21』 2004년 2월호.
38) ≪동아일보≫ 2004년 11월 6일.
39) 『민족21』 2004년 8월호.
40) 『민족21』 2004년 8월호.
41) 북한의 민법 제50조는 "국가는 살림집을 지어 그 리용권을 로동자, 농민 사무원에게 넘겨주며 그것을 법적으로 보호한다"고 규정하고 있다. 그러나 1998년 9월 개정된 헌법 22조는 집단적 소유의 범위에 건물을 제외하여 주택의 개인 소유 가능성을 열어놓았다.
42) ≪동아일보≫ 2004년 11월 29일.
43) 『민족21』 2004년 2월호.
44) ≪중앙일보≫ 2003년 6월 26일.
45) 호텔 봉사원은 서비스업의 급양給養부문으로 평균임금이 1,300원으로 북한에서 가장 낮은 평균임금군에 들어가지만, '성과급'에 의해 목표량을 초과달성하

였기 때문에 임금 수령액이 큰 것이다. 일반적으로 외국인 상대의 호텔이나 상점의 봉사원들은 목표량을 초과달성하기 쉽기 때문에 다른 급양 부분 종사자들에 비해 임금 수준이 높다. 일례로 2004년 10월과 2005년 3월 북한의 개성을 방문한 필자가 자남성여관(호텔급)의 봉사원들을 상대로 조사한 결과 목표량의 500%를 초과달성하여 비성수기인 겨울에는 14,000원 정도, 성수기인 여름에는 20,000원 정도의 임금을 받는다고 한다. 이같은 현상은 외국인 상대의 서비스업 종사자들에게만 적용되는 것으로 북한 일반에서 서비스업 종사자들의 평균임금은 가장 낮은 수준이다.

46) 통일연구원, 『북한의 경제개혁 동향』, 앞의 책, 21쪽.
47) 일례로 ≪조선신보≫는 7·1조치로 임금이 가장 많이 오른 생산직종인 '순천2·8직통청년탄광' 탄부들의 변화된 분위기를 전하면서 "… 이번 조치로 '장마당 사람들'이 지난 1~2년 동안 번 돈을 '막장 사람들'이 한꺼번에 받게 된 것입니다"라고 지적하고 있다. 『민족21』 2002년 10월호.
48) 통일연구원, 『북한의 경제개혁 동향』, 앞의 책, 34쪽.
49) ≪중앙일보≫ 2004년 11월 25일.

<참고문헌>

1. 북한문헌

과학·백과사전출판사, 『현대조선말사전』 상 (평양: 과학백과사전출판사, 1981).
김일성, "시·군 인민위원회의 당면한 몇 가지 과업에 대하여," 『김일성선집 6』 (평양: 조선노동당출판사, 1960).
『로동자 생활비 표준표』, 북한내부 자료.
『로동자 생활 기준표』, 북한내부 자료.
≪로동신문≫ 1998년 8월 4일/ 8월 22일자/ 2002년 1월 16일자/ 1월 30일자.

2. 남한문헌

국토통일원, 『북한 최고인민회의 자료집』 제2집 (서울: 국토통일원, 1988).
남성욱, "2002년 북한의 임금과 물가인상에 따른 주민 생산·소비행태의 변화에 관한 연구," 『7·1경제관리개선조치의 평가와 향후 전망』 고려대 북한학연구소 제4회 국제학술세미나 자료집, 2003.6.26.
남성욱, "북한의 7·1 경제개혁의 비교사회주의적 함의와 향후 전망," 『국제지역학회 추계학술회의 발표논문집』, 국제지역학회 추계학술회의, 2004.10.30.
남성욱, "최고인민회의 제10기 4차회의를 통한 북한의 경제정책 변화 전망," 『통일경제』 5·6월호 (2001).
『민족21』 2002년 10월호/ 2004년 2월호/ 2004년 8월호/ 2005년 1월호.
박석삼, "최근 북한 경제조치의 의미와 향후 전망" (한국은행조사국북한경제팀, 2002.8).
박현선, "남북한 교육지표 비교 연구," 『북한학연구』 3 (서울: 고려대학교 북한학연구소, 2002).
박현선, 『현대 북한사회와 가족』 (서울: 한울아카데미, 2003).
이철수, 『북한사회복지의 변화와 전망』 (수원: 아주남북한보건의료연구소, 2004).
『정상회담 이후 북한 주민 일상생활의 변화』, 경남대학교 북한대학원 주최 제3회 북한대학원 전문가 워크숍 자료집, 2003.12.3.
『KDI 북한경제 리뷰』 2003년 1월호.
『통일경제』 2001년 1·2월호.
통일연구원, 『북한의 경제개혁 동향』 (서울: 통일연구원, 2005.3).
한국무역협회 회원사업본부 남북교역팀, 『북한의 임금 구조와 시사점』 (2003).
한국은행, 『각 년도 북한 GDP 추정결과』 (서울: 한국은행, 2004).

≪동아일보≫ 2004년 11월 6일자/ 11월 29일자.
≪연합뉴스≫ 2002년 8월 18일자/ 2004년 11월 3일.
≪조선신보≫ 2002년 7월 26일자.
≪중앙일보≫ 2003년 6월 26일자/ 2004년 11월 25일자.

3. 외국문헌

FAO. Production Yearbook, Monthly Bulletin of Statistics, Every Year, Statistics of Grain Production in North Korea.
IMF. "Democratic People's Republic of Korea Fact Finding Report."
Kurak. John Y. T. *A Comparative Study of Foreign Trade in North and South Korea.* University of Denver, 1992.
M. Schmink. "Household Economic Strategies: A Review and Research Agenda," *Latin American Research Review* 19/3. 1984.
Selig S. Harrison. *Korean Endgame,* Princeton University Press, 2002.

식량난이 북한여성에게 미친 영향

임 순 희

1. 머리말

　남북한 사회통합의 주요 전제는 남북한간 이질성 극복 및 동질화이며 이를 위한 필수 선행과제는 북한주민의 생활에 대한 올바른 이해이다. 또한 북한주민의 생활에 대한 이해는 집단별·계층별로 세분화하여 심층이해를 도모해야 하며 최근의 남북관계 개선 추세는 이와 같은 심층이해의 의의와 필요성을 더하고 있다.

　북한주민의 생활에 대한 집단별·계층별 이해에 있어 특히 북한여성에 대한 심층이해는 다른 무엇보다도 북한인구의 절반을 여성이 차지하고 있으며 북한여성들이 가정 및 사회 전반에 걸쳐 다양한 역할을 수행하고 있다는 사실에서 그 의의를 찾을 수 있다. 그러나 이와 같은 의의에도 불구하고 북한여성에 대한 연구는 북한연구의 타 분야에 비해 부진한 편이며 기초자료 축적도 미흡한 실태이다. 또한 특히 1990년대를 통해 북한여성은 식량난으로 인해 다른 집단 및 계층에 비해 보다 더 직접적인 영향을 받았으며 이로 인해 역할 및 의식에 있어 크고 작은 변화가 초래된 것으로 알려지고 있으나, 이와 관련해서도 연구성과물이 부족한 편이다.

이 글은 위와 같은 문제의식 아래 식량난이 북한여성들에게 미친 영향과 이로 인해 초래된 북한여성의 역할 및 의식변화를 밝혀 논하며 이를 통해 북한여성에 관한 올바른 이해를 도모하고자 함을 목적으로 한다. 연구방법은 주로 관련문헌을 자료로 한 내용분석이며 문헌의 대부분은 중국, 또는 국내에 살고 있는 북한이탈주민(새터민)의 증언 내지 수기를 모아놓은 책자들이다. 또한 주요 분석자료인 관련 책자들의 내용을 검토, 보완하기 위해 새터민 여성 10여 명과의 심층면담 결과와 관련 선행 연구결과물들을 활용하였다.

2. 식량난 실태

1980년대부터 이미 조짐이 나타나기 시작한 북한의 식량난은 1990년대 들어 종래 북한에 대해 식량 및 연료·비료의 최대 공급국이었던 구소련의 붕괴와 중국의 대 북한정책 변화로 인해 에너지와 원자재 공급에 차질이 빚어지면서 악화되었으며, 잇따라 발생한 냉해(1993/1998), 대홍수(1995/1996), 고온 및 해일과 가뭄(1997), 강우부족(1999) 등 자연재해로 인해 보다 더 심화된 것으로 알려져 있다. 이와 같이 1990년대 중반 이래 지속적으로 심화되어 온 북한의 식량난은 주민들에 대한 식량배급 실태에서도 잘 나타나 있다. 1996년 평양을 방문하여 식량배급 실태를 조사한 한 연구자에 의하면 당시 평양 주민들에 대한 식량배급량은 하루에 300g(피부양자는 100g)이었으나, 함경북도 청진, 무산 등의 지방에서는 1995년 이후 3개월분 공급을 초과하지 못하였으며 1998년도에는 김일성·김정일 생일을 포함해 연 4회, 그것도 이틀 분씩만 공급했다고 한다.[1] 이러한 실태를 반영하듯 중국 거주 탈북난민들의 증언을 모은 책들에서는 "식구들 모두가 3～4일씩 밥을 못 먹을 때가 보통"이었다는 내용들을 어렵지 않게 찾아볼 수 있다.

식량난을 겪으면서 대부분의 북한주민들은 풀뿌리, 벼뿌리, 드릅나무, 뽕나무, 소나무껍질, 산나물, 들풀 등을 대체식품으로 하여 하루 한 끼 정도로 연명한 것으로 알려져 있다. 중국 거주 탈북난민들과 국내의 북한이탈주민들이 전하는 말에 따르면 식량사정이 아주 어려웠던 북한주민들의 대부분은 풀뿌리를 캐어다가 죽을 쑤어 먹든가, 또는 송기(소나무 어린 가지의 속껍질)를 갈아 만든 떡 등을 먹었으며, 추수 후에는 벼 뿌리를 캐어다가 옥수수와 섞어 갈아서 국수를 만들어 먹기도 했고 그 과정에서 소화장애로 인해 크게 고생하거나 심한 경우에는 사망하는 사례도 적지 않았다고 한다.

북한주민들에게 있어 식량난으로 인한 타격은 거주지역별·직업별로 차이를 나타냈으며 단위가족의 수 및 건강상태, 가족 구성원의 노동력 내지 경제력, 친족의 지원여부 등에 따라서도 정도를 달리하였다. 지역적으로 기근의 피해는 함경남도를 위시한 동북지역과 평안남도 등 서북지역에서 심각했던 반면 황해남도를 포함한 서남지역과 평양 등 특별시에서는 상대적으로 그 피해가 적었다.[2] 대부분 국제사회의 지원이 평양을 중심으로 한 서부지역에 집중되어 있고 지역간 수송체계가 미비되어 있기 때문에 북부 산간지역과 동부지역의 식량난이 더욱 심각했다.[3] 그러나 북한 동북지역의 기근피해가 심각했던 것과 관련해 나초스 (Andrew S. Natsios)는 그 이유들 가운데 하나로 이 지역에 대한 북한당국의 차별적 분배정책을 지적하고 있다. 나초스는 중국 거주 탈북난민의 80%이상이 동북지역 출신이라는 점은 이 지역 주민들이 중국 조선족에의 접근이 가장 용이하기 때문이기도 하지만 이 지역 주민들이 북한당국의 차별적 분배정책의 희생자들로서 가장 많이 궁핍하였기 때문이라고 한다. 북한당국은 1990년 초 동북지역에 대한 식량배급을 감소시키고 1994년에는 완전히 식량배급을 중단하겠다는 결정을 내렸는바, 동북지역의 기아로 인한 사망률은 북한의 다른 지역에 비해 가장 높았고 가장 일찍 나타났다는 것이다.[4] 또한 북한의 기아는 농촌보다 텃밭이 없는 도시지역에서 더 심각했으며 특히 중국으로부터의 물품 입수가 어려운 동해쪽 공업도시의 노동자에게 타격이 컸던 것으로 알려져 있다. 이와 같은 지역적 차이는 중국 거주 탈북난민들을 대상으로 한 조사결과에서도 반영되고 있다. 북한 전체 인구의 25%를 농민이 차지하고 있으나 중국 거주 탈북난민들 가운데 농민은 4%에 불과하며, 조사에 응한 탈북난민들은 농촌(1.9%)보다 도시지역(70.4%)이 기아가 심각하다고 답하였다.[5] 그러나 식량난을 비롯한 경제난이 심화됨에 따라 농민들의 형편도 크게 악화되었는바, 한 조사결과에 따르면 식량난으로 인한 직업별 사망률은 전문직노동자(7.0%), 사무직노동자(11.8%), 생산직노동자(18.4%), 농민(24.0%), 무직업(45.6%) 등의 순으로 나타나 있다.[6] 직업별로는 특히 학생교육, 환자진료 등을 담당하는 교사, 의사 등의 전문직은 생활이 어려워도 일상적인 교육이나 진료 등의 직무를 중단하고 부업을 할 수 없었으며 당의 통제도 보다 엄격했으므로 다른 직업에 비해 상대적으로 식량난에 따른 생활고가 심하였다고 한다.

> 북한에는 장사 자체가 자본주의의 온상이라고 해서 반대했어요. 그러나 식량사정이 어려우니까 할 수 없이 풀어놨어요. 풀어놨는데도 교원은 학생들을 가르치는 교원들이기 때문에 아무래도 본인 이미지가 학생들을 교육하는 내용하고 본인들 생활하고 틀리니까 당에서 교원들 생활을 엄격하게 통제했어요. 그러니까 생활하기가 더 힘들지요.[7]

또한 식량난을 겪는 과정에서 중국, 일본, 미국 등지에 있는 친족으로부터 경제적 지원을 받은 북한주민들은 식량난으로 인한 타격이 보다 덜했으며 특히 미국으로부터 달러를 지원받은 경우에는 비교적 풍족한 생활을 했던 것으로 알려져 있다.

기아로 인한 사망자 수와 관련해 북한당국은 22만 명이라고 발표한 바 있으나, 국내외 관련 단체 및 연구자들에 의한 아사자 추정치는 수십만에서 수백만에 이른다.8) 이와 같은 다양한 수치는 사망자 추정방법과 이용자료, 추정대상과 기간을 서로 달리하고 있는 데에서 비롯된 것이라 하겠다. 그러나 북한의 기근 사망자 규모와 관련한 다양한 논의들을 평가한 후 보다 신뢰성 있는 방법을 통해 기근 사망자 수를 추정한 한 연구자에 따르면 북한의 식량위기는 1994~2000년 간 유의미한 인구변화를 수반하는 기근으로 발전했으며, 이러한 기근으로 인해 좁게는 25~69만 명, 넓게는 25~117만 명의 초과사망자가 발생한 것으로 추정된다.9)

이와 같이 100만 명을 웃도는 북한주민의 사망 원인은 근본적으로 기아, 곧 굶주림에 있다. 그러나 사망률이 점차 급증추세를 나타내게 된 데에는 식량부족으로 인한 영양실조와 함께 비위생적 식수, 물 부족, 비누 부족 등 불결한 생활환경으로 인한 폐결핵, 파라티푸스, 간염, 콜레라, 장티푸스 등 각종 전염성 질병의 확산이 중대한 요인으로 작용하였다. 이러한 질병들은 현대의학으로 완치 가능한 것들이나 북한주민들은 영양부족, 기초 의약품 부족, 의료 시설 미비 등으로 인해 적절한 의료 지원을 받지 못하고 병세가 악화되어 사망에 이르고 만 것이다.

3. 식량난이 북한여성에게 미친 영향

1) 노동부담 증대와 건강악화

(1) 노동부담 증대

북한은 정권 창립 이전부터 여성들로 하여금 가사전담이라는 전통적인 여성의 역할을 충실히 수행하도록 못 박고 동시에 건국사업에의 적극 참여를 통한 남녀평등 구현을 내세워 여성 노력동원을 합리화시키었다. 이와 같이 북한이 여성들에게 요구하는바, 전통적 주부로서의 역할과 혁명가로서의 역할을 병행해 나가는 데 따른 북한여성의 이중 노동부담은 식량난을 비롯한 경제난이 심화됨에 따라 보다 더 가중되어 가고 있는 것으로 알려지고 있다. 경제난이 악화되어 가사노동 및 자녀양육의 사회화 조치들이 제대로 운용되지 못함에 따라 북한 여성들이 과도한 노동 부담에 시달리고 있으며 특히 식량문제 해결과 관련한 가사노동의 양이 크게 증가했다고 한다. 가족부양을 떠맡은 여성들은 식량을 구하기 위해, 또는 장사를 하기 위해 장거리를 오랜 시간 걸으며, 대체식품 마련을 위해 산과 들에 나가 산나물, 풀뿌리, 나무껍질 등을 채취하고, 산비탈을 개간하여 뙤기밭을 만들어 농작물을 경작한다는 것이다. 또한 북한사회에서도 가족내의 노인이나 병약자를 돌보는 일, 그리고 가족내의 갈등을 조절하는 역할과 같은 복지기능은 사회에서 해결되기보다는 가족 내에서 여성들에 의해 수행되고 있다고 할 때,10) 식량난의 과정에서 이와 같은 역할은 여성들의 가사노동부담을 한층 더 가중시키는 요인으로 작용했을 것이다. 그런가 하면 경제난과 함께 실직하여 가정으로 돌아온 기혼여성들은 가사노동 외에도 인민반에서 조직하는 각종 무보수노동(위생청결, 협동농장 지원 등)에 무조건 동원되었으며, 이로써 여성들의 이중 노동부담을 더해 주었다.

1972년 제정된 '사회주의 헌법' 제62조는 "녀자는 남자와 똑같은 사회적 지위와 권리를 가진다. …국가는 녀성들을 가정일의 무거운 부담에서 해방하며 그들이 사회에 진출할 온갖 조건을 보장한다."라고 규정하고 있다. 그러나 1998년의 개정헌법 제77조에서는 "녀자는 남자와 똑같은 사회적 지위와 권리를 가진다. …국가는 녀성들이 사회에 진출할 온갖 조건을 지어준다"라고 명시하여 "녀성들을 가정일의 무거운 부담에서 해방하며"라는 문구를 삭제하였으며, 이로써 식량난을 비롯한 경제난 악화로 인해 가사노동의 사회화, 자녀양육의 사회화 시책이 축소 내지 약화되었음을 시사하였다. 요컨대 이와 같이 경제난의 과정에서 가사노동 및 자녀양육의 사회화 시책이 축소되고 가정에서 가사 및 양육분담이 이루어지지 않음으로써 북한여성들은 과도한 노동부담에 시달리고 있으며, 이로 인해 여성들의 삶의 질이 크게 떨어지고 있다.

(2) 건강 악화

1990년대 중반 이래 수년간에 걸친 북한의 기근은 적게는 수십만, 많게는 1백만 이상의 북한주민들을 영양실조와 이로 인한 질병, 또는 비위생적 식수와 물 부족 등의 불결한 생활환경으로 인한 전염병 등으로 희생시켰으며 그 대상은 주로 어린이와 노인, 그리고 여성들이었다. 다른 북한주민 모두에게 일반적이듯 기근으로 인한 북한여성들의 희생 역시 영양실조에서 비롯되었다.[11] 그러나 굳이 차별화한다면 북한여성, 특히 어머니들은 나머지 가족들을 위해 음식을 먹지 않거나 줄임으로써 상대적으로 영양실조로 인한 건강악화가 보다 심각했던 것으로 알려지고 있다. 새터민 여성들에 따르면 대부분의 어머니들은 자신을 제외한 나머지 가족들을 먼저 먹이고 음식이 남으면 겨우 한 끼니를 때우는 정도였으며 4~5일씩 굶는 경우도 드물지 않아 영양실조로 인해 발병하는 펠라그라, 결핵 등으로 사망하는 사례가 많았으며, 특히 할머니들의 사망률이 높았다고 한다.12) 또한 새터민 여성들은 어머니들이 "한 공기의 죽도 남편과 자식들을 위해 양보"13)하는 이와 같은 실태가 근본적으로 남성위주의 가부장적 가정문화에서 비롯된 것임을 한결같이 전하고 있다. 이를 테면 가정에서 남편과 아들은 세대주, 집안의 기둥이기 때문에 먼저 챙겼으며, 또한 응당 그래야 한다고 생각했고 남편과 자식들을 위해 어머니 자신은 소량의 옥수수가루, 또는 밀가루를 물에 풀어 들풀을 넣고 끓인 풀죽으로 하루 한 끼를 때우거나 아예 굶는 경우가 많았다는 것이다.

기근으로 인한 북한여성들의 영양실조가 초래한 가장 심각한 결과는 임신·출산·육아와 관련한 건강악화이다. 여성들의 영양부족으로 인해 출산력이 현저하게 떨어졌을 뿐만 아니라14) 영양부족 상태에서 수태함으로써 유산 내지 사산, 또는 미숙아 내지 저 체중아 출산 등을 초래하였으며, 이로 인해 임산부의 건강을 해치게 된 것이다. 영양결핍과 그 후유증으로 인한 불임으로 출생률이 크게 낮아졌음은 한 조사결과에 잘 나타나 있다. 이에 따르면 기아가 발생하기 전, 1990년 초에는 1,000명당 21.8명의 출생률을 보였는데 1997년에는 1,000명당 11명으로 감소함으로써 출생률이 50%나 낮아졌다.15) 기아가 진행됨에 따라 북한 여성의 신생아 출생률이 급격하게 낮아진 것이다.

식량난을 비롯한 경제난의 악화로 인해 의료보급체계도 붕괴됨으로써 안전한 피임이 어려워졌으며 이에 따라 임신한 여성들이 잘못된 낙태를 시도하여 아이와 산모의 생명이 위협당하는 사례도 적지 않다고 한다.

북한에서 혼전·혼외 성행위는 처벌 대상이다. 그러나 1980년대 말 이래 외국문화의 유입에 따른 성의식의 변화와 함께 생계유지를 위한 매춘행위가 성행함에 따라 혼전·혼외 성행위가 증가하는 추세를 나타내고 있으며, 혼전·혼외 성행위에 의한 임신부들은 처벌을 피하기 위해 불법 낙태수술을 감행하는 것으로 전해지고 있다. 또한 식량난 이후 영·유아 및 어린이 사망률이 급증하고 여성들이 출산을 기피함에 따라 1998년 제2차 '어머니대회'를 통해 다산이 장려되고 특히 김정일의 '아이를 낳을 데 대한 지시'가 있었기 때문에 병원에서 낙태나 피임 시술이 불가능해짐에 따라 역시 불법 낙태수술이 많다고 한다. 그러나 뇌물을 주고 의사를 집으로 불러 비밀리에 중절수술을 하는 경우에는 마취도 거의 하지 않는 시술이기 때문에 후유증이 심하여 여성건강을 크게 해치며 이로 인해 불임을 초래하는 사례도 있다고 한다. 한 예로 집에서 불에 달군 쇠 젓가락만을 사용하여 중절수술을 했던 한 북한여성은 수술 후 심한 후유증에 시달렸으며, 결국은 불임여성이 되고 말았다고 한다.[16]

 수년간 지속된 기근에 따른 북한여성의 건강문제는 위에서와 같은 영양실조와 이로 인한 임신·출산·육아의 어려움에서만 찾아지는 것이 아니다. 식량난 이후 북한여성들의 내부분이 장사를 수단으로 하여 가족의 생계를 유지해 나가고 있는 실정이나 열악한 장사 환경 내지는 조건(소매치기, 강도, 인신매매, 성폭행, 열차·장마당 안전원 및 군인의 횡포 등 타인에 의한 신체적·정신적 위해에 대한 불안감과 장거리 도보, 배고픔 등)으로 인해 심신의 건강이 심각한 정도로 악화되었으며, 노동부담 및 가족부양의 책임 증대에 따른 육체적·심리적 부담으로 인해 고통이 큰 것으로 알려지고 있다. 또한 식량난 이후 여성들 사이에 결핵을 비롯해 자궁암, 유방암, 당뇨병 등을 앓는 환자가 많아졌으며, 특히 매춘으로 인해 성병을 앓는 여성들이 적지 않으나 병원치료를 제대로 받지 못하고 장마당에서 구입한 중국약으로 집에서 치료하는 형편이라고 한다.[17]

 식량난이 초래한 북한여성의 건강악화는 북한여성들의 건강 의식 내지 인식에서도 근원을 찾을 수 있다. 한 마디로 북한여성들은 자신들의 건강에 대한 의식 내지 인식이 매우 부족하다. 새터민 여성 면담결과와 중국 거주 탈북난민 여성들의 관련 증언을 종합해 보면 북한여성들은 부인과 질환에 대해 크게 신경 쓰지 않는 편이며 부인과 질환에 대한 인식도 낮은 것으로 나타난다. 새터민 여성 면담결과를 통해 보면 이들은 부인과 질환의 병명이나 발병 원인 및 확률에 대한 지식이 부족하며, 자궁암이나 유방암에 대한 진단 및 치료의 중요성을 잘 의식하지 못하고 있다. 이러한 실정은 북한여성들이 부인과 질병에 대한 조기·정기진단을 하지 않을 뿐만 아니라 여성들의 사인 규명이 제대로 되지 않아 부인과 질병으로 인한 사망 여부를 확인할 수도 없는 데에서 비롯된 것일 수도 있다.

2) 성폭력의 심화와 성의 도구화

(1) 성폭력의 심화

일반적으로 성폭력의 피해자는 대부분 여성이며 성폭력은 그 사회의 성문화 안에서 사회화된 결과로 나타나는 문화적이고 사회적인 현상이라고 할 때,[18] 이에 대해 북한도 예외가 아니다. 사실상 남존여비의 관념과 가부장적 의식이 팽배해 있는 북한사회에서 성추행 및 성희롱, 아내 구타 등 여성에 대한 성폭력은 일상화된 현상이며 여성들 스스로가 이에 대한 문제의식이 희박한 것으로 알려져 있다. 이러한 실태는 북한사회에 확산되어 있는 남성위주의 성에 대한 그릇된 통념과 여성에 대한 경직된 순결의식에서 비롯된 것이라 하겠으며, 학교 및 사회에서의 성교육 부재에도 근원이 있다고 하겠다. 알려진 바에 따르면 북한여성에 대한 성폭력은 1990년대 이래 식량난을 겪는 과정에서 보다 심화되었으며, 특히 여성 인신매매와 성폭행 사례가 크게 증가한 것으로 알려지고 있다.

　북한여성의 인신매매 실태는 중국 거주 탈북난민을 대상으로 한 조사결과에서도 잘 나타나 있다. 중국 동북부지역 2,479개 마을에 거주하는 북한 식량난민 실태조사 결과에 따르면 조사지역의 유민 중 여성 비율이 75.5%를 차지하며, 탈북유민의 다수를 차지하는 여성들은 생존을 위해 불법결혼을 하거나 인신매매를 통한 강제 결혼형태로 살아가고 있다.[19] 또 다른 조사에서도 중국 거주 탈북난민 중 여성이 압도적으로 많은 이유들 가운데 하나는 인신매매 조직이 여성들의 탈북과정에 깊이 개입되어 있기 때문인 것으로 나타나고 있다. 같은 조사에서 탈북난민 여성 응답자들은 현재의 남편과 함께 살게 된 이유를 '북에서 넘어온 후 붙잡혀 팔려온 경우'(33.2%), '갈 곳이 없을 때 중국에 있는 주변 사람들의 소개'(26.7%), '중국으로 넘어온 후 스스로 현재의 남편을 알게 되어서'(8.4%) 등의 순으로 답하고 있다.[20]

　북한여성 인신매매는 폭력을 동원한 강제 납치 인신매매와 소개인을 통한 유인 인신매매 등의 형태로 이루어지고 있다. 북한내에서는 주로 소개인을 통한 유인 인신매매가 이루어진다. 중국의 조선족 중간매개자와 북한인 중간매개자 사이의 거래에 의해 북한여성 본인의 의사와는 무관하게 중국으로 팔려가는 것이다. 그러나 북한내에서도 조직적인 여성 인신매매단에 의한 여성 밀거래가 적지 않으며, 인신매매단은 남편이 있는 기혼여성들을 강제로 납치하여 팔아넘기기도 하는 것으로 알려지고 있다.[21]

　중국 내에서도 소개인을 통한 유인 인신매매와 함께 폭력을 동원한 강제 납치 인신매매가 이루어진다. 이를 테면 탈북한 여성들에게 숙식을 제공하여 유인한 후 본인 모르게 조선족, 중국 한족 등에게 팔아넘기거나, 중국에 와서 알게 된 사람들이 인신매매단에 알선하여 여성들을 팔아넘기며, 일단의 인신매매조직이 탈북여성을 강제로 납치하여 다른 사람에게 돈을 받고 팔아넘기기도 하는 것이다.

한 연구자에 따르면 "식량을 얻기 위한 수단으로 가족 구성원 중 여성을 매매한 사례들은 18~19세기의 유럽과 20세기의 아프리카와 남아시아에서 기아라는 위기발생시 흔히 찾아볼 수 있는 사례"이며, "북한 가정에서 먹을 입을 줄이는 방법으로 가장 흔히 목격되는 것은 딸과 부인을 '인신매매자'에게 파는 것"22)이라고 한다. 실제로도 북한의 식량난 과정에서 부모가 딸을 팔아넘기거나 여성 본인이 원해서 인신매매가 이루어진 사례가 적지 않은 것이 사실이다. 북한이탈주민 증언 자료집들을 통해 보면, 부모가 딸을 매매하려는 데 대해 당사자인 딸들은 대체적으로 순응하는 편이다. 이들은 식량사정의 절박함과 부모의 안타까운 심정을 이해하며 자신이 매매되는 것에 대해 저항하지 않는다. 또한 일부 여성들은 가족의 생계유지를 위해 스스로 자신이 매매되기를 청하거나, 탈북 후 중국생활의 어려움을 덜기 위해 매매혼을 청하기도 한다.23)

한 새터민 여성에 따르면 1990년대 말 이래에는 적지 않은 10대 소녀들까지 인신매매 되었는바, 자신의 친척인 16세 된 여성의 어머니가 "팔려가더라도 잘 먹고 잘 살라고" 딸을 중국으로 보냈으며, 그 여성은 북한인 중간매개자와 중국 조선족 중간매개자에 의해 한족에게 팔아넘겨졌다고 한다.24)

북한여성 인신매매는 식량난으로 인한 생계유지의 어려움에서 일차적인 원인을 찾을 수 있다. 그러나 북한여성의 인신매매는 중국내 수요와도 맞물려 급증추세를 나타내었는바, 부부 당 한 자녀 이상을 금지하는 중국의 인구정책으로 인해 중국 남녀인구의 심각한 성비 불균형이 초래됨으로써 중국 내에 신부부족 사태가 초래된 것이다.

> 중국의 성비 불균형은 1990년대 말 결혼 적령기의 신부 부족사태를 초래하였으며 신부 부족현상은 도시보다 지방에서 더욱 심각하였다. 이러한 중국의 농촌사정은 북한의 어린 소녀들로 하여금 선택할 여지

없이 중국 농부들의 결혼 '제의'를 절망적으로 받아들이게 만들었다. 이러한 상황 하에서 북한 어린 소녀들은 노예신분보다 더 나을 것이 없이 취급되었다.25)

중국으로 인신매매된 여성들은 강제 결혼, 성폭행, 원치 않는 임신과 부인과 질병, 노동착취, 유흥가 매춘 강요 등으로 고통을 당하고 있으며, 특히 결혼한 여성들의 대부분은 남편과 시댁식구들의 무시와 구타, 경제적 어려움, 북한거주 가족에 대한 그리움, 불법체류 신고 협박 등에 시달리고 있는 것으로 알려지고 있다.26)

북한사회에서 여성에 대한 성폭행은 문제시되지 않는 편이다. 대부분의 일반주민들은 성폭행에 대한 문제의식조차 없으며, 여성들을 하대하는 전반적인 사회 분위기로 인해 여성들은 남성들의 성폭행을 감수할 수밖에 없는 실정이라고 한다. 이와 같은 북한여성에 대한 성폭행은 식량난을 비롯한 경제난의 악화로 인해 여성들이 가족부양을 떠맡게 된 이후로 보다 더 심화된 것으로 알려지고 있다. 또한 이전과는 달리 입당이나 직장에서의 처우개선을 미끼로 한 성폭행보다는 장사 길에서 마주치게 되는 장마당 안전원, 열차승무안전원, 군인 등이 단속을 이유로 성폭행하는 사례가 많다고 한다. 식량난 이후 발생한 성폭행 사례들 가운데 특기할만한 것은 국경을 넘어 중국에 갔다가 강제송환 되어 온 북한여성에 대한 성폭행이다. 식량난 이후 중국에 식량을 구하러 갔다가 강제송환 되어 구속되면 당국으로부터 가혹행위나 고문을 당하게 되는데, 여성들의 경우에는 돈이나 비밀편지, 비밀문건을 찾기 위한 몸수색 과정에서 자궁검사를 하기도 하며, 심문이라는 구실 아래 여성의 옷을 다 벗기고 몸의 특정 부위에 전기 형을 가하는 등 성폭행을 가한다는 것이다.27)

그러나 북한여성에 대한 성폭력문제를 논하는 데 있어 감안해야 할 것은 다른 사회에서와 마찬가지로 북한에서도 생존을 위해 여성 스스로 성을 상납하는 사례가 적지 않다는 것이다. 알려진 바에 따르면 식량난

이전에는 주로 입당이나 직장에서의 승진, 또는 좋은 자리 배치를 위해 여성들이 당 간부에게 성을 상납했다고 한다. 그러나 식량난 이후에는 특히 미혼의 젊은 여성들이 여행증명서 없이 식량을 구하러 다니거나, 장사를 다닐 때에 열차안전원에게 성을 상납하며, 또는 장마당 단속에 걸리지 않기 위해 성을 상납하기도 한다. 이 외에도 장사를 하기 위해 다른 지역으로 이동하는 과정에서 교통편의를 제공받기 위해 운전수에게 성을 상납하는 사례도 적지 않게 알려지고 있다.[28]

성폭력은 그 사회의 성문화와 여성의 지위를 반영하는 문화적이고 사회적인 현상이라고 할 때,[29] 북한에서 식량난과 함께 나타난 여성에 대한 성폭력의 심화현상은 식량난이 초래한 북한사회의 성문화 왜곡과 보다 열악해진 여성 지위의 실태를 반영하는 것이라 하겠다.

(2) 생계유지를 위한 성의 도구화

북한에서 식량난 이후 국정가격과 시장가격으로 구성되는 가격의 이중구조화로 인해 발생한 또 하나의 비사회주의적 행위가 매춘이다. 국정가격과 시장가격의 큰 차이는 북한주민들로 하여금 돈의 가치를 최우선시 하게 하였으며, 생계유지문제 해결이 절박한 여성들에게 있어 가장 쉽고도 빠르게 돈을 마련할 수 있는 방법은 매춘이었기 때문이다. 그러나 매춘이 북한여성들에게 있어서만 생계유지를 위한 대안은 아니다. 1945년 해방 이후 일부 한국여성들에게 있어서도 매춘은 생계유지를 위한 대안으로서 인식되었으며, 1970년대 말부터는 절대적 빈곤으로 인한 '전통적 매춘'이 퇴조하고 쉽게 돈을 벌거나 쾌락을 얻기 위해 향락업소를 매개로 하여 성을 파는 '산업형 매춘', 또는 '겸업 매춘' 현상이 크게 늘어났음은 주지하는 대로이다.[30] 사회 전반에 걸친 경제위기 상황에서 여성에 대한 고용 기회가 제한적이고 자신, 또는 가족의 생계문제를 해결하기 위한 대안 모색이 극히 어려울 때 매춘은 이념이나 제도를 뛰어넘어 여성들에게 있어 유용한 대안으로 선택될 수도 있다는 것이다.

식량난이 심화되고 생계유지를 위한 매춘여성에 대한 사회적 인식이 달라짐에 따라 북한여성들 사이에서도 생계유지형 매춘과 함께 부의 축적과 일신의 안락을 위해 성을 상품화하는 여성들이 점차 많아지는 추세이며, 특히 장마당에는 돈 있는 장사꾼들을 대상으로 하여 매춘을 전업으로 하는 여자들이 많은 편이라고 한다. 매춘은 대개 역전의 대기숙박소[31] 등의 시설을 이용하며 20·30대 과부들의 경우에는 집에서 술과 음식을 팔며 여행자나 출장원, 군인 등을 대기숙박 시키면서 매춘을 하기도 한다.

그런가하면 매춘을 전업으로 하는 여성들 가운데는 매춘상대의 돈과 물건을 훔치거나 약탈하는 사례도 드물지 않게 발생하는 것으로 나타난다.[32]

한 새터민 여성은 1998년까지만 해도 매춘행위가 발각되면 체포되어 총살당하였다고 하나,[33] 대체적으로는 매춘여성이 단속에 걸리면 노동단련대에 3개월에서 6개월 정도 수용되었다가 풀려나오는 것으로 알려져 있다. 또한 특히 생계유지를 위한 주부의 매춘행위일 경우에는 정상을 참작하여 면제해 주거나 수용기간을 보다 단축시키며, 미혼 여성일 경우에도 신분이 확실하면 수용기간이 단축된다고 한다. 그러나 가정을 버리고 매춘행위를 한 경우에는 최장기간 수용당하는 처벌을 받는다고 한다.[34]

3) 가족부양 책임 증대와 경제적 자립능력 제고

(1) 가족부양 책임증대

수많은 아사자를 발생시킨 식량난을 겪으면서 북한여성들은 가족의 생계유지를 위해 이전의 보조적 역할이 아닌 주도적 역할을 담당하게 되었으며, 따라서 가족부양의 책임도 크게 증대되었다. 식량난으로 인해 여성들의 가족부양 책임이 커진데 대해서는 북한당국도 인정하고 있는 바, 1990년대 말 이래 노동당 기관지「로동신문」에는 생계를 떠맡은 여성들을 격려하는 글들이 여러 편 게재되기도 하였다.

> 뜻밖에 들이닥친 식량, 전기, 땔감 등의 부족으로 인한 어려움은 우리 녀성들에게 먼저 미쳐 왔다.[35]

식량난 이후 가족부양의 책임이 북한여성들에게 떠맡겨진 데에는 기본적으로 생계유지와 같은 가정생활 관련 문제는 여성이 해결해야 한다는 사회적 통념이 작용한 것이라 하겠다. 북한여성 스스로도 여자는 시집가서 남편을 섬기고 자식을 돌보는 게 당연하고도 기본적인 의무라고 생각하여 남편을 비롯한 가족의 생계유지에 대한 책임감에서 장사 등의 경제활동에 나선다고 한다. 또한 대부분의 북한주민들에게 있어 장사는 거의 유일한 생계유지 수단이었음에도 불구하고 남자들의 대부분이 장사하는 것을 수치로 여겼으므로 그만큼 여성들의 가족부양 부담이 컸다고 한다. 그러나 여성들의 생계유지 부담이 가중된 보다 현실적인 요인은 경제난의 악화로 인한 기업소, 공장 등의 가동 중단이라 하겠다. 기업소와 공장에서의 작업이 중단됨으로써 직장에서 일거리가 없어지고 노임도 받을 수 없게 되었지만 엄격한 노동법규정에 따라 남자들은 직장에 나가야 했으며, 따라서 여성들이 가장을 대신하여 생계를 꾸려나갈 수밖에 없게 된 것이다.

식량난을 겪는 과정에서 가족부양을 위해 북한여성들이 한 일은 다양하나 가장 보편화된 경제활동은 장사인 것으로 나타난다. 한 조사결과에 따르면 1993년 이전에 탈북한 응답자들의 44.8%가 식량구입을 위해 장사를 했다고 답하였으나, 1994년 이후에 탈북한 응답자의 경우에는 81.3%가 장사를 했다고 답하고 있다.36) 또 다른 연구보고서에서도 소수의 전문직 여성들(의사, 교원, 국가기관 임원 등)과 환자를 제외한 거의 70%의 여성들이 장사를 주 업종으로 하고 있는 것으로 나타났다.37) 극심한 식량난 속에서 가족부양을 위해 북한여성들은 텃밭 경작물이나 간단한 먹을거리를 장마당에 내다 팔거나, 접경지역에서 중국동포 보따리 장사로부터 물건을 사들여 높은 가격으로 판매하는 되거리 장사를 하거나, 아니면 생필품 등을 싸들고 북한 전역을 돌아다니며 보따리 장사를 하였다. 또한 그 과정에서 북한여성들은 가재도구를 내다 팔거나 이웃, 또는 친척에게서 돈을 빌려 '자본'을 마련하기도 하고, 장마당・열차단속원을 무마하기 위해 뇌물을 바치는 등 나름대로의 수완을 동원하였다.

여성들이 가족부양을 위해 장사 다음으로 힘쓴 경제활동은 가내작업반과 가내편의봉사업 활동, 가정에서 집짐승 기르기, 텃밭・뙈기밭 경작 등의 부업이다.

북한의 사전적 정의에 따르면 가내작업반은 부양가족들이 공장에서 예비로 탐구된 원료, 자재, 반제품, 폐설물들을 가져다가 가공하여 제품을 생산하는 생산조직형태이며, 특히 직장이 없는 기혼여성들로 구성되는 인민소비품생산 조직이다.38)

가내작업반은 특히 직장을 나가지 않는 기혼 여성들에게 있어서는 수입원으로서의 의의가 적지 않으며, 따라서 가내작업반이 활성화되면서부터는 결혼과 함께 직장을 그만두는 여성들이 많아졌다고도 한다. 또한 동에서 운영하는 가내작업반은 사회동원을 빼는 데에도 활용되었는바, 가내작업반에 일정액의 돈을 바치면 사회동원에서 빠지고 장마당에 나가 돈을 벌수도 있다는 것이다.39)

가내편의봉사업은 "가정부인들과 년로자들, 사회보장자들이 인민들의 생활상 편의를 보장하면서 부수입을 얻을 목적으로 조직운영하는 개인부업경리의 한 형태"40)를 말하며, "폐기폐설물, 유휴자재, 농토산물로 세소일용품과 부식물들을 만들어 공급하는 가공편의업, 일용필수품을 수리해 주는 수리수선편의사업, 미용, 빨래를 해주는 것과 같은 위생편의업"등으로 구분되며 사진촬영도 가내편의봉사업에 해당한다.

위에서와 같이 식량난 이후 북한여성들은 가내작업반 활동과 미용, 옷수선, 사진촬영 등의 가내편의봉사업을 통해 가족의 생계유지를 도모하는 한편, 이 외에도 하루 삯일이나 품팔이 임노동, 또는 산나물 채취나 술 등 음식물 제조 판매, 일용수제품 판매 등의 개인 상업행위를 통해서도 가족부양에 힘쓰고 있다.

북한여성들은 가족부양을 위해 가정에서 염소, 토끼, 닭, 개 등의 집짐승을 기르는 일에도 적극적이었으며 텃밭·뙈기밭에 감자, 강냉이, 채소 등을 경작하여 가족의 식량으로 조달하거나 농민시장에 내다 팔아 생활비를 마련하기도 하였다. 외화벌이도 생계유지를 위한 여성들의 부업 가운데 하나이다. 북한여성들은 단체에 소속된 외화벌이 기구에 참여하거나 개인적으로 직접 중국 상인과 접촉하여 거래하기도 한다. 특히 지리적 특성상 신의주는 중국과의 무역이 용이하여 거래가 활성화되면서 외화벌이를 위한 해산물 채취작업에 많은 부양여성이 동원되기도 하였으며, 이에 따라 경제난 이후 다른 지역에 비해 외화벌이가 신의주 여성들의 생계유지 방식의 하나가 되기도 하였다.41)

가족부양을 위해 북한여성이 선택한 또 다른 방법은 매춘이다. 1990년대를 통해 여성들의 생계유지형 매춘이 성행하게 된 데에는 식량난이 심화됨에 따라 가족부양을 위한 여성들의 매춘행위에 대해 사회적인 인식이 달라진 것도 주된 요인으로 작용하였다.

(2) 경제적 자립능력 제고

대체적으로 북한여성들은 결혼을 하게 되면 직장을 그만두는 편이며,

이는 직장에서 기혼여성을 그다지 달가워하지 않을 뿐만 아니라 남편도 원하고, 특히 여성 자신이 원하기 때문이라고 한다. 대부분의 북한여성들은 좋은 직장보다는 좋은 남편을 만나서 가정에 안주하고 싶어 한다는 것이다.

중국 연변대학의 한 연구자에 따르면, 여성의 취직률이 높았던 1980년대 중반에도 북한의 미혼여성들은 대부분이 취직을 하였으나 기혼여성들의 취직률은 30~40% 정도였으며,[42] 전문기술직과 체력노동업종을 제외한 상업, 복무업 및 일반 사무직종에 종사하는 여성들은 결혼하고 해산하는 것이 곧 실직을 의미하는 것이라고 한다. 이 연구자는 또한 이와 같은 현상이 나타나는 것은 중공업 위주의 산업구조로 인해 여성들에게 적합한 일자리가 상대적으로 적었기 때문이기도 하지만, 여성은 결혼하면 가정에서 남편을 섬기고 아이들을 돌보는 것이 '천직'이라는 고정관념이 잔존해 있기 때문이라고 한다.

그러나 식량난이 악화되고 국가적 생산·공급 시스템이 제 기능을 하지 못함에 따라 여성들이 생계유지를 담당하게 되었으며, 이로써 가족부양을 위한 여성들의 경제활동이 본격화되기에 이른다. 여성들의 경제활동은 장사, 가내작업반 부업과 수선, 세탁, 이·미용 등의 편의봉사업, 가축사육, 텃밭·뙈기밭 경작 등의 비공식부문에서 이루어졌으며, 특히 장사를 주 업종으로 하면서 여성들의 경제적 자립능력이 높아져갔다. 식량난 악화 이후 가족의 생계유지를 위해 시작한 장사가 부의 축적을 가능케 하는 등 점차 여성들의 경제적 자립능력을 높인 것이다. 여기에서 특히 장사를 통한 여성들의 경제적 자립 제고가 의미하는 바는 다음의 세 가지로 집약할 수 있다.

첫째, 여성들이 장사로 생계를 이어가는 과정에서 나름대로의 장사 수완 내지 요령을 터득하였다는 것을 뜻한다. 여기에서 말하는 장사 수완 내지 요령이란 장사와 관련해 편의를 제공받기 위한 사회 공적·사적연결망 활용, 자금조달, 이윤배가, 수지타산에 따른 상품선택 등과 관련된 것이다.

둘째, 여성들의 경제적 자립능력 제고란 장사 품목의 다양화와 질적 향상을 통해 보다 높은 수입을 도모하였다는 것을 뜻한다.

셋째, 장사를 통해 여성들의 경제적 자립능력이 높아졌다는 것은 여성들이 국경지역을 포함한 북한 전역을 다니며 북한인, 중국인 모두를 상대로 장사를 함으로써 대담성을 키웠을 뿐만 아니라 지역이동과 외국인 상대로 인해 북한내·외의 사정에 밝아졌다는 것을 의미한다.

가족부양을 위한 적극적인 경제활동에 따른 북한여성들의 경제적 자립능력 제고는 장사 외에도 가내작업반 부업활동과 편의봉사업, 가축사육, 텃밭·뙈기밭 경작 등 비공식부문에서의 다양한 경제활동을 통해 이루어졌다. 또한 바람직한 현상은 아니지만 식량난이 장기화됨에 따라 북한여성들 사이에 성행한 매춘 역시 여성들의 경제적 자립능력을 높인 요인들 가운데 하나이다. 이는 식량난이 장기화되고 매춘이 성행함에 따라 여성들에게 있어 매춘은 생계유지를 위한 수단으로서만이 아니라 부의 축적을 통한 경제적 자립을 위한 주요 수단으로 인식된 데 따른 것이라 하겠다.

그러나 식량난 이후 북한여성의 경제적 자립능력 제고와 관련한 평가에 있어서는 몇 가지 감안해야 할 점들이 있다. 첫째, 장사를 비롯한 여성들의 경제활동량이 증대한 것만을 가지고 경제적 자립능력이 높아졌다고 평가할 수는 없다는 것이다. 둘째, 경제활동량도 중요하나 활동의 내용을 주목해야 하는바, 특히 매춘행위와 같은 경제활동은 오히려 북한여성들로 하여금 왜곡된 직업의식을 형성케 하는 결과를 초래하며, 장사과정에서의 부당한 거래나 이윤 추구 역시 식량난 이전에 여성들이 지녔던 직업의식을 왜곡시킬 수도 있다는 것이다. 셋째, 대부분의 북한여성들에게 있어 가족부양을 위한 장사는 농산물이나 단순한 물품 거래에 불과했으며, 장사 외의 부업 역시 전문지식이나 세련된 기술 내지 오랜 숙련을 바탕으로 한 경제활동이 아니었으므로 결과적으로 종래 북한여성들이 지녀 온 직업수행능력을 저하시킬 수도 있다는 것이다. 넷째, 경제적 자립능력 제고를 논하기에는 북한여성들이 가족부양을 위한 비공식부문의 경제활동을 하는 과정에서 겪은 과도한 노동과 성폭력의 경험, 이로 인한 정신적·신체적 고통이 너무 심각한 정도라는 것이다. 다섯째, 기본적으로 북한여성의 비공식부문의 경제활동은 가족의 생계 유지라는 부담을 안고 시작되었으며 여성 자신의 의지로서 중단할 수도 없었다는 것이다.

4) 성역할 분담성 및 고정성 강화

식량난으로 인해 가족단위로 생계문제를 해결할 수밖에 없게 됨에 따라 종래 북한의 가부장적 가정생활에서 일단의 변화 징후들이 나타나고 있다. 예를 들면 경제난이 심화되고 공장, 기업소의 가동이 중단됨에 따라 남편들도 부인을 따라 장사에 나서는가 하면, 여성들이 밖에 나가 장사를 하는 동안 밥짓기, 청소, 아이돌보기 등의 집안일을 남편 스스로 하고 있다는 것이다.

또한 식량난 이후 여성들에 의해 생계유지가 가능해짐에 따라 이전과는 달리 가정에서 여성들의 목소리가 점차 커지고 있음을 시사하는 증언들도 적지 않다. 그러나 식량난 이후 북한의 가정에서 장사와 같은 부부간 협업 내지 남성의 가사 돕기 현상이 증가하고 여성의 발언권이 보다 강화되었다고는 하나, 기본적으로 북한사회 전반에 만연해 있는 남성중심의 가부장적 생활의식이 달라진 것은 아니며 성별 역할분담의식도 달라지지 않았다. 다시 말해서 여성이 식량과 생활비를 조달하는 등 가정경제를 주도하고 남성(남편)이 가사와 양육의 일부를 담당, 또는 보조함에 따라 전통적인 성역할 분업구조에 가시적인 변화가 생기기는 했으나, 이로 인해 기존의 가부장적 생활의식과 성역할분담의식이 달라지지는 않았다는 것이다. 한 조사결과에서도 경제난 이후 북한의 가정생활에서 엄격한 성별분업현상은 깨어졌지만 가부장제 질서의 와해를 의미할 정도는 아니며 여성의 의식변화도 가부장제의 부정을 의미하는 것은 아니라고 한다. 북한여성들은 이전처럼 성별 역할분담 자체에 대한 고정관념은 버렸지만 가정의 일은 여전히 여성의 책임이 크다는 인식과 함께 남편에 대해서도 더 이상 섬김과 복종의 대상으로는 아니지만 그의 가부장으로서의 존재와 권위 자체를 부정하지는 않는다는 것이다.[43] 이와 같은 남성중심의 가부장적 가정생활문화는 관련 조사결과들에서도 잘 엿볼 수 있다. 한 조사결과에 따르면 북한주민들은 성역할고정성에 대한 수준이 매우 높은 바, 가족의 주인은 가장이며, 남편에게 순종해야하고, 가정과 사회에서 남성과 여성에 따라 역할이 다르다는 등의 의식에 대해 80%~94%의 높은 지지율을 나타내고 있다.[44] 중국 거주 탈북여성의 약 61%가 보수적·가부장적 성 의식을 지지하고 있는 것으로 나타난 조사결과도 있다.[45] 그런가 하면 한 조사결과에서 북한여성들에게 있어 이상적인 여성상은 어른이나 집안에서 인정받는 며느리, 남편에 대한 내조를 잘하는 아내인 것으로 나타났는바, 이는 북한여성들에게 있어 전통적 성역할 논리에 따른 여성이미지가 강하게 고착되어 있음을 시사하고 있다.[46] 이와 같은 조사결과들은 식량난 이후 북한여성들이 생계를 유지해 나감에 따라 표면적으로는 가장권의 약화와 함께 여성의 권한 및 지위가 높아진 것으로 보이나 실질적으로는 종래의 가부장적 의식을 바탕으로 성역할 분담성 및 고정성이 보다 강화되고 있음을 시사하고 있다.

새터민 여성 면담결과에 따르면 식량난 이후 북한여성들이 장사를 통해 경제력이 강해지면서 가정에서의 발언권이 강해진 것은 사실이나,

여성들은 세대주를 집안의 가장으로서 인정해 주는 것이 가정의 평화를 도모하는 것이라고 생각하므로 가부장 중심의 가정생활에 저항하지 않는 편이라고 한다. 또한 생계유지 등 가정생활 관련 문제는 여성의 몫이라고 생각하는 사회적 통념에 대해서도 여성들은 부정 내지 저항하기보다는 당연한 것으로 여기고 순응하는 편이라고 한다.

식량난 이후 가족의 생계유지와 관련해 가장의 역할이 축소되고 여성이 실질적인 가장 역할을 해나갔음에도 불구하고 오히려 전통적인 가부장적 의식을 바탕으로 한 성역할 분담성 및 고정성이 강화되고 있음은 북한사회에 만연해 있는 남존여비사상에 근원이 있다고 하겠다. 북한은 남존여비사상을 "착취사회의 반동적 륜리도덕관"이며 "근절되어야 할 봉건유교사상의 잔재"로 규정하고 있다. 그러나 이러한 공식입장과는 달리 북한주민들의 남존여비관은 강한 편이며, 이와 같은 관념은 전통적인 가부장제와 함께 북한여성의 삶을 제약하는 요소로 작용하고 있다.

새터민 여성들과의 면담결과에 따르면 북한 여성의 대부분은 사회전반에 남존여비사상이 만연해 있음을 알고 있으나 그에 대해 문제의식을 갖지 않으며, 남존여비사상 자체를 의식하지 않는다고 한다. 다시 말해서 남녀평등은 노동생활에서만 구현되고 있으며 가정과 직장에서의 여성의 삶은 남녀불평등하고 남성에 대해 종속적이라는 것을 알고는 있으나 굳이 저항해야 할 이유도 모르겠고 필요성도 느끼지 못한다는 것이다. 또한 북한여성들은 결혼생활에서 "남자는 하늘", "세대주는 그저 섬겨야 되는 존재"로서 공대하는 것을 당연시하며, 이와 같이 세대주의 권위를 높여주고 공대함으로써 가정의 평화가 유지된다고 믿는다고 한다. 이와 관련해 한 북한이탈여성은 "세대주가 바로 서야 가정이 평화롭고, 그래야만 나라가 평안하고 시대가 건전해지는 것이니, 따라서 세대주의 권위를 높여주어야 한다고 생각하며, 이는 사회도덕생활에서 전통적으로 내려온 것일 뿐만 아니라 당의 방침이기도 하다."47)라고 말한다.

4. 맺음말

이 연구는 식량난이 북한여성들에게 미친 영향과 이로 인해 초래된 북한여성의 역할 및 의식변화를 밝혀 논하고자 시도된 것이며, 위에서와 같은 분석결과를 도출해 내었다. 위의 내용들에서 알 수 있듯이 이 글에서는 주로 식량난이 북한여성들에게 미친 부정적인 측면들을 다루고 있다. 그러나 이 글에서 깊이 다루지는 않았지만 다른 한편으로 북한의 식량난이 여성들에게 미친 영향에 있어서는 긍정적인 측면도 없지 않다. 이를 테면 식량난은 북한여성들로 하여금 자아와 자신의 삶을 새롭게 의식하게 하였으며 상품경제에 대한 의식에 있어서도 변화를 야기하였다. 또한 북한여성들은 가족부양을 위한 경제활동을 통해 경제적 자립능력을 높이는 계기도 마련하였다. 그리고 이와 같은 북한여성들의 경제적 자립능력 내지 독립성 강화와 인생의 주체, 독립적 개체로서의 자아에 대한 의식, 여성들의 경제활동으로 인한 가정 내 성역할분업구조에서의 변화 등은 중·장기적으로 남성중심의 가부장적 의식의 약화와 함께 북한여성들의 역할 및 지위 향상을 전망하는 데 있어 시사하는 바가 적지 않다. 그러나 일반적으로 빈곤지역의 기근으로 인한 일차적 희생자는 여성이라고 할 때,48) 이에 대해 북한도 예외가 아닌바, 수년간 지속된 북한의 기근에 따른 일차적 희생자도 여성이다. 북한의 식량난은 여성들의 삶의 환경을 보다 더 열악하게 만들었으며 결과적으로 북한여성의 삶의 질을 크게 떨어뜨렸다. 단적으로 말해서 식량난이 북한여성들에게 미친 영향은 긍정적이기보다는 위의 분석결과와 같이 매우 부정적이라는 것이다.

  위와 같은 분석결과가 북한여성들에게 있어 일반적인 것이라고 단정하여 말할 수는 없다. 머리말에서 밝혔듯이 이 연구는 주로 국내외 거주 북한이탈여성들을 대상으로 한 설문·면접조사결과와 이들의 증언 자료집을 주요 분석자료로 활용하였다. 그러나 이와 같은 방법의 연구는 근본적으로 연구결과의 일반화에 있어 한계를 지닐 수밖에 없는바, 북한이탈여성은 특수한 신분일 뿐만 아니라 대표성에 있어서도 회의적이기 때문이다. 이를 테면 탈북한 여성들의 대부분은 식량난이 극심했던 동북부 지역 출신이며, 탈북을 결행할 만큼 생활환경 및 조건이 보다 열악했고, 또한 탈북 체험으로 인해 북한에 살고 있는 여성들과는 다소 다른 심리, 또는 정서를 지니고 있어 이들의 증언을 북한에 살고 있는 여성들 모두에게 일반화할 수는 없다는 것이다. 이 연구결과를 일반화하는 데 있어서 또 다른 한계는 북한의 식량난이 여성들에게 미친 영향은 이들 각 개인의 생활환경 및 조건에 따라 그 양상이 다소 다르며 정도를 달리한다는 데에서 비롯된다. 북한여성들에게 있어 식량난의 영향은 거주지역, 직업, 연령, 교육수준, 가족구조 및 가족구성원의 노동력, 사회연결망 활용 여부, 경제력 등에 따라 양상이 다르며 그 정도를 달리한다는 것이다. 그러나 관련 선행연구결과물들[49]에서도 식량난이 북한여성에게 미친 영향에 대해서는 본 연구결과와 거의 같은 내용을 다루고 있다고 할 때, 이로써 이 연구결과는 일반화의 한계에도 불구하고 식량난 이후 북한여성의 삶의 모습과 그들의 역할 및 지위 변화를 이해하는 데 있어 나름대로의 유용성 있는 자료로 기여할 수 있으리라 기대한다.

  ※ 이 글은 "식량난이 북한여성에게 미친 영향,"『통일문제연구』17권 1호 (2005)에 실린 글을 수정·보완한 것이다.

주 註

1) 최명숙, "90년대이후 조선녀성들의 가정에서의 삶에 관하여," 한국여성연구원, 『남북한 여성 그리고 중국 조선족 여성의 삶』(서울: 이화여자대학교 한국여성연구원・연변대학 여성문제연구중심, 1999), 2~3쪽.
2) 이석, "1994~2000년 북한 기근: 초과 사망자 규모와 지역별 인구변화,"『국가전략』 제10권 1호 참조.
3) 이금순,『국제기구 및 비정부기구의 인도적 지원사례』(서울: 민족통일연구원, 1997), 98~99쪽.
4) 동북지역은 다른 지역에 비해 상대적으로 추방당한 적대계층이 많이 살고 있는 곳이라고 할 때, 차별적 식량분배정책은 정치사상적 계층분류에 기초해 이루어졌음을 시사한다. 나초스 지음, 황재옥 옮김,『북한의 기아: 기아, 정치, 그리고 외교정책』(서울: 다홀미디어, 2003), 155~158쪽 참조.
5) 위의 책, 140쪽.
6) 강정구・법륜 엮음,『1999 민족의 희망찾기』(서울: 정토출판, 1999), 188쪽.
7) 박현선, "현대 북한의 가족제도에 관한 연구," (서울: 이화여대 대학원 박사학위논문, 1999), 116쪽에서 재인용.
8) 한 예로 대북인도적 지원단체인 '(사)좋은벗들'은 식량난이 가장 극심했던 시기인 1995년 8월부터 1998년 7월 말까지 약 300만 명의 아사자가 발생하였고 수십만 명이 식량을 구하기 위해 국경을 넘었다고 발표한바 있다. (사)좋은벗들,『북한 식량난과 북한인권』(서울: (사)좋은벗들, 2004), 29쪽.
9) 이석, 앞의 글, 118~144쪽 참조.
10) 김경희, "통일한국의 양성평등한 복지구현을 위하여: 남북한 여성복지 비교," 미래인력연구센터 편,『여성이 만드는 통일한국의 미래』(서울: 생각의 나무, 2001), 168쪽 ; 김영란, "북한여성의 사회복지정책연구,"『지역학논집』제5집, 59쪽에서 재인용.
11) 북한당국이 유엔아동기금(UNICEF)・세계식량계획(WFP)의 협조하에 발표한 2004년 영양실태조사 내용(DPRK 2004 Nutrition Assessment Report of Survey Results)에 따르면, 2세 미만의 자녀를 둔 어머니의 약32%가 영양실조상태이며 34.7%가 빈혈증을 나타내고 있다.
12) 정00・노00, 2004년 4월 14일 면담 ; 김00, 2004년 4월 29일 면담.
13) "당의 참된 딸로 사는 행복," ≪로동신문≫ 2000년 3월 8일.
14) 새터민 여성들에 따르면 식량난 이후 북한여성들 사이에 생리불순이거나 아예 생리를 하지 않는 여성들이 많아졌다고 한다.
15) 나초스 지음, 황재옥 옮김, 앞의 책, 101쪽.

16) 허00, 2004년 4월 16일 면담.
17) 허00·최00, 2004년 4월 16일 면담.
18) 김원홍 외,『개정 오늘의 여성학』(서울: 건국대학교 출판부, 2000), 293쪽.
19) 여기에서 '결혼'은 법적으로 인정된 혼인관계가 아니라 인신매매에 의한 매매혼 또는 소개에 의한 사실혼 관계이므로 법적 보호를 받을 수 없다. 좋은벗들 엮음,『두만강을 건너온 사람들: 중국 동북부지역 2,479개 마을 북한 '식량난민' 실태조사』(서울: 정토출판, 1999), 14쪽.
20) 1999년 7월부터 1999년 10월까지 연변지역을 중심으로 중국에 거주하고 있는 탈북여성 202명을 대상으로 한 면접조사 결과이다. 문숙재 외, "북한여성들의 탈북동기와 생활실태,"『대한가정학회지』제38권 5호 (서울: 대한가정학회, 2000), 147쪽.
21) 김태현·노치영,『재중 북한이탈여성들의 삶』(서울: 도서출판 하우, 2003), 105쪽 참조.
22) 나초스 지음, 황재옥 옮김, 앞의 책, 105쪽.
23) 좋은벗들 엮음,『두만강을 건너온 사람들: 중국 동북부지역 2,479개 마을 북한 '식량난민' 실태조사』, 61~67쪽 참조.
24) 허00, 2004년 4월 16일 면담.
25) 나초스 지음, 황재옥 옮김, 앞의 책, 105쪽.
26) 김태현·노치영, 앞의 책 참조.
27) (사)좋은벗들,『북한 식량난과 북한인권』, 102~105쪽.
28) 권혁,『고난의 강행군』(서울: 정토출판, 1999), 22쪽.
29) 김원홍 외, 앞의 책, 317쪽.
30) 위의 책, 116~117쪽.
31) 대기숙박소는 열차를 이용하는 사람들을 대상으로 개인집에서 돈을 받고 숙식을 제공하는 곳이다.
32) 권혁, 앞의 책, 88쪽.
33) 유00, 2004년 4월 29일 면담.
34) 정00·노00, 2004년 4월 14일 면담.
35) "당의 참된 딸로 사는 행복,"《로동신문》, 2000년 3월 8일.
36) 박현선, 앞의 글, 148쪽.
37) 최명숙, 앞의 글, 10쪽.
38) 사회과학출판사,『조선대백과사전 1』(평양: 사회과학출판사, 1995), 61쪽 ; 김애실, "여성의 경제활동," 손봉숙 외,『북한의 여성생활』(서울: 나남, 1991), 211~215쪽 참조.
39) 구수미·이미경, "1990년대 북한여성의 삶과 의식,"『변화하는 북한', '변화하

지 않는 북한'』(서울: 북한연구학회 2004 춘계학술대회 발표논문, 2004), 98~99쪽.
40) 사회과학출판사, 앞의 책, 62쪽.
41) 구수미·이미경, 앞의 글, 96쪽.
42) 미혼여성일 경우 직업이 없으면 양식배급관계가 곧 취소되나 기혼여성의 경우에는 아이를 기르기 위해 직장을 그만 두어도 양식관계를 남편의 직장에로 옮길 수 있다(출근은 하루 700g, 이직은 하루 300g). 림금숙, "90년대이후 조선녀성들의 사회경제활동참여의 변화," 한국여성연구원,『남북한 여성 그리고 중국 조선족 여성의 삶』(서울: 이화여대 한국여성연구원·연변대학 여성문제연구중심, 1999), 20~21쪽.
43) 구수미·이미경, 앞의 글, 95쪽.
44) 박현선, 앞의 글, 84쪽.
45) 김영란·김혜영, "남북한 여성의 사회의식에 관한 비교연구 및 수렴방안,"『아세아여성연구』(서울: 숙명여대 아세아여성연구소, 2000) 참조.
46) 위의 글, 236~238쪽.
47) 유OO, 2004년 4월 29일 면담.
48) 베일리스·스티브 스미스 편저, 하영선 외 옮김,『세계정치론』(서울: 을유문화사, 2004), 574쪽.
49) 구수미·이미경, 앞의 글 ; 노옥재, "북한 식량난 속의 '여성'의 삶과 인권,"『북한여성의 삶·꿈·한』(서울: 민주평통 북한연구회·(사)좋은벗들, 2003) ; 림금숙, 앞의 글 ; 박현선, 앞의 글 ; 최명숙, 앞의 글.

<참고문헌>

1. 북한문헌

사회과학출판사, 『조선대백과사전 1』 (평양: 사회과학출판사, 1995).

2. 남한문헌

강정구·법륜 엮음, 『1999 민족의 희망찾기』 (서울: 정토출판, 1999).
구수미·이미경, "1990년대 북한여성의 삶과 의식," 『'변화하는 북한', '변화하지 않는 북한'』, 북한연구학회 2004 춘계학술대회 발표논문.
권 혁, 『고난의 강행군』 (서울: 정토출판, 1999).
김애실, "여성의 경제활동," 손봉숙 외, 『북한의 여성생활』 (서울: 나남, 1991).
김영란, "북한여성의 사회복지정책연구," 『지역학논집』 제5집.
김영란·김혜영, "남북한 여성의 사회의식에 관한 비교연구 및 수렴방안," 『아세아여성연구』 (서울: 숙명여대 아세아여성연구소, 2000).
김원홍 외, 『개정 오늘의 여성학』 (서울: 건국대학교 출판부, 2000).
김태현·노치영, 『재중 북한이탈여성들의 삶』 (서울: 도서출판 하우, 2003).
나초스 지음, 황재옥 옮김, 『북한의 기아: 기아 정치 그리고 외교정책』 (서울: 다홀미디어, 2003).
노옥재, "북한 식량난 속의 '여성'의 삶과 인권," 『북한여성의 삶·꿈·한』 (서울: 민주평통 북한연구회·(사)좋은벗들, 2003).
림금숙, "90년대이후 조선녀성들의 사회경제활동참여의 변화," 『남북한 여성 그리고 중국 조선족 여성의 삶』 (서울: 이화여대 한국여성연구원·연변대학 여성문제연구중심, 1999).
문숙재 외, "북한여성들의 탈북동기와 생활실태," 대한가정학회 『대한가정학회지』 제38권 5호 (2000).
박현선, "현대 북한의 가족제도에 관한 연구" (이화여대 대학원 박사학위논문, 1999).
(사)좋은벗들, 『북한 식량난과 북한인권』 (서울: (사)좋은벗들, 2004).
이 석, "1994~2000년 북한 기근: 초과 사망자 규모와 지역별 인구변화," 『국가전략』 제10권 1호 (2004).
이금순, 『국제기구 및 비정부기구의 인도적 지원사례』 (서울: 민족통일연구원, 1997).
존 베일리스·스티브 스미스 편저, 하영선 외 옮김, 『세계정치론』 (서울: 을유문화사, 2004).
좋은벗들 엮음, 『두만강을 건너온 사람들: 중국 동북부지역 2,479개 마을 북한 '식량난민' 실태조사』 (서울: 정토출판, 1999).
최명숙, "90년대이후 조선녀성들의 가정에서의 삶에 관하여," 한국여성연구원, 『남북한 여성 그리고 중국 조선족 여성의 삶』 (서울: 이화여대 한국여성연구원구원·연변대학 여성문제연구중심, 1999).

경제난이후 북한여성의 삶과 의식변화와 한계:
탈북 여성과의 심층면접을 중심으로

이 미 경

1. 문제제기

　이 연구는 경제난으로 사회 전반에 걸쳐 변화가 진행되고 있는 북한의 상황에서 여성들의 삶과 의식이 어떻게 변화되고 있는지를 고찰하려는 것이다. 1980년대부터 경제난에 직면한 북한은 1990년대 들어 지속적인 마이너스의 경제성장을 거듭하였고, 1993년 제 3차 7개년 계획이 실패한데 이어 94년 김일성 주석의 사망과 이듬해 수년간 홍수나 한발로 식량문제가 더욱 심각한 상황에 이르렀다. 이로 인해 식량과 각종 사회서비스 공급이 중단되고 중앙통제체제가 이완되면서 자력구제의 생계유지를 위한 북한인민들의 장사, 외화벌이 등의 사경제가 만연되었다.[1] 북한당국은 제한적이나마 이런 변화를 공식적으로 수용하는 2002

년 7월 '경제관리 개선조치'를 단행하였다.[2] 이것은 여타의 사회주의국가의 선례에 비춰볼 때 북한체제의 변화 가능성을 내포한 것으로 일단 형성된 시장적 기제는 그 자체의 확대재생산의 속성으로 다른 영역으로까지 확대될 가능성이 있기 때문이다.

이 같은 북한의 변화 속의 여성들은 생계유지를 위해 더욱 활발히 경제활동에 나서고 있다고 한다.[3] 이것은 경제위기이후 북한인민들의 생계유지가 개별 가족차원에서 해결할 수밖에 없게 되면서 여성이 적극 나서게 된데 따른 것이다. 경제난이전에도 북한여성은 "사회의 한 쪽 수레바퀴를 떠밀고 나가는 역군"으로서 법적, 제도적 지원 속에 사회경제활동에 참여해왔다.[4] 북한은 인구절반이상을 차지하고 있는 여성의 인력을 국가발전전략에 동원하기 위해 양성평등의 원칙과 여성해방의 명분아래 그들의 사회경제활동을 장려해왔다.[5] 그 결과 북한여성은 적어도 결혼하기 이전까지는 사회활동에 참여해왔고, 결혼한 이후에도 여건이 허락하는 한 계속하였다. 비교적 전문직을 가진 고학력의 여성들은 계속 직장에 다녔지만 일반 노동자급의 여성들 중 상당수는 개인의 취업희망에도 불구하고 정규직을 갖지 못한 채 부양으로 남게 되었다.[6] 그러나 부양여성이라 해도 여맹과 인민반을 통해 사회노동에 동원되거나 혹은 부업을 통해 부족한 식량과 생활비를 보조했다.

하지만 경제난이후 여성의 경제활동은 이전과 차이를 보인다. 경제난 이전 여성의 경제활동도 이후와 마찬가지로 대부분 생계유지차원에서 행해졌다고 할 수 있지만 가계생계에서 차지하는 비중에 차이가 있다. 공장과 기업소가 비교적 정상적으로 가동된 시기에는 남편의 수입이 가계생계유지의 주요 수단이 되었고, 여성의 수입은 전업이든 부업이든 간에 보조적인 것이었다. 그러나 공식공급체계가 마비되고 이런 상황에서도 작업장에 출근해야 하는 남편에 비해 비교적 이동이 자유로운 여성이 생계유지 전선에 나서게 된다.[7]

북한여성의 삶과 의식은 변화를 경험한다. 북한여성은 사회경제활동 여부와 사회적 지위 고하를 막론하고 가정에서는 가부장제하의 전통적인 성 역할을 수행해왔으나, 생계를 책임지면서 남편에게 무조건 순종해야 한다거나 가사와 육아가 전적으로 자신들의 책임이라는 인식을 재고하게 되었다. 한편 남편들도 장기간 집을 비운 아내를 대신해 가사와 양육 등에 참여하는 한편 아내의 장사를 도와주는 등 가정생활에 역할의 변화가 가해졌다. 이런 변화는 경제난이전까지 유지되어온 가부장제적 성별분업 구조의 균열을 가져오는 것인데 과연 북한여성의 지위와 역할 등의 변화를 가져올 수 있는 것인가? 나아가 이런 변화가 향후 북한의 가부장적 권위주의체제변화에 어떤 전망을 가능하게 할 것인가와 같은 문제가 제기된다.

이 연구는 이런 문제에 대한 해답을 구하는 차원에서 경제난 속에 변화되고 있는 여성의 삶의 방식과 의식의 수준을 고찰하고자 한다. 이에 대한 고찰은 여성연구에 핵심적인 주제라 할 수 있는 사회적 지위와 역할에 관한 연구의 연장선으로, 경제난이후 북한여성의 삶과 의식이 경제난이전과 비교하여 어떤 점에서 변화를 보이고 있으며 그 결과 여성의 지위는 어떻게 변화되었는가를 규명하려는 것이다.

2. 연구방법

경제난이후 북한여성들의 변화된 삶과 의식을 고찰하기 위해 탈북자와의 심층면접방식을 이용하고자 한다.[8] 북한여성은 양성평등의 원칙 아래 사회경제활동에 참여하면서도 가사와 육아의 일차적인 책임자로서 이중부담 속에 생활하고 있다.[9] 이에 따라 북한여성은 그들 개인의 사회적 지위와 상관없이 남편 잘 만나 편안한 삶이 보장되는 것을 가장 중요한 가치로 삼고 있었다. 이것은 북한여성들의 사회경제활동이 소수 전문직의 경우를 제외하고 자아실현이 아닌 인력활용을 위한 북한의 정책상 필요와 여성 개인의 생계유지차원에서 행해진 데 따른 것이다.

 탈북 여성들과의 면담결과 북한여성들은 그들의 삶이 남편의 사회적 지위와 직업에 의해 좌우되며, 이런 현상은 경제난이후 여성이 생계전선에 나서면서도 크게 변화되지 않았다고 한다.[10] 안전부나 보위부, 군인, 당일군 등에게는 공식공급체계가 마비된 상태에서도 식량 배급이 주어졌기 때문에 이런 직위의 남편을 둔 여성들은 부양이든 직장여성이든 경제난 이전과 이후의 삶이 크게 변화되지 않았다. 또 행정 일군이거나 각 기업소의 지배인 등과 같은 직위의 남편을 둔 여성들은 부족한 배급의 양을 충족시키기 위해 장사를 했지만 남편의 지위를 이용해 유리한 여건에서 할 수 있었다. 반면 일반노동자를 남편으로 둔 여성들은 대부분 정규직을 갖지 못한 상태에서 부업-생계형 장사 혹은 가내작업반을 통한 수공품 제조 혹은 농사-을 통해 생계를 보조해왔으며, 배급이 끊긴 상태에서는 본격적으로 장사 등에 나섰으나 규모에서는 겨우 식량을 마련하는 정도에 머무는 것이었다.

 이와 같이 북한여성들은 남편의 직업과 지위에 따라 다양한 생존방식을 구사하였고, 그 결과 그들의 삶과 의식의 차이가 나타난다. 물론 북한여성의 삶과 의식에는 남편의 지위이외에 여성 개인이 지닌 자질과 능력-학력, 직업-이 주요 변수가 될 수 있다. 그러나 이 연구에서는 탈북자들과의 면담결과 남편의 사회적 지위와 직업이 북한여성의 삶에 가장 결정적인 변수로 작용한 것에 의거하여, 이를 근거로 각 계층별 북한여성의 생계유지방식을 분석하고 그에 따른 여성의 삶과 의식의 변화추이를 고찰할 것이다. 이에 따라 경제난에도 생활의 큰 변화가 없는 간부직-보위부, 안전부, 군인, 당일군-의 남편을 상층으로 그리고 행정일군 혹은 각 기업소 지배인을 중층으로 그리고 경제난으로 가장 큰 변화를 경험하는 일반 노동자를 하층으로 분류하고자 한다.

이 연구에서 고찰할 여성들의 삶과 의식의 변화란 우선 경제난이후 가족관계와 가정 내 역할변화 등으로 인한 의식의 변화가 이전의 가부장제적인 의식에 변화를 초래하는지의 여부이다. 다음으로는 경제난으로 중앙통제체제가 마비되면서 여성의 주요 사회활동의 장場인 여맹, 직맹, 인민반 등의 참여와 소속감 등 여성의 사회생활과 의식변화를 분석하고자 한다. 이에 대한 분석은 가부장제원리와 함께 북한사회를 지탱하는 조직원리 중 하나인 집단주의적인 의식의 변화여부로 향후 북한체제의 변화정도를 가늠하는 척도가 될 것이다.

분석 시기는 경제난이 심화되어 북한체제의 변화가 가해지는 시점부터 이런 위기와 변화가 체제 내화되어 어느 정도 질서를 잡아가는 시점까지로 다음과 같이 세 시기로 세분하였다. 첫째 시기는 경제문제가 심화되기 시작한 1980년대 말부터 1994년 김일성 사망이전까지이다. 이 시기는 이전부터 누적된 위기의 가시화로 북한인민들이 각기 다양한 방식으로 자력구제에 나서게 되면서 북한체제의 변화가 가해지는 시점이다. 둘째 시기는 북한이 총체적 위기에 직면하는 1994년 김일성 사망이후부터 1998년까지이다. 이 시기에는 공급 메카니즘과 중앙통제체제가 마비되면서 인민들이 보다 적극적으로 생존방식을 구사하게 된다. 셋째 시기는 1998년 고난의 행군이 끝난 이후의 시기이다. 이 시기는 이미 변화된 사회구조에 적응하여 인민들의 삶이 어느 정도 안정을 찾아가고, 이런 변화를 국가가 제한적이나마 수용하면서 체제변화가 내면화되고 있다고 할 수 있다.

3. 북한여성들의 생활 및 생존방식

경제성장이 지체되면서 생산현장에서의 인력동원이 둔화됨에 따라 북한여성은 이전보다 원하는 직장을 갖기 어렵게 되었고 특히 결혼이후에는 정규직장을 얻기가 더욱 힘들어 졌다.[11] 이에 따라 전문직을 가진 일부 여성을 제외한 대부분의 결혼한 여성들은 부양으로 남게 되었다. 그러나 이들은 각종 형태의 부업을 통해 부족한 생계비를 보충했다. 당시 북한은 경제난으로 공장가동률이 급격히 떨어지고 의식주를 비롯한 교육, 의료 등 각종 사회보장제도가 비정상적으로 운영됨에 따라 자력갱생의 원칙을 내세워 국가와 사회의 부담을 개별 가정으로 돌리게 되었다.[12] 이에 따라 각 가정 내 생계비의 부담이 늘게 되면서 여성들은 부업을 하지 않을 수 없게 된 것이다.

북한여성들은 부업활동을 경제난이전부터 해왔으나 중앙공급체계가 점차 마비, 중단되면서 활성화되었다. 배급이 아닌 자력으로 생계를 유지할 수밖에 없게 되면서 여성들의 경제활동은 전업의 성격을 띠게 되었고 이에 따라 여성은 점차 가정 내 생계 주책임자로 부상하게 된다.[13] 그러나 이 시기 북한여성들의 경제활동이 완전히 남편을 대신했다고 보기는 어렵다. 이미 앞서 지적한 바와 같이 가부장제적 권위주의라는 북한체제의 특성 상[14] 북한여성의 삶은 남편의 사회적 지위와 직업에 의해 크게 좌우되었고 이런 현상이 경제난이후에도 크게 변화되지 않았다. 물론 남편의 직업과 별도로 여성의 능력과 수완에 따라 경제난 이전보다 삶의 수준이 높아진 경우가 있지만,[15] 대부분 여성들의 삶은 남편의 사회적 지위에 의해 좌우됐다고 할 수 있다.

탈북자들과의 면담결과 경제난 이후 북한여성들이 선택했던 생계유지방식은 크게 다음과 같이 세 가지로 분류될 수 있었다. 첫째, 가장 일반적인 생존방식은 장사인데 형태(되거리, 장마당 장사 등)와 종류(농산품, 공업품 등), 규모에 따라 천차만별이었다. 둘째, 경제난 이전부터 부업으로 해 오던 가내작업반의 활용이다. 1990년 이전까지 부양여성들이 생계 보조를 위해 참여했던 가내작업반이 경제난이후 주된 생계방식으로 변화된 것이다. 가내반은 지역적으로 차이가 있으나 대체로 1997~98년 정도에는 없어지고, 동洞의 허가 없이 개별적으로 장사를 하는 형태로 바뀌게 된다.16) 셋째, 외화벌이이다. 이 경우에도 종류와 규모 등에 차이가 있어 단체에 소속된 외화벌이기구에 참여하거나 혹은 개인이 직접 중국 상인과 접촉하여 거래하는 것으로 나뉜다. 다음으로는 이런 생계유지방식에 따라 시기별, 계층별로 여성들이 어떻게 생계를 유지했는지를 고찰하고자 한다.

1) 1980년 대말-1994년까지 여성의 생활: 생계유지방안모색

김일성 사망이전까지 식량공급이 완전히 끊기지 않았으나 비정상적으로 이루어져 1980년대 말부터 가두여성들은 부업으로 부족한 생계비를 충당했다. 이것은 이미 북한이 1980년대 중반이후부터 경제난을 겪고 있었고 인민들은 자력갱생차원에서 생계유지를 위한 방도를 취하고 있었다고 할 수 있다. 당시 북한여성들의 부업은 주로 장사였으나 처음부터 장사를 한 것이 아니라 수예, 공예품, 양복가공 등 가내작업반17) 등을 통해 해오던 부업을 장사로 전환한 것이다. 북한여성들의 가내작업반을 이용한 부업은 80년대 중반부터 시작됐으나 90년대 들어 경제난의 심화와 함께 장사로 전업하였던 것이다.18) 그 시기 북한여성들의 장사는 빵과 두부, 국수 등 비교적 밑천이 적게 들고 손쉬운 것에서부터 시작하여 점차 농촌에서 필요로 하는 공업품-사카린, 소다, 소래 등을 사다가 그곳의 농산물로 교환하는 것으로 전환되었다. 그러나 이 시기 장사는 합법적인 것이 아니었기 때문에 단속이라는 제한 속에 행해졌다.

장사라 해도 종류만이 아닌 규모에 있어 계층별 차이가 심했다. 예컨대 권력을 행할 수 있는 계층은 공장 같은데서 제품을 헐값에 뽑아 이윤을 많이 남기는 등 장사를 쉽게 할 수 있었다. 또한 식량공급이 비정상적으로 이루어지고 있는 시점에서도 간부급들-보위부나 안전원 등-에게는 식량이 배급되어 이들을 남편으로 둔 여성들은 부업을 하지 않았다고 한다. 오히려 이들의 생활형편은 경제난이전보다 풍요로 왔다고 한다.[19] 이것은 인민들에게 공식적으로 허용되지 않은 상태에서 장사, 밀수 등으로 생계를 유지하는 것은 간부급들에게는 정규수입이외의 수입을 가져다주었기 때문이다. 우선 장사와 무역 등을 위한 잦은 이동에 필요한 통행증을 발급받기 위해 안전원들에게 담배나 술을 주는 경우 혹은 비법적인 행위로 구금 등을 당했을 경우 이들에게 뇌물을 주고 자유로워지는 경우 등 그 예는 많았다. 따라서 이런 뇌물을 받았던 층의 여성들은 경제난이전보다 풍족하게 살 수 있었다.

그러나 이들 간부급 아내들 가운데도 생계를 전담할 필요에서는 아니지만 부업으로 장사 등을 통해 재산을 불리는 경우도 있었다. 장사꾼이 준 뇌물을 가지고 천을 사서 옷가지 등을 만들어 장마당에서 파는 경우가 있었는데 이 경우 대부분은 직접 장사를 하는 것이 아니라 대리인을 내세워서 한다. 왜냐하면 간부급들의 장사행위는 금지되어 있어 남편들의 직위박탈을 우려했기 때문이다.[20]

이와 같이 남편의 사회적 지위는 경제난이후 여성들이 생계전선에 직접 나서게 된 시기에도 결정적인 변수로 작용했다. 권력층의 남편을 둔 여성들 중 장사하는 여성은 남편의 지위를 이용하여 유리한 조건에서 할 수 있었지만 이와 반대로 일반 노동자급의 남편을 둔 여성들은 종전의 부업을 전업으로 확대하여 한 경우가 대부분으로 적은 자본으로 할 수 있는 장사가 주종을 이루었다.[21] 그러나 외화벌이 남편을 둔 여자들의 경우에는 부양으로 있기도 했다. 외화벌이는 경제난이후 북한에서 비교적 이윤 창출이 높은 직업으로서 자리매김되고 있어 이들의 아내는 남편의 벌이로도 생계유지가 충분히 이루어질 정도라고 한다.[22] 특히 지리적인 특성상 접경지역은 중국과의 무역거래가 활성화되면서 외화벌이를 위한 해산물, 버섯, 송이 등 채취작업에 많은 부양여성이 동원되어 경제난이후 이 지역의 여성들에게 외화벌이는 생계유지 방식의 하나가 되었다고 한다.[23]

그러나 여성들의 생계유지에 남편의 직위뿐만 아니라 여성 개인이 지닌 자질과 수완도 크게 작용하였다. 북한여성 가운데 비교적 전문직인 경우 남편의 직업과 지위는 여성의 직업에 상응하는 전문직이거나 고위직이었다.[24] 이들 전문직을 가진 여성들은 식량배급이 어려운 시기에도 계속 직장을 다닌 경우가 대부분이나 경제난이 심화되면서 점차 장사와 외화벌이 등으로 전업을 한 경우도 있었다.[25] 이들의 전업에는 남편의 지위가 이용되기도 하였고 드문 경우이기는 하나 여성 스스로 현재의 직업보다는 수입이 좋은 업종으로 전환하는 것이 좋겠다는 자각에서 전업을 하는 경우도 있었다.[26] 예컨대 교원인 경우 지역에 따라 식량배급은 계속됐으나 충분하지 않았을 뿐 아니라 경제난으로 인해 시작된 변화에 발 빠르게 대응해야 생존한다는 자각에 의해 장사를 겸하거나 전업하였다.[27]

이와 같은 현상은 북한 대다수 지역에서 보여 지는 일반적인 현상이었다. 그러나 식량배급이 비정상적으로 이루어져 생활이 곤란함에도 불구하고 상대적으로 식량구입이 용이한 곳에서는 전업을 하는 경우가 많지 않았다. 탈북자들의 증언에 의하면 농임업이 주산업이며 중국과 무역거래를 통해 쌀 등 물자가 풍부했다는 혜산은 교원, 품질감독원, 식당

자재인수원 등 비교적 전문직이거나 사무직에 종사하고 있는 여성의 경우는 물론이고 광산노동자를 비롯한 일반 노동자의 경우에도 다른 지역에 비해 전업을 하지 않고 그대로 일을 계속했다고 한다.[28]

2) 1995～1998년까지 여성의 생활: 적극적인 대응

이 시기는 여성들이 어떠한 방식으로든 살아가기 위해 다양한 생계방안을 모색하게 되고, 특히 본격적으로 장사를 하던 때이다. 김일성 사후 공급이 서서히 끊겨 1995년부터는 북한사회 전역에 걸쳐 거의 미공급에 들어가 1996년도에는 아사자가 속출했다.[29] 이에 따라 1997년부터는 북한당국의 묵인아래 본격적으로 드러내놓고 장사에 나서는 등 적극적으로 생계를 유지하여 다른 직종에 종사하던 여성들도 장사로 전업하는 사례가 나타났다. 이것은 변화되는 환경에 보다 능동적으로 대응하는 것을 의미하며 이전 통제할 때보다 더 편리하게 장사에 전념할 수 있었기 때문이라고 한다.[30]

북한 대다수의 지역에서 인민들은 아사자가 속출하자 무언가 하지 않으면 살 수 없다는 절박한 인식아래 오전에 출근했다 오후에는 다른 일을 하면서 생계를 유지했다. 처음엔 집에 있는 가재도구와 집기 등을 팔아 그를 밑천 삼아 장사를 시작하기도 하고 산에 뙈기밭을 일구어 식량을 마련하기도 했다.[31] 특히 이 시기 공장기업소 등에는 자재가 없어 운영되지 못해도 출근을 하게 했지만 출근하지 않고 공장 비서, 지배인에게 돈을 먹이고 장사길에 나선 경우가 많았고 사회노동에 동원하는 경우에도 돈을 주고 나가지 않고 장사에 나선 경우도 많았다고 한다.[32] 이와 같이 직장에 적을 걸어두고 뇌물을 주고 형식적 출근 혹은 반나절 출근과 장사를 병행하는 경우이외에 전업하여 본격적으로 장사에 전념하는 경우도 많았다. 이전시기까지 경제적인 어려움 속에서도 본업을 고수하고 있던 여성들이 식량배급이 완전히 끊기면서 기존의 직장을 떠나 장사에 나섰던 것이다.33) 이 시기부터 단속이 없어지면서 북한인민들은 생계유지방안으로 장사를 본격화했다고 한다.34)

생계유지를 위해 여성들이 전업을 하는 경우에도 남편의 사회적 직위가 이용되기도 했다. 보위부에 근무하는 남편을 둔 여성은 본래 부양이었으나, 1990년대 들어서면서 사진사가 되었다가 식량공급이 끊긴 1995년부터는 외화벌이로 전업을 했다. 경제사정 등 북한의 전반적인 상황을 파악할 수 있는 직업에 종사하고 있는 남편의 권유로 사진 찍는 기술을 익히게 되었고, 이어 외화벌이로 전업을 할 수 있었던 것이다.35) 이 두 직업, 즉 사진사와 외화벌이는 북한의 경제사정이 어려워지면서 벌이가 좋은 직업으로서 각광받는 것들이었다.

그러나 남편의 사회적 지위와 무관하게 여성 자신이 처한 여건과 능력을 이용하여 유리한 조건에서 장사 등을 하여 수입을 올리는 여성들도 있었다. 자재일군으로 근무하던 여성은 차로 자재를 들어올 때 본인 것도 챙기는 형식으로 비교적 헐값에 자재를 들어다 높은 가격에 팔았다.36) 외화벌이로 장사를 크게 하던 여성은 어학에 능한 것을 무기로 주변의 능력 있는 당 간부 등의 도움을 받아 중국과 거래하여 큰 돈을 벌었다.37) 그러나 대부분의 여자들이 하는 장사는 쉽고도 이윤이 남는 맛내기 장사였다. 소다나 맛내기 등을 넘겨받아 농촌에 가서 팔고, 농촌에서 고추나 나물 같은 것을 사다가 시내에서 파는 것이었다.38)

한편 경제난이전부터 가내작업반에서 부업을 해오던 여성들 가운데 남편의 직업이 행정일군인 중층의 여성들 중 일부는 식량공급이 끊긴 상태에서도 계속 가내반을 통해 생계를 유지하는 경우도 있었다.39) 그러나 이 시기 특이한 사실은 동에서 운영하는 가내작업반이 사회동원을 빼는데 활용되었다는 것이다.40) 가내작업반에 일정한 돈을 바치고, 사회동원을 빼거나 장마당에 나가 돈을 벌거나 하였다. 작업반에는 여러 가지 직종이 있는데, 적만 거기에 두었을 뿐이지 장사는 자기가 하고 싶은 것으로 장마당에 나가 신발 장사도 하고, 식품이나 의류도 팔고, 쌀장사도 했다고 한다. 특히 집에서 노는 간부 부인들의 경우 여맹 행사 등에 참가하지 않기 위해 가내반에 들어가는 경우가 많았다고 한다. 이들은 생계에 신경 쓰지 않아도 되고, 가내작업반에 들어가 일정한 여유돈을 내고, 인민반 동원에서 빠지는 것이다.41)

미 공급이 되면서부터는 남자들도 장사를 하는 경우가 늘어났다. 이미 90년 초부터 소위 머리가 튼 남자들은 여자들과 힘을 합쳐 장사를 했다고 한다. 기업소에 나가도 할 일이 없고 원자재가 없어 공장이 가동되지 않았기 때문에 공장 운영비 명목으로 한 달에 돈을 얼마씩 내놓고, 공장, 기업소에 이름만 걸어놓고 장사를 했다.42) 남자들이 여자와 함께 혹은 혼자서 장사하는 사람도 있었지만 많은 남자들은 집에서 있었다고 한다.43)

3) 1999년 이후 여성의 생활: 변화 속의 적응

이 시기는 북한의 위기와 그에 따른 변화에 인민들이 능동적으로 대응하면서 점차 변화 속에 질서가 형성되는 때라 할 수 있다. 주지하는 바와 같이 북한의 경제위기로 인한 생활의 변화는 이미 80년대 중반이후부터 시작됐다고 할 수 있으나 일부 발 빠르게 대응한 사람을 제외하고 대다수의 인민들은 경제난으로 식량배급이 중단된 시기부터 본격적으로 대책을 마련했다. 그 결과 북한사회는 이전과는 상이한 삶의 형태, 즉 근로의 질과 양에 따라 국가로부터 공급되는 배급으로 생계를 유지하던 것에서 이제는 각자 개별적으로 능력껏 생계뿐 아니라 생활에 필요한 일체의 것을 마련하는 체제로 전환되고 있는 상태이다. 북한인민들은 이미 1980년대 중반부터 시작된 경제적인 어려움 속에 점차 장사와 외화벌이 등 자력으로 삶을 영위하게 된 것이다. 물론 이 과정에서 적절히 대응하지 못한 인민들은 아사하거나 탈북하였고, 생존하는 인민들은 위기와 변화에 나름대로 적응하고 있어 이 시기 북한은 경제적인 어려움 속에서도 어느 정도 안정을 찾아가는 때라 할 수 있다.

따라서 1999년도 이후에는 고위 간부급을 제외한 북한인민들 모두는 장사 같은 것을 하면서 생활을 유지했다.44) 1999년 이전에 남편들은 대개 직장 등 조직생활을 통하여 통제되었기 때문에 반드시 직장에 나가야 했다. 특히 언제 어느 때 배급을 줄지 모르기 때문에 출근을 해야 했으므로 장사를 할 경우에는 뇌물을 주거나 혹은 반나절 출근 등을 해야 했다. 그러나 이후에는 직장에서 남자들에 대한 통제도 이완되어 남편들도 아내와 마찬가지로 장사를 하거나 집에서 가사를 보조했다.

1999년에는 장마당에서 장사하는 남자들이 많이 눈에 띄었다고 한다. 처음에는 남자들이 없었는데, 점차 늘어나서 밥파는 남자들까지 있었지만 잡화, 재생품, 기계류, 자전거 부속 등을 파는 것은 남자이고 외지로 차를 타고 장사하러 다니는 사람들은 여자가 많았다고 한다.45) 이 시기 북한여성들은 지역과 계층을 불문하고 이전부터 해 오던 방식으로 -장사, 외화벌이- 생계를 유지했다.46)

그러나 다른 한편으로 1998년부터 점차 공장에 출근시키기 위해 통 강냉이 같은 것을 주면서 공장에 나오게 했다고도 한다. 이 경우 이전처럼 공장이 돌아가는 것이 아니라 사회동원을 하기 위한 것이었다. 이미 언급한대로 사회동원도 돈을 내는 것으로 대신하고 장사에 나섰으나, 장사할 능력이 없는 사람은 통 강냉이라도 얻기 위해 나오는 사람도 있었다고 한다. 그러나 이것도 계속 배급을 주지 못하고 사회동원만 시키게 되자 공장에서 부속품을 뜯어다가 팔아 생계를 유지하기도 했다.47)

4. 북한여성들의 삶과 의식 변화

1) 가정에서의 역할과 가족관계의 변화

　1990년대 이전까지 북한의 가정생활은 전통적인 가부장제적인 원칙 아래 운영되어 왔고, 부양이든 직장여성이든 가사와 육아 등은 여성이 전담했다. 그러나 경제난이후 식량을 구하기 위해 아내가 장기간 집을 비우게 되면서 남편들이 가사와 아이들을 돌보는 경우가 늘어났다.[48] 이 과정에서 아내의 이탈, 남편의 가출, 아이들 유기 등으로 기존의 가족관계의 변화가 초래되었다.[49] 물론 이런 현상은 북한가정의 보편적인 모습이라 할 수 없으며, 각기 처한 상황에 따라 변화여부와 정도 등에 차이를 보일 수 있다. 그러나 경제난이후 북한의 가정생활에서의 일련의 변화양상은 이전의 엄격한 성별분업구조 속에 유지됐던 북한의 가정생활은 아니다.

　경제난이후 북한의 가정생활에 어떤 변화가 초래됐는지를 규명하기 위해 우선 가정에서의 역할변화 여부와 그에 따른 의식의 변화를 측정하였다. 경제난이후 생계책임자와 가사와 육아의 주 담당자는 누구였는가, 만약 역할변화가 있다면 이것에 대해 여성들은 어떻게 생각하고 있는지를 조사하였다. 두 번째로 경제난이후 가정에서의 관계변화 여부와 그에 따른 의식의 변화를 측정하기 위해 남편을 가장으로서 섬김의 대상으로 생각하는지 아니면 동반자로서 간주하고 있는지 그리고 자녀교육과 시부모 봉양 등과 가정의 화목이 전적으로 여성에게 달려있다고 생각하는지의 여부를 조사하였다.

　경제난 이후 생계유지가 개별 가족 차원에서 해결되면서 야기되는 가정생활의 변화는 크게 가정의 해체[50]와 가족간 유대강화라는 두 가지

상반된 현상으로 집약될 수 있다. 이 두 현상은 모순적인 결과를 야기하는 것이지만 이전의 가족관계와 가족 내 역할의 변화라는 점에서 공통적이다. 우선 가족간 유대강화현상은 가족끼리 생계문제를 해결하게 되면서 분업과 협업의 필요성에 의해 촉진된 것이다. 대부분의 북한가정은 식량배급이 중단된 이후 가족들이 역할을 분담하여 생계를 유지하고자 했다. 남편은 직장에 나가기는 하나 공장이 가동되지 않아 출근만 했다가 집에 돌아와 집안 살림을 돌보거나 칡뿌리 등을 캐러가고, 아내는 외지로 나가 장사를 하며, 자녀들도 식량을 구하는 일을 했다. 이에 따라 남편이 가사를 담당하는 경우가 생겨났다.51) 또한 가족간 유대강화현상은 경제난이후 북한사회 전반에 걸쳐 통제이완에 따른 치안유지 해이 등으로 신변보호가 확보되지 않는 상태에서 가족의 협력이 요구되기 때문이다.52) 다음의 탈북자의 증언은 생계유지를 위해 가족간 협력의 필요성을 잘 나타내고 있다.

"어디를 가도 혼자면 뺏기고 깅도를 만나고 하니까 혼자서는 못 다닌다" "가정에서 굶어죽지 않으려면 생활에서 협력을 잘 해야 한다. 너는 강냉이 이삭을 주어오라, 너는 쑥을 뜯어오라고 가정에서도 분담이 있다. 서로 힘을 합해야 살았다. 엄마는 장사하는 것이 제일 낫다. 젊은 아이들은 얼굴이 깎이니까."53)

이와 반대로 가정의 해체현상은 아내 혼자 식량을 구하기 위해 오랜 기간 외유를 하면서 비롯된다. 여성은 실제 이 과정에서 다른 남자를 만나 집을 떠나는 경우도 있지만 기차 고장 등으로 며칠씩 연착되는 경우와 같은 교통사정과 도중에 물건을 도둑맞는 경우 등 사고로 장기간 집을 비우게 된다. 이에 대해 남편과 아이들은 먹을 것이 없어 뿔뿔이 흩어지는 경우54)와 남편이 아내의 장기간의 외유에 대한 불만과 오해 속에 여자를 다그치는 과정에서 여자들 또한 이전과 달리 순종하지 않으면서 이혼에 이르는 경우이다.55) 물론 공식적인 이혼은 이전처럼 어렵지만 별거와 가출 등 사실 이혼은 경제난이후 많이 발생돼 가정의 분산으로 이어졌고 아이들은 꽃제비가 되고 방랑생활을 하는 경우가 많았다.56) 또한 1990년대에 중국과 외화벌이를 통해 돈을 많이 번 무역부문 일꾼들이 처녀애들을 데려다가 매춘행위를 시키거나 혹은 이들을 상대로 매춘행위를 하는 생계형 매춘여성들이 생겨나면서 가정이 파탄되어 이것이 사회문제로 제기되기도 했다.57)

위와 같은 현상은 북한의 가정생활을 지탱해 온 가부장제의 해체를 야기하는 것이라 할 수 있다. 이것은 단순히 가족 내 역할 변화에 따른 전통적인 성별 분업구조의 해체만이 아닌 의식의 변화까지 초래된 데 따른 것이다. 경제난이후 북한인민들의 생계유지의 주요 수단인 장사를 주로 여자들이 담당하면서 북한의 많은 여성들은 이전과 달리 가장으로서 남편이 생계를 돌보던 때와 달리 남자들 말에 순종하지 않는다고 한다.58)

한편 남자들도 이 같은 여성의 변화에 따른 가족 내 역할과 위상 등의 변화를 수용하게 되었다고 한다. 경제가 어려워지면서 실제로 남자들은 할 일이 없어 집에서 '멍멍이'처럼 집 지키면서 노는 경우가 많았다. 여자들이 아침에 장사하러 나가면 데려다 주고, 저녁에는 거둬서 같이 들어온다. 이런 조건하에서 남자들이 여자 앞에 나서서 할 일이 없었다고 한다.59) 또한 때로는 남자들이 누가 시키지 않아도 집안일을 하고, 여자를 많이 도와주는 현상이 나타났다.60) 처음에는 남자들이 석탄을 갈아주거나 불을 때주고 가마를 씻어주면 대단한 것이라 생각했는데, 90년 이후에는 부부가 같이 움직여 나가야 산다는 것을 많이 깨우쳤기 때문에 남자들도 여자들을 많이 도와주었다는 것이다.61)

가정의 해체 혹은 가족간 유대강화현상과 이에 따른 여성의 의식변화로 인한 가정생활의 변화는 김일성 사망 이후 더욱 가속화된다. 공장과 기업소 들이 가동을 멈추게 되면서 생계유지를 위한 장사 등을 묵인해주는 분위기 속에 남자들도 점차 장사와 외화벌이 등에 뛰어드는 경우가 늘어나 혼자 혹은 아내와 함께 일을 하는 광경이 눈에 많이 띠었다고 한다. "남자들도 따라 다니며 뒤를 봐 주었다. 쌀자루도 들어주고, 부부간에 밀차를 밀며 쌀을 끄는 현상이 나타났다"[62]라는 탈북자의 증언에서 알 수 있듯이 남편들이 형식적이나마 직장에 출근해야 하는 상태에서는 주로 아내들이 끼니를 마련했으나 장사가 묵인되면서부터는 남자들도 이에 합류하는 등 생계전선에 적극 나섰던 것이다.

이와 같이 경제난 이후 여성이 남편을 대신하여 혹은 남편과 함께 생계유지의 전담자로서 역할로 부상되고 남편은 아내를 대신하거나 도와 가사와 육아에 참여하는 등 가정 내 역할 변화와 그에 따른 의식의 변화가 나타났지만 이런 현상은 북한사회 전체에 해당되는 것은 아니다.[63] 이미 언급한 바와 같이 간부급 등 경제난이후의 삶이 크게 변화되지 않는 중상층이상 계층의 가정은 가부장제적인 성 역할분업구조가 지속되어 이전의 가정생활에 어떤 변화도 감지되지 않고 있다.[64]

결국 경제난 이후 가정 내 역할과 의식의 변화는 경제난에 가장 민감하게 영향받을 수 밖에 없는 중하층에서 보여주는 현상이라 할 수 있다. 북한인민 전체에서 상층부는 그 수가 소수이므로 경제난 이후의 북한사회에서 보여주는 가정생활에서의 변화는 이전의 가부장제적인 질서의 균열을 의미하는 것이라 할 수 있다. 그러나 탈북자들과의 심층면담 결과 경제난이후 여성이 생계유지전선에 나선 세대의 경우 누가 가사와 육아문제를 담당했는지의 질문에 남편이 전담했다는 경우보다 공동으로 했다는 대답이 절대 다수를 차지했으며 심지어 비록 소수지만 여성이 담당한 경우도 있었다.[65] 물론 여성들이 생계전선에 나서면서 두드러진 의식의 변화는 이전처럼 엄격한 성 역할분업에 대한 고정관념은 깨졌다고 할 수 있다. 가정에서 남편의 일과 여성의 일이 정해져있다고 생각하느냐의 질문에 거의 대다수는 그렇지 않다고 했다.

따라서 경제난이후 여성들의 가정생활에서의 역할과 의식의 변화에서 가장 두드러진 특징은 이전의 엄격한 성별분업현상은 깨어졌지만 가부장제 질서의 와해를 의미할 정도는 아니라고 할 수 있다. 우선 남편이 가사에 참여하고 있지만 여성을 대신하여 전적으로 전담하는 경우는 없고 보조적인 차원에서 아내의 빈자리를 채우는 정도에 그치는 것이었다고 할 수 있다. 또한 여성의 의식변화도 가부장제의 부정을 의미하는 것은 아니었다. 탈북 여성들의 대답은 이전처럼 성별분업 자체에 대해 고정관념을 버렸지만 가정의 일은 여전히 여성의 책임이 크다는 인식과 함께 남편이 섬김과 복종의 대상이 아니지만 가부장으로서의 존재와 권위 자체를 부정하지 않고 있었다.

2) 조직생활과 인식 변화

북한여성들의 주요 사회생활인 여맹 혹은 직맹과 인민반의 활동이 경제난 이후에도 이전과 다름없이 생활총화나 사회의 노력동원 - 건설현장, 원호사업, 퇴비제조 등 - 으로 계속되었는지, 아니면 빈도만이 아닌 강도와 강제력에 있어서 약화됐는지를 조사하였다. 그리고 이런 조직생활에 여성들은 어느 정도 참여했고, 이에 대해 어떻게 인식하고 있었는지 - 이전과 다름없이 참여하거나 가능한 한 참여하려고 노력하는 경우, 아니면 뇌물과 인맥 등의 방법을 동원하여 빠지거나 혹은 살기 바쁜 핑계로 빠지기 등 - 와 공적 유대감과 연대감은 어떠했는지 - 이웃 사정을 돌보는지 아니면 나 살 궁리만 하는지 - 등을 조사하여 여성들의 사회생활에서의 의식변화를 추적했다.

다음의 탈북자의 증언은 외형상 북한의 조직생활에 큰 변화가 없음을 보여준다.

"경제가 어려워지고 공급이 제대로 안되면서도 여맹활동은 똑같았고, 생활총화도 여전했다. 사람들이 안 나오면 찾아다니면서 나오라고 했다. 또 군대를 지원한다는 명목으로 장갑을 내라 하고, 철도를 지원한다고 하며 또 내라고 한다. 내놓을 것이 없으면 시장에 가서 사서라도 내야 한다."66)

그러나 경제난이후 생활의 변화에 따라 조직생활에 대한 참여도와 의식에는 변화를 보일 수밖에 없다. 생계를 위해 빈번한 이동에 따른 장기간 외유와 이에 대한 통제가 느슨해진 상태에서 각종 사회조직의 비중은 약해질 수밖에 없다.67) 북한여성들의 가장 큰 조직체인 여맹은 느슨해져 학습 강연회도 줄고, 생활총화나 교양사업이 줄어들었다.68) 그러나 발전소 건설이나 농촌 지원 등의 사회적 과제는 계속 떨어졌고, 식량 사정이 어려울 때도 가두 여성들은 사회동원에 많이 나갔다.69) 이런 사회지원활동은 여맹 만이 아닌 다른 사회조직에서도 요구되는 것으로서 경제난 이후 북한사회조직의 주요 활동이 되었다. 이에 따라 90년 이후 인민반 활동도 자력갱생차원에서 원료기지를 꾸리는 직업에 동원되는 경우가 많았다.70) "배급을 주지 않으면서 계속 원료기지에 나와 김매라, 비료줘라 한다." 그러나 이것이 반드시 강제적으로만 이루어졌다고 볼 수 없고, 필요에 의한 자발적인 동원의 형식이었다고 한다.71)

이와 같이 북한에서는 경제난으로 공식공급체계가 마비되고 인민들의 생계유지가 어려워진 상황에서도 인민반이나 여맹을 통한 사회지원활동은 계속적으로 요구되었다. 군대원호사업이나 독거노인·고아를 후원하는 활동을 적극 권장하며 집단주의 정신 등 공산주의적인 도덕을 내세워 이것의 실천을 강조했다. 이에 따라 1990년대 이후 『조선녀성』, 『근로자』, 『로동신문』등 북한의 공식문헌에는 이것을 강조하고 이를 실천하는 모범사례가 많이 소개되고 있다.72) 이것은 경제난이후 의식주 등 인민의 기본적인 생활보장은 물론이고 의료, 교육, 복지 등 각종 사회보장제도를 원활히 운영되지 못한 상태에서 그 책임을 개별 가정에 돌릴 수밖에 없는 당시의 상황을 반영한 것이라 할 수 있다.

특히 군대원호사업은 경제난으로 가속화된 체제위기를 군사우선의 정치운영으로 타개, 유지하려는 정책[73])에 따라 군민일치사상의 실천을 강조하며 경제적인 어려움 속에도 실시되었다. 주로 인민반 회의를 통해 중앙에서 할당받은 품목과 수량만큼을 각 세대별로 분담하는 대로 세수 수건, 양말, 군대단추 등을 내야 했고 때로는 배급에서 애국미로 얼마를 잘라냈다.[74]) 그러나 흥미로운 사실은 북한인민들은 어려움 속에서도 군대원호사업에 대해서는 반감이 크지 않고 대체로 잘 따랐다고 한다. 그 이유는 군대 내 가족의 일원이거나 측근 등 자기와 관련된 사람이 하나라도 속해 있었기 때문이라고 한다.[75])

그러나 김일성 사후 미공급이 시작되고 장사 등 사경제가 공공연해지면서 조직생활에 변화가 가속되었다. 98년도 이후에는 사회동원을 나가지 못할 때 돈으로 대신 내는 경우가 생겼다.[76]) 인민반에서 제기되는 사업에 참여할 수 없을 경우에는 인민반장이 대신해주는 경우도 있었다. 인민반장으로서는 중앙으로부터 지시되어온 할당량만큼 과업을 수행해야했고 바쁜 여성 - 큰 장사 내지는 고위층을 자주 접하는 초대소 접대인 같이 생기는 것이 많은 직업을 가진 여성 - 을 대신하여 이들로부터 식량 등을 얻을 수 있어 일석이조인 셈이었다.[77])

이 같은 변화는 북한인민들의 조직생활에 대한 인식 자체의 변화가 동반되는 것이다. 우선 인민들은 생계유지를 위해 장사 등에 나서야 했기 때문에 절대적인 시간의 부족으로 조직생활에 참여하기가 힘들었고 또한 이전처럼 국가로부터 받는 것이 없으므로 조직으로부터 생계를 위한 어떤 도움도 얻을 수 없다는 인식을 하게 된 것이다. 여기에 이전과 달리 조직생활의 나태 혹은 이탈에 따른 제재 등이 약해진 것도 북한인민들의 조직생활에 대한 중요성과 참여도를 현저히 떨어뜨리게 한 것이라 할 수 있다. "식량난을 겪으면서부터 모두가 사회주의라는 것이 필요 없고, 오직 우리 가족을 위해 먹고살기 위해서는 우리가 힘껏 해야 되겠다는 개인주의로 되었다. 국가 일은 다 제쳐놓고 직장에서 얌만 나와라 외쳐도 우리가 먹고 힘이 나야 사회주의도 지키지. 당증을 빵하고 바꿔 먹고 이런 정도다"[78]라는 탈북자의 증언처럼 이전에 비해 조직생활에서 개인주의가 강화되고, 사회적 유대감이 약화되었다고 할 수 있다. 실제 탈북자들과의 면담결과 경제난이후 북한여성들의 사회생활의 변화와 그에 따른 의식의 변화를 측정해볼 때 이전에 비해 조직에 대한 결속과 귀속감이 약화되고 집단주의적인 의식이 약화됐다고 할 수 있다. 그러나 탈북 여성들의 증언에 의하면 집단주의를 대체할 정도로 개인주의 성향이 강하다고 할 수 없게 가능한 한 이웃의 어려움에도 눈을 돌려 더불어 살려는 의식을 지니고 있었으며 조직생활과 사회동원의 참여 자체를 부정하지 않고 생계에 지장을 주지 않고 비판받지 않을 정도로 참여했다는 점에서 획기적인 의식의 전환이 있다고 보기 어렵다.[79]

5. 결론: 북한 여성들의 삶과 의식의 변화와 한계

경제난이후 북한여성들은 어떤 변화를 겪고 있는지를 고찰하기 위해 탈북 여성들과의 심층면접을 중심으로 그들의 삶과 의식의 변화추이를 분석했다. 경제난이전의 북한여성은 사회경제활동과 함께 가부장제적 원리아래 전통적인 성 역할을 수행해야 했다. 북한여성의 사회경제활동은 여성의 자아실현이나 지위향상을 위한 것이기보다 국가의 인력수급계획과 여성 자신의 생계유지차원에서 행해진 것이라는 점에서 사회활동과 가정생활의 병행은 북한여성들에게 이중의 부담이 되는 것이었다. 이에 따라 남편 잘 만나 편안한 삶이 보장되는 것을 주요한 가치로 삼고 있었다. 물론 북한여성들 가운데는 당에 입당하기 위해 혹은 각자 다양한 사회적 성취동기를 갖고 일에 몰두하는 경우가 있었지만 사회적 지위와 상관없이 엄격한 성별분업 구조 속의 가사와 육아 등의 담당자로서의 역할을 동시에 수행해야하는 부담으로 인해 북한여성 대부분은 편안한 삶이 보장되는 남편과의 결혼을 희망하고 있었다.

　탈북자들과의 면담결과 이런 현상은 경제난이후 여성이 생계전선에 나서면서도 크게 변화되지 않았다고 한다. 그러나 경제난이후 여성들이 가계생계를 책임지면서 가사와 육아문제에 남편들의 참여가 증대되는 등 점차 가정 내 성 역할에 변화가 생기기 시작하는 한편 의식의 변화도 수반되었다. 생계를 책임진 여성은 남편에게 무조건 순종한다거나 가사와 육아가 전적으로 자신들의 책임이라는 인식을 재고하는 한편 남편들도 변화된 여성의 삶과 의식의 변화를 수용하는 경향이 생겨났다. 물론 이런 현상은 계층을 초월한 북한사회 전반에 걸친 것이기보다는 경제난으로 생활의 변화가 심한 중하층에 국한된 것이라 할 수 있다. 경제난이후에도 생활의 변화가 거의 없는 소위 중상층부는 가정생활 내 역할과 관계변화 등이 크지 않았기 때문이다.

　이런 점에서 경제난이후 남편의 사회적 지위는 북한여성들의 삶의 영향을 미치는 주요 변수라는 것이 입증되는 한편, 북한의 체제위기로부터 야기된 북한여성들의 삶과 의식의 변화에 한계를 지니게 된다. 경제난이후 북한여성들에게 나타나는 변화는 이전까지 유지되어 온 가부장제에 변화를 가하는 것이었다 해도 북한여성의 의식은 가부장적 요소를 완전히 탈피하지 못한 것이었다. 여성들은 생계책임자가 되면서 이전의 엄격한 성별분업에 대한 의식은 깨어졌지만 가사와 육아를 비롯한 가정의 화목에 여성의 역할이 중요하다는 인식을 가지고 있었고 이전처럼 남편을 섬김의 대상으로까지 인식하지 않지만 가부장으로서의 남편의 권위를 근본적으로 부정하지 않고 있었다. 심지어 북한여성들은 이전보다 경제주체로서 역할을 하면서도 여전히 남편의 사회적 지위에 의존하려는 성향을 보이고 있었다. 물론 예외적으로 남편의 지위와 상관없이 여자의 능력으로 경제난이전보다 훨씬 풍족한 삶을 영위하는 여성이 생겨나기도 했다.

그러나 대부분의 북한여성들은 경제난 이전과 이후 모두 자기 능력껏 원하는 삶을 영위하기보다 풍족한 삶이 보장되는 남자에게 시집가서 편안히 사는 것을 꿈으로 가지고 있었다. 경제난 이전과 이후에 있어 차이가 있다면 북한여성이 선망하는 남편이 경제난 이전에는 간부급의 남편이었으나 경제난이후에는 외화벌이꾼과 같이 돈을 많은 버는 남자로 바뀌었을 뿐이다. 이것은 북한여성들의 의식변화에 한계가 있다는 것을 드러내는 사실이다.[80] 이와 같은 여성들의 의식변화의 한계는 사회생활에서도 그대로 드러났다. 여성들은 경제난이후 이전보다 조직과 사회생활에 대한 결속감과 귀속감이 희박해졌지만 그 자체를 부정하기보다 비판받지 않을 정도로 최소한으로 그리고 생계유지활동에 지장을 주지 않은 한도 내에서 참여하였다. 또한 가족 중심의 생계유지에 몰두한 나머지 개인주의적인 성향을 갖게 되었지만, 가능한 어려운 이웃을 돌본다던가 혹은 사회동원과 집단생활에 참여하는 등 집단주의 정신과 의식을 대체할 정도는 아니었던 것이다.

이와 같이 경제난이후 북한여성의 의식변화의 한계는 경제난이전과 다름없이 여성의 사회경제활동이 자신의 자의적인 선택에 의한 자아실현과는 거리가 먼 생계유지를 위한 불가피한 상황에서 행해진 데 따른 것이라 할 수 있다. 더구나 전통적인 성 역할을 전담하는 상태에서 생계유지만을 위한 경제활동은 북한여성들에게 버거운 현실일 따름이었다. 여기에 여성의 능력발휘로 고위직에 올라 성공된 삶을 영유하는 실례보다 고위직의 남편을 둔 여성들이 안락하게 살아가는 사례가 더 흔한 북한의 상황에서 생계유지라는 버거운 현실로부터 탈피는 남편 잘 만나 편안한 삶의 보장되는 것이었다.

또한 경제난이후 북한여성들의 의식변화의 한계는 북한체제의 특성에서 연유된 것이라 할 수 있다. 북한은 유일지배체제를 구축, 유지하기 위해 가부장제적인 유교전통의 유산을 재 강화하고 이를 합리화, 제도화하는 차원에서 교양과 학습체계를 확립하여 북한인민들의 생활과 의식을 통제하였다. 이에 따라 북한여성들은 사회활동에도 엄격한 성별분업 구조 속에 전통적인 성 역할수행을 당연한 것으로 간주하는 한편 경제난이후 변화된 삶 속에서도 남편을 여전히 가장으로서의 지위를 인정하는 경향을 보인 것이다. 이와 같이 오랜 시기 가부장제적 권위주의 정치체제 속에 길들여진 수동적인 삶과 의식의 마비로, 북한여성들에게 획기적인 자각을 불러일으키기 위해서는 북한체제의 변화가 수반해야 할 것이다. 이것은 탈북 여성들과의 면담 가운데 경험한 것으로 여성들 대부분은 이중의 부담을 버거워하고 때론 억울하다는 생각을 하면서도 어쩔 수 없이 수용해야하는 것으로 체념하고 있었다. 이런 점에서 경제난이후 북한여성의 삶과 의식의 변화는 향후 북한여성의 지위와 역할을 변화시킬 수 있을 정도의 기존 북한체제의 운영원리에 대한 전면적 비판이라든지, 혹은 이를 타개해야 한다는 식의 적극적인 것이 아니었다.

※ 이 논문은 『아세아연구』 제47권 2호 (2004)에 발표된 논문을 수정한 것이다.

주_註

1) 조동호 외,『북한경제발전전략의 모색』(서울: 한국개발연구원, 2002), 243~250쪽.
2) 북한의 7·1경제관리개선조치는 5가지 사항을 중심으로 경제정책의 변화가 시도된 것으로 구체적인 내용은 국정가격 및 임금의 인상, 배급제의 부분적 수정, 환율의 현실화. 기업부문의 경영자율성의 확대, 실적제 시스템의 강화로 정리된다. 이 조치의 성격과 향후 전개방향에 대해서는 상반된 평가들이 있지만 사회주의 분배방식 및 보수제도를 개혁하는 등 북한사회주의 경제관리체계가 구조적, 운영적인 측면에서 변화가 시도되고 있다. 이에 관한 자세한 논의는 조명철 외,『7·1경제관리개선조치현황평가와 과제: 북한경제개혁의 전망』(서울: 대외경제정책연구원, 2003)를 참조할 것.
3) 김귀옥 외,『북한의 여성들은 어떻게 살고 있을까』(서울: 당대, 2000) ; 여성한국상회연구소 편,『북한여성들의 삶과 꿈』(서울: 사회문화연구소, 2001) ; 임금숙, "북한의 식량위기와 북한여성의 경제활동," 이화여대 한국여성연구원 편,『북한의 식량위기와 여성』(서울: 한국여성원구원, 1999) ; 이현숙, "북한의 식량위기와 남북여성의 과제," 이화여대 한국여성연구원 편,『북한의 식량위기와 여성』(서울: 한국여성연구원, 1999).
4) 정권수립초기부터 토지개혁. 노동법령, 남녀평등권법령의 제정 등 법적 평등을 제도화하는 한편 가사, 육아노동의 사회화를 위한 산후휴가제와 직장 내 탁아소, 유치원 설립 그리고 밥과 장공장, 세탁장 설치 등 법적, 제도적 지원 속에 여성의 사회경제활동을 장려하였다. 이에 관한 자세한 내용은 윤미량,『북한의 여성정책』(서울: 한울, 1991), 65~79쪽.
5) 김애실, "여성의 경제활동," 손봉숙 외 공저,『북한의 여성생활』(서울: 나남, 1992), 180~188쪽.
6) 북한체제에서 여성들의 사회경제활동의 참여는 거의 필수사항으로 학교 졸업 후 개인의 희망과 사회의 요구에 따라 직장에 배치되어 사회 경제활동에 참여하며 결혼 후에도 지속된다. 결혼 후 개인의 사정―이사, 질병, 육아―과 지역별 산업현장의 인력수급의 불균형 등으로 移職, 혹은 離職으로 정규직을 포기하기도 하지만 이런 경우에도 부업의 형식으로 사회경제활동에 참여했다. 이는 북한여성의 경제활동의 참여가 당연시되는 분위기와 별도로 현실적으로 정규직이 아닌 부양인 경우 배급이 절반정도로 줄어들기 때문에 부족한 생활비를 충당하기 위한 현실적인 이유 때문이다.
7) 여성이 경제난이후 생계유지에 적극 나서게 된 데에는 이미 이전부터 부업의 형식으로 가내작업반을 통해 소규모의 가내수공업과 장사 등을 하고 있어 이

를 전업으로 전환이 용이하였다고 할 수 있다. 그러나 다음과 같은 탈북자의 증언에 의하면 경제난 이후 남성에 비해 여성들이 생계유지를 위해 장사 등에 나서게 된 것은 유교전통의 잔존이라고도 할 수 있다. "뭐를 팔던지 여자들이 팔지. 남자들은 못판다. 북한에서 남자들이 장사하는 것을 제일 수치로 여긴다. 남자들은 장마당가서 장사하는 것을 다 질색한다. 그 대신 밀수, 밤에 밀수하는 것은 자신있어 한다." (혜산출신 40대 초반의 사무원여성).

8) 북한연구에서 탈북자면접조사방법은 경우에 따라 탈북자들의 증언이 진위를 가리기 어렵다는 현실적 제약이 존재하기는 하나 구체적인 경험을 바탕으로 진술한다는 점, 비교적 다양한 계층의 다양한 삶을 비교하면서 확보하는 사실과 증언은 북한식 제도의 적용수준과 운용실태를 비교적 객관적으로 알 수 있다는 점이다. 더구나 북한체제의 특성상 직접적인 현지실태조사가 불가능한 경우에 탈북자들과의 심층면접은 차선책의 연구방법이라 할 수 있다. 최봉대, "탈북자면접조사방법," 경남대 북한대학원 엮음, 『북한연구방법론』(서울: 한울아카데미, 2003), 306~334쪽.

9) 이태영, 『북한여성』(서울: 실천문학사, 1988) ; 박현선, "북한여성의 지위와 역할에 관한 연구: 1945.8~1947.2" (이화여대 석사학위논문, 1988) ; 한국여성개발원, 『북한여성의 지위에 관한 연구』, '92 연구보고서 200-6 (서울: 한국여성개발원, 1992).

10) 이 연구에서 면접한 탈북 여성은 대략 50여 명이다. 이들 여성의 직업과 연령은 30~60대에 전문직에서 일반노동자계급에 이르기까지 다양하다. 이들의 출신지역은 주로 접경지역으로 다른 지역에 비해 탈북이 용이했던 곳으로 청진, 신의주, 혜산 등지이다. 이 지역은 경제난이후 북한의 개혁, 개방 등의 변화가 가장 민감하게 드러나는 곳으로서 이 지역의 특성을 북한사회 전반의 것으로 일반화하는데는 무리가 따를 수 있다는 한계를 지적할 수 있다. 따라서 이 연구에서 주 면접의 대상이 된 청진, 신의주, 혜산 지역의 여성들의 변화가 경제난 이후 북한여성 전체에서 보여주는 현상이라는 평가는 유보적일 수 있다. 또한 이 논문에서는 탈북자들의 신상에 관한 자세한 설명은 보안상 피력하지 않을 것이다. 이들 면접자 가운데는 북에 가족이 남아있는 최근 탈북자들도 상당수 포함되어 있다.

11) 함인희, "북한의 성불평등구조," 홍순호 외 저, 『북한인식과 한반도』(서울: 살림, 1999), 223쪽.

12) 박현선, 『현대북한사회와 가족』(서울: 한울아카데미, 2003), 369~372쪽.

13) 이현숙, "북한의 식량위기와 남북여성의 과제," 이화여대 한국여성연구원 편, 『북한의 식량위기와 여성』(서울: 한국여성연구원, 1999).

14) 조 형, "북한사회체계와 가부장제," 이대한국여성연구소 편, 『북한의 여성관』

(서울: 이대한국여성연구소, 1992) ; 함인희, "북한식 사회주의체제와 여성관," 한양대 민족학연구소,『민족과 문화』제9집 (2000).
15) 남편의 직업과 지위에 상관없이 간부를 많이 상대하는 직업에 있는 여성 예컨대 특각접대원은 배급을 비롯한 비정규적인 수입도 많아 풍족한 삶을 살았다. (청진거주 30대 후반 접대원여성).
16) 양문수,『북한경제의 구조: 경제개발과 침체의 메카니즘』(서울: 서울대출판부, 2001), 366~370쪽.
17) 가내작업반의 활용은 1984년도부터 실시된 소비품의 생산확대를 위한 '8·3인민소비품 생산확대운동'의 결과이다. 이 운동은 공장, 기업소의 생필품직장과 지방 산업공장들에서 유휴자재, 폐기물 또는 지방원료를 이용하여 경공업제품의 생산을 늘리기 위한 것으로 유휴 부양여성 노동력을 이용한 가내작업반이 증대되어 부양여성들의 부업활동을 촉진시키는 계기가 되었다. 이 운동은 본래 의도했던대로 비계획부문 내의 합법적 부업활동 참여 증대를 통해 도시 가계수지를 개선하는데 도움을 주고, 생필품 생산을 늘려 생필품 공급체계의 긴장을 완화하는 데 도움을 주었다. 또 가내반의 등록제 운영방식은 분산적인 가내 수공업적 개인 부업을 통제할 수 있는 방편이 될 수 있었고, 분공 품목과 액수를 국가가 책정해 줌으로써 사적 이익의 축적 가능성을 억제하면서 생계 보조비 수준의 금전적 수입을 보장해 주었다. 최봉대·구갑우, "북한 도시 농민시장 형성과정의 이행론적 함의," 북한대학원대학교『현대북한연구』6권 2호 (2003).
18) 1980년대 말 신의주시 친선동의 한 인민반의 경우를 보더라도 남편들 대부분은 공장, 기업소에 근무하였고 부양 여성들 대부분(약 70%)이 부업을 하였다고 한다. 이 때는 보통 공장, 기업소에서 운영하는 가내반 작업에 참여했던 것으로 보이는데, 개인적으로 재주가 있는 여성은 양복 같은 것을 주문받아 집에서 가공을 하는 경우도 있었다. 90년대 이후부터는 가내반에서 협동식당을 운영하기도 하였다. 돈 있는 몇 명이 조를 묶어서 가내반을 운영하고 일정하게 세금도 냈다.(신의주에 거주했던 40대 후반과 30대 후반의 가내반의 일을 했던 여성들).
19) 경제난 이후 북한의 여성들은 당일꾼 등 간부급에게 시집가는 것을 원했으나 경제난이전과 다른 점은 간부급 중에서도 돈이 많이 생길 수 있는 간부여야 한다는 것이다. "간부도 돈이 나오는 구멍에 가까운 간부여지 일반분야는 간부라고 해도 먹을 것이 없으면 마누라가 뛰어가지고 맞벌이라도 해야 먹고 사는 형편이다." (혜산거주 30대 초반의 노동자 여성).
20) 혜산거주 간부급아내인 60내 초반의 여성 ; 청진거주 보위부원의 아내였던 30대 후반의 여성.

21) 남편의 직업이 행정일군이거나 각 기업소 지배인인 중층의 여성의 경우에도 상층과 비슷하게 경제난이전과 이후의 생활에 큰 변화가 없었다고 할 수 있다. 우선 이들 여성들은 남편의 직업과 유사한 직업을 가지고 경제난에도 계속 직장을 다닌 경우와 가내반을 통해 부업으로 생계를 보조하는 정도였다. 이들 가운데 미공급이 본격화되면서 전업을 하기도 했으나 하층에 비해 이윤창출이 비교적 높은 외화벌이를 하여 생활의 변화가 크게 없었다고 한다.

학력	직업	남편 직업	90년대이전	1990~94	1995~98	1999년이후
고등중졸	보육원	행정지도원	보육원	보육원	보육원	탈북
고등중졸	전업주부	선원노동지도원	가내반	가내반	탈북	·
대졸	노동행정지도원	노동행정지도원	노동행정지도원	외화벌이	외화벌이	탈북
전문대졸	전업주부	노동지도원/무역	공장가내반	부양	외화벌이	탈북

22) 외화벌이는 돈을 많이 벌었지만 물건을 빼돌릴 수 있는 가능성 때문에 항상 감시와 조사가 뒤따랐으며 이 과정에서 강제 억류와 일을 박탈당하기도 하는 위험부담도 있었다고 한다(신의주에 거주했던 30대 중반의 여성).

23) 외화벌이가 성행된 지역은 중국과 무역거래가 용이한 접경지역으로 특히 신의주에서 활성화되었다고 한다. 신의주에서 중국과의 거래는 1980년대에 시작되었고 1990년대에는 조개나 실뱀장어를 잡아 중국과 거래하였는데, 여기에 부양여성들이 많이 참가하였다(신의주에 거주했던 40대 초반의 부양여성).

24) 청진출신의 보육원교사인 여성의 남편 직업이 행정지도원, 회계원 여성의 남편은 농장관리위원장, 부기원인 여성의 남편은 사회안전부에 근무하고 남편과 아내 모두 협동농장원, 또는 노동행정지도원, 중학교교원을 하는 여성의 남편은 보위부원, 혜산출신의 품질감독원을 하는 여성의 남편은 의사, 또는 의사를 하는 여성의 남편은 교원이었다.

25) 전문직이거나 사무직에 종사하는 여성의 경우에는 경제난에도 같은 일을 하였지만 1994년 김일성 사망후 경제사정이 더 어려워지면서 부기원에서 판매원 혹은 장사로, 교원이 외화벌이로, 설계원과 자재인수원이 장사로 전업하기도 하였다(이들의 장사는 대부분 의류, 신발류와 공업품 등으로 일반 노동자층의 빵과 국수, 두부 등을 제조해서 파는 것과 달리 비교적 밑천이 드나 이윤이 남는 것들이었다).

학력	직업	남편 직업	90년대이전	1990~94	1995~98	1999년이후
전문교졸	부기원	사회안전부원	부기원	부기원	판매원	되거리
전문교졸	부기원	선원	부기원	부기원	장사	탈북

대 졸	설계원	·	설계원	설계원	장사	탈북
대 졸	중학교원/경리	보위부원	중학교원	경리직원	외화벌이	외화벌이
대학중퇴	자재인수원	사망	자재인수원	장사	장사	장사

26) 청진출신의 40대 중반의 중학교교원은 북송선을 타는 학부모로부터 받은 일제 선물로 북한의 경제가 낙후하다는 인식을 하게 되다 경제가 어려워지면서 전업을 준비해왔다고 한다. 이 여성은 이후 외화벌이에 뛰어들어 돈을 많이 벌어 들였다.

27) 교원들조차 살기가 바빠져서 교원의 약 30% 정도가 교원을 그만두고 장사쪽으로 방향을 돌렸으며, 나머지도 교원을 하면서 장사를 겸한다고 한다. 교원일 경우 장사를 한다는 것이 자기 인품을 떨구는 것이기에 '장사를 하려면 교원직을 그만두라'고 하였다고 한다(청진거주 40대 중반 중학교 교원여성).

28) 혜산출신 탈북 여성들의 경우 타 지역보다 이런 현상이 두드러지게 나타났다.

학 력	직 업	남편 직업	90년대이전	1990~94	1995~98	1999년이후
고졸중퇴	식당자재인수원	농장지도원	식당자재인수원	식당자재인수원	식당자재인수원	탈북
대 졸	중학교원	노동자	중학교원	중학교원	중학교원	탈북
대 졸	품질감독원	의 사	품질감독원	품질감독원	품질감독원	탈북
고등중졸	광산노동자	미혼	광산노동자	광산노동자	광산노동자	탈북
대 졸	통계원	미혼	창고장	창고장	통계원	통계원

29) 아사자는 북한전역에 걸쳐 발생됐으나 시기와 정도에 있어 지역적 차이가 있었다고 한다. 혜산과 신의주는 김일성 사후인 95년부터 97년 사이 청진을 비롯한 함북도나 함남도등 다른 지역의 사람들이 장사왔다가 죽은 경우가 혜산과 신의주의 현지인보다 많았다고 한다(신의주 거주 30대 중반 취사원 여성). 이것은 양 지역이 중국과의 무역이 성행하여 물품이 있어 유동인구가 많았기 때문이다. 특히 혜산의 경우 97년경에는 장사로 먹고사는 것이 틀이 잡혔을 뿐 아니라 밀수가 성행되어 다양한 종류의 물건이 다 들어와 있었다고 한다. "97년부터 터가 잡힌 것 같다. 하루 벌어 하루 먹는다. 고기는 자주 못 먹어도 이밥은 다 먹고산다. 밀수로 안 들여 오는 게 없다." (혜산거주 60대 초반 외화벌이 여성. 같은 지역 출신의 30대 초반의 노동자 여성).

30) 청진거주 40대 후반의 부양여성으로 김일성 사후 장사로 생계유지.

31) 박현선, 앞의 책 (2003), 207~208쪽.

32) 청진거주 40대 중반 여성.

33) 이 시기 전업을 한 여성의 사례는 회계원과 농장원에서 되거리장사로 전업한 경우이다.

학 력	직 업	남편 직업	90년대이전	1990~94	1995~98	1999년이후
대 졸	회계원	농장관리 위원장	회계원	회계원	되거리	되거리
고등중졸	협동농장원	농장원	협동농장원	농장원	되거리	되거리
대 졸	중학교원	외화벌이	중학교원	중학교원	장사	장사
고등중졸	노동자	미혼	노동자	노동자	장사	탈북
전문교졸	노동자	학생	노동자	노동자	장사	장사

34) 본격적인 장사는 미공급이 되고 단속이 없는 때로 1996년도 미공급된 후 97년 부터는 이전의 농산물장사만 하라고 허용한데서 공업품 장사까지 통제하지 않았다고 한다(청진거주 50대 중반의 여성 ; 신의주거주 30대 중반 부양여성).
35) 청진거주 50대 초반 여성.

학 력	직 업	남편 직업	90년대이전	1990~94	1995~98	1999년이후
고등중졸	전업주부	보위부원	부양	사진사	외화벌이	탈북

36) 청진거주 50대 중반의 여성.
37) 신의주 거주 40대 초반의 외국어를 가르친 교원여성.
38) 청진거주 50대 초반의 부양여성.
39) 청진에 거주했던 30대 중반여성은 남편이 노동지도원으로서 탈북전까지 가내반을 통해 부업을 계속하였다. 또한 신의주 출신의 40대 초반의 여성도 남편의 직업이 노동지도원하다 무역을 하였는데 이 여성도 공장 가내반에서 부업을 하다 1999년 탈북하기직전 외화벌이를 했다.
40) 혜산거주 30대 후반의 부양여성.
41) 혜산거주 50대 초반의 외화벌이 여성.
42) 청진거주 30대 중반의 노동자 여성.
43) "97~98년부터는 남자들이 멍멍이가 됐다. 남자들이 직장에 나갔다가 일이 없으니까 돌아온다. 아줌마들이 먼 곳에 쌀 가지러 가면 집이나 봐 준다"(청진거주 50대 초반여성) 그러나 혜산같은 경우는 남자들이 집안에서 거의 노는 것이 없고 밀수와 큰 장사를 했다고 한다. "남자들이 밀수도 더 잘해 들인다. 큰 것은 남자들이 다 한다."(혜산거주 60대 초반의 여성).
44) 간부급이라 해도 김일성 사후부터 보위부나 안전부의 경우에도 식량을 다 주지 않고 잘라주었고, 당일군(도당책임비서. 조직비서 부장급 이상) 등은 조금밖에 식량을 받지 못했다고 한다. 따라서 당일군, 도의 부장급 가운데 생활이 어려워 친척들을 통해 물건 맞바꾸기 등을 하였다. "친척들에게 옥수수를 100킬로 보내달라. 그러면 여기서 너가 필요한 운동화를 보내주겠다라는 식으로 한다." 또는 특권층인 간부급 등은 대리로 친척을 내세워 그의 뒤를 봐주며 장사를 하였다. "도당을 통해 어디 사는 누구를 도와주라고 전화하면 그가 무역국에 얘기하고 거기서 외화벌이사업소에 얘기해서 국가가격으로 물건으로 내주고

그것을 야매로 비싼 가격에 판다"(혜산거주 60대 초반의 간부급 여성).
45) 청진거주의 30대 후반의 설계원 여성.
46) 이 시기 탈북자를 제외한 대부분의 인민들은 외화벌이와 장사 등으로 생계를 유지했다.

학 력	직 업	남편 직업	90년대이전	1990~94	1995~98	1999년이후
고등중졸	전업주부	노동자	편의봉사부문	의류장사	공업품장사	공업품장사
전문교졸	부기원	사회안전부원	부기원	부기원	판매원	되거리
고등중졸	협동농장원	농장원	협동농장원	협동농장원	되거리	되거리
대 졸	전업주부	노동자	가내반	장사	장사	장사
대 졸	중학교원	보위부원	중학교원	경리직원	외화벌이	외화벌이
고등중퇴	전업주부	노동자	부양	장사	장사	장사
대 졸	중학교원	외화벌이	중학교원	중학교원	장사	장사
고등중졸	전업주부	외화벌이	장사	외화벌이	외화벌이	외화벌이
전문교졸	노동자	학생	노동자	노동자	장사	장사

47) 청진출신의 40대 중반의 부양여성.
48) 여성한국사회연구소, 앞의 책 (2001).
49) 임금숙, 앞의 글 (1999).
50) 임금숙, 위의 글 (1999).
51) 혜산출신의 40대 초반의 여성.
52) 청진출신의 50대 초반의 부양여성.
53) 청진출신의 30대 후반의 부양여성.
54) 오다가다 남자 여자가 만나는 경우도 있고, 아내가 행방을 떠났다가 돌아오지 않아 남편이 집을 다 팔고 아이들을 데리고 나와 가정이 해체되는 경우도 생겼다(청진출신의 40대 중반 외화벌이여성 ; 신의주출신의 30대 후반의 부양여성).
55) 청진에 거주했던 50대 중반의 부양여성.
56) 청진출신의 30대중반의 노동행정지도원 여성.
57) 주로 역전 같은 곳에 많이 있다고 한다. 교통사정이 좋지 않아 몇 일씩 역 근처에서 묵어야 하는 사람을 상대로 숙박 제공과 함께 성을 매매한다고 한다. 또한 이 과정에서 많은 고아들이 발생하여 꽃제비 생활을 한다고 한다(청진출신의 30대 중반과 40대 후반의 외화벌이 여성).
58) "여자는 이제 골방 생활하는 게 아니다. 여자가 온 가족을 먹여 살린다." (청진출신의 50대 후반의 부양여성).
59) 40대 후반의 청진출신의 외화벌이 여성.
60) "남자들이 나가서 벌 때는 큰소리 땅땅 치고 그랬는데 남자들이 그렇지 못하니

까 있으나 마나한 낮전등처럼 됐다. 그리고 그만큼 자기 아내에게 잘해주고 하는 일에 뒷바라지 해준다." (혜산출신의 30대 초반의 사무원여성).
61) 청진출신의 30대 중반의 외화벌이 여성.
62) 신의주 출신의 40대 초반의 부양여성.
63) 박현선, 앞의 책 (2003), 371쪽.
64) 부부 모두 당일군인 경우에는 김일성 사후 배급의 양이 감소하여 경제적으로 어려울 때를 제외하고는 - 친적도움, 대리장사 - 경제난 이전과 큰 차이 없는 생활을 하였다고 한다. 이에 따라 가정 내 역할 혹은 관계 변화와 의식변화는 크게 나타나지 않았다(청진출신의 50대 초반의 당일군여성 ; 혜산출신의 60대 초반의 간부급 여성).
65) 탈북 여성들과의 심층면접결과 생계와 가사의 담당이 모두 여성인 경우는 미혼이거나 남편이 사고나 사망한 경우이다.
66) 청진출신의 50대 초반의 부양여성.
67) 임금숙, 앞의 글 (1999) ; 정영철, "북한사회통제 메카니즘의 연구," 평화문제연구소, 『통일문제연구』 제9권 2호 (1997).
68) "1997년부터 먹고살기 힘드니까 여맹생활총화가 일주일에 한번씩 하다가 열흘에 한번 하게 되었고, 서로 사정을 봐주면서 생활하였다. 94년까지는 생활총화 하면서 호상비판했었는데, 그 이후에는 힘드니까 감싸주었다" (신의주 출신 50대 초반의 사진사여성).
69) 청진 출신의 30대 초반의 통계원 여성.
70) 좋은벗들, 『북한사람들이 말하는 북한이야기』 (서울: 정토출판, 2000), 267~272쪽.
71) 예컨대 인분을 생산하라는 세대별 할당이나 동원은 농사짓는데 필요한 것이었기 때문에 자발적으로 이루어졌다고 한다. 왜냐하면 각 세대별 인분을 생산하지 않으면 농사가 망치기 때문이었다. "농사까지 망치면 우리가 더 죽는 길 밖에 없어서 무조건 해야 한다는 각오가 있어 자발적으로 가서 바친다"(청진출신의 40대 초반의 부양여성).
72) 1990년대 이후 ≪로동신문≫, 『조선녀성』, 『근로자』 등에는 여성과 관련된 사항들이 주로 당과 국가, 사회를 위해 충성, 헌신, 봉사를 권유하는 차원에서 이를 행하는 사람들의 선행과 미담을 소개하는 글이 주류를 이루고 있다. 특히 부양가족이 없는 어린이, 노인을 가족처럼 받아들여 돌보는 사례라던가 집단주의 정신과 군민일치사상을 실천하는 차원에서 군인을 가족처럼 돌보는 사업을 적극 권장하는 글이 두드러진다. 『조선녀성』의 실린 이에 입각한 글의 예는 '숨은 애국자 - 공산주의어머니 - 애국렬사유자녀 14명을 훌륭히 키워낸 만경대구역 만경대동 김옥화녀성에 대한 이야기 -'(90/01), '행복한 가정 - 평산군

월천리녀맹 제 8초급단체 위원장 한애숙동무의 가정을 찾아서 -'(95/05), '만발하는 혁명의 붉은 꽃'(95/06), '군대를 사랑하는 뜨거운 마음들'(96/01), '우리 군대 돕자-각지 녀맹조직들에서 위대한 장군님의 병사들을 힘있게 원호 -'(94/06), '한 생을 인민군대어머니로 살리'(95/03), '군인들의 생활을 세심히 보살피시며'(96/02) 로동신문에 실린 글의 예는 '혁명의 꽃을 계속 피워가는 마음'-청진시 포항구역 북향동에 사는 영예군인 리금옥동무, (92/07/17) ; '사회주의 대가정의 품-청진시 라남구역 라성동 박범철, 박춘옥오누이의 가정'(94/03/27) 등등.

73) 고유환, "김정일의 위기대응과 생존전략," 『현대북한연구』 3권 2호 (2000), 36~38쪽.
74) 청진출신의 40대 초반의 부양여성 ; 혜산 출신의 40대 후반의 부양여성.
75) 혜산 출신의 60대 초반의 간부급 여성.
76) 신의주 출신의 40대 초반의 외화벌이 여성 ; 청진출신의 50대 초반의 자재인수원 여성.
77) "인민반에서 제기되는 파지수매, 고철, 유리수매, 마당청소, 인민반회의 등에 나갈 시간이 없어 인민반장이 대신해주었다" (청진출신의 30대 후반의 접대지도원 여성).
78) 북한인민들은 "90년대 중반부터 입당도 필요없고 오직 돈을 벌어야 된다고 생각했다고 한다. 당 생활하면 매일 생활총화 참가해야지, 죽을 때까지 당비를 내야 되지, 벌어먹기도 힘든데 당비까지 내야 되니까 싫다고 포기했다." (혜산 출신의 30대 초반의 사무원 여성).
79) 탈북여성들과의 심층면접 결과 거의 대다수의 여성들은 가능한 한 어려운 이웃을 도왔거나 돕고 싶고 도와야 한다는 생각을 가지고 있었고 조직생활에 대해서도 자발적이거나 필요에 의해서가 아니라 할 수 없이 참여해야 한다는 생각에서 여건이 허락하는 한은 참여하려고 했다. 이런 점에서 북한여성들은 체제의 변화에도 불구하고 여전히 기존의 체제를 전면부정하지는 않고 있었다.
80) 다음의 탈북자의 증언은 이런 상황을 입증하고 있다. "돈 많이 버는 남자한테 시집가서 편안히 있는게 꿈이다." "장마당에 들어앉기보다는 집에서 바느질하는 것이 조금 고상하지 않나."(혜산출신의 30대 초반의 노동자 여성).

<참고문헌>

1. 북한문헌

김정선, "어머니는 오늘도 군인정신으로 산다," 『조선녀성』 1996년 2월호.
김희백, "군대를 사랑하는 뜨거운 마음들," 『조선녀성』 1996년 1월호.
리 숙, "행복한 가정-평산군 월천리녀맹 제 8초급단체 위원장 한애숙동무의 가정을 찾아서-," 『조선녀성』 1995년 5월호.
리 숙, "만발하는 혁명의 붉은 꽃," 『조선녀성』 1995년 6월호.
백옥선, "숨은 애국자- 공산주의어머니 -애국렬사유자녀 14명을 훌륭히 키워낸 만경대구역 만경대동 김옥화녀성에 대한 이야기-," 『조선녀성』 1990년 1월호.
장운렬, "한 생을 인민군대어머니로 살리," 『조선녀성』 1995년 3월호.
"혁명의 꽃을 계속 피워가는 마음-청진시 포항구역 북향동에 사는 영예군인 리금옥동무," ≪로동신문≫ 1992년 7월 17일자.
"사회주의 대가정의 품-청진시 라남구역 라성동 박범철, 박춘옥오누이의 가정," ≪로동신문≫ 1994년 3월 27일자.
조선민주녀성동맹, "우리 군대 돕자-각지 녀맹조직들에서 위대한 장군님의 병사들을 힘있게 원호-," 『조선녀성』 1994년 6월호.

2. 남한문헌

고유환, "김정일의 위기대응과 생존전략," 경남대북한대학원, 『현대북한연구』 3권 2호 (2000) ; 김애실, "여성의 경제활동," 손봉숙 외 공저, 『북한의 여성생활』 (서울: 나남, 1992).
김귀옥 외, 『북한의 여성들은 어떻게 살고 있을까』 (서울: 당대, 2000).
박현선, 『현대북한사회와 가족』 (서울: 한울아카데미, 2003).
박현선, "북한여성의 지위와 역할에 관한 연구: 1945.8~1947.2" (이화여대 석사학위논문, 1988).
양문수, 『북한경제의 구조: 경제개발과 침체의 메카니즘』 (서울: 서울대출판부, 2001).
여성한국사회연구소 편, 『북한여성들의 삶과 꿈』 (서울: 사회문화연구소, 2001).
윤미량, 『북한의 여성정책』 (서울: 한울, 1991).
이태영, 『북한여성』 (서울: 실천문학사, 1988).
이현숙, "북한의 식량위기와 남북여성의 과제," 이화여대 한국여성연구원 편, 『북한의 식량위기와 여성』(서울: 한국여성연구원, 1999).
임금숙, "북한의 식량위기와 북한여성의 경제활동," 이화여대 한국여성연구원 편, 『북한의 식량위기와 여성』(서울: 한국여성연구원, 1999).
정영철, "북한사회통제 메카니즘의 연구," 평화문제연구소,『통일문제연구』제9권 2호. (1997).
조 형, "북한사회체계와 가부장제," 이대한국여성연구소 편,『북한의 여성관』(서울: 이대한국여성연구소, 1992).
조동호 외,『북한경제발전전략의 모색』(서울: 한국개발연구원, 2002).
조명철 외,『7·1경제관리개선조치현황평가와 과제: 북한경제개혁의 전망』(서울: 대외경제정책연구원, 2003).
좋은벗들,『북한사람들이 말하는 북한이야기』(서울: 정토출판, 2000).
최봉대, "탈북자면접조사방법," 경남대 북한대학원 엮음,『북한연구방법론』(서울: 한울아카데미, 2003).
최봉대·구갑우, "북한 도시 농민시장 형성과정의 이행론적 함의,"『현대북한연구』 6권 2호 (2003).
한국여성개발원,『북한여성의 지위에 관한 연구』, '92 연구보고서 200-6 (서울: 한국여성개발원, 1992).
함인희, "북한식 사회주의체제와 여성관," 한양대 민족학연구소,『민족과문화』제9집 (2000).
함인희, "북한의 성불평등구조," 홍순호 외 저,『북한인식과 한반도』(서울: 살림, 1999).

한반도 경제공동체 형성과 여성의 역할
: 남북경협을 중심으로

김 귀 옥

1. 들어가며

2000년대 한반도에는 일찍이 없었던 평화의 시대를 맞고 있다. 그러나 사실 분단 60년간 한반도에는 진정한 평화가 없었다. 다만 2000년 6·15남북공동선언 이전과 이후가 다른 게 있다면, 한국전쟁 이후 가시적인 평화에도 불구하고 '전쟁'이라는 파국 상황에 대한 의식이 항상 있었다. 그러나 6·15선언은 최종적인 평화는 아닐지라도 남북이 주체가 되는 전쟁 상황은 최소한 피할 수 있다는 잠정적 평화상황을 조성했다는 점이었다. 2004년 7월말 탈북자 476명을 입국시키는 상황에서 남북의 정치적 대화는 일시적으로 단절되었으나, 경제교류협력은 중단되지 않았다. 또한 민간인간의 교류가 제한은 있었으나 그치지 않고 새로운 모색을 시도하였다. 2005년 6월 15일을 즈음하여 남북경협이나 민간인 교류는 더욱 활성화되었다. 2005년 미국의 대북경제제재로부터 교착된 북미관계에서 2006년 북한의 미사일 국면을 맞아 한반도 주변 정세는 최근 들어 가장 험악한 상황으로 치닫고 있으며, 미국의 입장에서는 남한에 대한 수위 조절을 하는 기미까지 엿보인다. 남한 당국에서는 경제교류협력에는 지장이 없을 거라고 했으나 개성공단마저 위축되고 있다. 그러나 중장기적으로 1988년 이래로 남북경협이 합법화된 이래로 최근 경제 교류는 개성공단시대를 맞아 남북경제공동체 시대를 열어나가며, 한반도의 진정한 평화정착을 가능하게 하는 원동력이 되고 있다.

    경제 교류는 한반도 경제공동체의 이상을 안고 있다. 아직은 충분한 공감이 이루어지지 않고 있으나 노무현 정부의 동북아 번영발전의 전망 또한 한반도 경제공동체의 발전과 함께 진행될 수 있다. 그렇다고 그러한 전망이 새로운 것만은 않다. 1945년 8·15 해방은 민중들에게 민족자주독립 국가 수립의 이상을 심어주었다. 일제 36년간 수탈과 착취를 받던 민중들은 제 공장과 제 땅에서 일하고 공정한 대가를 받고자 꿈꿨다. 그러한 자립경제에의 이상은 민족분단에 의해 허망하게 사라졌지만, 1960년 4·19혁명 당시 "못살겠다, 갈아치우자!"라는 외침은 "자립경제" 수립에 대한 희망으로 남아 있었다.[1] 남북분단의 골이 깊어질수록, 남북 경제제도의 차이가 커질수록 민족자립경제에 대한 꿈은 사라져갔다. 그런 속에서도 끊임없이 등장한 남북통일방안 속에는 남북 경제 교류와 협력에서 기반한 경제공동체 논의가 꾸준히 주장되어 왔다.

    한반도 경제공동체에 대한 상은 2000년 6·15 남북공동선언에서 본격화되었다. 분단이후 최초로 남북의 최고지도자들이 "남과 북은 경제협력을 통하여 민족경제를 균형적으로 발전"시킬 것을 서명하였다. 이것이 너무 추상적인데 반해 이미 1992년 남북기본합의서에 보다 구체적인 남북 민족경제 형성안이 제창된 바 있다. 남북기본합의서 제3장 15조에서

"남과 북은 민족경제의 통일적이며 균형적인 발전과 민족전체의 복리향상을 도모하기 위하여 자원의 공동개발, 민족내부교류로서의 물자교류, 합작투자 등 경제교류와 협력을 실시한다"고 명문화하였다. 비록 1992년 합의서는 사문화되었지만, 6·15 남북공동선언에서 그 정신이 계승되어 현재까지 지지부진한 속에서도 남북 경제협력은 북한 살리기만도 아닌 남북 모두의 공존공영의 길이라는 인식이 자리잡아가고 있다.

따라서 이 글에서는 잠정적으로 '한반도 경제공동체'를 "민족경제의 통일적이며 균형적인 발전과 민족전체의 복리향상을 도모하기 위하여 자원의 공동개발, 민족내부교류로서의 물자교류, 합작투자 등 경제교류와 협력"을 실시하는 공동체이며, 그 주체로는 남북 주민들만이 아니라, 해외의 한민족도 포함시킨다. 또한 지향하는 바이지만, 민족경제에서 축적된 힘이 아시아와 지구촌 사회의 평화와 복리에도 증진하는 방향으로 설정해야 한다고 본다.

그런데 이러한 거시적인 논의 속에서 여성은 어떤 자리를 잡고 있을까? 통일 과정에서 여성은 '남북여성통일대회'[2]와 같은 여성 중심의 행사나 교류에서만 역할을 하고 있는 걸까? 각종 부문의 남북 접촉면은 넓어지고 있는데, 통일의 길에서 여성은 여전히 국외자로 남아 있는 것일까? 통일의 길에서 가장 중요한 역할을 하게 될 것이며, 민족공동체 형성에서 큰 의미를 갖고 있는 경제협력분야에서 여성의 역할은 없는 걸까?

글쓴이는 경협 분야를 다각적으로 검토하면서[3] 최근까지 경협에서 여성의 역할을 주목하게 되었다. 최근 10여 년 동안 다양한 분야에서 남북 관계가 이루어지고 있는데, 가장 지속적인 분야가 경제분야이다. 남쪽의 경협 실무자들은 북쪽에서 만나는 실무자나 노동자들을 통하여 북한과 관계를 맺게 되는데, 현재까지 경협의 특성상 북측의 적지 않은 사람들이 여성이라는 점은 간과되고 있다. 또한 앞으로 남북 경제공동체의 시험대이자, 민족 경제공동체 수립의 관건이 될 수 있는 개성공업지구 역시 여성들이 다양한 모습으로 등장할 것으로 예견된다.

이 글에서는 남북경협에서 보여진 북한 여성들의 역할, 특히 북한 여성 노동자들이나 전문직 여성인력, 통칭하여 여성 노동력을 중심으로 그들의 역할을 살펴보고자 한다. 그 다음으로 남북경협을 통하여 경제공동체를 수립하는데 있어서 여성의 역할을 제고하기 위한 방안을 모색함과 동시에 그러한 방안에 수립하는데 반드시 고려되어야 할 조건을 제시하고자 한다.

남북경협에 참여하고 있는 북측 여성들의 역할을 현재로서 직접 접하기 어려운 조건하에서 남북경협에 참여하고 있는 남측 기업 실무자(관리자 및 기술자)들을 심층면접하여 접근하고자 한다. 다만 이 글은 2002년 조사에 토대로 하고 있으므로 개성공단에서의 남북경협 실태는 조사되지 못하였음을 밝히며, 머지않아 개성공단 조사를 통하여 최근의 상황을 담아내기로 한다.

2. 선행 연구 검토와 연구 방법론

남북경협과 관련하여 북한 여성 인력에 접근하기 위해서는 먼저 북한 여성 노동력 자체에 대한 평가가 필요하다. 기존의 연구에서는 북한 노동력을 어떻게 보고 있는가를 선행 연구를 통해 살펴보기로 한다.

1) 선행 연구

이제 북한 여성 또는 남북경협과 관련된 연구논문이나 학위논문의 양은 꽤 축적되어 있다. 그러나 두 가지 주제를 결합시켜 경협에서 북한

여성의 역할을 제고시킬 방안에 대해서 구체적으로 연구하고 있는 성과물은 별로 없다. 북한 경제와 여성 노동력 문제에 대해서 언급한 연구를 중심으로 선행 연구를 검토하기로 한다.

일찍이 북한 여성 문제를 다룬 글 중 여성 노동력 문제와 관련지어 본 글로는 한국여성개발원의 연구 "경제생활영역에서의 여성"(1992)[4]을 들 수 있다. 그 글은 북한 사회의 경제기본질서에서 출발하여 자녀양육의 사회화와 가사노동의 사회화 정책을 중심으로 한 가정과 직업의 조화정책, 모성보호정책, 여성의 교육, 훈련지원정책 등 북한의 여성노동정책에 대하여 설명하고 있다. 그러나 자료도 이미 오래되었고 2, 3차 문헌 중심의 글로서 현재적 관점에서는 크게 도움이 되지 않는 것으로 보인다.

권영경의 논문 "남북한 여성노동시장의 비교연구"(1999)는 남북한 여성노동시장의 현황과 특징 등을 각각 살펴보고 있다. 남한의 여성경제활동은 양적, 질적 확대에도 불구하고 주변 노동적 성격을 띠면서 고용의 불안정성을 지적하였고 북한의 경우에는 여성노동에 대한 생산적 노동과 동시에 재생산 노동의 이중역할을 부여하는 북한의 현실이 여성에 과도한 역할부담을 지우는 것이라는 시각에서 접근하였다. 그 결과 통일 이후 남한은 물론 북한의 여성노동이 대규모 실업국면에 처하게 될 것을 경계하기도 하였다. 이 방면의 몇 편 되지 않는 논문 중에는 가장 분석력이 높은 논문으로 볼 수 있는데, 다만 문헌자료를 중심으로 함으로써 구체적인 질적 자료로서 보완될 필요가 있고, 비슷하지 않은 제도로 운영되고 있는 남북의 여성노동시장을 비교함으로써 비현실적이라는 인상을 준다.

최근의 글로는 안인해의 논문 "김정일 체제의 경제와 여성"(2001)이 있다. 이 글에서는 북한 여성을 매개로 하여 나타나는 북한의 경제난 심화와 체제변화의 연관성을 포착하고 있는 것이 특징이다. 그러나 여러 인터뷰 자료를 통하여 경제난에 대한 북한 여성의 대응이 결혼연령의 상승이나 사회적 유동성의 증가를 넘어서서 가족 해체로 진행된다는 주장은 다소 일반화의 오류를 범할 수 있다. 현재의 가족해체현상이 체제붕괴요인이 될 수 있다는 주장 역시 엄밀한 고찰이 필요하다.

조동호의 연구는 "북한 노동력 수준의 평가와 활용방안"(2000)은 북한 노동력의 실상을 모르기 때문에 대북 진출 기업들이 북한 노동력의 활용과 관련한 많은 어려움에 부딪히고 있다는 문제의식에서 전반적인 노동제도와 노동력 실태를 설명하고 있다. 하지만 여성 노동력 분석에서 있어서 그는 남성노동력에 비해 여성노동력이 우수하다고 보고 있으나 구체적인 자료를 통한 분석을 시도하지는 못하고 있다.

이상과 같은 선행연구를 검토할 때, 북한의 여성 노동력에 대한 연구 실적이 적지만, 경협과 관련지어 여성 노동력 문제를 살펴보고 문제제기를 시도하는 연구는 사실상 없다고 해도 과언이 아니다. 또한 노동력 문제를 경제영역에 국한하여 살펴 볼 뿐 사회문화적 코드와 연결시키거나 한반도 경제공동체 형성에서의 여성의 역할이라는 문제에는 주목하고 있지 못하다. 따라서 이 글에서는 남북경협에서의 여성, 특히 북한의 여성의 역할을 점검하면서, 통일의 과정에서 여성인력을 활용하는 방안을 논구하며 경협을 통하여 통일에 대한 인식을 넓혀가고자 한다.

2) 연구 방법론과 분석틀

남북문제에 관한 한 현재의 제한된 연구 환경에서 실사구시적 연구를 진행하는 것은 쉽지 않다. 그러한 연구 환경에서 수량중심 접근을 취하고 있는 경제학적 연구보다는 사회적 관계를 중시하는 사회학적 방법을 도입하고자 한다. 그런 취지에서 통일부의 협조 하에 2002년 7월부터 9월까지 최근 경협을 진행하고 있는 기업을 선정하여 심층면접

(In-depth interview)[5]을 시도하였다. 이 방법을 통하여 경협을 통해 실무진이 알고 있는 사실을 전후좌우 맥락 속에서 이해하고 판단할 수 있다고 본다. 또한 이 방법은 동기를 파악하는 데 탁월한 장점을 갖고 있는데, 실례로 그들이 경협에 대해 적극적인 자세를 취하고 있다면 이는 기업의 입장과 관련이 있다는 점을 발견할 수 있다.

심층면접대상자를 개관하면 다음과 같다. 심층면접 대상자는 12개 기업의 14명[6]이며 모두 남성이고, 경협에서 실무 책임을 맡고 있다. 이들의 구체적인 역할에는 다소 차이가 있다. 그들의 기본 특성을 분류하면 다음과 같다.[7]

<표 1> 심층면접대상자들의 기본 인적 사항

	이름*	나이	학력	소속 기업	소속 기업의 업종	해당업종 종사기간	직 위	경협사업	경협에서의 본인의역할
1	김종철	30대	대졸	A기업	전자	12년	과장	T.V 모니터	경협관련 행정업무
2	황윤수	30대	대졸	B기업	의류	14년	차장	의류봉제	경협관련 행정업무
3	이한민	30대	대졸	C기업	중공업	4년	팀장	중공업	경협관련 행정업무
4	변영수	40대	대졸	D기업	의류가공업	7년	공장장	의류봉제관련	기술지도 품질관리
5	한우길	40대	대졸	E기업	의류유통업	19년	대표	의류봉제	전반적
6	우명철	40대	석사	F기업	제약업	23년	이사	제약	기술지도 관리감독
7	임명우	30대	대졸	G기업	의류봉제업	13년	차장	의류봉제	경협관련 행정업무
8	정진철	40대	대졸	G기업	의류봉제업	15년	부장	의류봉제	경협관련 행정업무
9	박윤식	40대	고졸	G기업	의류봉제업	28년	차장	의류봉제	기술지도감독
10	신영길	50대	고교중퇴	H기업	의류봉제업	35년	전무	의류봉제	기술지도감독

11	공영철	30대	대졸	I기업	음료업	11년	과장	음료업	경협관련 행정업무
12	정민기	50대	대졸	J기업	제화업	23년	부사장	제화업	전반적
13	박하영	30대	대학원재	K기업	전자, 화학	4년	팀장	컴퓨터모니터, 화학	경협관련 행정업무
14	박준식	30대	대학원재	L기업	IT공단	3년	부장	IT공단조성	경협관련 행정업무

이름은 모두 가명을 원칙으로 함.

- 나이
  30대 7명, 40대 5명, 50대 2명
- 학력
  대학원재학 또는 졸업 3명, 대졸 9명, 고졸 또는 고교 중퇴 2명
- 경협 사업 업종
  경공업 계통 : 의류·봉제업 7명, 제화업 1명, 음료업 1명
  중화학공업 계통 : 전자공업 2명, 중공업 1명, 제약업 1명
  기타 : IT공단기간조성사업 1명
- 경협에서의 본인의 역할[8]
  행정실무업무(실무진) 8명, 기술지도·감독(기술진) 4명, 기타 2명

또한 이 글에서 북한 여성노동력을 평가하기 위하여 다음과 같은 변수들을 중심으로 특성을 진단하기로 한다.

- 경협 기업 내 여성노동력의 고용 비율
- 평균 연령과 이직률 : 기혼/미혼, 노동력 축적
- 교육 변수 : 학력, 전문용어 습득능력, 현행 업무 수행 능력
- 남측 실무진과의 의사소통
- 새로운 기술 습득력과 실무진에 대한 태도

· 남북, 해외 여성노동력 비교

이러한 다섯 가지 주요 척도를 통하여 북한 여성노동력의 특성을 도출하고 여성의 역할을 제고하기 위한 방안을 모색하는 자료로 사용할 것이다.

3. 북한의 여성 인력의 특성: 심층면접 결과를 중심으로

북한에서는 학교 교육과 실업 및 기술 교육과 노동 현장과의 연계가 비교적 잘 이루어진 편이다. 또한 북한의 특성상 중학교[9]에서부터 철저하게 사회노동 동원이 이루어지므로 전반적으로 북한 주민들은 육체노동에 강하다. 그리고 북한 교육의 특성에 따라 현상 실습 교육이 많고 노동 과정 전반에 대한 실습이 이루어지므로, 초보 노동자라고 할지라도 부분노동자이기 보다는 전 공정에 대한 예비지식을 갖춘 숙련성(skill)을 지닌 노동자가 많다. 북한 여성 노동자, 예를 들면 의류봉제노동자는 기본적으로 간단한 재봉틀 수리를 할 뿐만 아니라 디자인에서부터 봉제에 이르기까지 완제품을 만들도록 훈련을 받는다.[10] 포디즘(Fordism)하의 탈숙련노동을 특징으로 해온 한국의 제조업의 관점에서 북한의 여성노동력은 어떻게 평가될 수 있을까? 그들이 가진 특징을 경협 실무자들의 경험을 통하여 분석해보기로 한다. 조사 결과에 들어가기 전에 경협 환경을 간단하게 살펴보도록 한다.

1) 남북경협 환경과 참가 기업의 경협에 대한 입장

조사 과정에서 남북경협 환경이나 각 기업의 경협에 대한 입장은 경협 실무자들의 활동 방식이나 태도에도 영향을 크게 주고 있는 것으로 판단되었다. 우선 남북경협 환경에 대해 살펴보면 다음과 같다.

이번 조사에 참여한 경협 기업이 대다수 경공업과 전자전기제품업 계통인데 그러한 조건은 현재 진행되고 있는 남북경협 참여 기업의 현황과도 유사하다. 2003년 6월 30일, "남측의 기술 및 자본, 북측의 저렴한 임금과 우수한 노동력을 결합해 세계적인 경쟁력을 갖춘 수출공단으로 만들겠다"는 김윤규 현대아산의 야심찬 기획 하에 1단계 공사가 착공된 개성공업지구(개성공단) 역시 경공업이나 전자제품 등과 같은 남한의 중소기업들이 우선 들어갈 것으로 예견되고 있다. 2003년 남북교역액은 2002년에 비해 다소 감소되었으나 의류업 및 전자전기제품업 분야가 전체의 20% 정도를 차지하고 있다.[11] 이러한 현상이 생기는 이유는 북한의 경직된 경제 제도의 차이와 경제 사정 문제와 함께 일련의 북미관계에서 비롯되고 있다. 즉 북핵문제를 둘러싼 북미관계의 난맥상, 미국의 대북경제제재 문제, 특히 바세나르 협정(Wassenaar Arrangement)[12]이나 미국 규제하의 남북 수출입 상의 장애조건 등과 관련이 있다.[13] 그러한 환경에서 경협 환경은 상당히 수세적이고 열악한 게 현실이다.[14] 따라서 경협 환경이 향상되기 위해서는 남북 주변 정세의 개선이나 수출입 환경의 개선, 국가적 문제 돌파 능력 배양 등의 조건이 필요할 것으로 보인다.

다음으로 이번 조사에 참여한 기업의 경협 참여에 대한 입장을 살펴보기로 하자. 12개 기업을 소개하면, 이들 중 4개 기업만 고용인 300인 이상의 대기업이고 나머지는 중소기업이다. 또한 C기업만 다국적기업이고 모두 국내 기업이다. 또한 12개 기업 중 대부분은 국내에서 하던 업종의 범위 내에서 경협에 참여하고 있다. 다만 4개 기업인 C기업, I기업, K기업과 L기업은 경협에 참여하면서 업종을 결정하여 참여하고 있다. C기업의 경우 다국적기업이 종전에 대북사업을 해왔으나 중공업분야에 뛰어들면서 회사를 창업하여 생산 제품 전량을 현재 북한 내수용으로 하고 있다. I기업은 의류봉제업 전문 기업인데 대북 사업을 하면서 업종을 음료수업종으로 선택하였고, 장차 북측과의 레저산업에도 관심을 표명하고 있다. 또한 중소기업은 K기업 역시 북한과의 경협을 하면서 업종을 모니터로 결정하면서 국내 중소기업을 인수하여 모니터를 북한과 국내에서 동시 생산하고 있다. 마지막으로 L기업은 처음에는 다른 기업의 인터넷판매를 위해 출발하였으나 대북 사업을 하면서 현재의 회사를 창설하였다.

경협에 참여한 동기와 입장을 분류하면 다음과 같다.

첫째, 양질의 인적 자원 입지 유인에 따라 참여한 기업은 여덟 기업으로 분류할 수 있다. 사실 남북경협에 참여한 대부분의 기업인 양질의 값싼 노동력이 북한에 투자하는 제일의 유인력이라고 말해왔다.

둘째, 우수한 물적 자원에 따라 참여한 기업도 있다. F기업의 경우 '뇨尿'가 약제의 주원료인데 1990년대 초반에 중국에 진출하여 일정한 정도 성공하였으나 위생상태가 별로 좋지 않은데다가 지대, 임금이 상승하면서 북한기업의 초청을 받아 합작사업을 하고 있다. 또한 I기업은 북한지역의 청정한 식수원에 매력을 느끼고 이를 독점적으로 확보하기 위해 음료업에 뛰어들었다.

셋째, 미래지향적 인력개발 및 상품시장 개척을 위하여 참여한 기업들도 있다. C기업이 대표적이라고 할 수 있는데, 탄탄한 다국적 자원을 바탕으로 장기적 전망에서 북한의 중공업부문에 투자하고 있고, 관광업에도 이미 참여하고 있어 대북사업에서 현대아산에 못지 않은 중요한 위치를 점하고 있다. L기업은 국내 벤처기업으로 IT공단 조성이라는 빅 이벤트로 뛰어들어 공단은 계속 조성되고 있으나 미래보장의 불확실성, 기업 사정의 불안정성의 이유로 전망이 불확실하다.

기업의 적극성/소극성·신중론의 태도는 경협 실무자의 의견 개진이나 사업 평가, 북한 노동력 평가에도 반영이 되는 것으로 보인다. 대개 합영·합작을 포함한 협력사업을 하거나 위탁가공업을 하더라도 설비 투자가 많은 기업들은 적극적이며 경협에 대한 기대가 크고 북한 노동력에 대한 평가에 있어서도 더 긍정적인 것으로 보인다. 반면 소극적인 태도를 취하는 기업의 경우에는 투자 범위나 투자 규모에 신중하고 새로운 기계 투입 등에도 상당히 엄격한 잣대를 갖는 경향을 보인다.

2) 북한 여성노동력 특성 분석

(1) 기업내 여성 노동력의 고용 비율

여성 노동력의 취업비율은 업종별로 차이를 보이며 구체적으로는 해당 업무의 내용에 따라 여성 노동력 고용비율의 차이가 나타나고 있다. 이는 성별 수평적 분업의 의미가 큰 것으로 해석된다.

<표 2> 북측 기업의 여성 노동자 고용 비율

소속기업	경협업종	생산직(%) 여	생산직(%) 남	기 타
A기업	공장1 공장2	50 70~80	50 20~30	
B기업	의류봉제	90	10	
C기업	자동차제조	10(사무직)	90(생산직)	경비는 모두 여성
D기업	의류가공	20	80	
F기업	단일품목제약	25	75	전체120명 중 여성 30명 경비10명 모두 여성

G기업	의류봉제	95 (반장 모두 여성)	5	전체1,400여명
H기업	의류봉제	100		전체50명
I기업	음료	30 가벼운 일. 검사 등	70 무거운 일. 운반 등	
J기업	제화	70	30	남성은 힘이 필요한 공정에 투입하고 있음
K기업	전자	70	30	
L기업	IT공단	10	90	

　남측의 기업이 북한에서 의류봉제업과 위탁가공을 할 경우에는 대개 여러 공장에 위탁가공을 하게 되는데, 이 경우 해당 기업의 작업을 가장 많이 하는 공장의 사례에서 남녀 노동자 비율을 잡았다. D기업을 제외한 의류봉제업의 경우 여성 노동자가 90%이상이다. D기업의 경우 봉제가 끝난 의류에 화학약품을 투여하여 최종 완제품을 만드는 특수가공업을 하고 있는데, 이때 화학취급과 고열취급이 주공정과정이어서 남성 노동자를 많이 쓰는 편이다.
　J기업이나 전자제품을 생산하고 있는 A와 K기업에는 여성 노동자가 50~70%가량 일하고 있다. J기업의 경우를 예를 들어보자.

　　J기업의 정민기
　　　일 시킬 때 물론 힘든 공정은 남자가 해요. 근데 우리(남측의 J기업을 의미함)만큼 차이가 안 납니다. 남자 여자 구분 없이. 특히 신발 만들 때 제일 중요한 공정을 여자가 합디다…. 그래도 남자가 하는 공정이 있고, 여자가 하는 공정이 있어요. 힘을 많이 써야 되는 공정은 남자가 해야죠.

　성별 분업에 대한 정당성을 경험을 통하여 내면화하고 있는 것으로 보이는 정민기의 지적에 따르면 북한에서도 '성별 수평적 분업'15)이 있지만, 남한만큼 차이가 나지 않는다. 오히려 성별 수평적 분업은 남측 기업에 의해 북측 기업에 역수출되는 경향마저 있다.

일반적으로 북한에서는 고열노동, 지하노동, 유해노동이 아닌 부문에서는 여성들이 많이 일하며, 남녀가 같이 일할 경우에도 여성들이 힘든 일을 많이 하고 있다. K기업의 박하영에 따르면 "건축현장에서는 우리 같은 경우 여자들이 힘든 일을 별로 안하지 않습니까? 거기(북한에)는 남녀가 똑같이 일하더라구요. (…) 여자라고 뒤에서 팔짱끼고 있는 게 아니고. 아무튼 대단한 여자들이에요." 동일노동·동일임금제를 원칙으로 해온 북한에서는 여성이라고 하여 적게 일하고 똑같이 임금 받고 식량을 배급받을 수 없다. 여성도 똑같이 노동하여 똑같은 대가를 받을 수 있는 사회이고 보니, 경협 기업 현장에서도 그런 모습은 자연히 나타날 수밖에 없다. 정민기는 북한은 젊은 남성이 부족한 사회이다 보니 그런 현상이 더 많이 일어날 수밖에 없다고 하는데, 일리가 있다. 20대의 젊은 남성 100여만 명이 군 복무를 하는 실정에서 20대 여성의 사회적 비중은 산술적인 의미 이상이 되는 셈이다.

북한에는 전문직이나 기관 대표로서 여성이 활동하는 경우가 많다. 북한의 경공업부문에서 여성노동력이 많은 기업의 경우, 기업의 대표인 '지배인'[16]이 여성인 경우가 많다. 12개 기업이 진출하고 있는 의류봉제업의 경우, 공장의 사장이 여성인 기업도 10개소가 넘는다. 특히 합작기업인 F기업의 경우 직장의 대표가 과학자 출신의 여성이다. 또한 기술직의 경우 경공업 부문에서는 여성 기술자(technician)들이 많고 작업반장의 경우에도 여성들이 많다. G기업이 상대하는 어느 기업소의 경우에는 작업반장이 전원 여성이기도 하다. 여성이 관리직이나 기술직이라고 하여 생산직에 내리는 지시가 관철되지 않는 일은 거의 지적되지 않았다.

(2) 북한 여성 노동자의 평균 연령과 이직률 문제

<표 3> 북한 여성 노동자의 평균 연령과 이직률 문제

소속기업	경협사업	생 산 직		기 타
		여	남	
A기업	전자	20대초, 중반의미혼이 많아보이지만 기혼도 많음	20대말, 30대초중반이 많고, 군대안간 20대초반도 있음	
C기업	중공업	사무직여성은 20대 초중반		같은 계열기업이 하는 관광업에는 기혼여성이 많음
D기업	의류가공	30대초중반 기혼여성들의 수동성. 남측과 비슷함	30대초반부터 20대초반. 군대안간 사람들도 있음	
G기업	의류봉제	10대말, 20대초, 중반다수-어려보임. 30대 별로 없음		작업반장은 대개 기혼여성
H기업	의류봉제	모두 20대 초, 중반		방문한 공장에는 기혼여성 많음
I기업	음료	20대	20말 30대초	
J기업	제화	20대/기혼여성도 많음		
K기업	선자	20대초, 중	30대중	
L기업	IT공단	20대 중후반, 30대초		

생산직 여성 노동자의 경우 대개 20대 초, 중반이 다수이다. 그에 반해 관리직 여성의 경우, 40, 50대가 많고 기술직은 30대 초이며 작업반장 같은 노동자 중 실무경험이 많은 여성은 자연스럽게 30대 중반 이후가 많다. 경협 실무자가 그들의 신상명세서를 볼 경우는 거의 없지만, 자주 접촉하다 보면 자연스럽게 얘기를 통해서 파악하게 되며, 그들의 얼굴에서도 미/기혼 정도를 알게 된다고 한다. G기업의 박윤식은 기술 교육을 위해 방문했는데, 제품 검사를 위해 해당 제품을 생산한 여성 노동자를 물으면 얼굴이 붉어질 뿐 아무 대답도 못하였다고 한다. 그에 반해 나이와 숙련도가 높은 작업반장들은 활발하게 작업 공정에 대해 질문도 하고 묻는 말에 대답도 한다고 한다.

20대 초, 중반 여성이 많을 경우 우려되는 문제의 하나가 적령기 여성의 결혼과 임신·출산 및 이직률의 문제이다. 이 문제에 대해 7년째 경협을 하고 있는 J기업의 경우를 통해 살펴보자. 그 기업의 경협 현장에는 기혼 여성이 많은데, 그 이유는 다음과 같다.

> J기업의 정민기
> 보통 우리는 여자들이 결혼을 하면 다 집으로 들어가잖아요. 결혼하고 출근하는 사람 그리 많지 않습니다. 그런데 북쪽은 결혼하고도 계속 출근을 합니다. (…) 우리나라하고 비교를 했을 때는 (북한)여자들은 남자하고 거의 똑같은 수준으로 노동에 종사하고 있다 이거죠. 그래서 탁아소가 굉장히 많잖아요. (…) 장기적으로 쓸 수 있는 숙련된 노동력을 쓸 수 있는 그런 이점이 있겠다, 은퇴할 때까지는 일한다는 게 마인드가 딱 잡혀있어요.

북한의 탁아제도나 '산전산후휴가'제도의 정착으로 기혼여성이 계속 노동할 수 있을 뿐만 아니라 경영자의 입장에서 보면 숙련된 노동력을 사회적으로 계속 쓸 수 있는 장점이 될 수 있다는 지적이다. 이러한 언급은 H기업의 신영길이나 G기업의 박윤식에 의해서 지적되고 있다.

그렇다면 노동력 배치 문제를 살펴보자. 노동력 배치를 국가가 우선적으로 관장하는 북한으로는 당국이 위탁가공이나 협력업체에 대해서도 노동력 배치 문제에 대한 주도권을 가지고 있다. 합영·합작기업의 경우, 노동력 선발의 일정한 조건과 기준을 제시하면 거의 그대로 관철이 된다고 한다(F기업, G기업의 사례).

반면 A나 B기업의 경우 경협 초기에는 임의의 교체가 한두 차례 있어서 실무자가 이의를 제기하여 문제를 시정하였다고 한다. I기업의 경우, 일반 노동자와는 별로 부딪치지 않아서 잘 모르겠지만, 작업반장의 경우 5년째 같은 사람이 담당하고 있다고 한다. 이 문제에 대해서는 경협 실무자들이 한국에서의 경험으로 인해 각별히 신경을 쓰고 있는 부분이기도 하다.

(3) 교육 변수: 학력, 전문용어 습득능력, 현행 업무 수행능력

노동자들의 학력은 숙련도의 기본이 되기도 하지만, 노동 과정에서의 의사소통에도 영향을 주고, 특히 남한의 경협 실무자들과의 직·간접적인 의사소통에도 영향을 미친다. 특히 그들이 어느 정도 해당 노동 과정의 전문 용어를 알고 이해하느냐는 남한 경협 실무자들과의 의사소통에 영향을 미치는 것으로 볼 수 있다.

<표 4> 학 력

소속기업	경협사업	기술/전문직		생산직	
		여	남	여	남
A기업	전자			고졸 다수 소수 대학졸업	
B기업	의류봉제	대졸 테크니션 실력은 비슷함	대졸 테크니션	고졸 다수 소수 대학졸업	
D기업	의류가공	전기, 보일러 전문가 대졸			기술직에 비해 떨어지지만 기본 공학 지식 있음
F기업	단일품목 제약	김일성종합대학출신 안내역은 러시아유학		소수 김일성종합대학 졸업자. 의과대학 졸업생도 있음. 최소한 대학교육을 받은 사람들. 생화학원리를 아는 사람	
I기업	음료	이 분야의 학력이 높거나 경험이 많은 사람. 주로 남성		고졸이상. 검수(檢水)하는 여성생산직도 실험이나 실험용어에 익숙함	
J기업	제화			고졸이상. 남한 노동자보다 교육 수준이 높음	
K기업	전자	대부분 대졸 테크니션		고졸 이상. 대학졸도 있음.	
L기업	IT공단			대부분 컴퓨터나 공학전공자-IT에 대한 이해력, 해독력이 높음. 수학이 기초부터 잘됨.	

의류 및 제화 봉제분야의 여성 노동자들이나 전자부문의 여성 노동자들의 다수는 고등중학교 졸업자들이지만, 간혹 대졸자들도 있다고 하며, 남측의 경협 실무자들이나 기술자들이 놀랄 만큼의 실력을 갖춘 사람들이 있다는 증언도 있다.

> K기업의 박하영
> 우리쪽 엔지니어들이 (북측 기업에) 기술교육 하러 가면 가장 힘들어 하는 부분이 얘들(북측 여성노동자들)이 공부도 열심히 하지만, 기본적인 이해력이나 그런 부분들이 있어서 이거(공학적 원리)에 대한 어느 정도 이해가 있어요. 나름대로 따로 별도의 공부를 시키는지는 모르겠는데, (…) 전기전자, 회로에 해당하는 부분에 대해 지적을 하고 질문을 하는 사람이 있습니다. (…) 우리쪽 담당자들도 제대로 자기가 이해하지 못하는 부분을 설명하기 곤란하니 당황하지요. (…) 그러면 우리도 이제 자존심이 있기 때문에 나름대로 여러 가지 최대한 공부를 많이 해서 갑니다. 거기 기술교육가서, 그냥 이쪽에서 생각하는 것처럼 이러고 가서 얘기하다가 (…) 그 무슨 망신입니까.

박하영이 겪은 경험은 A나 B, G, K기업 등 여러 사람에게서도 진술되었다. F기업과 같이 제약 합작기업에서는 생산직이라고 할지라도 생화학 원리를 알고 실험을 할 수 있는 사람이 필요하므로 대졸자들이 많다. I기업의 경우, 검수 생산직은 모두 여성인데, 그들도 대개 실험과 관련된 전문용어를 이해하고 있다. 남측 경협 실무자들이 그러한 공통적인 경험을 하게 되는 것은 앞에서도 언급했듯이 북한 교육의 특성과도 관련이 있다. 즉 현장 실습과 연계된 학교 교육, 부분노동을 지양하는 북한 교육의 특성이 경협 실무자를 당황하게 만들었다. 그러한 북한 현실은 실무자들에게는 남한의 노동 현실과 관련지어 두 가지 상반된 인식을 주는 것으로 보인다.

첫째, 숙련노동은 투자 가치의 잠재성을 갖고 있다. 경공업 분야에 있어서는 북한도 자체 기술을 어느 정도 갖고 있고, 1980년대 중반 이래로 합영·합작기업의 설립에 따라 일본측-조총련계열 자본-의 부분적 기술 이전에 따라 의류봉제업이나 전자계통에서 자본주의와 대면하면서 기술적 축적이 있었다. 그러나 이러한 요인뿐만 아니라 더 중요하게 북한의 숙련노동은 북한의 교육적 특성과 함께, 연령과 관련지어 언급했듯이 북한의 탁아제도나 모성보호제도17)와도 관련이 있다. 즉 여성 노동력을 향상시키고 계속 활용하기 위해서는 계속 일할 수 있는 근로 환경이 보장되는 제도가 갖추어져 있어야 한다.

둘째, 북한의 체계적인 기술 교육은 남한 실무자에게는 '효율성'이라는 문제의식을 갖게 한다. 남한의 포디즘적 자본 축적 방식은 '구상과 실행의 분리', 미숙련 단순노동의 세부노동자화 등을 내용으로 하는 기본적인 노동 관리체계를 발달시켜왔다.18) 다시 말해 관리는 관리자가, 기술은 기술자가, 노동은 노동자가 하고 노동간에도 철저한 세부노동과정을 관철하여 철저한 분업체계를 만들어 왔다. G기업의 박윤식의 지적대로 양복을 만든 지 10년이 넘는 노동자가 '주머니'만 잘다는 것이 포디즘하의 노동 현실이다. 그런 경험으로 북한을 볼 때, 북한식 사회보장체계에 대해 남한의 자본주의적 기업 운영의 관점에서는 합리성이나 효율성과 관련한 문제가 제기될 수 있고, 여성주의적 입장에서는 이러한 제도를 유지 발전시키려는 노력이 존재하여 잠재적인 갈등을 유발할 소지가 보인다.

아무튼 현재까지 경협은 아직 합영·합작기업 중심의 협력사업보다는 위탁가공중심이므로 북한의 사회보장제도에 대한 직접적인 압박을 느끼지 않을 것이다. 그러나 조만간 개성공업지구가 열리게 되면, 협력사업이 늘어나게 될 것이며, 남측 기업은 직접적인 임금 외에도 사회보장비용을 지불하는 문제에 부딪힐 것이다. 이때 이러한 북한 제도에 대해 문제제기를 할 수 있고, 북한은 나름의 방식을 고수하려고 할 것이다.

다음으로 학력을 바탕으로 현행 업무를 수행하는 성별 능력에 대한 평가를 해보기로 한다. 남측의 실무자들이 느끼는 성별 업무 수행 능력에는 거의 차이가 없다는 게 전반적인 진단이다. 이 점에 관해서는 기본적으로 경협 실무자의 민감도에 문제가 있을 수 있다고 생각할 수 있지만, 이 문제에 대해서는 객관적으로 판단할 수 없으므로 논외로 한다고 할 때 대부분의 실무자나 전문기술자는 전반적으로 남녀의 차이가 없다고 보고 있다. 다만 H기업의 신영길이나 E기업의 한우길은 의류봉제에서는 여성의 섬세함을 남성이 못 따라간다고 판단하고 있다.

또한 북한 남녀 노동자들, 특히 여성 노동자들의 고지식한 면도 많이 지적되고 있다. 이 점은 남한 노동자들과도 비교되는데, 남북의 사회·문화적 차이와도 관련이 있다. 북한의 경우 집단주의적 원칙 하에서 생활하다 보니, 규정을 준수하는 것이 생활화가 되어 있어 사람들이 융통성이 적은 편이고 G기업의 박윤식의 지적대로 '눈치껏 알아서'라는 말이 잘 통하지 않는다. 그 반면 남한의 경우 융통성이 많은 생활문화의 특징이 있다. 그러다 보니 H기업의 신영길은 북한 노동자들의 정확한 업무 수행능력을 잘 활용하려면 결국 남한 전문기술자의 치밀한 연수와 정확한 지시가 전제조건이라고 한다.

(4) 남측 실무진과의 의사소통

전문용어에 대한 북한 노동자들의 성별 이해도는 어느 정도이며 남측 실무자들과 어느 정도 의사소통을 하고 있는가를 살펴보기로 한다. 대개 전문기술자로서가 아니라 경협 실무자로서 방북을 하게 되면 대개 북측의 실무자 또는 관리자와 만나게 되고, 노동자들에 대해서는 그들이 일하는 모습을 지켜보거나 그들과 몇 마디씩 얘기하는 정도가 관례이다. 반면 전문기술자(technician)들은 대개 북측 기술자들이나 실습차 노동자들과 대면하여 일을 하게 된다. 그들의 경험상 특성을 고려하여 북한 노동자들의 전문용어 이해도나 의사소통상황을 짚어보겠다.

<표 5> 남측 실무진과의 의사소통

소속기업	경협사업	기술/전문직		생산직	
		여	남	여	남
A기업	전자	차이있지만 소통에 문제 없음		차이있지만 소통에 문제 없음	
B기업	의류봉제	처음에는 불통. 전문용어 차이 있음 현재는 대부분 이해			
D기업	의류가공	전문용어의 차이있어도 설계도면 있으면 별로 문제 없다.		노동자들도 언어 소통에는 별로 문제 없음	
E기업	의류봉제	실물을 보면서 하므로 의사소통에 지장없음			
F기업	단일품목 제약	거의 문제없음. 영어 공부 열심히함. 용어 배려-상대방이 기분나쁘지 않은 용어 사용			
G기업	의류봉제	실무자는 30%밖에 못알아듣겠는데, 남북 기술자들끼리는 다 알아듣는 듯함	용어에 차이가 있지만 실물을 보면 다 안다		
H기업	의류봉제	봉제전문용어는 별차이 없음		봉제전문용어는 별차이 없음	
K기업	전자	용어차이있으나 바꾼 말이 이해하기 쉬움.			
L기업	IT공단	용어는 크게 문제가 되었는데, IT에 관한 것은 대부분 영어로 되어있어서 상대적으로 빨리 해결. 이해력이 높음.			

전문용어 사용과 의사소통에는 남녀간의 차이가 거의 없다는 게 일반적인 견해이다. 관리 측면에서 경협 실무자들은 남북의 용어차이, 북한의 용어와의 이질성을 지적하는 경향이 있다. 의류봉제업 부문 경협을 하고 있는 G기업의 경우 실무자와 전문기술자를 모두 인터뷰했으므로 우선 그들의 견해를 들어보기로 한다.

G기업의 임명우
그런데 제일 걱정했던 부분이 우리가 얘기하는 전문용어. 이쪽에서 쓰는 전문용어, 저쪽에서 쓰는 용어가 서로 다르더라구요. 그래서 팩

스에서 왔다갔다 했던 부분이 그 곳에서 확인이 되더라구요. 현장에서 미싱 돌아가고 시끄러운데, 따라다니면서 얘기하는데, 저는 걱정되는 게 30%밖에 이해가 안 되는 것 아닌가 싶은데, 실무자들끼리는 다 고개를 끄덕거리고 하는데, 알아듣는 것 같아요. 오래 하다보니까 서로 용어가 달라도 감으로 이해를 하는 것 같더라구요.

G기업의 박윤식
글쓴이: 만나서 얘기를 하는 거는 문제가 없지만 서면으로 지시한 것을 그 쪽에서는 알아들을 수 있나요?
박윤식: 저 같은 경우는 처음에는 북측에서 견본을 넘어가기 전에 작업지시서를 먼저 살펴요. 그리고 거기(북측에서 온 팩스)에서 북측 용어가 나와 있으면 과연 뭘 원하는가 생각해요. 처음에 '떠꺼지구', '징지구'라는 말이 나왔을 때 여기에 들어가는 게 뭔가, 가만히 생각해 보니까 떠꺼지구라는 거는 아마 택버튼을 얘기하는 거구나, 징지구는, 우리가 징이라는 얘기를 많이 하거든요, 리벳에 대한 얘기를 할 때에, '아, 리벳이야기 하는 거구나', 이런 식으로 잡거든요. 그런 식으로 해서 일을 했는데 넘어가서 확인해 본 결과 거의 맞아 들어갔죠.
글쓴이: 그러니까 그 쪽도 그런 식으로 유추를 하면 큰 실수는 없는 건가요?
박윤식: 그렇죠. 아무래도 저희가 그런 식으로 어프루벌[approval, 승인서]이 가면 그림을 세부적으로 그려서 이 부위에 뭐가, 이렇게 구체적으로 설명을 해주거든요. (…) 또 관리하는 분들은 영어에 관해서 기본적으로 상식이 있더라고요.

관리자의 입장에서 느끼는 차이와 전문기술자가 느끼는 차이는 있는 것으로 보인다. 기술자의 경우, 실물을 놓고 의견을 나누고, 그런 경험이 쌓이면 팩스와 같은 문건으로 통해서도 큰 실수는 없다고 한다. 중국 현지에서 작업해본 경험이 있던 D기업의 변영수는 우려 속에서 공장에 필요한 원·부자재와 설계도면을 먼저 보내주고 북한에 실제로 갔을 때, 우려가 기우였음을 발견하고 놀랐다고 했다. F기업의 경우, 업종의 특성상 영문표기의 화학 용어가 문서에 많다. 그는 북에서 몇 달 전문기술자들과 함께 작업하면서 "영어 공부를 엄청나게 열심히 하려는 것 같더라구요. 열심히 하죠, 안 지려고. (…) 그래서 영어로 된 자료를 주면 번역해 와요, 저녁 내내 번역해 가지고 다 자기 글씨로 되어 있어요"라는 경험을 얘기해주었다.

전문분야에서 영어 용어의 문제는 남북의 차이를 심화시키는 측면이 있다. 다행히 현재 북한은 경제관리 개선조치나 김정일 국방위원장의 실용주의 노선에 따라 학교교육에서 영어과목이 제1외국어로 되어 있고 주민들이 점차 관심을 갖기 시작하고 있어 빠른 시일 내로는 어렵겠지만, 차츰 극복할 수 있으리라고 본다. 또한 K기업의 박하영의 지적대로 외래어를 자국어로 바꾼 용어의 경우에라도 실물을 두고 용어를 들으면 이해하는 데에는 전혀 지장이 없다고 하는 얘기는 경협 담당자들만이 아니라, 남북방송 교류에 있어서도 남한측 방송 PD들이나 각 방면의 전문 분야 교류 담당자들에 의해 나오고 있다.

전문용어를 이해하고 수용하는데 북한의 성별 차이는 거의 없고, 다만 전문기술직과 생산직에는 차이가 있다. 또한 현재는 전문기술자가 남한의 용어를 걸러내어 생산직에게 전하고 있으므로 차이는 덜하지만, 앞으로 남측 실무자 및 기술자와 북측 노동자의 대면이 넓어져도 처음에만 혼동이 있을 뿐 실물을 통해 기술교육[19]을 하므로 큰 문제는 없다는 게 중론이다.

(5) 새로운 기술의 습득력과 실무진에 대한 태도

남측이 요구하는 새로운 기술을 기술자들이나 노동자들이 어느 정도 습득하는가는 생산에 중요한 영향을 미치게 된다. 새로운 기술 습득 역시 남녀의 차이보다는 기술직과 생산직, 연령차이가 의미 있는 것으로 보인다.

<표 6> 새로운 기술 습득력

소속기업	경험사업	기술전문직		생산직	
		여	남	여	남
A기업	전자	수용능력 높다. 개선책 연구, 논의, '남한기업화' 수용			
B기업	의류봉제	고지식한 편이지만, 새로운 모델 교육하면 4,5일안에 70~80%실행		가르쳐주는대로 함. 처음에는 50% 정도 실행. 납품때는 완제품	
D기업	의류가공	한정된 시간동안 체류하므로 미리 질문사항을 적어놓고, 하나라도 수첩에 빽빽하게 적음		최말단직에서는 열의가 잘 안보임	
F기업	단일품목 제약	대단히 빨라, 기기에 부착된 컴퓨터를 설명하지 않았는데도 기능익힘.			
G기업	의류봉제	잘 수용하려고 하고 기술자들이 열심히 질문하고 배우려는 자세됨		가르쳐주는대로 잘 수용하지만 잘 못 가르치는 것도 그대로 수용함	
H기업	의류봉제	관리자들이나 기술자들도 검사교육에 대단히 협조적이고 배우려는 자세가 잘되어 있음 다른 공장에 갔을때도 내가 가면 설명들으려고 모여듬		고지식함. 잘배우지만 남측 기술 교육자의 수준이 그대로 수용됨. 봉제교육과 품질검사교육은 차이. 검사를 단동에서 했다가 북으로 이전 준비차 공장 신설. 잘 배움.	
J기업	제화	잘배움. 한국이 조금 낫다. 오래했고, 콘트롤이 일상적으로 되는 데 반해 북은 일상적인 콘트롤이 안되어 남한만큼 제품의 안정성에 있어서 조금 떨어진다.			
K기업	전자, 화학	정부차원의 기술교육중시 풍조가 기술자, 생산직에 영향 첨에는 거부감 있었으나 요즘은 적극적으로 배우려함		일반 여성노동자들도 탐구심 강함 정확한 지시 필요.	
L기업	IT공단	첨에는 남측 설명자료를 이용하지 않고 필사했으나, 나중에는 그대로 복사해서 씀		열심히 배우려고 하고 잘따라감. 첫 기 중 3, 4명은 강사로 활용할 수 있을 정도	

남측에서 요구하는 새로운 기술을 습득해야 그에 따르는 생산물을 내놓을 수 있으므로 이해력과 습득력은 중요하다. 그러한 능력에는 성별 학력 차이가 별로 없었듯 성별 습득력의 차이는 별로 없다는 게 이들의 중론이다.

그러나 기술전문직에 있어서는 최근 북한의 경제 개혁 분위기가 자리잡기 전까지 남측 기술 수용에 대해 이견도 있었다고 한다. 북측의 의류봉제업의 경우나 전자제품의 경우 기존에 관련 작업을 했던 경험이 있었기 때문에 기술자들은 자신들도 관련 기술을 다 파악하고 있다고 주장하여 남측에서 요구하는 기술, 공정 방식을 잘 수용하지 않는 경우도 있었다고 한다. '다 안다'는 식의 태도였으나 최근 1, 2년 내에 자세가 많이 달라졌음을 지적하고 있다.

그러한 변화에 대해 경험을 시작한 지 5년 정도 되는 K기업의 박하영은 최근 북한에 '기술교육중시 풍조'가 불고, 외국 기술을 적극적으로 수용하려는 정책과 관련지어 보고 있다. 그 외에도 상호 신뢰의 형성과도 관련이 있는 것으로 보인다. 대개 경협의 연륜이 쌓이고 신뢰가 두터워지면서, 기술적인 문제는 금새 극복이 되는 경향이 있다. B기업의 황윤수는 최근에는 새로운 모델을 교육하면 4, 5일안에 70~80% 수준에서 작업을 해낸다고 한다. K기업의 실무자도 새로운 기술을 교육시키거나 새로운 작업을 지시하면 북측 기술자들이나 노동자들은 밤을 새워서라도 지시대로 일을 해놓는다고 한다

현재까지 경협을 하는 기업일지라도 수시로 공장을 방문하지 못하므로 기술자들이 아무리 새로운 기술을 익히고 실무자들이 체류할 기간 내에 완제품의 70~80% 정도에 육박하는 기술력을 발휘하더라도 제품의 질이 보장되기 위해서는 반복적으로 같은 질의 제품이 생산되어야 한다. 즉 품질이 안정되어야 한다. 결국 안정성을 위해서는 일상적인 감독이 필수적이다. 지금까지는 경협 실무자들이 북한 현지에 상주한다거나 수시 방북한다는게 곤란하였지만, 앞으로 개성공업지구가 열리게 되면 이 문제를 해결하게 되므로 이런 문제로 발생하게 될 비용을 절감할 수 있게 될 것이다.

한편 A기업의 경우에는 새로운 기술 습득력을 남측식 관리체계의 수용으로 설명하기도 한다. A기업은 북측과 경협을 추진한 지 꽤 많은 시

간이 흘렀고, 한국내에서도 합리적 기업문화를 갖췄다고 평가받는 굴지의 기업이기도 하다. 그 기업은 북측 회사와의 사업을 하는 동안 2년여 만에 자신의 기업문화가 그곳에 정착되어 가고 있다고 한다. 그가 말하는 기업문화란 다음과 같다.

> A기업의 김종철
> 공장내의 작업 공간의 환경에 대해서는 많이 변했죠. 예를 들면 옛날엔 자재도 이름 네이밍(naming)도 안하고 아무렇게나 놨는데, 이젠 구획으로 나눠서 분야별로 다 정리해서 여기다가는 스피커라고 쓰고 스피커 쌓아놓고, 불량난 거는 불량이라고 써서 옆에다 딱지 붙여놓습니다. 그담에 생산라인도 작업하는 사람뿐만 아니라 오는 사람이 한눈에 볼 수 있도록 그 관리 지표 같은 거를 벽에다 다 붙여놨죠. 품질은, 불량은 얼마고, 생산성은 얼마고, 작업 출석인원은 어떻고. 한 눈에 관리정형이 다 들어오는 거거든요. (…) 이전에는 그럴 필요가 없었죠. (…) 그거는 짧게 보면 부가가치와는 별도의 문제거든요. 궁극적으로는 부가가치 연결이 되지만, 당장 상당히 손이 가고, 신경이 가는 부분이에요. 데이터를 만들어서 붙이고 계속 업데이트하고, 도큐멘테이션(documentation)해서 관리하고 사실은 안 해도 되는데, 이제 저희는 어떤 프로세스(process)라는 게 필요하거든요.

이 기업의 또 다른 실무자는 이러는 과정에서 남북은 서로의 기업문화를 배우면서 통일을 준비하는 것이라는 신념을 피력하기도 하였다. 앞으로 만들어나갈 기업문화는 완전히 남한식만도 북한식만도 아닌 새로운 형의 기업문화가 될 수 있다.

경협 실무자들의 의견을 정리해보면 아직 기술직과 생산직에서는 학력이나 업무 능력에서의 차이로 인해 남한의 기술이나 운영 방식을 받아들이는 데 시간적 지체(time lag)는 있지만 실무자의 태도나 기술자의 노력 여하에 따라 새로운 기술이나 남측 방식의 운영방식을 받아들여서 서서히 변하게 될 여지가 있다는 지적이다.

이 문제와 연관지어 북측 기업의 남측 실무진이나 기술진에 대한 태도를 살펴보기로 한다. 남측 실무진을 대하는 자세에서 현장에서의 성별 차이는 별로 발견되지 않다. 그런데 남한의 기업문화 속에서 '사교'를 빼놓을 수 없는 것처럼 남북경협에서는 다른 식의 문화는 발견되고 있다. I기업의 공영철에 따르면, "친형제 같이 지내는 사람들도 있고. 저희(관리직)보다 더 빨리 친해질 수 있는 부분이잖아요. 저희들은 뭐 사업 쪽으로 얘기하고 이런데, 그 사람들이야 몸을 서로 부딪히면서 일을 하니까. 어떤 때는 기술자들끼리 가면 우리들보다 반가워하는 경우도 있어요." 아마 그렇게 되는 데에는 같은 말을 사용하고 그래서 서로의 대화 이전의 감정을 느낄 수 있다는 이유를 빼놓을 수 없을 것이다.

그에 반해 남측 실무진 또는 기술진과 북측 생산직이라는 수직적 구조가 형성되는 경향이 있어 보인다. 실무진은 대부분 30대 이상 50대인 반면, 북측 노동자의 경우 여성들은 20대가 많다 보니, 성별 또는 연령별 변수가 관계 형성에 작용하는 것으로 보인다. 모두 남성인 H기업의 신영길(50대), G기업의 박윤식(40대) 등이 현장 노동자의 제품 품평을 위해 말을 걸면 대개 2, 30대의 젊은 북한 여성 노동자들은 부끄러워 말도 잘 못한다. 반면 J기업에는 처음 위탁 가공할 때부터 일을 하여 상대적으로 오래된 여성 노동자들이 꽤 많은 편인데, 이 공장에서는 실무진과 생산직 여성 노동자들도 일정한 정도 친분 관계를 형성하고 있다.

이런 점에서 남북경협을 통한 인간 관계 형성에는 북한의 사회적 문화가 배어 있는 것으로 보인다. 흔히 북한에서 일에 있어서는 남녀가 평등하지만, 생활문화에서는 여성은 다소곳한 면이 많은 편이다.[20] 그러다 보니 평소에 남성 못지 않게 당당하다는 평가를 받고 있는 북측의 여성 사장들조차도 남측 실무진과 북측 실무진의 회식 자리에서는 남성과 함께 술을 하지 않는 자세를 보여준다.

어쨌든 남북경협을 통하여 남측 기술과 자본이 북한의 기술과 노동을 만나기만 하는 것이 아니라 남북의 사람들이 만나면서 서로의 문화, 가치관, 일에 대한 관행 등도 서로 만나며 나름대로의 새로운 문화와 관행을 만들고 있다. 그러한 변화가 가시적으로 나타나는 것의 하나는 바로 남측이 제공하는 유니폼을 북측 공장에서 수용하여 착용한다는 점이다. 현재 여러 공장에서 남측 공장과 동일한 유니폼을 입고 일하고 있는데, J, I, K기업 등에서도 그러한 변화를 보이고 있다. 바로 이러한 점이 '가랑비에 옷 젖게 하는 법' 또는 '햇볕정책'의 효과로 볼 수 있다. 나아가 그런 변화를 위한 노력은 분단 60년 간 남북이 쌓아온 불신과 갈등, 대결의식을 약화시키고 상호 신뢰를 구축하고 남북의 평화적 공존과 통일을 향한 밑거름이 될 것이다.

(6) 생산 결과물 평가와 국, 내외 여성노동력 평가

이러한 과정이 쌓여서 생산물의 결과에도 반영이 되게 된다. 생산물의 결과에서 성별차이는 거의 나타나지 않는다. 낙후한 인프라나 주변환경 속에서 객관적인 요인이나 북측의 미세한 기업문화 등이 결과물에 영향을 주고 있다.

첫째, 제품의 불안정성이 아직 남아 있다. 이 문제에 대해서는 앞에서도 언급하였듯이 '일상적인 감독'이 불가능한 조건이 가져온 문제점 중의 하나이다. 실무자들은 그런 조건을 감안하고 보면 생산된 질은 상당히 양호한 것이라고 한다.

둘째, 전력사정은 제품의 질을 보장하는 데 치명적인 영향을 주고 있다. C기업 같은 비교적 대규모의 기업은 자체 발전시설을 갖춤으로써 전력문제를 근본적으로 해결하고 있으나 발전기를 갖추고 있더라도 작은 다른 기업의 경우 전력의 불안정한 공급이 항상적인 문제로 지적되고 있다(D기업의 변영수, F기업의 우명철, I기업의 공영철, J기업의 정민기 등). 2002년 들어서는 상대적으로 전력이 중단되는 일은 드문 편이지만, 전압이 제대로 확보가 되지 않아도 기계 설비에는 무리를 주거나 손상을 입힐 우려가 항시 있다고 한다. 그만큼 치명적인 문제는 아니더라도 의류봉제에는 계절적 요인을 타는 경우도 있다. 겨울에도 난방이 안 되는 공장에서는 여성 노동자들이 손이 굳거나 장갑을 끼고 작업을 하는 통에 손맛이 떨어져 겨울에 작업하는 봄옷의 질이 제대로 나오지 않는 경우도 있다(H기업의 신영길의 증언). 전력 사정은 한국측이 북한에 투자할 수 있는 시설의 제한을 가져오기도 한다. I기업의 경우 완전 자동기계를 쓰고 싶어도 전력의 불안정이 가져올 기계 손상을 우려하여 반자동기계를 투입할 수밖에 없었다고 한다.

이에 파생적인 문제로서 전력사정이 나쁘다보니, 북한에서는 전기 절약이 항시 생활화되어 있다. 어떤 공장에서는 햇볕이 드는 오후에 전원을 끈 상태에서 일을 한다거나 조도가 낮거나 조명이 천장에 붙어있는 상태에서 일하는 의류봉제 공장에 가서 조도를 높이거나 조명을 미싱에 기깝게 설치하라는 지시를 해야 수정하는 일도 있다.

그러한 남한에 비해 열악하고 낙후한 조건하에서 일하고 있는 여성 노동자를 남한 또는 해외 노동자와 비교해 보았다.

<표 7> 남북 노동자 또는 해외/북한 노동자에 대한 비교

소속기업	경협사업	남북 노동자 또는 해외/북한 노동자에 대한 비교
A기업	전자	전문적 지식 습득이 풍부하여 남한 여성노동자와는 비교 안된다. 그런 사람들이 왜 이런곳에 배치되었는지 이상할 정도이다. 북한식 사회주의 사람들이라서 집중력 있게 일을 잘한다.
B기업	의류봉제	5년 이상된 여성 노동자들의 경우, 남한 노동자가 우월한데, 그 이유는 인센티브제도 때문이다. 북한 여성 노동자도 체계적 훈련을 받아서 우리측 기사들이 대답못할 정도의 질문도 종종한다.
C기업	중공업	조립가공 생산된 제품이긴 하지만, 아직 생산의 초기단계에서 북한 노동자 자신이 만든 상품이 자국 시장에 나가 있다는 것에 노동자들은 자긍심과 희망을 갖게 된다.

기업	업종	내용
D기업	의류가공	능률성은 남측보다는 떨어져도 중국보다는 낫고 일에 대한 집중도가 높다. 중국에서 50일 걸릴 일을 북한에서는 15일도 안걸려 끝냈다.
E기업	의류봉제	국가 안전도에 문제가 있지만, 제품에는 여성들의 손맛이 느껴지고, 신뢰도 높다. 노력하면 고가 제품도 가능하다고 본다.
F기업	단일품목 제약	국가가 제약 사업에 대해 초미의 관심을 갖고 있으며, 모든 직원들이 성심을 다해 일하고 있다.
G기업	의류봉제	일은 잘하지만 남한만큼 집중도있게 잘하는지 모르겠다.
H기업	의류봉제	남·북·중 세 나라 중 북한 것이 제일 낫다. 나이가 한국이 가장 많은데 문제는 미숙련으로 기술이 축적 안된다. 봉제산업이 낙후되어 젊어서 봉제배운 사람들이 다 떨어져 나갔으나 북한이나 중국은 쌓여가고 있다.
I기업	음료	기술적으로 중국보다 북이 낫다. 배우려는 자세도 중국보다 낫다. 중국사람은 대충대충 하는 게 있다. 남북 숙련도 차이 별로 없고 규정에 따라하므로 검사는 별로 차이없다.
J기업	제화	중국보다 낫다. 한국인 제일주의. 북한도 한국사람이다. 북한식 사회주의 사람들이 일을 잘한다. 시키는 대로 잘한다. 타고난 손재주, 언어. 기술, 학력 등 복합요인으로 생각된다. 기술직의 기술 수준은 남한이 낫다. 유학한 사람이나 고학력 더 많기 때문이다. 북한은 외국의 경험이 취약하다.
K기업	전자, 화학제품	남한여성노동자에 비해 북한여성노동자의 전문성에 놀랄 정도이다. 북에 기술지도하러 갈 때 기사들은 공부를 많이 해서 가야 한다.

같은 업종에 있어서 남북 여성노동자 또는 해외 노동자와 비교할 때 북한 노동자, 특히 여성노동자의 질적 수준은 뒤떨어지지 않는다. 대부분의 경협 실무진이나 기술진은 북한과 중국의 여성노동자들을 비교하면서, 교육적인 측면, 체계적 훈련과 학습능력, 일에 대한 솜씨, 숙련도 면에서 북한 여성노동자들이 우수하다고 지적하고 있다. 남북 여성노동자를 비교하면, 학력이나 체계적 훈련 면에서는 모두 북한 여성 노동자 뛰어나지만, 집중력 있게 일을 하는 데에는 이견이 존재한다.

즉 B와 G기업의 실무진과 기술진은 남한 여성노동자들이 집중력 있게 일을 더 잘하고 인센티브제도 때문에 같은 시간 내에 더 많은 일을 해낸다고 보고 있다. 반면 H와 J기업의 실무진의 경우 북한 여성노동자들은 미혼으로부터 일을 시작하여 결혼 후 출산하고 양육하는 과정에서도 기술을 계속 축적하여 숙련도가 높으며, 또한 경력과 학력이 뒷받침되어 동일업계에서 기술직이나 관리직으로 활동하는 사람이 많은 장점이 있다고 한다.

이 점은 남한과는 큰 차이이다. 남한 여성노동자의 경우 몇 년간 의류봉제업에 종사하여 숙련도를 발휘할 때가 되면 결혼하면서 양육 등의 문제로 직장을 떠나는 경우가 많아서 기술의 축적이 이루어지지 않아, 단순미숙련노동이 될 수밖에 없다고 보고 있다. 그런 북한 노동력의 특징을 놓고 볼 때 북한 여성노동자는 고급소재의 고가 의류를 제작하는 일에 활용할 여지가 있다. 물론 그러기 위해서는 E기업의 한우길이 지적했던, 고급소재 의류를 자주 접해봐야 한다는 문제점의 해결이 선행되어야 한다.

3) 조사 결과 종합 분석

이번 연구에서 북한 노동력, 특히 여성 인력의 우수성에 대한 통념의 사실에 대하여 어느 정도 확인할 수 있었다. 다시 말해 경협 현장의 경험을 통하여 북한 여성 인력의 특성을 도출하는 가운데 우수성에 대한 구체적인 이유를 살펴보는 계기가 되었다. 그렇다면 경협에 참여하고 있는 기업에 있어서 북한 여성 인력의 특성을 정리하면 다음과 같다.

첫째, 경협 기업에서 일하고 있는 북한 여성에 있어서 생산직 노동력에는 20대 중반층이 많은 편이다. 그러나 30대 이상의 기혼여성 숙련노동자도 많이 발견되고 있고, 기술 전문직에 있어서는 3, 40대가 많다. 결혼하여도 같은 직장에서 일함으로써 여성의 숙련도나 전문성이 높아지는 경향이 있다.

둘째, 여성노동자의 경우 고등학교 졸업 이상자들이 많다. 북한의 교육제도에서 11년제 무상의무제도를 취함으로써 기본적으로 여성노동자들은 모두 고등학교를 졸업하였지만, 사회노동을 몇 년간 하게 되면 대학 진학기회가 넓어져 여성노동자들도 학력을 높일 기회가 있다.

셋째, 북한 여성노동자는 자신의 노동 부문에 대해 원리적으로 이해하는 경향이 크다. 대개 북한의 실업교육에 있어서 현장학습과 학교교육이 직결되어 있다. 의무노동에도 동원되고 실용주의 교육과 실험실습을 강조함으로써 어떤 분야에 일을 배우게 될 경우 기본 원리로부터 이해하는 교육에 익숙한 경향이 있다. 미싱사는 기본적으로 미싱 자체의 기본원리부터 공부를 하여 일상적으로 기계를 스스로 관리하도록 되어 있다. 그러다 보니 북한에는 숙련에 시간이 많이 걸리는 경향이 있는 것으로 보인다. 남한의 전문기술진이 기술교육을 하면서 원리를 설명해줘야 제대로 이해하는 경향이 있다.

넷째, 남녀를 막론하고 북한 노동자의 특성 중 하나는 매우 원칙적이고 여성이 조금 더 철저하다는 지적이 있다. 그래서 일은 철저하게 하지만 융통성이 부족한 편이다. 대개 20대가 많은 여성의 경우 남성 노동자에 비해 나이가 어리고 경험이 부족하므로 남측의 기술진의 지시를 더 철저하게 이행하려고 노력하고 있다고 볼 수 있다.

다섯째, 노동이나 새로운 기술에 대한 이해력이나 노동의 결과물을 놓고 볼 때, 경협 실무진에서는 북한의 성별 노동력 차이는 거의 없다고 판단하고 있다. 여성 노동력이 보다 두드러진 평가를 받는 이유는 현재 남측 기업이 많이 진출하고 있는 분야가 여성 노동력이 집중되어 있는 의류봉제업이나 전자전기제품업이기 때문이다. 그렇다면 상대적으로 북한의 남성노동력의 수준은 어떠한가? 이 문제에 대해서는 북한의 산업 구조와 수준을 놓고 보는 것과 남북이나 해외수준을 놓고 비교하는 것은 차원이 다른 문제라고 본다. 북한의 특정한 중공업 분야를 제외하고는 전반적으로 중공업 수준은 남한에 비해 뒤떨어져 있다. 그러한 현실은 자연히 자본재나 기술재의 낙후 문제와 연결되고, 중공업 노동력의 절대다수를 차지하고 있는 남성노동력의 낙후성을 결정짓는다고 판단된다. 따라서 북한의 산업구조적 측면에 대한 이해 없이 여성노동력이 우수하다고 남녀 노동력을 평가하는 것은 단순한 논리가 되기 쉽다.

여섯째, 경공업 분야의 기술직 및 관리직에는 여성들이 많이 진출되어 있는데, 동일 업종 내부의 지위와 지휘 계통에 있어서 성별 차이가 없다는 것이 중론이다. 관리직의 성별에 따른 지휘 계통상의 문제점은 거의 발견되지 않으며 실례로서 남북 실무진간에 협의한 사안이 노동자에 의해 결과물로 생산되어 나온다. 이러한 점은 북한의 독특한 사회문화와 관련된다. 즉 공식 영역에서는 남녀의 평등이 강조되어 남녀가 동등하게 일을 하고 있지만, 사적 영역에서는 북한식 미풍양속의 영향으로 남녀 성차를 강조하고 있다. 북한식 가부장제 문화의 반영이다.

일곱째, 현재 북한 산업의 조건상 의류봉제이건 전자전기제품, 중공업관련 제품이건 거의 중저가 제품만을 생산하고 있다. 전자전기제품의 경우에 있어서도 자본재 비중이 큰 설비를 고려할 때 고급재 생산과 같은 구조적인 변화를 가져오기 힘들 것으로 판단된다. 그러나 의류봉제업에 있어서는 북한 노동의 특성상 다변화가 가능할 것으로 본다. 중저가 집중 생산뿐만 아니라, 해외 고급 브랜드를 많이 접함으로써 고가 제품 생산도 시도할 만하다. 물론 이를 위해서는 북한의 적극적인 노력이 절실히 요구된다.

이상과 같은 북한 여성노동력의 평가 과정에서 발견하게 되는 사실은 남북경협 과정에서 실무자들이 남북 제도의 장·단점을 찾게 되었다는 점과 노동자, 기술자들간에 신뢰 관계망을 형성하면서 나름대로의 독특한 기업문화를 형성하고 있다는 점이다. 이러한 점은 정치적 접근이 주지 못하는 효과로서, 경제공동체 구축을 통한 사회문화공동체 형성으로 발전할 가능성을 예견케 한다.

4. 경제공동체 형성에서 여성의 역할 제고 방안

　기존의 북한 경제의 계획경제에서 비롯되는 제도상의 비탄력적인 성격과 남북 경제제도의 커다란 차이에도 불구하고 15년밖에 되지 않는 남북경협에서 인력에 대한 평가는 한 마디로 긍정적이다. 아마 북미관계의 개선과 함께 남북경협을 둘러싼 환경을 개선하고 개성공업지구와 같은 육로가 열리고 남한의 인력이 좀더 자유롭게 통행할 수 있다면 경협의 시너지는 훨씬더 증대될 것이다. 경의선과 동해선 연결 공사에 이어 시베리아횡단철도(TSR), 중국횡단철도(TCR) 등이 현실화된다면, 노무현 참여정부가 말하는 동북아 평화번영정책[21]도 그림의 떡이지만은 않을 것이다. 남북경협은 앞에서도 지적한 바와 같이 북한경제살리기를 위해서 진행되는 것만은 아니다. 남한 경제의 돌파구를 마련하고 남북의 공존공영을 위한 방안이 되는 것이다. 그러한 관점에서 한반도 경제공동체를 수립하고자 할 때 여성의 역할을 어떻게 제고할 수 있을 것인가?

　우선 북한 여성의 역할을 제고할 수 있는 방안을 모색하고자 한다.
　첫째, 북한 여성노동력이 체계적인 훈련을 받음으로써 우수하다고 한다. 그런데 고질의 숙련노동을 비숙련직이 할 수 있는 노동에 투입하는 것은 중장기적으로 비효율이다. 현재 북한 여성노동력을 재분류하여 숙련도가 높거나 그럴 가능성이 있는 노동력과 중저가 생산에 적합할 노동력을 구분하고 그런 재분류 실시 후 생산 업종을 다변화시킬 필요가 있다. 즉 고급제품 생산 공장과 중저가제품 생산 공장을 체계적으로 분류하여 각각 다른 종류의 기술교육을 시키고 그에 따른 투자가 진행되어야 한다. 그러기 위해서는 고급제품에 별로 접해본 경험이 없는 북한에 고급제품을 접할 기회를 주어야 한다. 또한 현재 대구·경북지역에 역점사업으로 실시하고 있는 밀라노 프로젝트(Milano Project)[22]를 이러한 관점에서 연결을 시키는 것도 한 방안일 것이다. 이에 필요한 부분에 대해서는 단위 기업만이 비용을 치르기에는 문제가 있다면 남북협력기금에서 '남북 통일 경제 공동체 연구 기금'(가칭)이라는 명목을 부여하여 활용할 수 있는 방안을 강구할 수 있다.

둘째, 북한의 숙련 여성노동력은 남북 모두에게 소중한 자산이다. 여성노동자에게서 숙련노동이 나올 수 있는 것은 한민족 여성이 손재주가 좋기 때문인지는 알 수 없어도 구체적으로는 제도적 조건의 산물이다. 즉 북한에는 결혼을 하더라도 모성보호제도, 탁아소 등의 제도가 운영되고 있기 때문에 여성들이 자신의 경력을 향상시킬 수 있다.

앞으로 건설될 개성공업지구에서도 풍부하고 질 좋은 여성 인력을 활용하기 위해서는 반드시 북한의 여성 및 모성보호제도의 장점을 활용해야 할 것이다. 경협 참여 기업의 단기 이익을 챙겨 기업 가치만 올린 후 빠져 나오는 방식의 건강하지 못한 자본주의적 기업운영방식으로는 미래를 보장하는 경협이 되지 못할 것이다. 단기간에는 모성보호제도에 들어갈 경비가 만만치 않을 지라도 2, 30대의 젊은 노동력, 40대의 숙련 노동력을 확보하고 전문성을 제고하는 유일할 길이라는 점을 인식할 필요가 있다.

셋째, 북한의 교육과 현장 연계 프로그램을 활용하는 것은 이 방면의 중요한 방안으로 여겨진다. 북한이 경협을 통해 자본주의 경제를 배우고 나름대로의 방식으로 적응해나가려 한다면 보다 구체적으로 현장 학습에서 연관된 프로그램을 개발할 수 있다. 즉 경협을 활발히 시행하고 있는 기업이 북한의 중학교 실업 교육 과정에서 중학교 5, 6학년생들을 2, 3주 단기 연수생으로 받아서 연수시키는 방안이다. 개성공업지구나 남포공단은 이를 위한 좋은 교육장이 될 수 있을 것이다. 현재 남한 대학생들 중에는 북한 농촌을 대상으로 '농촌활동'(농활) 프로그램을 만들기도 하는데 그런 발상을 공장활동에도 적용시켜 단기 연수 공장활동 프로그램으로 발전시킬 수 있을 것으로 본다. 그런 과정을 통하여 남한 기업은 경협에 대한 더 큰 책임의식과 자부심을 가질 수 있을 것이고, 북한 학생들은 공장 노동과 함께 부분적이나마 남한을 경험하는 기회가 될 것이다.

다음으로 경제공동체 형성에 있어서 남북 여성의 역할을 제고할 수 있는 방안을 모색하고자 한다.[23] 무엇보다도 경제공동체에서의 여성의 참여를 제고하기 위해서는 정부, 시민사회의 관심과 함께 재정적·제도적 지원이 필요하다.

첫째, 남북의 여성들이 함께 할 수 있는 사업의 창설이다. 일정한 기간에는 이러한 사업을 개인 수익 사업으로 분류하기보다는 경제공동체에 대한 여성 참여를 신장하는 목표를 설정하여 매칭 펀드(matching-fund)를 통하여 사업을 지원하는 제도를 모색할 필요가 있다. 전망있는 대표적인 분야를 제시하면 다음과 같다.

○ 남북의 한복·조선옷 사업 — 남북은 전통옷인 한복은 남북 각각의 특징에 따라 발전해오고 있다. 이미 남북 옷 문화가 상호 영향을 받아가고 있는 추세이지만, 남북 한복 전문가들이 합작하여 기획, 제작하여 한민족이 아름답고도 편히 입을 수 있을 뿐만 아니라, 서구인들도 입을 수 있도록 품위 있으면서도 실용성을 갖춘 한복을 제작, 생산할 가능성을 기대해 볼 수 있다.

○ 김치의 상품 생산-이 분야는 이미 남한에도 활기를 띠는 분야이다. 그런데 2001년 3월 방북한 바 있는 고재유 광주시장은 '2001년 광주김치대축제'에 특유의 북한 김치와 젓갈을 전시하는 것을 북한측과 합의하였다. 2001년 10월 17일부터 21일까지 개최된 축제에 북한측 김치 15종, 젓갈 10종, 돌버섯 등 특산품 11종이 전시되어 성황을 이루었는데, 당시 북측에서 보내온 김치만해도 통배추김치, 백김치, 무깍두기, 총각김치, 갓김치, 보쌈김치, 열무김치, 무청김치, 달래김치, 강냉이배추김치, 상치오이파김치, 오이배추김치 등이다.[24] 남북의 김치를 상품화하여 판로를 개척하는 것도 북한의 여성노동력을 활용할 수 있는 방안이 될 것이다.

○ 민속공예품 생산-북한에서도 공예품 재료 원산지에 따라 나름의 민속공예품을 많이 생산하고 있는데 아직은 남한 소비자의 기호를 맞출 형편은 되지 못하고 있다. 남북은 유사한 사적지나 관광지를 연계하여 민속공예품과 관광산업을 결합시킨 상품을 개발하는 것도 아이디어 상품으로 좋은 효과를 낳을 수 있다. 남한의 세련된 기획과 북한의 기예가 결합하면 상품적 가치가 높은 제품을 생산할 수 있다.

○ 주류산업-아직 경협이 이루어지지 않은 분야인데, 경의선이 개통되고 물류비용을 절감하게 되면 이 분야에서도 다양한 기획을 시도할 여지가 있다. 인삼주는 이미 세계적으로 유명하지만 건강 음료가 아닌 술 그 자체로서 컨셉을 잡는 기획은 시도할 가치가 있다. 포도주에 비견할 수 있는 과일주에는 들쭉술, 매실주, 앵두주, 오미자주, 구기자주, 사과주, 살구주, 귤주, 모과주, 다래주, 머루주, 산딸기주 등 지역산품을 이용한 무궁무진한 주종이 있다. 또한 일제시대 개마고원 호프의 명성을 살린 맥주를 남한의 아이디어와 함께 개발할 여지가 있는 것으로 생

각된다.

○ 관광업 - 남측 사람들이 북한에 갈 때 가장 빈번하게 만나는 사람은 관광안내원이다. 그들의 서비스는 남한과 다른 독특한 서비스 예절이 있다. 2002년 아리랑축제 당시 남한의 여러 기업이나 단체가 북측과 관광상품을 상의했던 바도 있다. 남북 교류가 활성화될 때 남한 중소기업이 진출할 수 있는 분야로서 관광업을 고려할 수 있고, 관광업을 통하여 북한의 숙련된 여성 관광안내원들을 활용할 수 있다.

○ 대중편의시설분야 - 경협 실무자들이 추천하는 향후 진출 유망 분야에는 호텔이나 음식점 등의 분야를 들 수 있다. 현재 C기업의 모(母)기업은 북한 내에 몇 개의 호텔을 경영하고 있는데, 운영방식은 국제적 수준에 맞추되 북한의 독특한 서비스와 결합하여 이루어지고 있다. 그러한 분야의 종사자의 상당수 역시 여성 노동력이다. 그러나 이러한 분야가 성매매업으로 연결되어서는 곤란할 것이다.

그외 남북 경협에서 IT분야[25)]에 대한 언급이 없을 수 없다. 아직 북한에서는 IT분야에서 여성 인력의 제도적 육성이 미흡하다. 최근에는 북한에서도 대학교에 컴퓨터학과가 생겼고 중학교에서도 컴퓨터 교육을 실시하고 있다. 그러나 조선컴퓨터쎈터나 평양정보쎈터에는 여성인력이 절대적으로 부족하고 최근 평양시내 일부 중학교에서 여학생들에게 교육되고 있는 정도이다. 경협의 발전과 여성인력의 개발이라는 차원에서 볼 때 북한 스스로 IT 산업 분야에서 여성 인력 개발에 앞장서야 할 것이다.

다음으로 경제공동체 형성에 있어서 남북 여성들이 '경제공동체 지킴이' 역할을 하여야 한다. 해방 이후 북한에서는 어려운 환경에서나마 남녀 평등을 실현하기 위한 제도적 장치를 일정한 정도 수립하여왔다. 반면 남한에서는 박정희식 경제정책, 즉 '선성장 후분배' 원칙에 따라 오랫동안 남녀평등을 위한 제도가 지연되었고, 1990년대 이후에야 조금씩 제정되고 있으나 2001년 제정·공포된 모성보호제도 조차 기대수준에 훨씬 못 미치고 있다. 여성 및 모성보호제도는 여성의 사회적 능력을 활성화시키고, 미래 인력을 보존하는데 필수조건이 된다. 기회의 평등, 조건의 평등을 보장함으로써 사실상의 남녀평등을 실현하고 인권을 증진시킬 수 있다. 한반도 경제공동체가 인간을 위한 민주주의를 실현하는 방향으로 나아가기 위해서는 여성의 경협 모니터요원 할당제안이 도입되어야 한다.

또한 60년만에 건설될 개성공업지구나 남북자유산업지역(가칭)에 성매매업이 번창하도록 해서는 안될 것이다. 공업지구 안에서 상업 및 금융업 등의 산업부문도 입지하겠고, 건전한 오락 시설도 적정한 수준에서 유치가 될 것을 예견된다.26) 그러나 그러한 공간에 성매매업을 옮겨가서는 안된다. 성매매업은 필요악도 아니다. 건강한 일자리 창출은 성매매업의 암약을 막을 수 있다. 이 문제에 대한 당국의 규제가 반드시 이루어져야 하지만, 여성단체들의 성매매업 이식 금지를 위한 활동도 수반되어야 한다.

5. 맺음말

이 글에서는 한반도 경제공동체 수립에 있어서 여성의 적극적인 역할을 제고하기 위해 작성되었다. 이미 남북경협에서 북한 여성의 역할은 지대함을 살펴보았고, 앞으로 창설될 개성공업지구에서도 일정한 기간 내에는 그럴 것으로 예견된다.

경협의 활성화와 성공은 남북 모두에게 이점을 가져다 줄 수 있다. 당장은 기업가들에게 도움이 되고 정부에는 세수 확보에 기여하겠지만, 남북 주민의 관점에서 보면 고용 창출의 기회가 된다. 특히 일자리가 부족한 여성들에게는 중요한 기회가 된다. 또한 경협은 통일의 과정에서 경제공동체를 형성함으로써 경제공동체에서 나오는 이익을 기업인으로부터 노동자 및 한반도 전체 구성원, 나아가 해외동포들에게까지 극대화시켜 통일이 가져올 이점을 보다 구체적으로 모색하는 실험장이 될 수 있다. 나아가 경협 기업에서 만들어지고 있는 기업문화에도 주목할 여지가 있다. 특정 기업식 기업문화가 아니라, 현지화되는 가운데 남북의 다른 문화와 제도가 만나면서 독창적인 기업문화가 만들어지고 새로운 사회적 관계가 형성되고 있는 점은 주목할 점이다. 사실은 사회문화교류가 이러한 역할을 할 수 있지만 아직 제한된 사회문화교류에서는 지속적인 남북인들의 만남이 쉽지 않다. 반면 제한된 범위이지만 가장 지속적으로 남북 민간인들이 접촉하는 것이 바로 경제 교류이다. 경제 교류 과정에서 사회문화적 교류가 발생하여 상호 신뢰를 쌓게 되면 새로운 방식의 남북의 공생 방식을 찾아낼 수 있다.[27]

경제공동체 발전전략에 여성의 역할을 제고시키는 가운데 대만식 발전 전략에 주목할 필요가 있다. 한국은 1970년대 후반 산업구조조정의 과정 속에서 주력산업을 경공업에서 중공업부문으로 옮겨가면서 여성 노동력의 개발과 육성의 기회를 잃어버렸다. 반면 대만은 1970년대 이후 중공업 중심 공업화 전략으로 가기보다는 중소기업의 신발, 의류봉제업 등에서 디자인과 노동부문에 대한 국내 기획－해외 노동의 분리 전략을 취하였다. 여기에 국가가 지원하고 중소규모의 기업들이 공동 출연한 IT 연구소에서 새로운 IT 기초 정보를 개발하여 디자인 분야에 접목시켜나가며 상승효과를 거두는 측면도 있다. 특히 그들의 중소기업 중심의 경공업 발전 전략은 개발과 유연화전략을 최대한 동원하며 그들

의 1990년대 후반 외환 위기의 파고를 견디어내게 하는 데 견인차 역할을 하였다.28)

현재 한국은 1980년대 후반, 1990년대 초반 반도체를 중심으로 한 전자전기산업이나 정보화산업으로의 방향전환이 이루어져 대만식 경공업 발전 전략으로 회귀하기엔 너무 멀리온 감이 있다. 대만식 모델을 남북경협에 적용할 수 있다면, 정부와 기업의 유기적 협조와 기업간 경쟁과 공조체제의 구축이다. 이러한 원칙을 남측에만 적용시킬 것이 아니라 남북 당국간, 남북 기업간, 사회부문간, 특히 경제-시민사회간 공조기구가 모색할 필요가 있다. 또한 경공업 분야의 활성화를 위해서도 북한의 노동력과 남한의 기술력과 자본력을 결합하는 방식은 적절하다. 앞으로 북한의 개성공단에 남측의 어떤 기업이 들어가게 될 것인가, 어떤 식으로 운영할 것인가는 개성공단 실무협의회를 통해 조금씩 윤곽이 드러날 것이다. 남북의 접합점에서 개성공단이 형성된다면 초기에는 경공업 중심으로 갈 것이며, 국제환경의 변화와 함께 차츰 전자전기제품 부문도 투자될 수 있다.

앞으로 건설하게 될 개성공업지구를 비롯한 북한의 경제특구는 한반도 경제공동체의 시험장이 될 것이다. 냉전의 무기를 평화의 도구로 거듭나게 할 새로운 공간이 창조되어야 하고 그 속에서 여성의 역할은 더욱 중요한 가치를 발휘하게 될 것이다. 나아가 그 공간을 경제적 이익만을 낳는 곳이 아닌 새로운 민족적 가치를 발휘할 수 있으며 한반도를 넘어 세계 모든 구성원들에게 미래를 약속하는 곳으로 설계해나가야 한다. 그 청사진을 실현하는 데에는 여성주의적 가치, 즉 여성의 평화를 향한 잠재력과 창조력이 절실히 필요하다.

※ 이 논문은 『분단·평화·여성』(통권7호)에 실렸던 글을 수정·보완한 것이다.

주註

1) 박현채, "4월민주혁명과 민족사의 방향," 강만길 외, 『4월혁명론』 (서울: 한길사, 1983), 52~53쪽.
2) 2002년 10월 17일에는 해방 이후 최초의 남북여성이 한 자리에 모였다. 1992 ~1994년에는 남북 여성이 주최한 "아세아의 평화와 여성의 역할" 토론회가 있었으나, 이 모임은 교계나 소수의 여성이 참여하였고, 일본군위안부 문제가 주 쟁점이 있었다. 2002년 '남북여성통일대회'는 남북, 해외 여성 667명이 모여 다양한 행사를 하였고, 지속적인 대화를 위한 창구 역할을 남겨두었다는 점에서 큰 의의를 갖는다. 2002년 행사에서 실시한 "2002남북여성통일대회와 여성 평화통일운동의 현황과 과제" 설문조사를 바탕으로 한 김귀옥의 "통일과정에서 여성의 역할과 남북 여성 교류의 과제: 2002 남북여성통일대회를 중심으로," 『여성과평화』 제3호 (2003)를 참고바람.
3) 검토과정에서 "남북 교류의 확대와 통일의 전망: 남북 교류 실무자들과의 심층면접을 중심으로," 김정훈 외, 『남북한 사회통합의 길』 (서울: 금왕출판사, 2001)와 "북한의 여성노동력 현황과 활용방안" (서울: 통일부, 2002)을 집필하였다.
4) 이 논문이 수록된 저작 『북한여성의 지위에 관한 연구』 (서울: 한국여성개발원, 1992)는 경제생활영역 이외에 가족생활영역과 정치생활영역분야에서 북한 여성의 위상을 가늠하는 데 유용한 연구 성과를 포함하고 있다.
5) 심층면접은 질적연구방법론(Qualitative Researching Methodology) 가운데 대표적인 방법론이다. 현재 이 방면의 경험 자료가 빈약하고 거의 축적되어 있지 않은 현실에서 관련 자료를 부분적이나마 개발하고 축적할 수 있는 중요한 조사방법이다. 심층면접 방법론에 대해서는 Jennifer Mason, *Qualitative Researching* (New York: Sage publications, 1996), 김두섭 옮김, 『질적 연구방법론』 (서울: 나남, 1999).
6) 3명은 한 기업(G기업) 직원으로서 그 중 2명은 경협 실무자(부장, 차장)이며 나머지 1명은 기술자(technician)로서 방북하여 품질관리 및 검사를 수행하고 있다.
7) 이번 조사의 주역은 경협 실무진 14명이다. 바쁜 와중에도 장시간을 내어준 그들에게 고마움을 표하며 이 논문이 그들이 바라는 경협의 활성화와 발상의 전환에 조그마한 도움이 되기를 바란다.
8) 이러한 구분은 경협 상에서의 역할을 단순화시켜 본 것인데, 남측 기업측의 management와 비슷한 북측 기업과 행정업무를 수행하는 역할을 '행정업무실무', 남측의 테크니션(technician)은 북측 기업의 '기술지도·감독'과 비슷하다.

9) 2002년 9월, 북한은 학제 호칭을 변경하여 '인민학교'를 '소학교', '고등중학교'를 '중학교'로 개칭하였으나, 4년제~6년제는 변화 없다. 북한에서는 잘 알려진 대로 1970년대 이래로 유치원 6살부터 중학교 6학년, 만16살까지 11년제 무상의무교육제가 실시되고 있다.
10) 김귀옥, "198,90년대 북한 소설에 반영된 여성노동자 및 근로자의 가치관," 한국문화정책개발원,『북한문화연구』제2집 (1994).
11) 통일부,『월간교류협력동향』(서울: 통일부, 2003년 10월호), 6~7쪽.
12) 바세나르협정에 대해서는 http://www.wassenaar.org를 참조바람.
13) 김기헌, "남북경협과 미국의 대북경제제재," 한국산업사회학회 주최,『세계제패와 미국』2003 비판사회학대회 발표문 ; 김연철·신지호·동용승,『남북경협 GUIDE LINE』(서울: 삼성경제연구소, 2001).
14) 이종근, "남북위탁가공무역 구조에 관한 연구" (경남대 북한대학원 석사학위논문, 2003).
15) 성별 수평적 분업은 '노동분화'에 있어서 업종간 성별 분화가 있을 때를 지칭하며, 수직적 분업은 같은 업종내에서 지위의 고하가 성별로 존재할 때를 지칭한다.
16) 최근에는 '사장'이라는 호칭도 많이 사용함.
17) 남한에서는 2001년 1월 29일, 여성부의 신설과 함께 모성보호관련조항이 그해 6월 국회를 통과하여 2001년 11월 1일자로 시행되고 있고 출산휴가를 60일에서 90일로 30일 연장하고 육아 휴직기간 내 소득을 보전해주는 내용을 담고 있다. 이 법은 해당되는 정규직 여성 근로자에게 한정되고, 소득 보전에도 제한이 많고 사회적 압력도 만만치 않아 개정되어야 할 소지도 있다.
18) Harry Braverman, *Labor and Monopoly Capital: The Degradation of Work in the Twentieth Century* (New York: Monthly Review Press, 1974).
19) F기업의 우명철은 '기술교육'이라는 말에도 배려가 필요하다고 지적한다. 최근 남한에는 쌍방향 교육이 강조되고는 있지만, 아직은 교육은 교육자와 피교육생이 분리되어 있다. 북측에서는 교육을 받으라고 하면 '내가 뭐가 부족해서 남측의 교육을 받는가'라는 의식을 갖는 경향이 있다. 그래서 우명철은 북측 사람들을 배려하는 의미에서 '연수'라든지 그들이 선호하는 말을 사용하는 것이 좋겠다는 제안을 하였다.
20) 김귀옥 외,『북한여성들은 어떻게 살고 있을까』(서울: 당대, 2000).
21) 2002년 노무현 대통령후보측에서 "동북아 평화번영정책"을 제창하였으나 2003년 연말까지 그 정책을 실현시키는데 필요한 준비팀을 제대로 가동하거나 구체적인 상을 제시한 바 없다.
22) 밀라노 프로젝트에 관해서는 다음 사이트를 참조바람. http://www.milanoproject.

daegu.kr/
23) 민간인 교류 차원에서 남북여성 교류 방안에 대해서는 글쓴이의 다음 글을 참고바람. 김귀옥, "여성의 평화·통일문제 인식," 학술단체협의회 엮음, 『21세기 한반도 어디로 갈 것인가』(서울: 동녘, 2002)
24) 『민족21』, 2001년 12월호, 112~113쪽.
25) 컴퓨터 관련 전문가들은 북한의 컴퓨터 관련 기술에 대해 소프트웨어부문에서는 남북에 큰 차이가 없지만, 고성능 하드웨어 장비환경에 현격한 차이가 있는 것을 진단하고 있다. 그 주요 원인은 결국 바세나르협정과 관련되어 있다. 북한은 현재 중국이나 대만 등을 통해 소량 펜티엄급 컴퓨터를 반입하여 펜티엄급을 생산하고 있고 자체 기술로 리눅스와 윈도우 등 핵심 운용체계를 활용한 윈도우의 '조선글'화 등을 시도하고 있으나 아직은 역부족이다. 『민족21』 2001. 5월호.
26) 북한이 발표한 "개성공업지구법"에 따르면 공업지구(공단)는 공장구역, 상업구역, 생활구역, 관광구역 등으로 나뉘게 된다(제2조). 또한 '공업지구에서는 사회의 안전과 민족경제의 건전한 발전, 주민들의 건강과 환경보호에 저해를 주거나 경제기술적으로 뒤떨어진 부문의 투자와 영업활동은 할 수 없다. 하부구조 건설부문, 경공업부문, 첨단과학기술 부문의 투자는 특별히 장려'(제4조)하는 것으로 되어 있다.
27) 김귀옥·김정훈, "남북 교류의 확대와 통일의 전망 : 남북 교류 실무자들과의 심층면접을 중심으로," 전성우 엮음, 『남북한 사회통합의 길』(서울: 금왕출판사, 2001), 173~175쪽.
28) 배영자, "정보산업의 세계화와 한국과 대만의 개인용 컴퓨터 산업 발전: 초국적 생산네트워크와 기업구조의 상호작용을 중심으로," 『한국정치학회보』 36집 3호. (2002).

<참고문헌>

1. 남한문헌

김귀옥 외, 『북한여성들은 어떻게 살고 있을까』 (서울: 당대. 2000).
김귀옥, "1980·90년대 북한 소설에 반영된 여성노동자 및 근로자의 가치관," 한국문화정책개발원, 『북한문화연구 2』 (1994).
김귀옥, "여성의 평화·통일문제 인식," 학술단체협의회 엮음, 『21세기 한반도 어디로 갈 것인가』 (서울: 동녘. 2002).
김귀옥, "통일과정에서 여성의 역할과 남북 여성 교류의 과제: 2002 남북여성통일대회를 중심으로," 『여성과평화』 제3호 (2003).
김귀옥·김정훈, "남북 교류의 확대와 통일의 전망 : 남북 교류 실무자들과의 심층면접을 중심으로," 전성우 엮음, 『남북한 사회통합의 길』 (서울: 금왕출판사. 2001).
김기헌, "남북경협과 미국의 대북경제제재," 한국산업사회학회 주최, 『세계 제패와 미국』 2003 비판사회학대회 발표문.
김연철·신지호·동용승, 『남북경협 GUIDE LINE』 (서울: 삼성경제연구소. 2001).
박현채, "4월민주혁명과 민족사의 방향," 강만길 외, 『4월혁명론』 (서울: 한길사. 1983).
배영자, "정보산업의 세계화와 한국과 대만의 개인용 컴퓨터 산업 발전: 초국적 생산네트워크와 기업구조의 상호작용을 중심으로," 『한국정치학회보』 36집 3호 (2002).
이종근, "남북위탁가공무역 구조에 관한 연구" (경남대 북한대학원 석사학위논문, 2003).
통일부, 『월간교류협력동향』 2003년 10월호.
한국여성개발원, 『북한여성의 지위에 관한 연구』 (서울: 한국여성개발원. 1992).
『민족21』 2001년 5월호.
『민족21』 2001년 12월호.
"개성공업지구법"
http://www.milanoproject.daegu.kr/

2. 외국문헌

Harry Braverman, *Labor and Monopoly Capital: The Degradation of Work in the Twentieth*

Century (New York: Monthly Review Press, 1974).
Jennifer Mason, *Qualitative Researching* (New York: Sage publications, 1996).

찾아보기

ㄱ

가격자유화(Price Reform) 322
가국일체화 255
가내작업반 136
가독(家督)상속제 104
가두여성 203
가부장제 10
가부장제적 권위주의 400
가부장제적 사회주의 12
가부장제적 특성 10
가사노동 56
가장권 14
가족 7
가족 성원 9
가족관계 381
가족단위 영농 333
가족분조제 315, 333
가족정책 7
가족주의 14, 338
가족책임제 334
가족혁명화 8, 27
가치관 169
간접적 가족정책 8
갑산파 82
강관선 96

강반석 13
강반석·김정숙 따라배우기 운동 33
개선문 83
개성공업지구 310, 314
개인재산권 15
건국사상총동원운동 241
검찰기관 81
결혼 9
경공업 142
경노동 43
경제개방 노선 11
경제개혁 11, 309
경제공동체 414
경제난 377
경제적 권리 275
경협 415
고난의 행군 84
고르바초프(Gorbachev) 60
고영희 114
고용비율 424
고용평등 274
고전적 사회주의 11
곡물생산 313
공공배급제도(Public Distri-bution System: PDS) 43
공민증 15, 70

공산주의적 분배원칙 42
공업화 145
공장대학 184
공적 가부장제 12
공적 연결망 13
교육국 71
교육기회 58
국가 16
국가가격제정국 322
국가이데올로기 19
국영상점 315
국정가격 322
군대원호사업 396
군대지원 28
군민일치 219
군수산업 152
근대성 146
근로자중학교 208
근로자학교 149
근위공장쟁취운동 258
금강산관광지구 310
금강산특구 314
긍정인물 171
기능공학교 147
기능전습제 149
기술학습반 149
기술혁신운동 151
기업문화 438
길확실 259
김경애 96
김득란 80
김복신 81
김성애 79

김성혜 96
김영주 82
김옥순 79
김일성 28
김일성사회주의청년동맹 23
김일성주의 83
김정숙 13
김정숙사범대학 33
김정숙탁아소 33
김정일 33
김형직 33

ㄴ

낙태 59
낙태금지규정 61
남녀 역할 14
남녀로력교체사업 140
남녀평등 13
남녀평등권 법령 55
남북경협 414, 416
남북기본합의서 414
남북여성통일대회 415
남북조선여맹 78
남북협력기금 447
남성문화 237
남아선호 283
남존여비 190
내각(정무원) 81
내면화 14
노동계급화 28, 58

노동규율화　146
노동당　22
노동력　56
노동법령　55
노동집약적 산업　337
노동활동　28
노력영웅(Stankhanovki)　59
농가생산책임제　333
농민동맹　68
농민시장　322
농업협동화　67

등록혼제도　71

ㄹ

레닌　59
리효순　82

ㅁ

마르크스　11
매춘　293, 360
매칭 펀드(matching-fund)　448
모범창출　32
모성상　209
모성이데올로기　201
모성정책　204
모자보호법　61
모택동　62
무상교육　41
무상의무교육제도　279
무상치료　41
문맹율　71
문맹자　71
문맹퇴치　71
문맹퇴치운동　71
문예정책　170
문화선전상　81
문화혁명　11, 63
물질적 지원　18
미숙련노동　43

ㄷ

다산　28
당　16
당 중앙　82
당규율　146
대북경제제재　422
대안의 사업　151
대장정　62
도급 임금제　150
독립채산제　314
독일 통일사회당　61
동구권　58
동독　11, 58
동독의 민주여성동맹
　　　(Demokratische Frauenbund
　　　Deutschland : DFD)　61
동일노동 동일임금　68
동질화　347

민족해방혁명 67
민주조선 85
밀라노 프로젝트(Milano Project) 447

ㅂ

바세나르 협정 422
박금철 82
박순희 96
박영신 81
박정애 79, 80
반나치 여성위원회 61
반일부녀회 86
반제반봉건 민주통일전선 78
반제반봉건민주주의혁명기 27
반종파 투쟁 67
반찬공장 56
밥공장 56
방계혈족 9
배급제 309
배우자 9
백설희 115
법적 권리 56
보건성 77
봉건적 55
봉건적 유교문화 102
봉사제도奉祀制度 103
부르주아, 수정주의분자 82
부모부양의식 14, 16
부모의 혁명화 28
부부관계 13, 286

부자관계 13
부자세습 117
부정인물 175
북미관계 422
북조선 민주여성총동맹 55
북조선 예술총연맹 247
북조선민주여성동맹 73
북조선인민위원회 66
북조선직업총동맹 73
북한 노동력 443
북핵문제 422
분단위원장 284
분배 41
분조관리제 333
브레즈네프(Brezhnev) 59

ㅅ

사경제활동 18
사로청위원장 284
사상교양사업 28
사유재산제도 31
사적 가부장제 12
사회 재생산 7
사회단체 16
사회동원 389
사회문화공동체 445
사회보장 8
사회보험 41
사회안전부 71
사회적 가부장제 12

사회적 위상 55
사회적 재생산 27
사회정치적 생명체론 85
사회주의 10
사회주의 경쟁운동 76
사회주의 교육에 관한 테제 90
사회주의 대가정 10
사회주의 생활양식 15
사회주의적 특성 10
사회주의헌법 67
사회통합 347
사회화 56
산업생산 314
산업화 130
산전산후휴가 428
산후휴가제 202
3대혁명 91
삼중고 56
상속 14
상속권 31
상업개혁 310
생계유지 20
생계유지방식 380
생산 41
생활문화 169
생활비 330
선군정치 218
설문지 26
성과급 제도 315
성별 수평적 분업 425
성별분업구조 205
성별차이 13

성성(sexuality) 58
성역할고정성 13
성인학교 71
성차별적 가부장제 12
성폭력 280
성희롱 280
세계청년학생축전 83
소비 41
소설 169
소설문학 170
소유권제도 15
숙련노동 43
숙련화 147
숙청 67
숨은 영웅 210
스탈린적 모델 11
시장경제 116
식량난 348
식량난민 357
식량배급제도 88
식량비 330
식민지반봉건사회 67
식생활 43
신경제정책(NEP) 11, 59
신분등록소 71
신사고 310
실리 310
실리사회주의 310
실리주의 310
심층면접(In-depth interview) 419
심층사례연구 18

ㅇ

아동보육교양법　77
아르만드(Inessa Armand)　59
IT분야　450
애국미 헌납운동　241
애국주의 교양　173
약속증서　321
양성兩性평등　138
어머니학교　14, 205
에버스타트(Eberstadt)　88
엥겔스　58
엥겔지수　330
여맹　14
여성 인신매매　356
여성교류　275
여성노동시장　417
여성발전기본법　278
여성상(femininity)　102
여성인권　273
여성정책(Frauenpolitik)　60
여성해방론　98
여연구　96
여원구　96
여초사회　89
역할　55
역할변화　381
연로연금　44
영양실조　353
영화예술론　82
온정적 가부장제(paternal patriarchy)　7

온정주의적 가부장제　12
왕옥환　79, 80
외손봉사外孫奉祀　103
외자 유치　312
외화벌이　385
우리민족서로돕기 불교운동본부　48
월탁아소　77
위대한 노동예비군　59
위탁가공업　424
유급휴가　44
유미영　115
유일사상체계　67
유치원　64
6·15 민족통일대축전　96
6·15남북공동선언　413
육아　56
윤기정　81
윤회봉사輪廻奉祀　103
의사담당 구역제　44
의사소통　432
200일 전투　83
이론　10
이중고　56
이중곡가제　322, 327
이직률　428
이질성　347
이청일　80
이혼소송　243
인구센서스　89
인력개발　423
인민경제계획　67
인민공화국 헌법　67

인민대학습당 83
인민반 136, 149
인민생활공채 316
인민소비품 76
인민소비품생산 363
인민의식 19
인민학교 71
인센티브제 309
인신매매 357
인적 자원 423
인전대引傳帶 59
인플레이션 316
일부일처제 59
일탁아소 77
임경숙 81

ㅈ

자녀 18
자녀의 혁명화 28
자력갱생 146
자립경제 414
자본주의 11
자본주의 체제 11
자아인식 171
자유연애 183
장마당 19, 97
장사 94, 332
재산상속 15
재판소 81
전국 어머니대회 개최 205

전력생산 314
전문용어 435
전소련 여성대회(All-Union Conference of Women) 60
전시 총동원체제 66
전시체제 256
정체성 170
정치사회적 지위 237
정치생활 23
정치적 권리 275
정치적 지위 58
정치참여 23
제2경제 활동 18
제국주의적 55
제노뗄(Zhenotdel, 1919~1930) 59
제노젝또르(Zhenosektor, 1931~1934) 59
제사 14
조선녀성 85
조선민사령 55, 104
조선민주녀성동맹 14
조선민주여성동맹 78
조선민주주의인민공화국 가족법 7
조선민주주의인민공화국 민법 15
조선민주주의인민공화국사회주의 헌법 7
종자론 314
종합시장 310
주체농업 152
주체사상 학습 23
주체사상탑 83

주탁아소 77
주택보급률 43
주택보급율 331
주택사용료 331
중·소분쟁 11
중공업 142
중공업우선주의 256
중국 62
중국부녀총동맹 63
중노동 43
중매결혼 183
중요산업 국유화 66
중학교 71
중화소비에트공화국 62
증산돌격운동 241
지도이념 67
지도자 19
직맹 23
직업총동맹 23
직장 16
직장기능학교 149
직장배치제도 88
직접적 가족정책 8
집단주의 327
집단주의 원칙 10

차별적 분배정책 350
책임경영제 315
천리마운동 76

천리마작업반운동 151
천연옥 96
청년동맹 23
체코슬로바키아 11
초인플레이션 316
최고인민회 65
최고인민회의 대의원 56, 65
최진이 106
추석 15
출산억제정책 63
출신성분 183
친족 9
7·1경제관리개선조치 11

컴퓨터 교육 450
콜론타이(Alexandra Kollontai) 59

탁아소 64
탁아소 규칙 76
탈북주민 57
텃밭 경작 31
토지개혁 66
특구 312
T-Test 17

ㅍ

8·3 인민소비품운동 83
편의시설 134
평양산원 83
평화 413
포디즘적 자본 축적 431
폭력 280

ㅎ

학력 432
한민족 공동체 193
한반도 경제공동체 415
합영 431
합작사업 423
항일무장투쟁 214
항일유격대식 85
핵가족화 239
햇볕정책 440
허정숙 81
허창숙 79, 80
혁명 7
혁명의 후비대 129, 263
혁명적 수령관 217
혁명적 현모양처 35
혁명화 28
혁신적 노동자 129
현모양처 29

현물세 75
현실 10
혈연관계 220
혈족 9
협동조합화 67
협의이혼 70
혜산제2사범대학 33
호주제 15
호주제도 105
혼인 9
홍군 62
후견인 제도 30
후기사회주의 11
휴전협정 66

필자 약력

백영옥
명지대학교 북한학과 교수
미국 일리노이 대학교 정치학 박사
대표 저서 및 논문: "통일이후 사회통합을 위한 여성정책", "통일대비 여성정책", "Politics of Implementing the Beijing Commitments in Selected Countries : the Korean Experience"

박현선
고려대학교 북한학과 겸임교수
이화여자대학교 문학 박사(사회학)
대표 저서 및 논문: 『현대 북한사회와 가족』, "북한 경제개혁 이후 가족과 여성생활의 변화", "탈북자 국내 정착 정책현황과 발전방향"

윤미량
통일부 부이사관
영국 런던 정경대(London School of Economics and Political Science) 정치학 박사
대표 저서 및 논문 : 『북한의 여성정책』, "북한체제의 내구성에 관한 쟁점", "탈북여성 정착교육의 실태와 과제"

박영자
숙명여자대학교 아시아여성연구소 연구교수
성균관대학교 정치학 박사
대표 저서 및 논문: "북한의 민족주의와 여성: 민족주의 담론과 여성정책 변화를 중심으로", "북한의 여성 정치 : '혁신적 노동자―혁명적 어머니'로의 재구성", "북한 일상생활의 식민화와 탈식민화 : 여성생활을 중심으로"

▫ 임순희

통일연구원 북한인권연구센터 선임연구위원

숙명여자대학교 정치학 박사

대표 저서 및 논문: 『북한 여성의 삶: 지속과 변화』, 『조선 녀성 분석』, "탈북 여성의 인권실태"

▫ 이미경

통일교육원 교수

이화여자대학교 정치학 박사

대표 저서 및 논문: "한국여성 정치연구에 관한 비판적 고찰", "한반도 분단구조 속의 여성: 가부장적 군사문화지배하의 남북한 여성", "국제환경의 변화와 북한의 자주노선 정립: 1960년대 시기를 중심으로"

▫ 김석향

이화여자대학교 북한학협동과정 교수

미국 조지아 대학교(University of Georgia) 사회학 박사

대표 논문 및 저서: "남북한 언어 이질화 정도에 대한 집단별 인식의 차이 고찰", "조선중앙년감(1989~2004)에서 서술하는 독일통일의 과정과 결과: 독일통일에 대한 북한당국의 공식담론 분석", "The North Korean Economy: Current Situation, Crisis, and Possible Scenarios"

▫ 김귀옥

한성대학교 교양학부 교수

서울대학교 문학 박사(사회학)

대표 저서 및 논문: 『북한여성들은 어떻게 살고 있을까』(공저), 『월남민의 생활경험과 정체성: 밑으로부터의 월남민 연구』, "한반도 평화체제와 평화문화, 시민사회"

북한학연구총서 북한의 새인식

▫ 발간위원회
  발간위원장: 전현준(북한연구학회 회장)
  발 간 위 원: 고유환(북한연구학회 부회장, 동국대학교 교수)
  　　　　　 정규섭(북한연구학회 부회장, 관동대학교 교수)
  　　　　　 이기동(북한연구학회 총무이사, 국제문제조사연구소 연구위원)

▫ 편집위원회
  책임편집: 정영철(북한연구학회 연구이사, 서울대학교 국제대학원 책임연구원)
  편집위원: 고재홍(북한연구학회 편집위원, 국제문제조사연구소 연구위원)
  　　　　 신효숙(북한연구학회 편집위원, 북한대학원 대학교 연구교수)
  　　　　 이무철(북한연구학회 연구위원회 간사, 북한대학원 대학교 연구교수)
  　　　　 전영선(북한연구학회 문화분과위원장, 한양대학교 연구교수)

북한의 여성과 가족

정가 : 30,000원

2006년 11월 20일　초판 인쇄
2006년 11월 25일　초판 발행

　　　　　　　편　　저 : 북한연구학회
　　　　　　　발 행 인 : 한 정 희
　　　　　　　발 행 처 : 경인문화사
　　　　　　　　　　　　서울특별시 마포구 마포동 324-3
　　　　　　　　　　　　전화 : 718-4831~2, 팩스 : 703-9711
　　　　　　　　　　　　http://www.kyunginp.co.kr 한국학서적.kr
　　　　　　　　　　　　E-mail : kyunginp@chol.com
　　　　　　등록번호 : 제10-18호(1973.11.8)

ISBN : 89-499-0444-6 93330
ⓒ 2006, Kyung-in Publishing Co, Printed in Korea
* 파본 및 훼손된 책은 교환해드립니다.